Zwangsvollstreck

in Forderungen
und andere Vermögens

von

Justizinspektor Fritz Schube
Freiberg i. Sa.

Zweite, neubearbeitete Auflag

Berlin 1938

Walter de Gruyter & Co.

vormals G. J. Göschen'sche Verlagshandlung — J.
buchhandlung — Georg Reimer — Karl J. Trübn

Vorwort zur zweiten Auflage

Das im Januar 1928 im Selbstverlag erschienene Buch genügt jetzt nicht mehr den Bedürfnissen der Praxis, da in den letzten Jahren zahlreiche Vorschriften erschienen sind, die der Bearbeiter von Anträgen auf Erlaß von Pfändungs- und Überweisungsbeschlüssen wissen muß. Nachdem jetzt ein gewisser Abschluß von Änderungen maßgeblicher Vorschriften für die Zwangsvollstreckung in Forderungen und andere Vermögensrechte eingetreten ist, erscheint die Herausgabe einer zweiten Auflage dringend geboten.

Dieses Handbuch, das die wichtigsten Vorschriften über die Forderungspfändung zweckmäßig zusammenfaßt und die neueste Rechtsprechung berücksichtigt, dürfte nicht nur zur Einführung in die mit der Zwangsvollstreckung in Forderungen und andere Vermögensrechte verbundenen Geschäfte des Rechtspflegers, sondern auch dem praktisch tätigen Rechtspfleger selbst willkommen sein. Die Musterbeispiele für die zu fassenden Beschlüsse sollen ein sicheres Arbeiten gewährleisten, sie werden aber auch den mit der Bearbeitung von entsprechenden Anträgen beauftragten Bürovorstehern ein gutes Hilfsmittel sein.

Freiberg (Sachsen), im Mai 1938.

Der Verfasser

Inhaltsverzeichnis

A.

Voraussetzungen der Zwangsvollstreckung

B.

Das Verfahren

C.

Unpfändbare oder nur beschränkt pfändbare Forderungen

Pfändung von Gesellschaftsrechten, ZPO § 859

Seite

D.

Muster für Pfändungsbeschlüsse usw.

Abkürzungen

AG	=	Ausführungsgesetz
Ann OLG	=	Annalen des Sächs. Oberlandesgerichts
ArbGG	=	Arbeitsgerichtsgesetz
ArbRSamml.	=	Arbeitsrechts-Sammlung (Entscheidungen des Reichsarbeitsgerichts usw.)
A. M.	=	Anderer Meinung
ArchRpfl	=	Sächs. Archiv für Rechtspflege
ArchZivPr	=	Archiv für zivilistische Praxis
Art.	=	Artikel
AVO	=	Ausführungsverordnung
Bd	=	Band
Bensh. Samml.	=	Bensheimersche Sammlung, jetzt ArbRSamml
BGB	=	Bürgerliches Gesetzbuch
Das Recht	=	Deutsche Justiz Monatsbeilage „Das Recht“
DBG	=	Deutsches Beamtengesetz
DJ oder D. Just.	=	Deutsche Justiz Rechtspflege und Rechtspolitik
D JAmtm	=	Zeitschrift des Bundes Deutscher Justizamtmänner, später: „Der Deutsche Rechtspfleger“
D. Rpfl.	=	Deutsche Rechtspflege, Organ des deutschen Rechtsdienstes
DVO	=	Durchführungsverordnung
DNotV	=	Zeitschrift des deutschen Notarvereins
E BGB	=	Einführungsgesetz zum Bürgerlichen Gesetzbuche
Entl G	=	Gesetz zur Entlastung der Gerichte. Vom 11. 3. 1921
Entl VO	=	Bekanntmachung zur Entlastung der Gerichte. Vom 13. 5. 1924
ErbbauRVO	=	Verordnung über das Erbbaurecht
FGG	=	Gesetz über die Angelegenheiten der freiwilligen Gerichtsbarkeit
G	=	Gesetz
GO f RAe	=	Gebührenordnung für Rechtsanwälte
GBl	=	Sächs. Gesetzblatt
GBO	=	Grundbuchordnung
GKG	=	Gerichtskostengesetz
Gr	=	Gruchots Beiträge zur Erläuterung des deutschen Rechts
HaftpflG	=	Haftpflichtgesetz
HGB	=	Handelsgesetzbuch
HRR	=	Höchstrichterliche Rechtsprechung
JW	=	Juristische Wochenschrift
KG	=	Kammergericht

KO	=	Konkursordnung
LAG	=	Landesarbeitsgericht
LG	=	Landgericht
LitUrhG	=	Gesetz über das Urheberrecht an Werken der Literatur und der Tonkunst
NSDAP	=	Nationalsozialistische Deutsche Arbeiterpartei
OLG, auch ROLG	=	Rechtsprechung der Oberlandesgerichte (Zivilrecht)
RAGO	=	siehe Gebührenordnung für Rechtsanwälte
REG	=	Reichserbhofgesetz
RG (RGZ)	=	Entscheidungen des Reichsgerichts in Zivilsachen
RJM	=	Reichsminister der Justiz
RGBl	=	Reichsgesetzblatt
RMBl	=	Reichsministerialblatt
Rpfl	=	Deutsche Rechtspflege, Organ des deutschen Rechtsdienstes
RVO (RVersO)	=	Reichsversicherungsordnung
Sächs. Ann.	=	Annalen des Sächsischen Oberlandesgerichts
Sächs. GBl	=	Sächsisches Gesetzblatt
SA	=	Seufferts Archiv für Entscheidungen der obersten Gerichte
V (VO)	=	Verordnung
VglO	=	Vergleichsordnung. Vom 26. 2. 1935
VVG	=	Versicherungsvertragsgesetz
Warn Rspr	=	Warneyers Jahrbuch der Entscheidungen, Ergänzungsband
WPflG	=	Sächsisches Wohlfahrtspflegegesetz
ZHR	=	Zeitschrift für das gesamte Handels- und Konkursrecht
ZPO	=	Zivilprozeßordnung
ZS	=	Zivilsenat
ZVG	=	Gesetz über die Zwangsversteigerung und Zwangsverwaltung

A

Voraussetzungen der Zwangsvollstreckung

1 Allgemeines. Schuldtitel

Voraussetzung der Zwangsvollstreckung ist zunächst ein zulässiger Schuldtitel, wovon eine Ausfertigung dem Antrage beigefügt sein muß. Die Ausfertigung muß mit der Vollstreckungsklausel versehen sein. Die vollstreckbare Ausfertigung wird von dem Urkundsbeamten des Gerichts erster Instanz, und wenn der Rechtsstreit bei einem höheren Gericht anhängig ist, von dem Urkundsbeamten dieses Gerichts erteilt. Wegen der vor dem 30. November 1918 in Elsaß-Lothringen errichteten Schuldtitel vgl. Gesetz vom 1. April 1922, RGBl. I 327. Die Vollstreckungsklausel ist bindend für das Vollstreckungsgericht, die vollstreckbare Ausfertigung des Schuldtitels muß aber in ihrer Form den gesetzlichen Anforderungen entsprechen und der Titel mit seinem Inhalte nach zur sofortigen Zwangsvollstreckung geeignet sein. Der Schuldner kann Einwendung gegen die Zulässigkeit der Klausel nach § 732 der ZPO oder Klage wegen Unzulässigkeit der Klausel nach § 768 der ZPO erheben.

Die vollstreckbare Ausfertigung ist von demjenigen Urteile zu erteilen, das den Vollstreckungstitel bildet, d. h. den Schuldner zu einer Leistung verurteilt. Daß die Rechtskraft oder die vorläufige Vollstreckbarkeit dieses Urteils erst durch eine spätere Entscheidung herbeigeführt worden ist, ändert nichts daran, daß die erste Verurteilung zu vollstrecken ist. Wird daher das Rechtsmittel gegen die Verurteilung zurückgewiesen oder verworfen oder der Einspruch verworfen oder die in dem Versäumnisurteil enthaltene Entscheidung aufrecht erhalten, so ist das erste Urteil auszufertigen. War dieses gegen Sicherheitsleistung vollstreckbar, während das zweite unbedingt vollstreckbar ist, so genügt zum Nachweise der unbedingten Vollstreckbarkeit des ersten Urteils eine einfache Ausfertigung des zweiten. Im Falle der Aufhebung der ersten Entscheidung ist dagegen die zweite der Vollstreckungstitel. Ist das angegriffene Urteil nur teilweise abgeändert, so genügt eine vollstreckbare Ausfertigung des späteren Urteils, wenn dieses die gesamte Entscheidung in sich aufgenommen hat; andernfalls sind beide auszufertigen.

Als Schuldtitel kommen in Betracht:

Urteile reichsdeutscher Gerichte in bürgerlichen Rechtsstreitigkeiten, Urteile der ordentlichen Gerichte, der Arbeitsgerichte und der Elbschiffahrtsgerichte;

Vergleiche, die nach Erhebung der Klage oder in einem Güteverfahren zwischen den Parteien oder zwischen einer Partei und einem Dritten zur Beilegung des Rechtsstreits seinem ganzen Umfange nach oder in betreff eines Teiles des Streitgegenstandes vor einem deutschen Gericht oder vor einer durch die Justizverwaltung eingerichteten oder anerkannten Gütestelle abgeschlossen sind (die **NS-Rechtsbetreuungsstellen** sind durch den Erlaß des Reichsministers der Justiz vom 26. 5. 1934 RJM Nr. I 1 2032 als **Gütestellen** im Sinne des § 495 a Abs. 1 Nr. 1 der ZPO **anerkannt.** — Die Leiter der NS-Rechtsbetreuungsstellen sind in den Grenzen des § 797 a Abs. 4 daselbst ermächtigt, für Vergleiche, die vor den NS-Rechtsbetreuungsstellen abgeschlossen werden, die Vollstreckungsklausel zu erteilen. Die Vollstreckungsklauseln sind von dem Leiter zu unterzeichnen und mit dem Siegel oder Stempel der NS-Rechtsbetreuungsstelle zu versehen —);

Vergleiche, die auf ein **Armenrechtsgesuch** in Streitigkeiten über vermögensrechtliche Ansprüche vor einem Landgerichte gemäß § 118 a der ZPO zu richterlichem Protokolle genommen sind;

Vergleiche, die vor dem **Pachteinigungsamt** oder vor dem Beschwerdegericht oder vor deren Vorsitzenden zwischen dem Verpächter, dem Pächter oder einem Dritten abgeschlossen sind (Preußische Pachtschutzordnung § 57 — DJ 1938 S. 1631; Sächs. Landespachtschutzordnung § 19);

Vergleiche, die vor einem **Mieteinigungsamt,** dem Urkundsbeamten der Geschäftsstelle eines Mieteinigungsamts (§ 45 Abs. 2 Mieterschutzges.) oder der Beschwerdestelle zwischen dem Vermieter, dem Mieter oder einem Dritten abgeschlossen sind;

(Vergleiche, die im Arrestverfahren oder im Verfahren über eine einstweilige Verfügung geschlossen worden sind, werden ebenso zu behandeln sein, wie die **nach** Erhebung der Klage abgeschlossenen. Stein-Jonas, § 794, II 2a; OLG 42, 36 Anm. 1, OLG Breslau 3. ZS, Beschl. v. 16. 4. 1930; DJAmtm. 1930, 568.)

Der vor dem Einzelrichter (ZPO § 794 Abs. 1 Nr. 1, §§ 349, 78) geschlossene Vergleich, bei dem eine Partei nicht durch einen Anwalt vertreten war, ist kein Vollstreckungstitel.

Das Verfahren vor dem Einzelrichter unterliegt dem Anwaltszwange. Vor dem Einzelrichter kann ein Vergleich **ohne Anwalt** nicht abgeschlossen werden. Ist zur Rechtswirksamkeit einer Prozeßhandlung vor dem Einzelrichter erforderlich, daß sie durch einen beim Gerichte zugelassenen Rechtsanwalt erfolgt, so ist die Prozeßhandlung formell wirkungslos, wenn sie ohne Anwalt zustande kommt, und kann **nicht Grundlage der Zwangsvollstreckung** sein, sondern nur materielle Wirkung haben. (OLG Stuttgart, 1. ZS; JW 1928, 747.) Vgl. auch DJAmtm. 1927, 169; 1928, 86, 373; 1929, 127.

Ein gerichtlicher Vergleich, in dem sich der Beklagte verpflichtet, an den Gläubiger eine Unterhaltsrente zu zahlen, deren Höhe auf 60 v. H. des Gehalts und der Zulagen festgesetzt ist, läßt sich nur wegen der laufenden Rentenbeträge und nur im Wege der Lohnpfändung vollstrecken, nicht dagegen wegen Rückstände. Bei Rückständen kann der Arbeitgeber aus dem Pfändungs- und Überweisungsbeschlusse nicht ohne weiteres ersehen, wie hoch der Anspruch ist, wegen dessen der Lohn gepfändet wird, und es kann dem Drittschuldner auch nicht zugemutet werden, nachträglich Ermittelungen anzustellen, welchen Betrag der Lohnbruchteil des Schuldners, den der Gläubiger nach dem Vergleiche zu beanspruchen hatte, in früheren Monaten ausgemacht hat. Für eine solche Verpflichtung des Drittschuldners findet sich keine Stütze in der ZPO (KG; 8. ZS, Beschl. v. 5. 10. 1928; DJAmtm. 1929, 88). Auch wenn die Gläubiger die Rückstände beziffern wollten, so könnte das Vollstreckungsgericht doch nicht vollstrecken, da der vollstreckbare Anspruch, insbesondere die Höhe der Rückstände, aus dem Schuldtitel selbst hervorgehen muß.

Der Vergleich muß die Festsetzung von Privatrechten zum Gegenstande haben, die der Verfügung der Parteien unterliegen; sonst ist er nicht vollstreckbar, z. B. nicht ein Vergleich über Erziehung der Kinder. RG 42, 137.

Kostenfestsetzungsbeschlüsse;

Entscheidungen der Gerichte, gegen die das Rechtsmittel der **Beschwerde** stattfindet (ZPO § 794 Nr. 3), z. B. Entscheidungen im Zwangsvollstreckungsverfahren (ZPO § 793), Verurteilung eines Rechtsanwalts zur Rückgabe von Urkunden (das nach § 135 der ZPO ergangene Zwischenurteil ist nach § 794 Nr. 3 der ZPO sofort vollstreckbar), sowie die Beschlüsse im Zwangsverwaltungsverfahren (ZVG § 149 Abs. 2), durch die dem Schuldner die Räumung des Grundstücks aufgegeben wird;

Arrestbefehle und einstweilige Verfügungen der Gerichte (einstweilige Verfügungen in Ehesachen, die die Unterhaltspflicht für die Dauer des Ehestreits regeln, sind bis zur Rechtskraft des Scheidungsurteils wirksam, auch wenn der Ehemann auf das Rechtsmittel verzichtet hat. Nur wenn beide Parteien den Verzicht ausgesprochen haben, erlangt das Urteil Rechtskraft mit dem Tage des Verzichts. LG Dresden, Beschl. v. 21. 7. 1930, 17 B C 925/30);

Vollstreckungsbefehle im Mahnverfahren;

Urkunden, die von einem deutschen Gericht oder von einem deutschen Notar innerhalb der Grenzen seiner Amtsbefugnisse in der vorgeschriebenen Form über einen Anspruch auf Bezahlung einer bestimmten Geldsumme oder auf Leistung einer bestimmten Menge anderer vertretbarer Sachen oder Wertpapiere errichtet sind, und in denen sich der Schuldner der sofortigen Zwangsvollstreckung unterworfen hat (§ 794 Abs. 1 Z. 5 der ZPO); — diese Urkunden müssen den Vorschriften der §§ 168—182 des FGG entsprechen; vgl. auch Reichsnotarordnung § 22 flg — RGBl 1937 I S. 191 — (RGBl I 1925 S. 395 Art. 24). **Notarielle Urkunden haben im gesamten Reichs-**

gebiet dieselbe Wirksamkeit (Ges. vom 16. 2. 1934 — RGBl I S. 91 —).

— Ein Vertrag, wodurch der Schuldner sich zur Duldung der Zwangsvollstreckung verpflichtet, ist ohne rechtliche Wirkung, sofern er nicht in der Form der vollstreckbaren Urkunde abgeschlossen ist. Wegen solcher Urkunden vgl. § 794 Abs. 2 der ZPO. — Die Unterwerfung unter die sofortige Zwangsvollstreckung nach § 794 Abs. 1 Nr. 5 ist ein einseitiges Rechtsgeschäft und daher, von einem Minderjährigen ohne vorherige Zustimmung seines gesetzlichen Vertreters abgegeben, nichtig. RG 84, 318. — Unzulässigkeit der Vollstreckung bei Nichtigkeit des der Urkunde zugrunde liegenden Schuldbekenntnisses RG 95, 8.

§ 2 der Verordnung über das **Vormundschaftswesen** in **Hamburg**, v. 11. 12. 1935 — RGBl I S. 1449 —:

Aus vollstreckbaren Urkunden, die von dem Hamburgischen Vormundschaftsamt aufgenommen sind, findet die Zwangsvollstreckung auch außerhalb des Hamburgischen Gebiets statt.

Die **Unterwerfung** unter die sofortige Zwangsvollstreckung **in einem Vertragsangebot** kann wirksam erklärt werden, wenn der Anspruch bestimmt bezeichnet ist, z. B. wenn es sich um einen Anspruch auf zeitlich und ziffermäßig fest begrenzte Rentenzahlungen handelt. Auch künftige Ansprüche können der Unterwerfungsklausel zur Grundlage dienen, wenn sie der nötigen Bestimmtheit nicht entbehren. Eine vollstreckbare Ausfertigung der Urkunde darf erst erteilt werden, wenn die Annahme des Angebots durch öffentliche oder öffentlich beglaubigte Urkunde nachgewiesen wird (§§ 795, 726 Abs. 1 der ZPO). § 797 Abs. 2 der ZPO ist dabei zu beachten, Urt. v. 9. 2. 1931, RGZ 132 S. 6;

Urkunden über Verpflichtungen der in den §§ 1708, 1715 des BGB geordneten Art (Unterhalt für das uneheliche Kind, Entbindungskosten, Kosten des Unterhalts der Mutter für die ersten sechs Wochen nach der Entbindung), die von den nach § 43 Abs. 2 des Reichsgesetzes für Jugendwohlfahrt (RGBl 1922 I S. 640) für zuständig erklärten Mitgliedern oder Beamten des **Jugendamts** für einen Anspruch auf Zahlung einer Geldsumme oder auf

Leistung einer bestimmten Menge vertretbarer Sachen errichtet sind und in denen sich der Schuldner der sofortigen Zwangsvollstreckung unterworfen hat (Sächs. WPflG vom 28. 3. 1925, § 22, Sächs. GBl 60);

— Auf die Zwangsvollstreckung finden die Vorschriften der ZPO über die Zwangsvollstreckung aus notariellen Urkunden mit der Maßgabe Anwendung, daß die vollstreckbare Ausfertigung von einem vom Landesjugendamte bestimmten Beamten des Jugendamts erteilt wird. Über Einwendungen, welche die Zulässigkeit der Vollstreckungsklausel betreffen, entscheidet das Amtsgericht, in dessen Bezirke das Jugendamt seinen Sitz hat und dem der zur Erteilung der Vollstreckungsklausel zuständige Beamte angehört. Dieses Amtsgericht ist auch zuständig zur Entschließung in den Fällen, in denen nach der ZPO die vollstreckbare Ausfertigung nur auf Anordnung des Vorsitzenden erteilt werden darf.

Diese Urkunden, die gemäß § 801 der ZPO zur Zwangsvollstreckung zugelassen sind, konnten nur innerhalb des Landes vollstreckt werden, in dem sie errichtet sind. Die Bestimmung im § 801 der ZPO ist aber durch das Gesetz über den Neuaufbau des Reiches vom 30. 1. 1934 — RGBl I S. 75 — überholt. Die Länderhoheiten bestehen nicht mehr, sie sind auf das Reich übergegangen. Wenn nun das Reich z. B. den Jugendämtern in Sachsen die Ermächtigung beläßt, vollstreckbare Urkunden zu schaffen, so müssen diese Urkunden auch im ganzen Deutschen Reiche vollstreckt werden können, denn Landesgrenzen sind beseitigt. Vgl. hierzu JW 28, 125.

Im **Konkursverfahren** abgeschlossene, rechtskräftig bestätigte **Zwangsvergleiche** hinsichtlich der bei der Prüfung festgestellten und nicht vom Gemeinschuldner ausdrücklich bestrittenen Forderungen gegen den Gemeinschuldner und gegen diejenigen, die in dem Vergleiche für dessen Erfüllung neben dem Gemeinschuldner ohne Vorbehalt der Einrede der Vorausklage Verpflichtungen übernommen haben (KO § 194);

im gerichtlichen **Vergleichsverfahren** abgeschlossene bestätigte **Vergleiche** (Vergleichsordnung vom 26. 2. 1935 — RGBl I S. 321 —.

§ 85 **Vollstreckung des Vergleichs.**

(1) Aus dem **bestätigten Vergleich** in Verbindung mit einem Auszug aus dem berichtigten Gläubigerverzeichnis findet wegen der darin eingetragenen Vergleichsforderungen **gegen den Schuldner** die Zwangsvollstreckung in gleicher Weise statt wie aus einem vollstreckbaren gerichtlichen Urteil, sofern nicht im Gläubigerverzeichnis vermerkt ist, daß die Forderung **vom Schuldner oder vom Vergleichsverwalter** bestritten wurde.

(2) Das gleiche gilt für die Zwangsvollstreckung gegen einen **Dritten,** der für die Erfüllung des Vergleichs neben dem Schuldner **ohne Vorbehalt** der Einrede der Vorausklage durch eine dem Vergleichsgericht eingereichte schriftliche Erklärung oder im Vergleichstermin durch mündliche Erklärung zu Protokoll Verpflichtungen übernommen hat; hierbei macht es keinen Unterschied, ob die Verpflichtungserklärung gemäß § 4 Abs. 1 Nr. 4 dem Vergleichsantrag beigefügt oder erst später dem Gericht eingereicht worden ist.

(3) Macht der Gläubiger die Rechte geltend, die ihm im Fall des Verzuges des Schuldners zustehen, so bedarf es zur Erteilung der Vollstreckungsklausel für diese Rechte und zur Durchführung der Vollstreckung, **außer der Glaubhaftmachung der Mahnung und des Ablaufs der Nachfrist** (§ 9), nicht des Nachweises, daß der Schuldner sich im Verzug befindet.

§ 9 **Wiederauflebensklausel**

Der Schuldner geht der Vorteile des Vergleichs (Stundung und Erlaß) verlustig, wenn er dem Gläubiger gegenüber in Verzug gerät. Die bisherige VglO hatte nicht darauf Rücksicht genommen, daß hier die Verzugsfolgen für den Schuldner ungleich schwerer sind als in sonstigen Fällen. Die neue VglO trägt diesem Umstand Rechnung, indem sie zwingend vorschreibt, daß hier Verzug erst eintritt, wenn der Gläubiger den Schuldner unter Setzung einer mindestens einwöchigen Nachfrist schriftlich gemahnt hat.

Eintragungen in die **Konkurstabelle** hinsichtlich der bei der Prüfung festgestellten und nicht von dem Gemeinschuldner ausdrücklich bestrittenen Forderungen gegen den Gemeinschuldner nach der Aufhebung oder Einstellung des Konkursverfahrens (KO § 164 Abs. 2, § 206 Abs. 2);

Entscheidungen des **Mieteinigungsamts** und des Vorsitzenden desselben;

rechtskräftige Entscheidungen des **Pachteinigungsamts** über die Kosten und über die Kostenerstattung.

— Auf die Zwangsvollstreckung finden die Vorschriften der ZPO entsprechende Anwendung; die Entscheidungen, die danach von dem Pachteinigungsamte zu treffen wären, werden von dessen Vorsitzenden getroffen und sind endgültig. (Pachtschutzordnung für Preußen, Anhalt, Braunschweig, Bremen, Hamburg, Lübeck, Oldenburg, Schaumburg-Lippe und Thüringen, § 57; DJ 1936 — S. 1631 —;

rechtskräftige oder für vorläufig vollstreckbar erklärte Entscheidungen eines Pachteinigungsamts oder des Vorsitzenden (Sächs. Landespachtschutzordnung § 19);

Beschlüsse im Zwangsversteigerungsverfahren, durch die der **Zuschlag erteilt wird**

a) gegen den Besitzer des Grundstücks oder einer mitversteigerten Sache auf Räumung und Herausgabe (ZVG § 93),

b) nach Ausführung des Teilungsplans rücksichtlich der Forderung gegen den Ersteher, den für mithaftend erklärten Meistbietenden oder den für zahlungspflichtig erklärten Dritten (ZVG §§ 132, 134);

ferner die Beschlüsse im Zwangsversteigerungsverfahren, durch die dem Vor- oder Wiederkaufsberechtigten das Eigentum am Grundstücke zugesprochen wird,

c) gegen den Besitzer des Grundstücks oder einer mitübereigneten Sache auf Räumung und Herausgabe (Sächs. AG vom 18. 6. 00 §§ 21, 22, ZVG § 93);

d) nach Ausführung des Teilungsplans rücksichtlich der Forderung gegen den Vor- oder Wiederkaufsberechtigten (Sächs. AG vom 18. 6. 00 §§ 21, 22, ZVG § 132);

Endurteile, Arreste und einstweilige Verfügungen sowie Vergleiche der **Arbeitsgerichte.**

Arbeitsgerichtsgesetz in der Fassung vom 10. April 1934 — RGBl I S. 319 —

§ 12 Abs. 3: Kostenvorschüsse werden nicht erhoben; das gilt auch für die Zwangsvollstreckung.

§ 50 Abs. 2: Urteile sind derjenigen Partei, gegen die sie einen Vollstreckungstitel bilden oder der die Berufung, die Beschwerde oder der Einspruch zusteht, von Amts wegen zuzustellen. Im übrigen sind sie den Parteien formlos mitzuteilen.

§ 62 Abs. 1: Urteile der Arbeitsgerichte, gegen die der Einspruch oder die Berufung zulässig ist, sind vorläufig vollstreckbar usw.

Abs. 2: Im übrigen finden auf die Zwangsvollstreckung einschließlich des Arrestes und der einstweiligen Verfügung die Vorschriften des Achten Buches der Zivilprozeßordnung Anwendung. Vgl. noch §§ 63 und 71 — Zwangsvollstreckung in besonderen Fällen —.

Schiedsklausel für Arbeitsstreitigkeiten

§ 97: Ein vor dem Schiedsgerichte geschlossener Vergleich ist unter Angabe des Tages seines Zustandekommens von den Parteien und den Mitgliedern des Schiedsgerichts zu unterschreiben. Er ist stempelfrei.

Der vor dem Schiedsgericht geschlossene Vergleich ist kein Prozeßvergleich, sondern ein Vergleich nach dem BGB. Er muß daher den Vorschriften des BGB § 779 genügen. Seine Zustellung erfolgt im Parteibetriebe. Zur Zwangsvollstreckung ist er nur geeignet, wenn er, wie § 99 vorschreibt, für vollstreckbar erklärt worden ist. —

§ 98 — Schiedsspruch — Abs. 4: Der Schiedsspruch hat unter den Parteien dieselben Wirkungen wie ein rechtskräftiges Urteil des Arbeitsgerichts. Er ist stempelfrei.

§ 99 Abs. 1: Die Zwangsvollstreckung findet aus dem Schiedsspruch oder aus einem vor dem Schiedsgerichte geschlossenen Vergleiche nur statt, wenn der Schiedsspruch oder der Vergleich von dem Vorsitzenden des Arbeitsgerichts, das für die Geltendmachung des Anspruchs zuständig wäre, für vollstreckbar erklärt worden ist. Der Vorsitzende hat vor der Erklärung den Gegner zu hören. Wird nachgewiesen, daß auf Aufhebung des Schiedsspruchs geklagt ist, so ist die Entscheidung bis zur Erledigung dieses Rechtsstreits auszusetzen.

Abs. 2: Die Entscheidung des Vorsitzenden ist endgültig. Sie ist den Parteien zuzustellen. (Die Entscheidung des Vorsitzenden des Arbeitsgerichts wird zweckmäßig die Formel des Schiedsspruchs oder den Vergleich aufnehmen. Der Beschluß ersetzt nicht die Vollstreckungsklausel, diese ist vielmehr von der Geschäftsstelle zu erteilen. Der von Amts wegen zugestellte Schiedsspruch und der diesen für vollstreckbar erklärende — von Amts wegen zugestellte — Beschluß bilden zusammen den zur Zwangsvollstreckung geeigneten Schuldtitel. Anders ist es mit dem (Schiedsgerichts-)Vergleiche. Dieser muß, auch wenn er in die Entscheidung des Vorsitzenden aufgenommen sein sollte, — ohne diese Entscheidung, denn sie ist von Amts wegen zugestellt — im Parteibetriebe zuzustellen. —

Abs. 3: In den Fällen der Widerrufsklage usw.

— **Güteklausel** — § 104: Für einen vor der Gütestelle geschlossenen Vergleich gelten die Vorschriften der §§ 97 und 99 entsprechend.

Zu § 104: Was von dem (Schiedsgerichts-)Vergleiche zu §§ 97, 99 ausgeführt ist, gilt auch von dem vor einer vereinbarten Gütestelle geschlossenen Vergleich.

Anmerkung: Der nach § 54 in der Güteverhandlung abgeschlossene Vergleich (Prozeßvergleich) — nicht zu verwechseln mit dem vor einer Gütestelle abgeschlossenen (§ 104) — bildet nach ZPO § 794 Abs. 1 Z. 1 in Verbindung mit ArbGG § 62 einen vollstreckbaren Titel, der im Parteibetriebe zuzustellen ist.

Im Parteibetriebe sind ferner zuzustellen Arreste und einstweilige Verfügungen. Dagegen sind Vollstreckungsbefehle von Amts wegen zuzustellen, da nach ZPO § 700 (die Vorschriften des Achten Buches finden nach § 62 Abs. 2 Anwendung) der Vollstreckungsbefehl einem für vorläufig vollstreckbar erklärten, auf Versäumnis erlassenen

Endurteile gleichsteht, Urteile aber (mit Ausnahme der Urteile der Landesarbeitsgerichte und des Reichsarbeitsgerichts) von Amts wegen zuzustellen sind. So Dersch-Volkmar zu § 46 Anm. 6; Schminke-Sell 2. Aufl. A. M. Baumbach, der den VBef. im Parteibetriebe zugestellt wissen will.

Aus **Vergleichen**, die vor dem **Innungsausschuß** geschlossen sind, und aus Sprüchen des Ausschusses, die von beiden Parteien anerkannt sind, findet die Zwangsvollstreckung statt. Die §§ 104 und 105 des Arbeitsgerichtsgesetzes gelten entsprechend — (§ 44 Abs. 3 der Ersten Verordnung über den vorläufigen Aufbau des deutschen Handwerks vom 15. 6. 1934 — RGBl I S. 493 —).

§ 104 ArbGG verweist auf § 99. Die Zwangsvollstreckung findet also nur statt, wenn der Vergleich von dem Vorsitzenden des Arbeitsgerichts für vollstreckbar erklärt worden ist.

Entscheidungen, durch die im Konkurse zum Vermögen einer **Erwerbs- und Wirtschaftsgenossenschaft** eine Vorschuß-, Zusatz- oder Nachschußberechnung für vorläufig vollstreckbar erklärt wird, nebst dem Auszug aus der Berechnung (Genossensch.-Ges. vom 20. Mai 1898 § 108 Abs. 2, § 109 Abs. 2, §§ 113, 114, RGBl S. 810);

die von einem deutschen Amtsgerichte durch Beschluß für vollstreckbar erklärten **Kostenentscheidungen ausländischer** Gerichte (Ges. vom 5. 4. 1909 §§ 5, 8, RGBl S. 430 f),

vgl. auch Ges. über die deutsch-russischen Verträge vom 12. 10. 25, RGBl II 1926, 1, Art. 13. Zuständig für die Vollstreckbarkeitserklärung — amtsgerichtlicher Beschluß — der Kostenentscheidungen der Gerichte der UdSSR. gegen einen von Sicherheitsleistung, Hinterlegung oder Vorauszahlung befreiten Kläger oder Nebenintervenienten ist das Amtsgericht, bei dem der Kostenschuldner seinen allgemeinen Gerichtsstand hat. In Ermangelung eines solchen ist das Amtsgericht zuständig, in dessen Bezirke sich Vermögen des Kostenschuldners befindet oder die Vollstreckungshandlung vorzunehmen ist. Das Amtsgericht hat eine von Amts wegen zu erteilende Beschlußausfertigung dem Reichsminister der Justiz einzureichen und, sofern dem Antrage stattgegeben ist, die Ausfertigung mit der Vollstreckungsklausel zu versehen. VO v. 12.3.26 RGBl II 179.

Vgl. ferner RGBl 1926 II S. 237 (1935 II S. 39) wegen der deutsch-polnischen Rechtsverträge. Verurteilungen eines Klägers oder Nebenintervenienten in die Prozeßkosten durch polnische Gerichte werden durch Beschluß des Amtsgerichts für vollstreckbar erklärt. Ist der Antrag auf Vollstreckbarkeitserklärung auf diplomatischem Wege gestellt, so hat das Amtsgericht eine von Amts wegen zu erteilende Ausfertigung seines Beschlusses dem Reichsminister der Justiz einzureichen und diese Ausfertigung, falls dem Antrag entsprochen ist, mit der Vollstreckungsklausel zu versehen. Ist der Antrag unmittelbar gestellt, so ist der Beschluß beiden Teilen von Amts wegen zuzustellen.

S. auch Art. 2 Abs. 1 der Vereinbarung mit Dänemark vom 6. Juni 1914 (RGBl S. 205) und 1932 II S. 20), nach der die Kostenentscheidungen gemäß Art. 18 f des Haager Abkommens nur in bewegliche Sachen zu vollstrecken sind;

die auf Grund der §§ 129, 130 der Seemannsordnung vom 2. Juni 1902 getroffenen Entscheidungen des **Seemannsamts** — RGBl 1902 S. 175 — (gemäß § 131 steht die nach den §§ 129, 130 getroffene Entscheidung einem für vorläufig vollstreckbar erklärten Urteile gleich);

rechtskräftige **Bestätigungsbeschlüsse** nach § 98 FGG;

Entscheidungen der gemischten **Schiedsgerichtshöfe**, § 4 des Ges. v. 10. 8. 20 (RGBl S. 1569);

die rechtskräftigen Entscheidungen der **Versicherungsbehörden** in Streitigkeiten aus dem Dienstverhältnisse der Angestellten der Krankenkassen, Berufsgenossenschaften usw., § 358 Abs. 5, § 413 Abs. 2, § 705 Abs. 6, § 1147 der Reichsvers.-O (in der Fassung vom 15. 12. 1924, 9. 1. 1926).

Gesetz über das Reichswirtschaftsgericht vom 25. 2. 1938 — RGBl I S. 216 —.

§ 47: Wird ein Urteil auf Grund der Vorschriften der §§ 45 und 46 (Berichtigung von Schreibfehlern und

Wiederaufnahme des Verfahrens) abgeändert, so ist jeder Beteiligte, der auf Grund des Urteils etwas zu Unrecht erhalten hat, verpflichtet, das Empfangene zurückzugeben, soweit nicht in sonstigen Vorschriften ein anderes bestimmt ist. Über diese Verpflichtung entscheidet ausschließlich das Reichswirtschaftsgericht in dem Berichtigungs- oder in dem wiederaufgenommenen Verfahren.

§ 48: 1. Aus dem Urteil, der im § 47 bezeichneten Entscheidung und aus einem vor einem Senat, einem Vorsitzenden oder einem Reichswirtschaftsgerichtsrat abgeschlossenen, in die Verhandlungsniederschrift aufgenommenen Vergleich findet die Zwangsvollstreckung statt.

2. Auf die Zwangsvollstreckung finden die Vorschriften der Zivilprozeßordnung sinngemäße Anwendung.

3. Die vollstreckbare Ausfertigung wird durch die Geschäftsstelle erteilt. Die nach § 732 der Zivilprozeßordnung erforderlichen Entscheidungen sind durch den Vorsitzenden zu treffen. Das Reichswirtschaftsgericht gilt im Sinne der §§ 731, 767 bis 770, 791, 887 bis 890, 893 der Zivilprozeßordnung als Prozeßgericht; es entscheidet bei Vergleichen auf die im § 797 Abs. 5 der Zivilprozeßordnung bezeichneten Klagen. Die Vorschriften der §§ 916 bis 945 der Zivilprozeßordnung finden keine Anwendung.

§ 55 Abs. 4: Der Kostenbetrag, der einem Beteiligten auf Grund einer Entscheidung oder eines gerichtlichen Vergleichs zu erstatten ist, wird auf Antrag endgültig durch den Vorsitzenden festgesetzt. Der Beschluß ist den Beteiligten zuzustellen.

Abs. 5: Auf den Festsetzungsbeschluß findet § 48 entsprechende Anwendung.

Eine dem Verletzten im Strafverfahren zuerkannte **Geldbuße** wird nach denselben Vorschriften wie die Geldforderung eines Gläubigers beigetrieben (StPO § 463). Den Auftrag erteilt der Verletzte. An die Stelle der vollstreckbaren Ausfertigung tritt eine von dem Urkundsbeamten des Gerichts erster Instanz erteilte, mit der Bescheinigung der Vollstreckbarkeit versehene beglaubigte

Abschrift der Urteilsformel, die der Verletzte zu überreichen hat.

Rechtskräftige Entscheidungen der **Anerbengerichte**, der Erbhofgerichte und des Reichserbhofgerichts (Reichserbhofgesetz § 50 — RGBl 33 I S. 685 —).

Erste Durchführungsverordnung zum Reichserbhofgesetz, insbes. über Einrichtung und Verfahren der Anerbenbehörden. Vom 19. 10. 33 — RGBl I S. 749 —.

§ 15: Im Verfahren über die Ansprüche der Versorgungsberechtigten (§ 32 des Gesetzes) sowie über die Verteilung von Verbindlichkeiten (§§ 22, 36 des Ges.) soll in allen geeigneten Fällen zunächst der Versuch einer gütlichen Einigung gemacht werden.

Abs. 2: Vorgel., gen.

Abs. 3: Aus dem Vergleich findet die Zwangsvollstreckung nach den Vorschriften der ZPO statt.

§ 115 e Abs. 2 Z. 5 **Genossenschaftsges.** (RGBl I 33 S. 1089):

Eine Zwangsvollstreckung aus dem rechtskräftig bestätigten Zwangsvergleich **gegen einen Dritten**, der **neben der Genossenschaft ohne Vorbehalt der Einrede** der Vorausklage **Verpflichtungen übernommen hat** (§ 194 der KO), findet nur statt, wenn der Dritte die Verpflichtungserklärung in öffentlich beglaubigter Form gegenüber dem Gericht oder mündlich in dem Vergleichstermin abgegeben hat.

Gesetz zur Regelung der Auszahlung gekündigter Geschäftsguthaben bei gemeinnützigen Baugenossenschaften. Vom 20. 7. 33 — RGBl I S. 525 —.

§ 6: Hat ein Gläubiger für seinen Anspruch bereits einen vollstreckbaren Schuldtitel, so ist die Zwangsvollstreckung für die Dauer der bewilligten Zahlungsfrist unzulässig.

§ 15 Abs. 2: Aus der **rechtskräftigen** Entscheidung der Spruchstelle über die Kosten findet die Zwangsvollstreckung nach den Vorschriften der ZPO statt.

Der Beschluß über die Festsetzung der Vergütung für die Geschäftsführung des Konkursverwalters bildet nach

Rechtskraft gem. § 794 Nr. 3 der ZPO einen vollstreckbaren Titel (KO § 85, vgl. RG 61, 261).

Dritte Verordnung zur Durchführung der landwirtschaftlichen Schuldenregelung. Vom 15. 9. 33 — RGBl I 1933 S. 641.

Art. 12: Die Eröffnung des Entschuldungsverfahrens hat die Wirkung, daß die dem Betriebsinhaber zustehenden **Eigentümergrundpfandrechte** nicht **gepfändet,** verpfändet oder übertragen werden können usw.

Sechste Verordnung zur Durchführung der landwirtschaftlichen Schuldenregelung. Vom 7. 7. 1934 — RGBl. I S. 609 —

Art. 8: 1. Wird ein am Verfahren beteiligter Gläubiger während des Verfahrens wegen seiner Forderung, außer in den Fällen des Art. 7, ganz oder teilweise befriedigt, so ist er im Falle der Kürzung seiner Forderung im Zwangsvergleichsverfahren verpflichtet, den zuviel erhaltenen Betrag an die Entschuldungsstelle herauszugeben ....

2. Die Verpflichtung zur Herausgabe ist im Vergleichsvorschlage festzusetzen; gegebenenfalls entscheidet das Entschuldungsgericht (Art. 4 Abs. 2). Auf Grund einer Ausfertigung des rechtskräftig bestätigten Vergleichsvorschlags kann die Entschuldungsstelle gegen den Gläubiger die Zwangsvollstreckung nach den Vorschriften der ZPO betreiben.

3. usw.

Auf Grund eines **Auszugs aus dem bestätigten Entschuldungsplan (Zwangsvergleich)** findet die Zwangsvollstreckung gegen den Betriebsinhaber in gleicher Weise statt, wie aus einem vollstreckbaren gerichtlichen Urteil, und zwar

1. wegen der wiederkehrenden Leistungen der im Entschuldungsplan oder Vergleichsvorschlage festgestellten Forderungen (Art. 34 der Siebenten DVO),
2. wegen des Hauptanspruchs einschließlich einer etwaigen Zusatzforderung in den Fällen, in denen die im Art. 3 Abs. 1 bezeichnete Gemeinschaftliche Richtlinie unter bestimmten Voraussetzungen nach

Kündigung die vorzeitige Fälligkeit der ganzen Forderung oder Grundschuld vorsieht;

3. wegen der wiederkehrenden Leistungen einschließlich der auf diese Leistungen zu entrichtenden Zinsen, die während des Schuldenregelungsverfahrens für die im Entschuldungsplan (Zwangsvergleich) festgestellten Forderungen aufgelaufen sind; ihre Höhe und Fälligkeit sind in Zweifelsfällen auf Antrag des Gläubigers durch unanfechtbaren Beschluß des Entschuldungsamts festzustellen;
4. wegen der vom Betriebsinhaber zu entrichtenden Spitzenbeträge.

Soweit Leistungen aus einer Hypothek, Grundschuld, Rentenschuld oder Reallast in Frage stehen, ist die Zwangsvollstreckung auch gegen den jeweiligen Eigentümer des Grundstücks zulässig.

Die vollstreckbare Ausfertigung des Entschuldungsplans (Zwangsvergleichs) wird durch den Urkundsbeamten der Geschäftsstelle des Entschuldungsamts erteilt; der Umstand, daß die Vollstreckungsklausel durch den Urkundsbeamten der Geschäftsstelle des Amtsgerichts erteilt ist, steht der Wirksamkeit der Klausel nicht entgegen. Die vollstreckbare Ausfertigung wegen des Hauptanspruchs nach Nr. 2 ist zu erteilen, wenn die Voraussetzungen der vorzeitigen Fälligkeit glaubhaft gemacht sind. Ist ein Beschluß nach Nr. 3 ergangen, so ist eine Ausfertigung des Beschlusses mit der Ausfertigung des Entschuldungsplans (Zwangsvergleichs) zu verbinden. Ist im Entschuldungsplan (Zwangsvergleich) für eine abzulösende Forderung noch der bisherige Gläubiger aufgeführt, so ist die vollstreckbare Ausfertigung der Entschuldungsstelle oder beauftragten Kreditanstalt zu erteilen, wenn sie schriftlich erklärt, daß die Ablösung stattgefunden hat.

(Art. 28 der Neunten Verordnung zur Durchführung der landwirtschaftlichen Schuldenregelung vom 24. 11. 1937 — RGBl I S. 1305 —).

Gesetz zur Ordnung der nationalen Arbeit — RGBl I 34 S. 45. — Vom 20. 1. 1934.

§ 53 Abs. 2: Die Vollstreckung der eine **Ordnungsstrafe** in Geld aussprechenden Entscheidung erfolgt durch den Treuhänder der Arbeit auf Grund einer von dem Urkundsbeamten des erkennenden Gerichts erteilten, mit der Bescheinigung der Vollstreckbarkeit versehenen beglaubigten Abschrift der Entscheidungsformel nach den Vorschriften über die Vollstreckung der Urteile in bürgerlichen Rechtsstreitigkeiten.

Dritte Verordnung zur Durchführung des Gesetzes zur **Ordnung der nationalen Arbeit** (Bildung und Verfahren der **Ehrengerichte).** Vom 28.3.1934 — RGBl I S.255 —.

§ 25: Für das ehrengerichtliche Verfahren werden nur Barauslagen in Ansatz gebracht. Ihr Betrag ist vom Vorsitzenden des Ehrengerichts festzusetzen. Die Festsetzung ist vollstreckbar.

§ 26: Die Vollstreckung der gerichtlichen Entscheidungen liegt dem Vorsitzenden des Ehrengerichts ob. Ordnungsstrafen in Geld und Kosten werden auf Grund einer vom Urkundsbeamten des erkennenden Gerichts erteilten, mit der Bescheinigung der Vollstreckbarkeit versehenen beglaubigten Abschrift der Entscheidungsformel nach den Vorschriften über die Vollstreckung der Urteile in bürgerlichen Rechtsstreitigkeiten beigetrieben.

Die Vorschriften der §§ 53, 54 des Gesetzes bleiben unberührt.

Verordnung zur Durchführung des Gesetzes zur Vereinheitlichung der Fideikommißauflösung. Vom 24. 8. 1935 — RGBl I S. 1103 —.

§ 21 Zwangsvollstreckung

1. Die Zwangsvollstreckung aus den Entscheidungen des Obersten Fideikommißgerichts (§ 19 des Gesetzes zur Vereinheitlichung der Fideikommißauflösung) erfolgt, soweit es sich um die Vollstreckung vermögensrechtlicher Ansprüche bestimmter Beteiligter handelt, auf deren Betreiben. Die vollstreckbaren Ausfertigungen werden, soweit sie nach den Vorschriften der ZPO von dem Urkundsbeamten der Rechtsmittelinstanz zu erteilen sind, auf Anordnung des Vorsitzenden von dem Urkundsbeamten des Obersten Fideikommißgerichts (§ 24) erteilt.

2. Im übrigen veranlaßt der Vorsitzende des Obersten Fideikommißgerichts die Zwangsvollstreckung. Der Vollstreckungsauftrag ist schriftlich zu erteilen. Er ersetzt die vollstreckbare Ausfertigung. Der Vorsitzende kann seine Befugnisse auf den Vorsitzenden des Fideikommißsenats übertragen.

Gesetz über die Rheinschiffahrtsgerichte. Vom 5. 9. 1935 — RGBl I S. 1142 —.

§ 8: Entscheidungen außerdeutscher Rheinschiffahrtsgerichte werden auf Grund einer vom Rheinschiffahrtsobergericht zu Köln mit der Vollstreckungsklausel (§ 724 der ZPO, § 451 der StPO) kostenfrei zu versehenden Ausfertigung vollstreckt.

Reichs-Rechtsanwaltsordnung. Fassung vom 21. 2. 1936 — RGBl I S. 107 —.

§ 48: Die Reichs-Rechtsanwaltskammer kann zur Erfüllung ihrer Aufgaben von ihren Mitgliedern Beiträge erheben, soweit die erforderlichen Mittel nicht auf andere Weise aufgebracht werden.

Bei Bemessung der Beiträge ist auf die wirtschaftliche Lage der Mitglieder Rücksicht zu nehmen. Die Beiträge sind angemessen zu staffeln. Rückständige Beiträge können auf Grund einer von dem Präsidenten der Reichs-Rechtsanwaltskammer ausgestellten, mit der Bescheinigung der Vollstreckbarkeit versehenen Zahlungsaufforderung nach den Vorschriften über die Vollstreckung von Urteilen in bürgerlichen Rechtsstreitigkeiten eingezogen werden.

§ 105: Geldstrafen (§§ 60, 65) fließen zur Kasse der Reichs-Rechtsanwaltskammer. Die Vollstreckung der eine Geldstrafe aussprechenden Entscheidung erfolgt auf Grund einer von dem Präsidenten der Rechtsanwaltskammer erteilten, mit der Bescheinigung der Vollstreckbarkeit versehenen beglaubigten Abschrift der Entscheidungsformel nach den Vorschriften über die Vollstreckung der Urteile in bürgerlichen Rechtsstreitigkeiten.

Dasselbe gilt von der Vollstreckung der die Kosten festsetzenden Verfügung.

Die Vollstreckung wird von dem Präsidenten der Rechtsanwaltskammer betrieben.

Reichsnotarordnung vom 13. 2. 1937 — RGBl I S. 191 —.

§ 59 Abs. 2: Rückständige Beiträge können auf Grund einer von dem Präsidenten der Reichsnotarkammer ausgestellten, mit der Bescheinigung der Vollstreckbarkeit versehenen Zahlungsaufforderung nach den Vorschriften über die Vollstreckung der Urteile in bürgerlichen Rechtsstreitigkeiten eingezogen werden.

§ 58 Abs. 2: Die Ordnungsstrafen fließen zur Kasse der Reichsnotarkammer; sie werden wie rückständige Beiträge beigetrieben (§ 59 Abs. 2).

Schriftleitergesetz. Vom 4. 10. 33 (RGBl I S. 713) — DVO vom 19. 10. 33 (RGBl I S. 1083).

Ordnungsstrafen sind an die Kasse des Reichsverbandes abzuführen. Die Vollstreckung der Ordnungsstrafe geschieht nach denselben Grundsätzen wie bei der Vollstreckung zivilgerichtlicher Urteile. An Stelle des bei Zivilurteilen tätigen Urkundsbeamten tritt der Vorsitzende des erkennenden Gerichts, der die beglaubigte Abschrift der Entscheidungsformel mit der Vollstreckungsklausel zu versehen hat.

Bei Löschung in der Berufsliste wird vom Vorsitzenden des Landesverbandes vollstreckt.

Aktiengesetz. Vom 30. 1. 1937 — RGBl I S. 107 —.

§ 27 Abs. 2: Die Gründungsprüfer haben Anspruch auf Ersatz angemessener barer Auslagen und auf Vergütung für ihre Tätigkeit. Die Auslagen und die Vergütung setzt das Gericht fest; gegen die Festsetzung ist die sofortige Beschwerde zulässig; die weitere Beschwerde ist ausgeschlossen. **Aus der rechtskräftigen Festsetzung findet die Zwangsvollstreckung nach der ZPO statt.**

Aus dem **Schiedsspruch eines Schiedsrichters** (ZPO §§ 1025 flg.) oder aus einem schiedsrichterlichen Vergleich, in dem sich der Schuldner der sofortigen Zwangsvollstreckung unterworfen hat, findet die Zwangsvollstreckung nur dann statt, wenn der Schiedsspruch (ZPO § 1042) oder der schiedsrichterliche Vergleich (ZPO § 1044 a) für vollstreckbar erklärt ist. Für die Vollstreckbarerklärung ist das Amtsgericht oder das Landgericht zuständig, welches in dem Schiedsvertrag als solches bezeichnet ist, und in Ermangelung einer derartigen Bezeichnung das Amtsgericht oder das Landgericht, welches für die gerichtliche Geltendmachung des Anspruchs zuständig sein würde (ZPO § 1045). Der Beschluß, durch den der Schiedsspruch oder der schiedsrichterliche Vergleich für vollstreckbar erklärt wird, ist für vorläufig vollstreckbar zu erklären.

Gesetz über die Fälligkeit und Verzinsung der Aufwertungshypotheken (Fälligkeitsgesetz). Vom 18. 7. 1930, RGBl I S. 300.

§ 13: Wenn der Gläubiger bereits für seinen Anspruch einen vollstreckbaren Titel hat, so ist die Zwangsvollstreckung für die Dauer der bewilligten Zahlungsfrist unzulässig.

(Das gilt auch nach § 7 des Zweiten Gesetzes (Kapitalverkehrsgesetz) vom 20. 12. 1933 — RGBl I S. 1092 — für die neue Zahlungsfrist.)

§ 25: Aus Vergleichen der Aufwertungsstelle und rechtskräftigen Entscheidungen über die Kosten findet die Zwangsvollstreckung nach den Vorschriften der ZPO statt.

Verordnung zur Durchführung der Aufwertungsschlußgesetze. Vom 1. 5. 1931 — RGBl I S. 140 —.

§ 9: Im Falle des Art. 24 der DVO zum AufwGes vom 29. 11. 1925 kann die vollstreckbare Ausfertigung auch für die gesetzlichen Zinsen erteilt werden.

Verordnung des Reichspräsidenten über die Fälligkeit von Hypotheken und Grundschulden. Vom 11. 11. 1932 — RGBl I S. 525 —.

§ 10 Abs. 2: Aus der rechtskräftigen Entscheidung über die Kosten sowie aus einem vor Gericht abgeschlossenen Vergleich findet die Zwangsvollstreckung nach den Vorschriften der ZPO statt.

Abs. 3: Ist ein Anspruch nach Grund und Betrag unstreitig und der Gläubiger noch nicht im Besitze eines vollstreckbaren Titels, so hat das Gericht auf Antrag des Gläubigers in der Entscheidung die Zahlungspflicht auszusprechen. Die rechtskräftige Entscheidung steht dem in einem bürgerlichen Rechtsstreit ergangenen rechtskräftigen Urteil gleich.

Gem. § 4 Abs. 4 des Dritten Gesetzes über einige Maßnahmen auf dem Gebiete des **Kapitalverkehrs** vom 13. 12. 1935 — RGBl I S. 1467 — finden die vorstehenden Vorschriften (§ 10 Abs. 2, 3) Anwendung.

Vgl. auch die Verordnung zur Regelung der Aufwertungsfälligkeiten vom 21. 12. 1936 — RGBl I S. 1121 —, insbesondere Art. 10.

Schuldtitel in gewissen Fällen

Genügend oder erforderlich ist für die Zwangsvollstreckung

1. in das Vermögen eines **nicht rechtsfähigen Vereins** ein gegen den Verein ergangenes Urteil;

(Eine beschränkte Rechtsfähigkeit ist dem nicht rechtsfähigen Verein insofern beigelegt, als er als solcher gemäß § 50 Abs. 2 der ZPO verklagt werden kann (Parteifähigkeit) und demgemäß nach § 735 der ZPO Zwangsvollstreckung gegen ihn stattfindet. Der Verein wird in diesen Beziehungen genau so behandelt wie ein rechtsfähiger Verein, woraus folgt, daß der Vorstand die ihm sonst nicht gebührende Stellung eines gesetzlichen Vertreters hat.)

2. in das **Gesellschaftsvermögen** einer **Gesellschaft des bürgerlichen Rechts** (BGB § 705) ein gegen alle Gesellschafter ergangenes Urteil (ZPO § 736);

(Diese Gesellschaft ist nicht rechtsfähig. Es können immer nur alle Gesellschafter unter ihrem Namen klagen und verklagt werden.)

3. in das Gesellschaftsvermögen einer **offenen Handelsgesellschaft** oder einer **Kommanditgesellschaft** ein gegen die Gesellschaft gerichteter vollstreckbarer Schuldtitel (HGB § 124 Abs. 2, § 161 Abs. 2);

(Aus einem Titel gegen die einzelnen Gesellschafter kann nicht in das Gesellschaftsvermögen vollstreckt werden. Der gegen die Gesellschaft lautende Schuldtitel ist nicht in das Privatvermögen der Gesellschafter vollstreckbar. Tritt eine offene Handelsgesellschaft in Liquidation, so kann ohne Umschreibung der Klausel die Vollstreckung betrieben werden.)

4. in die dem **Nießbrauch** an einem Vermögen unterliegenden Gegenstände wegen der vor der Bestellung des Nießbrauchs entstandenen Verbindlichkeiten des Bestellers die Verurteilung des Bestellers zu der Leistung und des Nießbrauchers zur Duldung der Zwangsvollstreckung (ZPO § 737 Abs. 1);

(Ist die Bestellung des Nießbrauchs nach der rechtskräftigen Feststellung einer Schuld des Bestellers erfolgt, so ist die Vollstreckungsklausel gegen den Nießbraucher als Rechtsnachfolger des Bestellers auf Anordnung des Vorsitzenden zu erteilen (ZPO § 738). Ein besonderer vollstreckbarer Titel ist danach nicht erforderlich.)

5. in die dem **Nießbrauch an einer Erbschaft** unterliegenden Gegenstände wegen der Nachlaßverbindlichkeiten (BGB § 1967) die Verurteilung des Erben zu der Leistung und des Nießbrauchers zur Duldung der Zwangsvollstreckung (ZPO § 737 Abs. 2);

(Das in der Anmerkung zu 4 Gesagte gilt entsprechend. Vgl. BGB § 1089.)

6. in das **eingebrachte Gut der Ehefrau** bei dem Güterstande der Verwaltung und Nutznießung, der Errungenschaftsgemeinschaft oder der Fahrnisgemeinschaft die Verurteilung der Ehefrau zu der Leistung und des Ehemanns zur Duldung der Zwangsvollstreckung in das eingebrachte Gut (ZPO § 739);

(Sind **Eheleute** zur Leistung als Gesamtschuldner verurteilt, so bedarf es zur Vollstreckung in das eingebrachte Gut der Frau einer besonderen Verurteilung des Mannes zur Duldung der Zwangsvollstreckung. Der Mann kann wegen einer Forderung an die Frau die Zwangsvollstreckung in das in seinen Händen befindliche Vermögen der Frau auf Grund eines gegen die Ehefrau allein vorliegenden Schuldtitels betreiben. Ist eine Ehefrau mit ihrer Klage kostenpflichtig zurückgewiesen worden, so kann auf Grund des gegen sie erlassenen Kostenfestsetzungsbeschlusses in das eingebrachte Gut (BGB § 1412 Abs. 2) nur dann vollstreckt werden, wenn außerdem ein Urteil gegen den Mann auf Duldung der Zwangsvollstreckung vorliegt, oder wenn der Mann die Zwangsvollstreckung gemäß § 794 Abs. 2 der ZPO bewilligt. Zur Vollstreckung in **Vorbehaltsgut** der Frau (BGB §§ 1365 f) genügt ein Schuldtitel gegen die Frau allein. Die Verurteilung zur Duldung ist auch dann erforderlich, wenn die Ehefrau vom Manne getrennt lebt (Ann OLG 31, 342).

Ist zum Vermögen des Ehemanns das Konkursverfahren rechtskräftig eröffnet worden, so endigt die Verwaltung und Nutznießung, ohne wieder aufzuleben. BGB § 1419. Eine Verurteilung zur Duldung der Zwangsvollstreckung wäre nur dann erforderlich, wenn die Eheleute gemäß § 1434 des BGB durch einen bei gleichzeitiger Anwesenheit beider Teile vor Gericht oder vor einem Notar geschlossenen Ehevertrag den gesetzlichen Güterstand wieder eingeführt hätten. Ann OLG 34, 149.

Der Arrest bezweckt lediglich die Sicherung der künftigen Vollstreckung. Eine Verurteilung ist ausgeschlossen. Deshalb kann ein Arrest gegen eine Ehefrau auch ohne Verurteilung des Ehemannes zur Duldung in das eingebrachte Gut vollstreckt werden. OLG 18, 396.

Ist ein Schuldtitel für oder gegen die Frau schon bei Eingehung der Ehe vorhanden oder wird er nachträglich auf Grund eines damals bereits anhängigen Prozesses erlassen, so ist in Ansehung des eingebrachten Gutes der Ehefrau auf Anordnung des Vorsitzenden die Vollstreckungsklausel für oder gegen den Ehemann als Rechtsnachfolger der Ehefrau zu erlassen. Der Ehemann braucht also nicht noch besonders zu klagen oder verklagt zu werden.)

7. in das **Gesamtgut** bei dem Güterstande der allgemeinen Gütergemeinschaft, der Errungenschaftsgemeinschaft oder der Fahrnisgemeinschaft ein gegen den Ehemann ergangenes Urteil (ZPO § 740).

(Auf Grund eines gegen den Ehemann allein erst nach der Auflösung der Gütergemeinschaft ergangenen Urteils findet die Zwangsvollstreckung gegen die Ehefrau nicht statt; vgl. Nr. 9.)

8. in das eingebrachte Gut und in das Gesamtgut, wenn die Ehefrau selbständig ein **Erwerbsgeschäft** betreibt, ein gegen die Ehefrau ergangenes Urteil, es sei denn, daß zur Zeit des Eintritts der Rechtshängigkeit der Einspruch des Ehemanns gegen den Betrieb des Erwerbsgeschäfts oder der Widerruf seiner Einwilligung zu dem Betrieb im Güterrechtsregister eingetragen war (ZPO § 741);

9. in das **Gesamtgut nach der Beendigung** der allgemeinen Gütergemeinschaft, der Errungenschaftsgemeinschaft oder der Fahrnisgemeinschaft vor der Auseinandersetzung die Verurteilung beider Ehegatten zu der Leistung oder des einen Ehegatten zu der Leistung und des andern zur Duldung der Zwangsvollstreckung (ZPO § 743);

10. in das **Gesamtgut der fortgesetzten Gütergemeinschaft** ein gegen den überlebenden Ehegatten ergangenes Urteil (ZPO § 745 Abs. 1);

11. in das **Gesamtgut nach der Beendigung der fortgesetzten Gütergemeinschaft** die Verurteilung des überlebenden Ehegatten und der anteilsberechtigten Abkömmlinge zu der Leistung oder die Verurteilung des überlebenden Ehegatten zu der Leistung und der anteilsberechtigten Abkömmlinge zur Duldung der Zwangsvollstreckung oder die Verurteilung der anteilsberechtigten Abkömmlinge zu der Leistung und des überlebenden Ehegatten zur Duldung der Zwangsvollstreckung (ZPO § 745 Abs. 2, § 743);

12. in das der **elterlichen Nutznießung** unterliegende Vermögen des Kindes ein gegen das Kind ergangenes Urteil (ZPO § 746);

(Die Vollstreckung ist auch in das freie Vermögen (BGB §§ 1650, 1651) zulässig. Die Gläubiger des Kindes können ohne Rücksicht auf die elterliche Nutznießung Befriedigung aus dem Vermögen des Kindes verlangen, BGB § 1659. Das Kind kann z. B. aus unerlaubten Handlungen (BGB §§ 828, 829), aus Rechtsgeschäften beim genehmigten, selbständigen Betrieb eines Erwerbsgeschäfts gemäß § 112 des BGB, aus Rechtsverhältnissen, die sich auf das „freie Vermögen“ des Kindes beziehen, schuldig werden.)

13. in einen **Nachlaß** bei dem Vorhandensein mehrerer Erben bis zur Teilung ein gegen alle Erben ergangenes Urteil (ZPO § 747);

(Eine Zwangsvollstreckung, die zur Zeit des Todes des Schuldners gegen diesen bereits begonnen hatte, wird ohne weiteres in den Nachlaß desselben fortgesetzt. Hatte die Vollstreckung aber noch nicht begonnen (sie beginnt mit der Pfändung), so ist die Vollstreckungsklausel nach § 727 der ZPO gegen alle Erben zu erteilen. Hat die Vollstreckung zur Zeit des Todes des Schuldners noch nicht begonnen, so ist, **solange der Erbe die Erbschaft noch nicht angenommen hat,** eine Vollstreckung **für Nachlaßgläubiger nur in den Nachlaß** (nicht in das sonstige Vermögen des Erben) zulässig. Soll in dieser Zeit in den Nachlaß vollstreckt werden, so hat auf Antrag des Gläubigers das nach § 72 des FGG zuständige Nachlaßgericht einen Nachlaßpfleger zu bestellen, soweit ein Bedürfnis hierfür besteht. Ein Bedürfnis wird dann nicht bestehen, wenn nur in der Person des Erben Hinderungsgründe vorliegen, die die Einleitung einer Vormundschaft oder Pflegschaft für ihn selbst rechtfertigen, oder wenn ein Testamentsvollstrecker vorhanden ist. Ist der Nachlaßpfleger bestellt, so ist gegen ihn (als Gegner des Nachlaßgläubigers) die Rechtsnachfolgeklausel zu erteilen.

Hat aber der Erbe die Erbschaft angenommen, so ist die Vollstreckung auf Grund einer Rechtsnachfolgeklausel gegen ihn sowohl in den Nachlaß als auch in sein eigenes Vermögen zulässig. Vorbehalt der Beschränkung der Haftung, der sich im Schuldtitel befinden muß, wird bei der Zwangsvollstreckung nicht beachtet. Der Erbe muß die ihm zustehenden Befugnisse auf Beschränkung der Haftung im Wege der Klage gemäß §§ 785, 767, 769, 770 geltend machen — ZPO § 781 —.)

14. in einen **Nachlaß,** der im ganzen der Verwaltung eines **Testamentsvollstreckers** unterliegt, ein gegen den Testamentsvollstrecker ergangenes Urteil, wenn aber die Vollstreckung wegen eines Pflichtteilanspruchs erfolgen soll, ein sowohl gegen den Erben als gegen den Testamentsvollstrecker ergangenes Urteil (ZPO § 748 Abs. 1, 3);

(Ein Urteil, das zwischen dem zur Verpflichtung des Nachlasses gemäß §§ 2206, 2207, 2209 des BGB berechtigten Testamentsvollstrecker und einem Dritten ergeht, wirkt für und gegen den Erben (ZPO § 327 Abs. 2). In diesem Falle kann gegen den Erben eine Vollstreckungsklausel (ZPO § 728 Abs. 2) erteilt werden, auch wenn die Verwaltung des Testamentsvollstreckers noch besteht. Dagegen kann die Ausfertigung eines zugunsten des Testamentsvollstreckers ergangenen Urteils für den Erben erst nach der Beendigung der Verwaltung des Testamentsvollstreckers erteilt werden.

Auf Grund eines Urteils gegen den Erben kann in dem Falle des § 748 Abs. 1 der ZPO die Zwangsvollstreckung nur in sein Privatvermögen betrieben werden.)

15. **in einzelne Nachlaßgegenstände,** deren Verwaltung dem nicht zur Verwaltung des ganzen Nachlasses berufenen Testamentsvollstrecker zusteht, die Verurteilung des Erben zu der Leistung, des Testamentsvollstreckers zur Duldung der Zwangsvollstreckung, wenn aber die Vollstreckung wegen eines Pflichtteilanspruchs erfolgen soll, die Verurteilung sowohl des Erben als des Testamentsvollstreckers (ZPO § 748 Abs. 2, 3);

(Steht dem Testamentsvollstrecker gar kein Verwaltungsrecht zu, so ist die Klage allein gegen den Erben zu richten, ebenso, wenn dieser als unbeschränkt haftender Erbe in Anspruch genommen wird.)

16. in die der Verwaltung des Testamentsvollstreckers unterliegenden Nachlaßgegenstände ein gegen den **Erblasser** ergangenes Urteil (ZPO § 749 Satz 2);

(Die Vollstreckungsklausel ist nicht, was eigentlich nach § 727 der ZPO notwendig wäre, gegen den Erben, sondern gegen den Testamentsvollstrecker als Rechtsnachfolger des Erblassers auf Anordnung des Vorsitzenden zu erteilen. Ohne Rechtsnachfolgeklausel ist die Vollstreckung unwirksam.)

Steht der Schuldner unter Vormundschaft, so hat sich der Zwang gegen den Vormund zu richten. Wenn sich Vermögen eines Mündels im Besitze des Vormundes befindet, kann, wenn seine Eigenschaft als Mündelvermögen feststeht, also auch gegen den Willen des Vormundes vollstreckt werden; der Vormund ist nicht Dritter. Hat der Mündel selbst Vermögen im Besitz, so kann auch gegen ihn unmittelbar vollstreckt werden.

Der gegen eine nichteingetragene Firma gerichtete Titel ist nicht zur Zwangsvollstreckung geeignet. LG Bremen. DJ Das Recht 1935, Nr. 298.

Ausländische Schuldtitel

sind zur Zwangsvollstreckung nicht geeignet. Sie werden zu geeigneten Vollstreckungstiteln, wenn der Gläubiger

a) zugleich mit ihnen oder — soweit zulässig — an ihrer Stelle die vollstreckbare Ausfertigung des von einem deutschen Gericht erlassenen Vollstreckungsurteils beibringt (ZPO § 722); das Vollstreckungsurteil steht einem gewöhnlichen Urteil gleich;

b) bei **österreichischen** Schuldtiteln der in Artikel 19 und 32 des deutsch-österreichischen Vertrags vom 21. Juni 1923 (RGBl II 1924 S. 55) bezeichneten Art zugleich die vollstreckbare Ausfertigung eines Beschlusses eines deutschen Gerichts vorlegt, durch den die Zwangsvollstreckung aus dem österreichischen Titel bewilligt worden ist (Art. 20, 30 des Vertrags). Gemäß Artikel II des Gesetzes über die Wiedervereinigung Österreichs mit dem Deutschen Reich vom 13. März 1938 — RGBl I S. 237 — bleibt das derzeit in Österreich geltende Recht bis auf weiteres in Kraft. Die Einführung des Reichsrechts in Österreich erfolgt durch den Führer und Reichskanzler oder den von ihm hierzu ermächtigten Reichsminister. Reichsgesetze, die nach dem Inkrafttreten des Gesetzes vom 13. März 1938 verkündet werden, gelten nach dem Ersten Erlaß des Führers und Reichskanzlers über die Einführung deutscher Reichsgesetze in Österreich vom 15. März 1938 — RGBl I S. 247 — für das Land Österreich, sofern ihre Inkraftsetzung für das Land Österreich nicht ausdrücklich vorbehalten ist;

c) bei **schweizerischen** Schuldtiteln der in Artikel 1 und 8 des deutsch-schweizerischen Vollstreckungsabkommens vom 2. November 1929 (RGBl II 1930 S. 1065) bezeichneten Art zugleich die vollstreckbare Ausfertigung eines Urteils oder eines Beschlusses eines deutschen Gerichts vorlegt, durch den die Zwangsvollstreckung aus dem schweizerischen Titel bewilligt worden ist (AusfV vom 23. August 1930, RGBl II S. 1029, Art. 1 und 2);

d) hinsichtlich der in ausländischen Entscheidungen enthaltenen **Kostenentscheidungen** gegen im Deutschen Reich wohnende Kläger (oder Intervenienten) die vollstreckbare Ausfertigung eines Beschlusses eines deutschen Gerichts vorlegt, durch welche die Kostenentscheidung auf Grund der Artikel 18, 19 des Haager Abkommens über den Zivilprozeß (§§ 5, 8 des Gesetzes vom 5. April 1909, RGBl S. 430) oder gleichartiger Bestimmungen anderer Staatsverträge für im Inland vollstreckbar erklärt worden ist.

Aus ausländischen Schiedssprüchen und schiedsrichterlichen Vergleichen findet eine Zwangsvollstreckung nur statt, wenn die Ausfertigung eines Urteils oder eines Beschlusses eines deutschen Gerichts vorgelegt wird, durch die sie für vollstreckbar erklärt worden sind (ZPO § 1042 Abs. 1, § 1044 Abs. 1, § 1044 a).

Wegen des **deutsch-italienischen Vollstreckungsabkommens** vom 9. 3. 1936 — RGBl 1937 II S. 145 — vgl. DJ 1937 S. 888.

Ohne Vollstreckungsklausel

sind vollstreckbar

a) die Ausfertigungen der im Mahnverfahren erlassenen Vollstreckungsbefehle;

b) die Arrestbefehle und einstweiligen Verfügungen, auch wenn sie durch Urteil erlassen worden sind;

c) Entscheidungen des Seemannsamts (§§ 129, 130 Seemannsordnung vom 2. Juni 1902);

d) die auf die vollstreckbare Ausfertigung des Urteils gesetzten Kostenfestsetzungsbeschlüsse. (Die dem Urteile beigefügte Vollstreckungsklausel gilt zugleich für diesen Festsetzungsbeschluß.)

Soll jedoch in den Fällen a—d für oder gegen eine andere Person, als die in dem Schuldtitel bezeichnete vollstreckt werden, so ist eine die Person namhaft machende Vollstreckungsklausel erforderlich.

2 Bezeichnung der Parteien

Der Gläubiger, der den Antrag stellt und auch der Schuldner, gegen den sich die Vollstreckung richtet, müssen in dem Schuldtitel oder in der Vollstreckungsklausel nach Namen, Stand und Wohnort bezeichnet sein (§ 750 der ZPO). Wer Gläubiger ist, sagt die Vollstreckungsklausel. Der Schuldner ist regelmäßig aus dem Schuldtitel zu entnehmen, in der Vollstreckungsklausel wird er benannt, wenn die vollstreckbare Ausfertigung gegen einen Rechtsnachfolger des ursprünglichen Schuldners erteilt wird oder gegen einen sonstigen Dritten, dem gegenüber der Schuldtitel nach den Vorschriften des bürgerlichen Rechts oder des Prozeßrechts wirksam ist.

Voraussetzung für die Möglichkeit einer Umstellung der Klausel auf die Rechtsnachfolger ist, daß die Rechtsnachfolge erst nach Eintritt der Rechtshängigkeit eingetreten ist.

Der Gläubiger kann aus einem gegen den Nachlaßpfleger ergangenen Urteile nach Aufhebung der Pflegschaft die Zwangsvollstreckung ohne Umstellung der Klausel gegen den Erben, aber alsdann in dessen persönliches Vermögen nur vorbehaltlich des Rechts des Erben auf Haftbeschränkung betreiben (§ 780 Abs. 2 der ZPO).

Ist die Firma eines Einzelkaufmanns verurteilt worden, so kann sich die Zwangsvollstreckung nur gegen den Inhaber der Firma zur Zeit der Rechtshängigkeit, nicht gegen den jeweiligen Firmeninhaber richten. Gegen den Inhaber der Firma kann sowohl in sein Handelsvermögen als auch in das Privatvermögen vollstreckt werden. Eintretendenfalls hat der Gläubiger durch einen Auszug aus dem Handelsregister oder auf andere Weise nachzuweisen, daß die Person, gegen die vollstreckt werden soll, der Schuldner ist.

Eine bloße Namensänderung infolge von Verheiratung, Ehescheidung oder Annahme an Kindes Statt ist unerheblich.

Aus dem für die Firma eines Kaufmanns oder einer Gesellschaft ergangenen Schuldtitel kann der Erwerber der Firma nicht ohne Umschreibung der Vollstreckungsklausel auf seinen Namen vollstrecken. — Sydow-Busch Anm. 3 zu § 750 der ZPO; Rechtspr. der OLG Band 29 S. 227; Baumbach, Handelsgesetzbuch, Anm. 2 C zu § 17 des HGB. —

3 Wertbeständige Schuldtitel

In Urteilen, Zahlungsbefehlen, Vergleichen und vollstreckbaren Urkunden (§ 794 Nr. 5 der ZPO) kann die Höhe einer zu zahlenden Geldsumme auch in solchen Umlaufmitteln bestimmt werden, die, ohne gesetzliche Zahlungsmittel zu sein, von den öffentlichen Kassen in Zahlung genommen werden. Die Höhe der Geldsumme kann ferner, soweit nicht die Reichsregierung etwas anderes bestimmt, auch nach Maßgabe einer amtlichen Teuerungszahl festgesetzt werden. Die Reichsregierung kann daneben auch andere Werteinheiten, über die amtliche Feststellungen ergehen, als Maßstab zulassen.

In dem Schuldtitel ist die Werteinheit sowie die nähere Art und Weise, in welcher sie als Maßstab dienen soll, genau zu bezeichnen. Ungenauigkeiten in der Bezeichnung können bei Urteilen und Zahlungsbefehlen unter entsprechender Anwendung des § 319 der ZPO beseitigt werden.

Die Vorschriften der Abs. 1, 2 finden auch im Urkundenprozeß Anwendung. — EntVO § 9, RGBl I 1924, 552. —

Es handelt sich lediglich um die Zulassung von Berechnungsmaßstäben, auch bei Bezeichnung der Schuldsumme mittels Umlaufmittel; der wertbeständige Schuldtitel geht demgemäß nicht auf unmittelbare Leistung der bezeichneten Umlaufmittel. Von nichtamtlichen Stellen errechnete Teuerungszahlen und von privaten Organisationen festgesetzte Schlüsselzahlen, Richtpreise, von Gemeinden festgesetzte Unterhaltssätze für uneheliche Kinder und ähnliche sind als Maßstäbe nicht verwendbar.

Nach der AVO vom 27. Juni 1924 (RGBl I 660) kann die Höhe der zu zahlenden Geldsumme auch bestimmt werden

a) in Dollargoldmark (eine Goldmark = $^{10}/_{42}$ des nordamerikanischen Dollars),

b) in Feingoldmark ($^{1}/_{2790}$ Kilogramm Feingold),

c) in Feingold nach Gewicht bestimmt, Roggen und Weizen usw.

Die vollstreckbare Ausfertigung eines wertbeständigen Schuldtitels wird erteilt, ohne daß es der ziffermäßigen Berechnung der Schuldsumme in gesetzlichen Zahlungsmitteln bedarf. Für die Durchführung der Zwangsvollstreckung gelten die Vorschriften der §§ 11—17 der EntlVO.

§ 12 regelt die Pfändung von Forderungen und anderen Vermögensrechten. Da dem Drittschuldner billigerweise nicht zugemutet werden kann, die mittels wertbeständigem Maßstab ausgedrückte Schuldsumme in Reichswährung selbständig und auf eigene Gefahr umzurechnen, bestimmt § 12, **daß die Umrechnung schon in dem Pfändungsbeschluß zu geschehen hat.** Der Pfändungsbeschluß hat also als ein auf Reichswährung lautender zu ergehen, die Nichtbeachtung des § 12 nimmt dem Pfändungsbeschluß aber nicht seine Wirksamkeit, gibt vielmehr nur den Beteiligten das Recht, mittels Erinnerung nach § 766 der ZPO Abhilfe zu verlangen.

Im Interesse der glatteren geschäftlichen Erledigung ist im Satz 2 des § 12 dem Gläubiger die Verpflichtung auferlegt, dem Pfändungsgesuch eine Berechnung der beizutreibenden Geldsumme beizufügen. Ändern sich nach der Zustellung des Pfändungsbeschlusses an den Drittschuldner — oder wenn kein Drittschuldner vorhanden ist, an den Schuldner — die maßgebenden Wertverhältnisse, so daß der Gläubiger nicht voll befriedigt wird, so bleibt sein Recht auf Vornahme weiterer Vollstreckungsmaßregeln unberührt. Eine Abänderung des Pfändungsbeschlusses kommt nicht in Frage. Der Gläubiger muß daher auch dann, wenn er wegen des restlichen Betrags dieselbe Forderung in Anspruch nehmen will, einen neuen Pfändungsbeschluß erwirken.

Einwendungen des Schuldners, die die Berechnung der Urteilssumme betreffen, sind ausschließlich gemäß § 766 der ZPO zu erledigen.

EntlVO § 13: Bei der Pfändung eines Anspruchs auf Übertragung des Eigentums an einer unbeweglichen Sache entsteht die Sicherungshypothek (§ 848 Abs. 2 der ZPO) als Höchstbetragshypothek (§ 1190 des BGB); Höchstbetrag ist der nach § 12 berechnete Betrag.

Ist die zu vollstreckende Forderung mittels eines Maßstabs bestimmt, der für wertbeständige Hypotheken zugelassen ist, so entsteht diese Sicherungshypothek als eine wertbeständige. Im Pfändungsbeschluß bedarf es in diesem Falle einer Umrechnung der Schuldsumme in Reichswährung nicht.

4 Besondere Voraussetzungen der Zwangsvollstreckung

Das Vollstreckungsgericht hat in den folgenden Fällen zu prüfen, ob oder wann mit der Vollstreckung begonnen werden darf:

1. Hat der Schuldner an einem **bestimmten Tage zu zahlen** oder zu leisten (ZPO § 751), so muß der Tag abgelaufen sein.

2. Ist das Urteil nur gegen **Sicherheitsleistung** vorläufig vollstreckbar, so muß der Gläubiger durch öffentliche oder öffentlich beglaubigte Urkunden einer Hinterlegungsstelle (Hinterlegungsschein) nachweisen, daß die Sicherheit geleistet ist (ZPO § 751 Abs. 2).

Hat das Gericht nichts anderes bestimmt oder haben die Parteien vor oder nach Erlaß der die Sicherheitsleistung anordnenden Entscheidung nichts anderes vereinbart — vgl. § 108 der ZPO —, so ist die Sicherheitsleistung durch Hinterlegung von Geld oder Wertpapieren zu bewirken. Wertpapiere sind zur Sicherheitsleistung nur geeignet, wenn sie auf den Inhaber lauten, einen Kurswert haben und einer Gattung angehören, in der Mündelgeld angelegt werden darf. (BGB § 234.) Das sind nach BGB § 1807 Nr. 2 bis 4 unbedingt die Schuldverschreibungen des Reiches und der deutschen Länder und die von ihnen garantierten, nach Zulassung durch die Reichsregierung alle übrigen Wertpapiere, insbesondere die Pfandbriefe, endlich die gemäß EGBGB Art. 212 landesrechtlich im Staate der Hinterlegung zugelassenen.

Mit den Wertpapieren sind die Zins-, Renten-, Gewinnanteil- und Erneuerungsscheine zu hinterlegen. Mit Wertpapieren kann Sicherheit nur in Höhe von ¾ des Kurswerts geleistet werden.

Ist das Urteil rechtskräftig, so bedarf es einer Sicherheitsleistung nicht mehr; das Rechtskraftzeugnis hat der Gläubiger beizubringen. Ist das erstinstanzliche Urteil nur gegen Sicherheitsleistung, das Berufungsurteil aber nach § 708 Nr. 7 der ZPO bedingungslos vorläufig vollstreckbar, so bedarf es einer Sicherheitsleistung nicht mehr. Sydow-Busch 17. Aufl. zu § 708 ZPO; OLG 23, 208.

3. Hängt die Vollstreckung von einer **Zug um Zug** zu bewirkenden Leistung des Gläubigers an den Schuldner ab (z. B. der Schuldner hat dem Gläubiger gegen Herausgabe eines bestimmt bezeichneten Gegenstandes 100 *RM* zu bezahlen), so darf der Pfändungsbeschluß nur erlassen werden, wenn der Gläubiger durch öffentlich beglaubigte Urkunden nachweist, daß der Schuldner befriedigt oder im Verzuge der Annahme ist, und wenn eine Abschrift dieser Urkunden bereits zugestellt ist (ZPO § 756).

4. Während der **Dauer eines Konkursverfahrens** finden Arreste und Zwangsvollstreckungen zugunsten einzelner Konkursgläubiger weder in das zur Masse gezogene noch in das sonstige Vermögen des Gemeinschuldners statt. Auf Grund der vor der Konkurseröffnung erteilten vollstreckbaren Ausfertigung darf daher während des Konkurses die Zwangsvollstreckung niemals begonnen werden (KO § 14). Ist die vollstreckbare Ausfertigung nach der Eröffnung des Konkurses erteilt worden und bezieht sich der Schuldtitel auf einen erst nach dieser Zeit entstandenen Anspruch, so ist die Vollstreckung während des Konkursverfahrens zulässig, sie darf jedoch nicht in das zur Konkursmasse gehörige Vermögen des Gemeinschuldners vollzogen werden.

Im Konkursverfahren können Massegläubiger (KO §§ 58, 59) ihre Ansprüche an die Konkursmasse gerichtlich und außergerichtlich gegen den Konkursverwalter geltend machen und sich im Wege der Zwangsvollstreckung Sicherung und Befriedigung aus den Massegegenständen verschaffen (RGZ 61, 259). Sobald sich aber herausstellt, daß die Konkursmasse zur vollständigen Befriedigung aller Massegläubiger nicht ausreicht, tritt verhältnismäßige Befriedigung nach § 60 der KO ein. Von da ab kann kein Massegläubiger ein dem § 60 der KO widersprechendes Vorrecht durch Zwangsvollstreckung sich verschaffen.

5. Die **Vergleichsgläubiger** sowie die im § 29 (Vergleichsordnung vom 26. 2. 1935 — RGBl I S. 321 —) bezeichneten Gläubiger können nach der Eröffnung des Vergleichsverfahrens bis zur Rechtskraft der Entscheidung, die das Verfahren abschließt, Zwangsvollstreckungen gegen den Schuldner nicht vornehmen (§ 47 der Vergleichsordnung).

Als **Vergleichsgläubiger** sind diejenigen anzusehen, die im Falle des Konkurses einfache Konkursgläubiger wären. Die Aussonderungsberechtigten und die mit einem Vorrecht ausgestatteten Gläubiger sowie diejenigen, deren Anspruch durch eine Vormerkung gesichert ist (vgl. § 24 der KO), sind demnach nicht Vergleichsgläubiger.

Die Absonderungsberechtigten sowie die Sondervorrechtsgläubiger (vgl. z. B. § 35 des Hypothekenbankgesetzes) nehmen nur mit dem Ausfall am Verfahren teil. Zur Klarstellung ist in § 27 Abs. 1 Satz 2 hinzugefügt, daß diese teilweise gedeckten Forderungen bei der Vergleichserfüllung in Höhe des mutmaßlichen Ausfalls zu berücksichtigen sind.

§ 83: **Wirkung für besondere Ansprüche**

Abs. 2: Die für die Zeit von der Eröffnung des Verfahrens **laufenden Zinsen** der von dem Vergleiche betroffenen Forderungen **sowie die Kosten,** die den betroffenen Gläubigern durch die Teilnahme an dem Verfahren oder eine nach § 87 wirkungslos werdende Vollstreckungsmaßnahme erwachsen sind, gelten, wenn der Vergleich nichts anderes bestimmt, als erlassen.

6. Ist von dem Nachlaßgerichte die **Verwaltung eines Nachlasses** angeordnet (BGB §§ 1975 f), so sind Zwangsvollstreckungen in den Nachlaß zugunsten eines Gläubigers, der nicht Nachlaßgläubiger ist, ausgeschlossen. Nachlaßgläubiger sind die Gläubiger, deren Forderungen gegen den Erblasser entstanden sind oder gegen den Erben als solchen gehen, insbesondere auch die Gläubiger auf Grund eines Pflichtteilrechts, eines Vermächtnisses oder einer Auflage (BGB § 1984 Abs. 2, § 1967 Abs. 2). Der Anspruch, der sich gegen den Nachlaß richtet, kann nur gegen den Nachlaßverwalter geltend gemacht werden.

7. Solange der **Erbe die Erbschaft nicht angenommen** hat, darf die Zwangsvollstreckung wegen eines Anspruchs, der sich gegen den Nachlaß richtet, nur in den Nachlaß vorgenommen werden (ZPO § 778 Abs. 1). Umgekehrt darf, wenn der Erbe die Erbschaft noch nicht angenommen hat, wegen eigener Verbindlichkeiten des Erben nicht in den ihm angefallenen Nachlaß, sondern nur in sein übriges Vermögen vollstreckt werden (ZPO § 778 Abs. 2).

8. **Deutsche Gemeindeordnung. Vom 30. 1. 1935 — RGBl I S. 49 —**

§ 116 Abs. 1: Zur Einleitung der Zwangsvollstreckung gegen die Gemeinde wegen einer Geldforderung bedarf der Gläubiger einer Zulassungsverfügung der Aufsichtsbehörde, es sei denn, daß es sich um die Verfolgung dinglicher Rechte handelt. In der Verfügung hat die Aufsichtsbehörde die Vermögensgegenstände zu bestimmen, in die die Zwangsvollstreckung zugelassen wird, und über den Zeitpunkt zu befinden, in dem sie stattfinden soll. Die Durchführung der Zwangsvollstreckung regelt sich nach den Vorschriften der ZPO.

Erbhof

Das Vollstreckungsgericht hat von Amts wegen zu prüfen, ob ein Erbhof vorliegt und ob der zu pfändende Vermögenswert den Schutzbestimmungen des Reichserbhofgesetzes unterliegt. Wenn die Erbhöferolle angelegt ist, wird die Prüfung einfach sein. Das Vollstreckungsgericht kann aber auch den Beteiligten aufgeben, eine Entscheidung des Anerbengerichtes nach §§ 10, 13, 18 des REG herbeizuführen.

Der Vollstreckungsschutz umfaßt den Erbhof und das im Eigentum des Bauern stehende Zubehör.

§ 9 REG: Zum Erbhof-**Zubehör** gehören insbesondere Jagd-, Fischerei-, Holzungsrechte, **Ansprüche aus einer Feuer- oder Hagelversicherung** (nicht aber die Versicherungsverträge als solche), **dagegen nicht** Ansprüche aus Versicherungen, die für den Bauern persönlich eingegangen worden sind, **wie Lebens- und Unfallversicherungen.**

Unter die „ähnlichen dem Erbhof dienenden Rechte" des § 2 der 2. DVO fallen unter Umständen auch Ansprüche des Bauern aus Geschäftsguthaben an einen landwirtschaftlichen Ein- und Verkaufsverein, sofern dieser ausschließlich in den Diensten der im Verein zusammengeschlossenen Bauern steht, also kein reines Handelsunternehmen ist (vgl. Seybold in Anmerkungen zu einer gegenteiligen Entscheidung des LG Stargard vom 5. 7. 1934 in JW 1934, 2577 Nr. 4. **Die auf Grund der Rechte zustehenden Forderungsrechte, wie Dividende oder Reingewinn gehören aber zum erbhoffreien pfändbaren Vermögen** des Bauern.

Bankguthaben sind pfändbar (D. Rpfl. 1935 S. 381). Wegen der Pfändbarkeit von Forderungen aus dem Verkauf von Erzeugnissen (Milchgelder usw.) und aus Miet- oder Pachtverträgen vgl. nachstehende Erbhofrechtsverordnung.

Erbhofrechtsverordnung. Vom 21. 12. 1936 — RGBl I S. 1069 —

§ 37: Vollstreckung in Forderungen:

(1) Die Zwangsvollstreckung in Forderungen, die dem Bauern aus dem Verkauf von Erzeugnissen des Erbhofs, oder in Miet- oder Pachtzinsforderungen, die dem Bauern aus der Vermietung oder Verpachtung von Erbhofgrundstücken zustehen, unterliegt folgenden Beschränkungen.

(2) Die Pfändung ist auf Antrag des Bauern vom Vollstreckungsgericht (im Verwaltungszwangsverfahren von der Vollstreckungsbehörde) insoweit aufzuheben, als der Bauer die Einkünfte braucht, um sich und seine

Familie zu ernähren und zu bekleiden sowie den Wirtschaftsablauf des Hofs zu erhalten.

(3) Die Voraussetzungen des Abs. 2 sind insbesondere insoweit nicht erfüllt, als der Bauer den vorbezeichneten Bedarf unmittelbar aus den Erzeugnissen des Hofs entnehmen (§ 2 Abs. 2, § 39 Abs. 1 des Gesetzes) oder aus sonstigen Einkünften decken kann.

§ 38: **Eigentümergrundschuld**

Das im § 38 des Gesetzes ausgesprochene Verbot, in einen Erbhof zu vollstrecken, bewirkt, daß auch eine Eigentümergrundschuld am Erbhof wegen einer Geldforderung nicht gepfändet werden kann.

5 Drittschuldner

Der Drittschuldner muß seinen Wohnsitz oder Aufenthalt im Inlande haben. Wohnt er im **Auslande**, so kann die Zwangsvollstreckung nach §§ 828, 829 der ZPO nur erfolgen, wenn der Drittschuldner dem deutschen Rechte unterworfen ist. Das Zahlungsverbot an den Drittschuldner ist der Hauptbestandteil der Zwangsvollstreckung, und die vom Gesetz gewählte Bezeichnung „verbieten" zeigt, daß es sich insoweit tatsächlich um einen staatlichen Hoheitsakt gegenüber dem Drittschuldner handelt. Ein solches Verbot gegenüber einer Person auszusprechen, die im übrigen dem deutschen Recht nicht unterworfen ist, erscheint mit dem System des internationalen Privatrechts nicht vereinbar. Die Vollstreckung in die Forderung hat durch das ausländische Gericht, gegebenenfalls auf Ersuchen des deutschen Gerichts (ZPO § 791) zu erfolgen.

Das KG führt in seinem Urteile vom 5. 4. 1929 — JW 1929, 2360 — folgendes aus:

„Da der Drittschuldner in Deutschland weder einen Wohnsitz noch Aufenthalt hat, konnte eine Zustellung des in Deutschland erlassenen Pfändungsbeschlusses zu keiner wirksamen Pfändung führen. Nach der im Schrifttum und der Rechtsprechung vorherrschenden Ansicht können Forderungen gegen einen im Auslande wohnenden Drittschuldner jedenfalls durch im Inlande erlassene Pfändungsbeschlüsse und durch Verwaltungsakte, die diesen

Beschlüssen nach der VO vom 15. 11. 1899 betr. das Verwaltungszwangsverfahren wegen Beitreibung von Geldbeträgen gleichstehen, nicht auf dem Wege der Zustellung des Beschlusses oder Bescheides an den Drittschuldner gepfändet werden. Denn das an den Drittschuldner erlassene Zahlungsverbot richtet sich gegen ausländisches Vermögen und enthält damit einen völkerrechtlich unzulässigen Eingriff in eine fremde Staatshoheit. Da nach § 23 der ZPO, der insofern einen allgemeineren Rechtsgedanken ausspricht, für die Zuständigkeit bei Forderungen der Wohnsitz des Schuldners, d. h. hier des Drittschuldners, als der Art des Vermögenssitzes gilt, so richtet sich ein Pfändungsbeschluß oder ein ihm gleichstehendes Zahlungsverbot nicht nur gegen eine im Ausland wohnhafte Person, sondern auch gegen im Ausland befindliches Vermögen, das nicht der inländischen, sondern nur der ausländischen Staatshoheit unterliegt. Eine solche Pfändung erlangt auch dann nicht Rechtswirksamkeit, wenn die bestehenden Zustellungsvorschriften genau beobachtet worden sind. Auch der zwischen dem Deutschen Reich und der Republik Österreich abgeschlossene Vertrag über Rechtsschutz und Rechtshilfe vom 21. 6. 1923 (RG vom 6. 3. 1924, RGBl 1924 II 55) enthält keine Bestimmung, die an der Unzulässigkeit und Unwirksamkeit der Zustellung eines Pfändungsbeschlusses oder Zahlungsverbots an einen in Österreich wohnenden Drittschuldner etwas ändern." Vgl. RGZ 140 S. 340.

Wegen der Zustellung von ausländischen Pfändungs- und Überweisungsbeschlüssen an im Inland wohnende Drittschuldner, die bisher in ständiger Übung abgelehnt worden sind, weil es sich dabei um die Vollstreckung in einen der inländischen Gewalt unterliegenden Gegenstand handelt, die ausländische Vollstreckung somit ein Eingriff in die inländische Zwangsgewalt und eine Gefährdung der deutschen Hoheitsrechte bedeuten würde, vgl. Rundverfügung des Herrn Reichsministers der Justiz vom 9. 10. 1935, Nr. IV b 7378.

Ist der Aufenthaltsort des Drittschuldners unbekannt, so kann die Pfändung nicht erfolgen, denn eine öffentliche Zustellung an den Drittschuldner findet nicht statt.

6 Devisen

Gesetz über die Devisenbewirtschaftung.
Vom 4. Februar 1935, RGBl I S. 105.

§ 41: Ist zur Leistung des Schuldners eine Genehmigung erforderlich, so ist die Zwangsvollstreckung nur zulässig, wenn die Genehmigung erteilt ist.

(Die Landesfinanzämter sind für die Erteilung der Genehmigung zuständig!)

7 Anzeige an die Militärbehörde ZPO § 752

Gegen einen Angehörigen der Wehrmacht [1]) darf die Zwangsvollstreckung erst beginnen, nachdem davon die vorgesetzte Militärbehörde Anzeige erhalten hat.

Dem Gläubiger ist auf Verlangen der Empfang der Anzeige von der Militärbehörde zu bescheinigen.

Die Empfangsbescheinigung ist dem Antrag auf Erlaß eines Pfändungsbeschlusses beizufügen. Die Anzeige kann aber auch vom Vollstreckungsgericht ausgehen. Eine Frist zwischen der Anzeige und dem Beginne der Zwangsvollstreckung ist nicht zu wahren. Mangel der Anzeige hat Unwirksamkeit der Vollstreckung zur Folge. OLG 31, 89; 37, 161; 35, 115.

Hat der Gläubiger bei Pfändung von Dienstgebührnissen § 752 der ZPO nicht beachtet, so kann auch die Dienststelle, der der Pfändungsbeschluß zugestellt worden ist, gegen die Pfändung Einwendung im Wege der Erinnerung (ZPO § 766) beim Vollstreckungsgericht erheben — RMBl 1931 S. 783 zu C § 1 Abs. 4 —.

Unter **Militärbehörde** ist zu verstehen

a) **im Heere**

1. bei Offizieren (Sanitäts- und Veterinäroffizieren) eines Regiments oder selbständigen Verbandes (d. s. Pionier-Bataillone, Nachrichten-, Kraftfahr-, Fahr-

---

[1]) Angehörige der Wehrmacht sind Soldaten und Militärbeamte.

Ein SA-Angehöriger ist keine Militärperson im Sinne des § 752. Zur Pfändung seines Anspruchs auf Dienstaufwandentschädigung bedarf es nicht einer Anzeige an seine vorgesetzte Dienststelle. (D.J. Das Recht 1935, 7, 5295).

und Sanitätsabteilungen sowie solche, die durch besondere Erlasse als selbständig erklärt worden sind)
der Kommandeur, sonst der nächste Militärvorgesetzte,

2. bei Unteroffizieren (einschließlich Unterärzte und Unterveterinäre) und Mannschaften
der nächste Disziplinarvorgesetzte (vgl. ZPO § 172);

b) **in der Kriegsmarine**

1. bei Offizieren (Seeoffizieren, Ingenieuroffizieren und Sanitätsoffizieren) eines Schiffs oder Fahrzeugs, das planmäßig einen Ersten Offizier hat, **der Kommandant,** einer Halbflottille der **Halbflottillenchef,** eines **Landmarineteils der Kommandeur,** sonst, auch bei **alleinfahrenden Fahrzeugen, der nächste Militärvorgesetzte,**
2. bei Deckoffizieren, Unteroffizieren und Mannschaften **der nächste Disziplinarvorgesetzte** (vgl. ZPO § 172). (RMBl 1933 S. 690.)

c) **bei der Luftwaffe**

1. bei Offizieren (Sanitätsoffizieren) eines Regiments, Fliegergeschwaders oder sonstigen selbständigen Verbands (d. s. Luftnachrichtenabteilungen sowie Verbände, die durch besondere Erlasse als selbständig erklärt worden sind), **der Kommandeur,** sonst **der Kommandierende General und Befehlshaber im Luftkreis,** dem sie unterstellt sind;
2. bei Unteroffizieren (einschl. Unterärzten) und Mannschaften der **nächste** Disziplinarvorgesetzte (vgl. § 172 der ZPO);
3. bei Soldaten des Reichsluftfahrtministeriums der **Reichsminister der Luftfahrt und Oberbefehlshaber der Luftwaffe.**

Für Wehrmachtbeamte gilt dasselbe wie für Offiziere (Soldaten). (RMBl. 1933 S. 690; 1937 S. 511 — DJ 37 S. 1334.)

Reichsarbeitsdienst

Gegen einen Angehörigen des Reichsarbeitsdienstes darf die Zwangsvollstreckung erst beginnen, nachdem von derselben die vorgesetzte Dienststelle des Reichsarbeitsdienstes Anzeige erhalten hat. Dem Gläubiger ist auf Verlangen der Empfang der Anzeige von der Dienststelle des Reichsarbeitsdienstes zu bescheinigen. Art. 9 der VO zur Durchführung des Reichsarbeitsdienstgesetzes v. 23. 3. 1936 — RGBl I S. 199 —.

Zuständige Dienststellen sind (Verordnungsblatt für den Reichsarbeitsdienst 1936 S. 350 — DJ 1937 S. 1483 —)

1. im Geschäftsbereiche der Arbeitsgaue **der Arbeitsgauführer;**
2. im übrigen **Reichsarbeitsführer.**

8 Zustellung des Schuldtitels usw. ZPO § 750

Die Zwangsvollstreckung darf nicht stattfinden, ohne daß der Schuldner Kenntnis von dem Bestehen und dem Inhalte des zu vollstreckenden Titels hat. § 750 der ZPO schreibt deshalb eine vorgängige Zustellung vor. Der Nachweis der Zustellung muß beigebracht werden. Rechtlich unerheblich ist es, ob der Gläubiger dem Schuldner oder dieser jenem zugestellt hat. Die Gleichwertigkeit beider Zustellungen ergibt sich aus § 221 Abs. 2 der ZPO. Eine Ausnahme von dem Erfordernisse vorgängiger Zustellung ist gegeben bei der Vollstreckung von Arrestbefehlen. Das gilt auch bei einstweiligen Verfügungen, sofern eine besondere Vollstreckung erforderlich ist. Die Zustellung in diesen beiden Fällen und, wenn der Arrest oder die einstweilige Verfügung nur gegen Sicherheitsleistung angeordnet ist, auch des Hinterlegungsscheins, kann der Vollstreckung nachfolgen. Sie muß aber innerhalb einer Woche nach der Vollziehung und vor Ablauf eines Monats seit dem Tage erfolgen, an dem der Arrestbefehl oder die einstweilige Verfügung verkündet oder dem Antragsteller zugestellt worden ist. (Für die Pfändung einer Forderung und eines anderen Vermögensrechts auf Grund eines Arrestbefehls ist das Arrestgericht — nicht der Rechtspfleger — zuständig.)

Wegen der Zustellung des Auszugs aus dem bestätigten Entschuldungsplan auch an den Ehemann der Betriebsinhaberin vgl. Nr. 10 Abs. 6.

Das Vollstreckungsgericht ist verpflichtet, die ordnungsmäßige Zustellung des Schuldtitels zu prüfen, auch wenn ein Rechtskraftzeugnis erteilt worden sein sollte. Denn eine der Vorschrift des § 176 der ZPO zuwider erfolgte Zustellung an die Partei selbst wird keineswegs durch die Erteilung des Rechtskraftzeugnisses wirksam. (LG Dresden, 17 BC 1541/28; DJAmtm. 1929, 276.)

Zustellungen an die NSDAP

Nach § 15 Abs. 3 der Ersten Ausführungsbestimmung über die Verordnung zur Durchführung des Gesetzes zur Sicherung der Einheit von Partei und Staat vom 29. April 1935 (RGBl Teil I S. 583) können Zustellungen an die NSDAP rechtswirksam nur an den Reichsschatzmeister in München, Braunes Haus, erfolgen.

9 Frist zwischen Zustellung und Vollstreckung — ZPO § 798 —

1. Aus einem nicht auf das Urteil gesetzten Kostenfestsetzungsbeschluß;
2. aus einer von einem deutschen Amtsgerichte für vorläufig vollstreckbar erklärten Kostenentscheidung eines ausländischen Gerichts;
3. aus einer gerichtlichen oder notariellen Urkunde (§ 794 Nr. 5 der ZPO);
4. aus einem Auszug aus dem bestätigten Entschuldungsplan (Zwangsvergleich) (Art. 28 Abs. 3 der Neunten DVO vom 24. 11. 1937 — RGBl I 1937 S. 1305);
5. aus einer mit der Vollstreckungsklausel des Notars versehenen Ausfertigung der Kostenberechnung (§ 154) — § 155 der Kostenordnung RGBl I 35 S. 1371 — und
6. aus Urkunden des Jugendamts (§ 22 des Sächs. WPflG)

darf mit der Vollstreckung nur begonnen werden, **wenn der Schuldtitel eine Woche vorher zugestellt worden ist.**

Bei Berechnung der Fristen ist § 222 Abs. 2 der ZPO anzuwenden. RG 83, 338. Erst am achten Tage nach der Zustellung ist die Vollstreckung zulässig, und wenn der Tag, an dem die Frist endet, ein Sonntag oder allgemeiner Feiertag ist, erst am neunten.

Eine nach § 798 der ZPO zu früh vorgenommene Pfändung erlangt Wirksamkeit, wenn die einwöchige Frist abgelaufen ist.

RGZ Bd. 125 S. 286. (Die verfrühte Pfändung konnte zwar wegen der zwingenden Natur des § 798 zunächst kein Pfandrecht für die Gläubigerin begründen, die Pfändung ist aber mit dem Ablauf der dort bestimmten Frist wirksam geworden. Der Grund der Vorschrift nötigt nicht dazu, den in der vorzeitigen Vornahme der Zwangsvollstreckung bestehenden Mangel als unheilbar anzusehen. Der Gläubiger wäre sonst gezwungen, nach Ablauf der einwöchigen Schutzfrist die Pfändung wiederholen zu lassen, und diese erneute Vornahme der Zwangsvollstreckung würde eine leere Formalität bedeuten, die nicht in der Absicht des Gesetzgebers gelegen haben kann. Daraus ergibt sich die Berechtigung der Annahme, daß sich die zunächst unwirksame Pfändung durch den Ablauf der Frist in eine wirksame verwandelt. Im Verhältnis des Gläubigers zum Schuldner greift diese Erstarkung der Pfändung — wie der erkennende Senat bereits im Urteil vom 5. Juli 1911 ausgesprochen hat — bedingungslos Platz **und nur Dritten gegenüber,** die vor der Behebung des Mangels Rechte am Gegenstand der Pfändung erwerben, kann sie nicht zur Geltung kommen. Bei solchen Dritten wird die zur Zeit des noch fortbestehenden Mangels geschaffene Rechtslage und der dadurch begründete Vorrang ihrer Rechte durch den späteren Fristablauf nicht mehr berührt.) **Vgl. dagegen** RG 83 S. 339: Die vor Ablauf der Frist vorgenommene Pfändung ist unwirksam, auch wenn der Schuldner auf die Innehaltung der Frist verzichtet hat.

Heilung mangelhafter Zustellung ist nicht mehr möglich, wenn über das Vermögen des Schuldners der **Konkurs eröffnet wird.** DJ (Das Recht) 1935, Nr. 297.

10 **Duldung der Zwangsvollstreckung** — ZPO § 739 —

Bei dem Güterstande der Verwaltung und Nutznießung, der Errungenschaftsgemeinschaft oder der Fahrnisgemeinschaft ist die Zwangsvollstreckung in das eingebrachte Gut der Frau nur zulässig, wenn die Ehefrau zu der Leistung und der Ehemann zur Duldung der Zwangsvollstreckung in das eingebrachte Gut verurteilt ist (ZPO § 739).

Leben Eheleute in Gütertrennung, BGB §§ 1426 ff, so ist die Vorschrift nicht anzuwenden. Eine Klage gegen den Ehemann auf Duldung der Zwangsvollstreckung in ein Vermögen, an dem er keine Rechte hat, wäre mangels jedes Rechtsschutzbedürfnisses abzuweisen.

Insoweit das Vermögen der Frau bei dem gesetzlichen Güterstande der Verwaltung und Nutznießung usw. als eingebrachtes Gut dem Rechte des Mannes verfangen ist, haben zunächst die **Gläubiger des Mannes** kein Recht des Zugriffs auf dieses Vermögen der Frau, BGB § 1410. Sie können auch sein Recht am eingebrachten Gute überhaupt nicht, die von ihm auf Grund dieses Rechts erworbenen Früchte aber nur beschränkt pfänden, s. Nr. 109. **Die Gläubiger der Frau** dagegen haben neben ihrem selbstverständlichen Zugriff auf das Vorbehaltsgut der Frau in der Regel das Recht auf Befriedigung aus dem eingebrachten Gute. Es muß, um die Vollstreckung in das eingebrachte Gut zu eröffnen, zunächst die Frau zur Leistung verurteilt sein, d. h. es muß gegen sie ein vollstreckbarer Titel vorliegen. Außerdem aber muß der Mann verurteilt sein, wegen dieser Leistungspflicht die Zwangsvollstreckung in das eingebrachte Gut zu dulden.

Liegt nur ein Titel gegen die Frau vor, so ist die Pfändung einer zum eingebrachten Gute der Frau gehörenden Forderung unzulässig und abzulehnen. Erfolgt sie dennoch, so kann der Mann dagegen Erinnerung nach § 766 der ZPO erheben. Denn es fehlt an dem erforderlichen Duldungstitel gegen den Mann. Auch die Frau kann, wenn das eingebrachte Gut angegriffen wird, den Mangel des Duldungstitels durch Einwendung nach § 766 der ZPO geltend machen.

Ist nach der Vorschrift des § 1377 Abs. 3 des BGB der Mann durch Veräußerung verbrauchbarer Sachen ersatzpflichtig geworden, so bildet diese Ersatzforderung einen Teil des eingebrachten Gutes, BGB § 1363 Abs. 2. Sie kann also nur auf Grund des nach § 739 der ZPO ergangenen Doppeltitels gepfändet, dann aber nach § 1411 Abs. 2 des BGB zur sofortigen Einziehung überwiesen werden. Dasselbe gilt für den aus § 1383 verbunden mit § 1039 Abs. 1 des BGB sich ergebenden Anspruch auf Ersatz übermäßig gezogener Früchte.

Ist auf Grund eines Auszugs aus dem bestätigten Entschuldungsplan (Zwangsvergleich) die Zwangsvollstreckung gegen eine Ehefrau als Betriebsinhaberin vorzunehmen, so ist der Schuldtitel auch dem Ehemann zuzustellen; dieser ist verpflichtet, die Zwangsvollstreckung zu dulden, ohne daß es eines Duldungstitels gegen ihn bedarf (Neunte Verordnung zur Durchführung der landwirtschaftlichen Schuldenregelung vom 24. 11. 1937, — Art. 28 Abs. 3 — RGBl I S. 1305 —).

Betreibt die Frau zur Zeit der Vollstreckung selbständig ein Erwerbsgeschäft, so genügt ein gegen die Frau ergangenes Urteil (ZPO § 741).

11 Armenrecht

Die Bewilligung des Armenrechts für den ersten Rechtszug umfaßt nach § 119 der ZPO die Zwangsvollstreckung. Nimmt der Gläubiger das Armenrecht in Anspruch, so muß er die Bewilligung des Prozeßgerichts erster Instanz vorlegen, falls sie nicht aus dem Titel hervorgeht. Es ist aber auch eine gesonderte Bewilligung für die Zwangsvollstreckung zulässig; es ist dann das Prozeßgericht erster Instanz zuständig, auch wenn diese Instanz bereits beendet ist. Dies folgt, wie § 119 Abs. 1 der ZPO zeigt, daraus, daß die ZPO grundsätzlich die Zwangsvollstreckung für die Bewilligung des Armenrechts als zur ersten Instanz gehörend behandelt (Ann. OLG 34, 89; DJ Das Recht 1935 Nr. 2111). Nur wenn der Titel nicht aus einem Rechtsstreite herrührt, z. B. bei der Zwangsvollstreckung aus einer vollstreckbaren Urkunde, ist das Vollstreckungsgericht zuständig.

Weist der Gläubiger nach, daß ihm das Armenrecht bewilligt worden ist, so darf der Pfändungsbeschluß nicht auch wegen der Kosten für den Beschluß sowie wegen der Kosten für die Zustellung des Beschlusses erlassen werden, denn diese Kosten sind vom Schuldner nach Maßgabe der für die Beitreibung rückständiger Gerichtskosten geltenden Vorschriften einzuziehen (ZPO § 123 Abs. 1). Für die Beitreibung dieser Kosten ist nach der Justizbeitreibungsordnung vom 11. März 1937 nur die Gerichtskasse als Vollstreckungsbehörde zuständig.

12 Armenanwaltsgebühren

Die Pfändung erst künftig fällig werdender Armenanwaltsgebühren ist unzulässig.

Bei Ansprüchen eines Anwalts gegenüber dem Reichsjustizfiskus auf Erstattung von Anwaltsgebühren aus der Reichskasse trifft § 832 der ZPO nicht zu, da es sich hierbei in Ermangelung der Stetigkeit und annähernden Gleichmäßigkeit für die künftigen Ansprüche nicht um eine Forderung in fortlaufenden Bezügen handelt — LG Dresden vom 26. 5. 30, 51 SR 1198/30 AG Dresden —.

Soweit aber die angeblichen Forderungen des Rechtsanwalts an den Reichsjustizfiskus auf Auszahlung der Gebühren und Auslagen für die **ihm bereits übertragenen laufenden Armensachen** in Frage kommen, ist die Pfändung **zulässig.** Bei dieser Pfändung kommt nicht ZPO § 832 in Frage, sondern maßgebend ist, ob die Forderung ihrem Gegenstande nach bestimmt oder doch hinlänglich bestimmbar bezeichnet ist. Es ist nicht erforderlich, daß die Forderung im Beschluß in allen ihren Einzelheiten gekennzeichnet ist, sondern es genügt eine, wenn auch allgemein gehaltene Angabe, aus der der Schuldner und der Drittschuldner zweifelsfrei zu erkennen vermögen, auf welche Forderung die Pfändung nach dem Willen des Gläubigers gerichtet sein soll. (Vgl. RGZ 108, 319; LG Dresden vom 16. 10. 31, 17 BC 1423/31.)

Der Antrag, den Anspruch eines Anwalts „an den Reichsjustizfiskus auf Auszahlung von Armenkosten" zu pfänden, ist ausreichend substanziiert. **Köln 31. 1. 1935.** JW 35, 1725 (KGR Dr. Gaedecke).

13 Zwangsvollstreckungskosten ZPO § 788

Die Kosten der Zwangsvollstreckung sind zugleich mit dem zur Zwangsvollstreckung stehenden Hauptanspruche beizutreiben. Sie beginnen mit dem Antrag auf Erteilung der Vollstreckungsklausel.

Hierher gehören

1. die Kosten für die Zustellung des Schuldtitels,
2. die durch das Gesuch um Erteilung eines Rechtskraftzeugnisses verursachten Kosten, sowie die einer Pfändungsbenachrichtigung,
3. die Kosten für die Übersendung der beigetriebenen Leistung an den Gläubiger,
4. Kosten für die Hinterlegung der Sicherheit zur Herbeiführung der Vollstreckbarkeit und die Kosten für die Rückforderung nach Rechtskraft des Urteils,
5. Kosten der Zwangseintragung, § 867 Abs. 1 der ZPO usw.

Die **Beschaffung einer Sicherheit** zur Durchführung der Zwangsvollstreckung ist ein Vorgang, der sich außerhalb des eigentlichen Prozeßverfahrens abspielt. Die verfahrensrechtlichen Wirkungen einer Sicherheit treten stets erst mit deren Bestellung ein. Für diese Kosten fehlt die im § 91 der ZPO aufgestellte Voraussetzung, daß sie zur Rechtsverfolgung der Klägerin notwendig waren. Sie gehören aber auch nicht zu den Zwangsvollstreckungskosten im Sinne des § 788 der ZPO, RGZ 145 S. 296; Rpfl. 1935, 184; OLG Dresden, Beschl. vom 28. 9. 1937 — 14 W 496/37 —.

Die Kosten einer Bankbürgschaft dagegen sind nach ZPO § 788 in Verbindung mit § 91 erstattungsfähig. Nach der bislang herrschenden Meinung sind allerdings die Kosten, die der Gläubiger zur Beschaffung der Mittel für eine zu bestellende Sicherheit aufgewendet hat, grundsätzlich um deswillen nicht als erstattungsfähig anzusehen, weil sie nicht unmittelbar für Akte der Zwangsvollstreckung aufgewendet seien und daher nicht zu den eigentlichen Zwangsvollstreckungskosten im Sinne des § 788 der ZPO gehörten, sondern nur mittelbar der Durchführung der Zwangsvollstreckung dienten (so RG: Gruch. 41, 1183; OLG Rostock: OLGR 13 Nr. 10 f, OLG München: JW 1918, 743; KG: ZZP 53, 477 ff; ferner Stein-Jonas § 788 der ZPO, Anm. 12 Abs. 3; Sydow-Busch Anm. 1 daselbst). Für die Kosten, die durch die Beschaffung einer nach § 108 der ZPO als Sicherheit zugelassenen Bankbürgschaft entstehen, kann diese Unterscheidung zwischen unmittelbaren und mittelbaren Kosten der Zwangsvollstreckung jedoch keine maßgebende Bedeutung haben. Denn die Leistung der Sicherheit in dieser Form ist nicht nur ein Recht des Gläubigers, sondern sie entspricht auch vor allem den Bedürfnissen des Wirtschaftslebens. Die üblichen und infolgedessen nicht zu vermeidenden Kosten einer solchen Bürgschaft sind daher im weiteren Sinne zu den Zwangsvollstreckungskosten zu rechnen und als zur zweckentsprechenden Rechtsverfolgung notwendig, demnach als erstattungsfähig anzusehen (übereinstimmend OLG Dresden: JW 1927, 1499 Nr. 11; OLG Hamburg: JW 1928, 753 Nr. 41; OLG Stuttgart: JW 1928, 1878 Nr. 24; KG 20. ZS, JW 1928, 2152 und 2797, OLG Nürnberg, 1. ZS. DJA 1929, 274 —, desgl. Baumbach, Anm. 2 zu § 788 der ZPO; Kann, Anm. 2a daselbst; Weber ZZP 53, 479 ff. OLG Braunschweig, Beschl. vom 28. 9. 1928; JW 1929, 145 Nr. 58. DJAmtm 1929, 126. A. M. Sächs. Archiv 35, 25; OLG Dresden, XI. ZS Archiv f. Rechtspflege 1931 S. 291 —; OLG Dresden, das in seinem Beschluß vom 28. 9. 37 — 14 W 496/37 — ausführt: „Kosten für die Beschaffung einer Vollstreckungssicherheit sind keine Prozeßkosten im Sinne des § 91 der ZPO. Das gilt sowohl für die zur Beschaffung einer Bankbürgschaft aufgewendeten Kosten, als für Zinsen, die eine Partei für ein Darlehen zu zahlen hat, das sie zur Leistung einer Sicherheit in barem Gelde aufgewendet hat").

Nicht erstattungsfähig ist in der Regel die Gebühr § 87 der GO für Rechtsanwälte (RG 22, 322; OLG 14, 164; 23, 279; vgl. aber 13, 266).

Alle durch frühere Vollstreckungen entstandenen Kosten sind, ohne daß es einer vorgängigen Festsetzung bedarf, mit beizutreiben, nur müssen sie „notwendig" gewesen sein. Zoll, vom Gläubiger an die Zollbehörde bezahlt, gehört zu den Vollstreckungskosten. OLG 18, 398. Die Aufwendungen des Gläubigers zur Herbeischaffung vollstrekkungstauglichen Vermögens, z. B. Befriedigung des Verkäufers von Möbel, um dessen Eigentumsvorbehalt zu beseitigen oder Leistung der Gegenforderung des Drittschuldners aus einem zweiseitigen Vertrag, um sein Zurückbehaltungsrecht an seiner für den Gläubiger gepfändeten Leistung zu beseitigen, gehören nicht zu den Vollstreckungskosten, desgleichen die Kosten besonderer Prozesse aus Anlaß der Zwangsvollstreckung, Kosten der Erinnerung nach § 766 der ZPO und eines Beschwerdeverfahrens aus Anlaß der Vollstreckung.

Bei mehreren Schuldnern oder bei Gesamtschuldnern haftet jeder Schuldner nur für die gegen ihn erwachsenen Kosten der Vollstreckung. Die gesamtschuldnerische Haftung erstreckt sich nur auf die Prozeßkosten, nicht auf die Kosten der Zwangsvollstreckung (Ann OLG 22, 514).

Hat der Gläubiger auf Grund einer Überweisung **zur Einziehung** gegen den Drittschuldner geklagt oder gegen ihn vollstreckt, so hat der Gläubiger das Recht, solche Kosten, zu deren Tragung der Drittschuldner verurteilt ist, im Falle der Uneinbringlichkeit als Kosten der Vollstreckung gegen den Schuldner von diesem gemäß § 788 der ZPO zu verlangen. Soweit dagegen der Gläubiger zu den Kosten verurteilt ist, erscheint eine Ersatzpflicht des Schuldners um deswillen nicht begründet, weil das erfolglose Vorgehen gegen den Drittschuldner nicht als notwendig angesehen werden kann: Pfändung und Überweisung gehen auf Gefahr des Gläubigers. Insoweit aus der Einziehung eine Befriedigung nicht zu erlangen ist, kann der Gläubiger weiter gegen den Schuldner vollstrecken.

Ist dagegen die Überweisung an **Zahlungs Statt** erfolgt, so trägt der Gläubiger die uneinbringlichen Kosten des Prozesses gegen den Drittschuldner allein.

Verzichtet der Gläubiger nach § 843 der ZPO auf die durch Pfändung und Überweisung zur Einziehung erworbenen Rechte, so ist wegen der Kosten der aufgegebenen Pfändung § 788 der ZPO maßgebend, es muß also geprüft werden, ob die Pfändung und der Verzicht zur zweckentsprechenden Rechtsverfolgung notwendig waren.

Der Gläubiger hat die bisherigen Kosten der Zwangsvollstreckung glaubhaft zu machen. Hinsichtlich der einem Rechtsanwalt erwachsenen Auslagen an Post-, Telegraphen- und Fernsprechgebühren genügt die Versicherung des Rechtsanwalts, daß diese Auslagen entstanden sind (§ 104 Abs. 2 der ZPO). Durch diese Versicherung wird aber nur die **Höhe** der Auslagen glaubhaft gemacht; die Prüfung der Frage, ob die Auslagen zur zweckentsprechenden Rechtsverfolgung notwendig waren, wird dadurch nicht ausgeschlossen.

Soweit diese Ansätze unbegründet sind, ist der Antrag zurückzuweisen. Der Zurückweisungsbeschluß kann mit dem Pfändungsbeschlusse verbunden werden. In diesem Falle ist der Pfändungsbeschluß dem Gläubiger von Amts wegen zuzustellen, um die Beschwerdefrist (§ 793 der ZPO) in Lauf zu setzen. Die Verbindung der beiden Beschlüsse wird zu unterbleiben haben, wenn die Zustellung des Pfändungsbeschlusses an den Drittschuldner und den Schuldner vermittelt werden soll.

14 Streitwert

Für die Berechnung des Streitwerts ist ZPO § 6 maßgebend. Der Wert wird berechnet nach dem Betrag der Forderung, nach dem Gegenstand des Pfandrechts aber, wenn dieser niedriger ist.

§ 15 Abs. 2 des GKG bestimmt, daß für Akte der Zwangsvollstreckung wegen einer Geldforderung die einzuziehenden Zinsen mitberechnet werden. Für eine Unterscheidung zwischen Haupt- und Nebenforderungen ist kein Raum. Bei der Zwangsvollstreckung ist jede Forderung selbständig; ZPO § 4 muß daher außer Anwendung bleiben. Wenn der Absatz 2 nur von „einzuziehenden Zinsen" spricht, so bedeutet dies keineswegs einen Ausschluß der Kosten; er will lediglich den Rahmen der Zinsberechnung erweitern. Die Gebühr wird berechnet nach der geltend gemachten Hauptforderung, Zinsen bis zum Tage der Antragstellung und Kosten. Es bleiben aber außer Betracht die Kosten des jeweils in Frage stehenden Vollstreckungsaktes selbst, einschließlich der durch ihn entstehenden Partei- oder Anwaltskosten.

15 Schuldberechnung

Hat der Gläubiger keine besondere Schuldberechnung beigefügt, so ist die Schuld nach dem Schuldtitel festzustellen. Macht sich eine umfänglichere Berechnung notwendig, z. B. infolge von Abschlagszahlungen, so kann vom Gläubiger eine schriftliche Berechnung gefordert werden.

Ist die Geldforderung in einer ausländischen Währung ausgedrückt, so erfolgt die Umrechnung nach dem Kurswerte, der zur Zeit der Erlassung des Pfändungsbeschlusses für den Zahlungsort maßgebend ist (BGB § 244 Abs. 2). Vgl. RG 106, 78.

Sind Abschlagszahlungen geleistet worden, so sind die Zinsen, soweit möglich, zu berechnen. Sind Zinsen nach dem jeweiligen Reichsbankdiskontsatz bemessen, so sind für dessen Höhe die im RGBl erfolgenden Bekanntmachungen der Reichsregierung maßgebend. Dabei ist zu beachten, daß für Wechsel- und Scheckzinsen jede neue Festsetzung erst am zweiten Tage nach der Veröffentlichung im RGBl in Kraft tritt (RGBl I 1925, 93, § 1 Abs. 2).

Die Wechsel- und Scheckzinsen betragen zur Zeit 6 v. H.

B

Das Verfahren

16 Allgemeines

Gläubiger heißt der, für den die Vollstreckung erfolgt, und **Schuldner** der, gegen den sie sich richtet, gleichviel, ob er Kläger oder Beklagter war. Die ZPO bezeichnet abweichend vom BGB den Gläubiger der gepfändeten Forderung als Schuldner, ihren Schuldner als **Drittschuldner.**

Schuldtitel heißt die Urkunde, aus der der vollstreckbare Anspruch des Gläubigers hervorgeht und auf Grund deren die Zwangsvollstreckung ins Werk gesetzt wird. Zwangsvollstreckungstitel kann nur eine Entscheidung sein, die eine Verpflichtung zu einer Leistung ausspricht.

Das Gesuch des Gläubigers, das in der Regel zugleich den Antrag auf Überweisung enthalten kann, ZPO § 835, kann schriftlich angebracht oder zu Protokoll des Urkundsbeamten erklärt werden. Wenn das Gesuch mündlich angebracht wird, so ist es zweckmäßig, einen Vordruck von Pfändungs- und Überweisungsbeschlüssen auszufüllen und am Kopfe des Vordrucks das Gesuch, den nachstehenden Beschluß zu erlassen, niederzuschreiben.

Das Gesuch muß die Parteien und ihre Prozeßbevollmächtigten bezeichnen. Nach § 81 der ZPO ermächtigt die Prozeßvollmacht auch zu Prozeßhandlungen in der Zwangsvollstreckungsinstanz. Stellt der Prozeßbevollmächtigte den Antrag, so ist seine Vollmacht zu prüfen. Geht die Bevollmächtigung nicht aus dem Schuldtitel hervor, so muß sich der Bevollmächtigte durch schriftliche Vollmacht ausweisen. Die Vollmacht bleibt bei den Akten des Gerichts. Die Bezeichnung des Prozeßbevollmächtigten in einem landgerichtlichen Urteile genügt nicht zum Ausweise dem Vollstreckungsgericht gegenüber, da im Anwaltsprozeß die Bevollmächtigung nicht von Amts wegen geprüft wird. Oft geht aber aus der Vollstreckungsklausel die Einreichung einer Vollmacht hervor, z. B. daraus, daß die Geldempfangsbefugnis bescheinigt wird. Ohne Beibringung der Hauptvollmacht für den landgerichtlichen Anwalt genügt eine Untervollmacht für den Bevollmächtigten im Zwangsvollstreckungsverfahren nicht. LG Dresden 5 BC 68/29. Ein Minderjähriger kann nicht bevollmächtigt werden.

Die Frage, ob der Prozeßbevollmächtigte des Schuldners, der im Titel benannt ist, im Pfändungsbeschluß anzugeben ist, auch wenn der Gläubiger dies im Gesuche nicht getan hat, ist hauptsächlich für die Zustellung des Beschlusses an den Schuldner von Bedeutung. Nach § 176 der ZPO müssen die Zustellungen an den für den Rechtszug bestellten Prozeßbevollmächtigten erfolgen. Das Verfahren vor dem Vollstreckungsgerichte gehört nach § 178 der ZPO zum ersten Rechtszuge. Bringt der Gläubiger das Gesuch mündlich an, so wird er in Zweifelsfällen zu befragen sein, ob ihm bekannt sei, daß der Bevollmächtigte des Schuldners seine Vollmacht niedergelegt habe. Der

Bevollmächtigte hat nämlich nach § 87 der ZPO die Pflicht, dem Gegner das Erlöschen der Vollmacht anzuzeigen. Bis dahin ist der Gegner berechtigt und in den Grenzen des § 176 der ZPO verpflichtet, dem bisherigen Bevollmächtigten gegenüber zu handeln. Es dürfte ratsam sein, im Zweifel den Prozeßbevollmächtigten des Schuldners in dem Pfändungs- (und Überweisungs-) beschluß anzuführen.

Schon wegen der Zustellung ist auch der Drittschuldner genau zu bezeichnen. Durch Rückfragen oder durch Einsichtnahme ins Handelsregister usw. wird der Mangel oft zu beheben sein. Ist dies nicht möglich, oder ist Eile geboten, so wird der Beschluß doch mit der mangelhaften Bezeichnung zu erlassen sein; die Folgen hat sich dann der Gläubiger selbst zuzuschreiben.

In dem Gesuche muß weiter die **beizutreibende Forderung** bezeichnet werden. Geht der Titel auf wiederkehrende Leistungen (Unterhaltsrenten), so muß auch die Zeit, für die sie gefordert werden, angegeben werden. Dies ist notwendig, weil der Schuldner wissen muß, um welche Forderung es sich handelt.

Der Pfändungs- und Überweisungsbeschluß muß die zu pfändende Forderung so bestimmt bezeichnen, daß bei verständiger Auslegung des Beschlusses unzweifelhaft feststeht, welche Forderung Gegenstand der Zwangsvollstreckung sein soll und ist (vgl. RGZ 75 S. 313; 93 S. 121; 108 S. 318; 139 S. 197; Warn Rspr 1920 Nr. 164). — Fehlt es hieran, so ist der Pfändungs- und Überweisungsbeschluß unwirksam und nicht geeignet, für den pfändenden Gläubiger Pfändungspfandrecht und Einziehungsbefugnis zu begründen. Was zu einer ausreichenden Bezeichnung der zu pfändenden Forderung nötig ist, hängt von den Umständen des Einzelfalles ab; die Beschreibung der den Gegenstand der Vollstreckungsmaßnahmen bildenden Forderung kann naturgemäß in der verschiedensten Weise geschehen. Ungenauigkeiten und Unvollständigkeiten in der Bezeichnung sind dann unschädlich, wenn trotz ihrer die „Identifizierung" der zu pfändenden Forderung eindeutig möglich ist. Es ist aber soviel unbedingt zu erfordern, daß die Erkennbarkeit (Bestimmbarkeit) des

Pfändungsgegenstandes eine objektive sein und bei einer nicht am buchstäblichen Sinn haftenden, sondern nach den Grundsätzen des § 133 des BGB vorzunehmenden Auslegung des Beschlusses sich aus diesem selbst ergeben muß, insofern also nicht durch außerhalb liegende Tatsachen und Umstände ersetzt werden kann, wie sie z. B. auch der Inhalt des Pfändungsantrags im Gegensatz zum Pfändungsbeschluß selbst darstellt. Sonst würde es sich in Wirklichkeit überhaupt nicht mehr um die Auslegung, sondern um die Ergänzung eines unvollständigen und eben deshalb unwirksamen obrigkeitlichen Aktes handeln.

In der Regel werden Rückfragen bei dem Gläubiger notwendig sein und schließlich zur näheren Bezeichnung führen. Das Vollstreckungsgericht wird aber gut tun, es im allgemeinen nicht so streng zu nehmen, wenn der Gläubiger nicht in der Lage ist, genauere Angaben zu machen.

Pfändung und Überweisung willkürlich angegebener Forderungen (z. B. die eines Zahnarztes an 64 Kassen) ist unzulässig.

Wegen Pfändung „des Anspruchs auf Auszahlung des Barguthabens des Schuldners bei der Bank", anstatt „des Anspruchs aus Auszahlung des Saldos aus einem Kontokorrentverhältnis" s. RGZ 135, 139.

Erforderlich ist, daß die Forderung zur Zeit der Pfändung, d. h. der Zustellung an den Drittschuldner, bereits entstanden ist, wenn auch nur als betagte oder bedingte. Auch künftige Forderungen, soweit sie bestimmt genug bezeichnet oder hinreichend bestimmbar sind, können gepfändet werden. Möglich ist die Pfändung „aller gegenwärtigen und künftigen Forderungen" gegen einen bestimmten Schuldner. RG JW 1911, 367, 23; RG 74, 78. Notwendig ist freilich, daß die künftige Forderung schon so genügend bestimmt ist, daß es nur noch ihrer Entstehung bedarf (RG 55, 334, 404; 58, 72; 67, 166; 75, 225). Die Pfändung künftiger Forderungen hat daher auch sofort die dingliche Wirkung, daß bei Entstehung der Forderung der Übergang sich ohne weiteres vollzieht bzw. das Pfandrecht wirksam wird; eine Rückwirkung ist aber ausgeschlossen.

Das Bedenken, daß eine **künftige Forderung** nicht gepfändet werden könne, weil bedingte Staatsakte unzulässig seien, ist unbegründet. Der Pfändungsbeschluß des Gerichts ergeht auch bei der Pfändung einer künftigen Forderung bedingungslos; bedingt ist nur sein Inhalt, die getroffene Anordnung. Es mag sein, daß es Fälle gibt, wo eine abtretbare Forderung nicht gepfändet werden kann, z. B. Mietforderungen, die aus dem künftigen Vermieten einer bisher noch unvermieteten Wohnung entstehen soll. Sie ist zwar abtretbar (vgl. Warn Rspr 1912 Nr. 361), aber nicht pfändbar, weil es an einem Drittschuldner fehlt, dem der Pfändungsbeschluß zugestellt werden könnte. Das sind Schwierigkeiten des Einzelfalls, aus welchen grundsätzliche Bedenken gegen die Pfändbarkeit einer künftigen Forderung nicht hergeleitet werden können. So ist der Anspruch auf Auszahlung des Saldos aus einem Kontokorrentverhältnis pfändbar (Urt. vom 5. 2. 1932 RGZ 135, 139, s. auch 22, 149; 44, 388).

Die Pfändbarkeit künftiger Forderungen aus Kraftwagenfuhren ist zulässig, wenn der Schuldner für den Drittschuldner schon seit geraumer Zeit ständig die laufenden Transporte erledigt, ihre Wiederholung zu gewärtigen und kein Anhaltspunkt für eine Beendigung dieses Zustandes, sei es jetzt, sei es künftig, ersichtlich ist. DJ — Das Recht — 1937 Nr. 5476.

Die Pfändung der dem Milchhändler aus der künftigen Lieferung von Milch an die ihm zugewiesenen Kunden erwachsenden Ansprüche ist nicht zulässig (OLG Kassel, Beschluß vom 15. 12. 1936 — D. Rpfl. 1937 S. 82 —).

Die Frage, ob ein Gläubiger Geldforderungen pfänden lassen kann, die seinem Schuldner zur Einziehung überwiesen worden sind, wird im Gegensatz zur herrschenden Meinung bejaht. ArchZivPr 21, 94.

Umfang des Pfändungspfandrechts

Das Pfändungspfandrecht erstreckt sich mit auf die Zinsen der beschlagnahmten Forderung und in entsprechender Anwendung des § 401 des BGB auf die sogenannten Nebenrechte. Hierunter werden aber im allgemeinen nur verstanden: Pfandrechte, Vorzugsrechte im

Konkurse und ähnliche, nie aber die **Prozeßkosten** einer im Streit befangenen Forderung. Die Vorschrift des § 367 Abs. 1 des BGB über die vorzugsweise Verrechnung auf Kosten und Zinsen findet auf das Verhältnis zwischen Schuldner und Pfändungspfandgläubiger Anwendung (RG III ZS, Urt. vom 28. 10. 1930; III 99/30; HRR 1931, 144).

Solange die **Kosten eines Prozesses** dem Gegner noch nicht auferlegt worden sind, kann ein eventueller Erstattungsanspruch weder durch Arrest gesichert noch gepfändet oder zur Aufrechnung gestellt werden. Mit dem Erlaß eines Endurteils über die Kosten entsteht der Anspruch vor der Rechtskraft als ein auflösend bedingter. Er ist daher von diesem Zeitpunkt an zur Aufrechnung und Pfändung auch ohne Festsetzung geeignet. Vgl. RAG 5. Mai 1937, 180/36.

Das **Verbot der Überpfändung** (§ 803 Abs. 1 Satz 2 der ZPO), das auch für die Forderungspfändung gilt, erfordert auch, daß nicht allzuviele Forderungen gegen mehrere Drittschuldner gleichzeitig gepfändet werden. Die Pfändung darf nicht weiter ausgedehnt werden, als zur Befriedigung des Gläubigers und zur Deckung der Kosten der Zwangsvollstreckung erforderlich ist. Das Verbot der Überpfändung beruht darauf, daß der Gläubiger nicht mehr als die Befriedigung der ihm zugesprochenen Geldforderung verlangen kann und deshalb auch nicht mehr im Zwangswege beitreiben darf. Ist dem Vollstreckungsgerichte zufällig bekannt, daß für den Gläubiger bereits Sachen durch den Gerichtsvollzieher gepfändet worden sind, so ist das wegen einer Überpfändung zu berücksichtigen, dafern nicht glaubhaft gemacht wird, daß die Pfänder zur Befriedigung nicht ausreichen oder Rechte Dritter erhoben werden. Wenn durch die Pfändung körperlicher Sachen nur ein Teil der Forderung des Gläubigers gedeckt ist, so darf nur wegen des ungedeckten Teils einschließlich Kosten der Pfändungsbeschluß erlassen werden. Freilich liegt die Sache bei der Forderungspfändung wesentlich anders als bei der Pfändung von körperlichen Gegenständen, weil es ja nur „angebliche" Forderungen sind, die gepfändet werden und weil auch die

Zahlungsfähigkeit des Drittschuldners nicht feststeht. Aber es geht anderseits nicht an, dem Schuldner durch Beschlagnahme eine Reihe von Forderungen ohne Beschränkung zu entziehen. Das KG hat deshalb eine Pfändung für unwirksam erklärt, die Mietforderungen an zehn Drittschuldner ohne Angabe, welche Mietraten gepfändet werden, betraf (OLG 26, 400).

Dem Antrag auf Erlaß eines Pfändungs- und Überweisungsbeschlusses auf Grund eines Wechselurteils braucht der Wechsel nicht beigefügt zu sein. Denn an das Vollstreckungsgericht erfolgt keine Zahlung. § 39 der WO betrifft zwar die materielle Rechtsgestaltung, aber nicht das formelle Vollstreckungsrecht. — LG Dresden, 1. 12. 33, 12 BC 1905/33 —.

Vor der Pfändung darf der Schuldner nicht gehört werden (§ 834). Dadurch wird die Bestimmung in § 764 Abs. 3 der ZPO, wonach vor der Entscheidung mündliche Verhandlung nicht ausgeschlossen ist, insoweit aufgehoben. Daraus ergibt sich, daß lediglich nach Maßgabe der Behauptungen des Gläubigers zu entscheiden ist, die nur auf ihre rechtliche Schlüssigkeit, nicht auf ihre Wahrheit nachzuprüfen sind. Wenn danach die Forderung besteht, pfändbar ist und dem Schuldner zusteht, erfolgt die Pfändung der angeblichen Forderung. Einer Beweisführung oder Glaubhaftmachung durch den Gläubiger bedarf es nur dann, wenn nach seiner eigenen Angabe die Forderung auf den Namen eines Dritten lautet, aber dem Schuldner zustehen soll, oder wenn sie nach seiner eigenen Darstellung ganz oder zum Teil der Pfändung nicht unterworfen ist, der Gläubiger aber auch insoweit ihre Pfändbarkeit, z. B. wegen Unterhalts (§ 850 Abs. 3) behauptet.

Zu pfänden ist regelmäßig die ganze Forderung, auch wenn sie den Betrag der zu vollstreckenden Forderung übersteigt, sofern nicht die Forderung nur teilweise pfändbar ist, z. B. Lohn usw., oder der Gläubiger die Forderung nur teilweise gepfändet haben will, was im Pfändungsbeschluß dadurch zum Ausdrucke kommt, daß „wegen und in Höhe“ oder „wegen ..... die Forderung an ... in Höhe des Schuldbetrags“ gesagt wird. Das bedeutet, daß die Pfändung nur einen Teil betrifft und demnach eine Zerlegung der Forderung in einen pfandfreien und einen mit dem Pfandrecht belasteten Teil bewirkt (HRR 1930 Nr. 1165). Vgl. auch Urt. des RG vom 14. 10. 1930 (5 U 4624/30). Grundsätzlich empfiehlt es sich aber nicht, die Forderung nur „in Höhe des Schuldbetrags" zu pfänden. (Rpfl 31, 157/158.) Vgl. dagegen JW 37, 2133: „Wird eine Forderung „in Höhe" eines bestimmten Betrages zuzüglich Zinsen und Kosten gepfändet, so ist entgegen dem Wortlaut des Beschlusses die ganze Forderung als gepfändet anzusehen." Und Sächs. Archiv 1937 S. 115: „Wird eine Hypothekenforderung von 15 000 *RM* wegen eines Anspruchs von 2030 *RM* „auf Höhe der vorerwähnten Beträge" gepfändet, dann ergreift die Pfändung die ganze Hypothek und nicht nur einen Teilbetrag von 2030 *RM*."

Das Gericht hat, um eine **Überpfändung** zu vermeiden, unter Berücksichtigung der ihm etwa bekannten Umstände den Wert der Forderung abzuschätzen. Mangelt es an Anhaltspunkten, so wird, wenn die zu pfändende Forderung den Betrag des beizutreibenden Anspruchs übersteigt, dem Antrage des Gläubigers auf Pfändung der Forderung in voller Höhe stattzugeben und die Darlegung, daß nach den Verhältnissen des Einzelfalls eine Überpfändung vorliege, der Erinnerung des Schuldners (ZPO § 766) zu überlassen sein.

Ist die Forderung ohne Beschränkung gepfändet, obwohl die beizutreibende Forderung des Gläubigers geringer ist, so erstrecken sich Pfändung und Pfandrecht auf die ganze Forderung, und der Gläubiger hat daher auch das Vorzugsrecht vor dem Überreste, da ihm eben jeder Teil der Forderung haftet. Ist dagegen nur ein Teilbetrag gepfändet, so hat er dieses Vorzugsrecht nur, wenn es bei der Pfändung ausdrücklich auf seinen Antrag hin ausgesprochen ist.

Als **wesentlichen und unerläßlichen Bestandteil** enthält der Pfändungsbeschluß das **Verbot an den Drittschuldner**, an den Schuldner zu zahlen. Daneben ist das Gebot an den Schuldner zu erlassen, sich jeder Verfügung über die Forderung zu enthalten, das aber für die Gültigkeit der Pfändung nicht wesentlich ist.

Wird das Gesuch abgelehnt, so wird der Beschluß von Amts wegen nur dem Gläubiger zugestellt. Dagegen ist gemäß § 793 der ZPO sofortige Beschwerde zulässig, wenn aber der Rechtspfleger den Beschluß erlassen hat, gemäß § 577 Abs. 4 der ZPO Anrufung des Richters, der das Gesuch dem Beschwerdegerichte vorzulegen hat, wenn er es für unbegründet hält.

Gegen den Pfändungsbeschluß hat dagegen der **Schuldner** die **Erinnerung** nach § 766 der ZPO, nicht die Beschwerde. Nur gegen die im Erinnerungsverfahren ergehende Entscheidung gibt es die — sofortige — Beschwerde.

Die Zustellung des Pfändungsbeschlusses an den Drittschuldner und an den Schuldner erfolgt im Parteibetriebe durch den Gerichtsvollzieher. Der Beschluß wird dem Gläubiger formlos ausgehändigt. Hat der Gläubiger nicht erklärt, selbst einen Gerichtsvollzieher mit der Zustellung beauftragen zu wollen, so beauftragt die Geschäftsstelle den Gerichtsvollzieher mit der Zustellung (§ 168 der ZPO), es sei denn, daß der Gläubiger durch einen Anwalt vertreten wird. In der Regel erklären die Rechtsanwälte und Rechtsvertreter, daß sie die Zustellung selbst veranlassen wollen. Fehlt aber in diesen Fällen diese Erklärung und ist nicht ausdrücklich um Vermittelung der Zustellung ersucht worden, so muß stillschweigend angenommen werden, daß der Vertreter die Zustellung selbst veranlassen werde. Denn nach § 169 der ZPO ist dem Gerichtsvollzieher eine der Zahl der Personen, denen zuzustellen ist, entsprechende Zahl von Abschriften zu übergeben. Ein Rechtsanwalt (Rechtsvertreter), der für seinen Antrag Gebühren berechnet, hat für Abschriften zu sorgen, für die ihm aber keine Schreibgebühren zustehen (GO f RAe § 76). Fertigt aber die Geschäftsstelle für den Rechtsanwalt Abschriften an, so sind die dafür entstandenen Schreibgebühren nicht erstattungsfähig. Das gilt auch dann, wenn dem Gläubiger das Armenrecht erteilt sein sollte. Sachsen hat durch UmdruckV vom 22. 9. 1937 in Übereinstimmung mit der in der preußischen Geschäftsordnung getroffenen, vom Herrn Reichsminister der Justiz in Nr. 43 Ziff. 6 der Preußischen Zusatzbestimmung zur

Aktenordnung aufrechterhaltenen Regelung angeordnet, daß im Zweifel der Antrag auf Erlaß eines Pfändungs- und Überweisungsbeschlusses als Auftrag zur Vermittlung der Zustellung des ergehenden Beschlusses anzusehen ist.

Die Ausfertigung ist nach GKG § 71 Abs. 1 schreibgebührenfrei.

Ist eine Ehefrau Drittschuldnerin, so bedarf es keiner Zustellung an den Ehemann, beim Erben keiner Zustellung an den Testamentsvollstrecker, BGB § 2213. Bei einem nicht rechtsfähigen Verein genügt die Zustellung an den Vorstand.

Leidet die Zustellung an den Drittschuldner an einem Mangel, so ist die Pfändung unwirksam, eine Heilung nach § 295 der ZPO oder durch einen Verzicht ist ausgeschlossen.

Bei der Pfändung von Mieten, Gehältern und ähnlichen Geldforderungen (§ 832 der ZPO) ist der Schuldner nicht gehindert, das Miet- und Dienstverhältnis zu beendigen.

Solange die Forderung dem Gläubiger nicht überwiesen ist, kann der Schuldner den Drittschuldner höchstens auf Hinterlegung des Gepfändeten verklagen. Dem Schuldner bleibt aber das Recht, eine noch nicht fällige Forderung zu kündigen (BGB § 1283), so weit nötig (vgl. BGB § 1160 Abs. 2) mit dem Gläubiger gemeinsam; er kann, soweit er nach ZPO § 256 ein Interesse daran hat, auf Feststellung und nach BGB § 1281 ebenso wie der Gläubiger auf Hinterlegung für beide klagen, und wenn die Forderung vollstreckbar ist, die Forderung mit dieser Beschränkung beitreiben.

Ist die Forderung nur gepfändet, also nicht überwiesen (z. B. bei der Pfändung auf Grund eines Arrestes), so stehen dem Gläubiger keine Befugnisse zu, die auf die Einziehung der Forderung abzielen. Er kann deshalb auch eine noch nicht fällige Forderung nicht kündigen.

Wenn die Pfändung **nach Eintritt der Rechtshängigkeit** der gepfändeten Forderung erfolgt ist, wirkt die Rechtskraft nach ZPO § 325 auch für und gegen den Gläubiger als Rechtsnachfolger, ausgenommen den Fall, daß die Klage deshalb abgewiesen wird, weil der Schuldner auf seinem ursprünglichen Antrag auf Leistung an ihn selbst beharrt.

Wird ein eingeklagter Anspruch **im Laufe des Rechtsstreits gepfändet**, so hat der Antrag des Klägers (klagenden Schuldners) gegen den Drittschuldner nicht mehr auf Verurteilung zur Zahlung an ihn, sondern auf Feststellung des Anspruchs **oder** auf Verurteilung zur Hinterlegung zu lauten. Ist die Forderung aber zur Einziehung oder an Zahlungs Statt überwiesen worden, so ist der Antrag dahin zu ändern, daß der Beklagte verurteilt werde, an den Rechtsnachfolger zu zahlen.

Sofern die **Rechtsnachfolge nach dem Prozeßbeginn** eingetreten ist, ist auf Antrag gemäß ZPO § 727 eine Rechtsnachfolgeklausel zu erteilen. Hierbei gilt es gleich, ob die Rechtsnachfolge nach Beendigung des Rechtsstreites eingetreten ist oder bereits im Laufe des Prozesses; in letzterem Falle macht es ferner keinen Unterschied, ob das Urteil auf Leistung an den Rechtsnachfolger ergangen ist, oder die Rechtsnachfolge in dem Rechtsstreit unberücksichtigt geblieben ist.

Erfolgt die Pfändung erst **nach der Rechtskraft** des Urteils, so ist vom **Drittschuldner** gegen den die Zwangsvollstreckung aus dem Urteile betreibenden Schuldner (seinen Gläubiger) ein Einwand im Wege der Klage gemäß ZPO § 767 zu erheben. RG 25, 427; JW 97, 169 Nr. 18.

Ist ein vorläufig vollstreckbares Urteil auf Zahlung vollstreckt und der Betrag dem Zessionar ausgeliefert, dem die Urteilsforderung nach Rechtshängigkeit abgetreten war, so kann die Vollstreckungsklausel für ein Urteil, das jenes Urteil aufhebt und den Kläger zur Rückzahlung der beigetriebenen Summe verurteilt, gegen den Zessionar erteilt werden. Dieser muß den Einwand des Wegfalls der Bereicherung (ZPO § 717 Abs. 3) im Verfahren über den Antrag auf Rückerstattung vorbringen. RG II 21. 6. 1935, 350/34.

Der Gläubiger, dem die Forderung zur **Einziehung oder an Zahlungs Statt überwiesen** worden ist, kann, wenn es sich um eine bereits rechtshängig gemachte Forderung handelt, den Vollstreckungstitel des Schuldners **auf seinen Namen** umschreiben lassen (RG 20, 422; 35, 386; 57, 326; JW 98, 160 Nr. 22), er kann gegen den Drittschuldner unter den Voraussetzungen des § 256 der ZPO auch auf Feststellung klagen, gegen ihn Arrest ausbringen (RG 27, 292), in dem Prozesse des Schuldners gegen den Drittschuldner dem Schuldner als Nebenintervenient (nicht als Hauptintervenient) beitreten (RG 20, 420), d. h. er wird nicht Streitgenosse der Partei, der er zur Unterstützung beigetreten ist, sondern ist unselbständiger Nebenintervenient (§ 67 der ZPO). Nur mit **Zustimmung des Gegners**, die ausdrücklich oder stillschweigend erfolgen kann (RG 35, 391), kann der Gläubiger den Prozeß als Hauptpartei an Stelle des Rechtsvorgängers (des Schuldners) durch Erklärung in der mündlichen Verhandlung übernehmen (RG 35, 391; JW 98, 434). Die ursprüngliche Partei scheidet nach der Übernahme aus dem Rechtsstreit aus, der zwischen dem Rechtsnachfolger (als solcher ist der Gläubiger, dem der Anspruch überwiesen worden ist, anzusehen) und dem Gegner fortgesetzt wird.

Durch die Pfändung des dem Beklagten zustehenden Schadenersatzanspruchs aus § 717 Abs. 2 der ZPO sind die Prozeßparteien nicht gehindert, sich über den streitbefangenen Anspruch schuldrechtlich zu einigen. Es verstößt nicht gegen das im Pfändungsbeschluß enthaltene Verfügungsverbot, wenn die Prozeßparteien in der Revisionsinstanz einen Vergleich über die streitbefangene Forderung schließen, auch wenn der Vergleich den Wegfall des Schadenersatzanspruchs zur Folge hat. (RG, VII ZS, Urt. vom 9. 11. 1934; VII 185/34; Rpfl 35, 7, 437).

Das Urteil **auf Befreiung des Gläubigers von einer Verbindlichkeit** wird vollstreckt nach ZPO § 887. (RG 18, 435; 45, 23.)

Unterschriftsstempel

Nach früheren Entscheidungen des Reichsgerichts (RGZ 31, 375; 46, 377; 74, 339; 74, 69) kann die Unterschrift des Antrags oder der Vollmacht nicht durch Stempel ersetzt werden. Für den Geltungsbereich des § 126 des BGB, der eigenhändige Unterschrift verlangt, hat die neuere Rechtsprechung die Unterzeichnung des Schriftstücks mit faksimilierter Unterschrift für genügend erklärt, falls rechtsgeschäftliche Erklärungen, wie z. B. Kündigungen, an eine große Anzahl bestimmter Personen abgefertigt werden (RGZ 106, 330; RG in OLG 39, 176). Die ZPO selbst stellt nicht das Erfordernis eigenhändiger Unterschrift auf. Die Zulassung faksimilierter Unterschriften entspricht dem Willen des Gesetzgebers. Sie wird aber vor allem auch den Anschauungen weiterer Kreise des öffentlichen Lebens gerecht. (RG, Urt. vom 22. 12. 1926; JW 1927, 527.)

17 Zuständigkeit

Sachlich (ausschließlich) zuständig ist das Vollstreckungsgericht, d. i. nach § 764 der ZPO das **Amtsgericht.** §§ 802, 828 Abs. 1 der ZPO. Nur die Pfändung einer Forderung auf Grund eines Arrestbefehls (nicht aber auf Grund einer einstweiligen Verfügung) ist nach § 930 der ZPO dem **Arrestgerichte** zugewiesen, das auch ein Kollegialgericht sein kann.

Örtlich zuständig ist ausschließlich dasjenige Amtsgericht, bei dem der Schuldner (nicht der Drittschuldner) im Deutschen Reiche seinen allgemeinen Gerichtsstand hat. Dies gilt auch für die Parteien kraft Amtes, wie Konkursverwalter, Testamentsvollstrecker, Zwangsverwalter, Nachlaßverwalter (BGB § 1984) usw., denn auch sie sind Vollstreckungsschuldner, und wohl auch für den Nachlaßpfleger (BGB §§ 1913, 1960 f), obwohl er nicht Partei ist, weil § 780 Abs. 2 der ZPO ihn für die Vollstreckung offenbar dem Nachlaßverwalter gleichstellen will (Stein-Jonas II zu § 828). Der allgemeine Gerichtsstand des Schuldners bestimmt sich nach den §§ 13—19 der ZPO (RG 61, 332). Wird gegen mehrere Schuldner vollstreckt, so ist für jeden einzelnen Schuldner dasjenige Amtsgericht ausschließlich zuständig, in dessen Bezirke er seinen allgemeinen Gerichtsstand hat; der § 36 Nr. 3 der ZPO findet keine Anwendung. Steht die Forderung mehreren Schuldnern mit verschiedenem Gerichtsstande gemeinsam zur gesamten Hand (als Gesellschaftern, Miterben usw.) zu, so daß eine Pfändung des Anteils gegen den einzelnen nicht zulässig ist, ZPO §§ 859, 860, so muß die ganze Forderung gegen jeden Schuldner von dem für ihn zuständigen Gerichte gepfändet werden; mit der Zustellung des letzten Beschlusses an den Drittschuldner tritt dann die Pfändung für alle in Wirksamkeit.

Soldaten, die nur zur Erfüllung der Wehrpflicht dienen, behalten ihren alten Wohnsitz. Nur volljährige Berufssoldaten haben ihren Wohnsitz am Standort (BGB § 9; ZPO § 14). Hat ein Soldat, der zur Erfüllung der Wehrpflicht eingezogen worden ist, seinen Wohnsitz aufgegeben, so ist sein Aufenthaltsort — Standort — der allgemeine Gerichtsstand (ZPO § 16).

In Ermangelung eines Aufenthaltsortes im Deutschen Reiche tritt der Gerichtsstand des letzten Wohnsitzes auch bei bekanntem **Aufenthalt** im Ausland ein. Liegt der letzte **Wohnsitz** im Auslande, so darf auf den älteren letzten Wohnsitz im Auslande nicht zurückgegriffen werden, es fehlt dann an einem allgemeinen Gerichtsstand in Deutschland. Ist ein allgemeiner Gerichtsstand des Schuldners im Inlande nicht begründet, so ist das Amtsgericht am Wohnsitze des Drittschuldners oder das Amtsgericht des Ortes zuständig, wo die als Sicherheit für die Forderung haftende Sache liegt. Jedes der Amtsgerichte, bei dem diese Voraussetzung zutrifft, ist für die Pfändung aller Forderungen und Rechte des Schuldners zuständig. Unter mehreren danach zuständigen Gerichten hat sonach der Gläubiger die Wahl.

Eine anderweite Zuständigkeit ist nur im § 858 Abs. 2 der ZPO für die Pfändung einer Schiffspart vorgeschrieben. Vgl. Nr. 97.

Das Vollstreckungsgericht hat seine Zuständigkeit vor dem Erlasse des Pfändungsbeschlusses von Amts wegen zu prüfen; der Gläubiger muß auf Verlangen seine Angaben darüber beweisen. Pfändungsbeschlüsse eines unzuständigen Gerichts sind unwirksam und erzeugen kein Pfandrecht (JW 83, 38; Gr 48, 1153; OLG 7, 312; 13, 205). Die Unwirksamkeit kann vom Schuldner wie vom Drittschuldner nach § 766 der ZPO, aber auch vom Schuldner als Replik und vom Drittschuldner durch Einrede, sowie von nachstehenden Pfandgläubigern, z. B. im Verteilungsverfahren, geltend gemacht werden (Gr 48, 1153).

18 Pfändung einer Forderung, für die eine Hypothek besteht (ZPO § 830)

Die Pfändung von Forderungen, für die eine Hypothek besteht, erfolgt in der besonderen Form des § 830. Außer dem Pfändungsbeschluß ist die **Übergabe des Hypothekenbriefs** an den Gläubiger erforderlich. Wird die Übergabe im Wege der Zwangsvollstreckung gemäß § 836 Abs. 3 der ZPO erwirkt, so gilt die Pfändung als erfolgt, wenn der Gerichtsvollzieher den Brief zum Zwecke der Ablieferung an den Gläubiger wegnimmt. Bei der Pfändung einer **Briefhypothek (Grundschuld)** steht es der Übergabe des Briefes gleich, wenn der Hypothekengläubiger den Brief bei der Hinterlegungsstelle hinterlegt und der Pfändungsgläubiger der Hinterlegungsstelle die Annahme erklärt. RGZ 135, 272 = JW 1932, 3182; Rpfl 1932, 518. Ist die Erteilung des Hypothekenbriefs ausgeschlossen (Buchhypothek), so ist die **Eintragung der Pfändung in das Grundbuch** erforderlich. Die Eintragung erfolgt auf Grund des Pfändungsbeschlusses; seiner vorherigen Zustellung bedarf es nicht. Das Pfandrecht entsteht also bei der Buchhypothek mit der Eintragung, bei Gesamthypotheken aber erst mit der Eintragung auf den Blättern aller gesamthaftenden Grundstücke. Bis zu dieser alle Grundstücke umfassenden Buchung kann weder von dem Übergange der Gesamthypothek auf einen neuen Gläubiger, noch von der Entstehung eines Pfandrechts an ihr die Rede sein. RGZ 63, 74; 76, 231. Bei der Vorschrift des § 830 Abs. 1 handelt es sich nicht bloß um eine zum Schutze eines einzelnen gegebene Bestimmung, sondern um eine im öffentlichen Interesse zum Zwecke der Rechtssicherheit im Verkehr mit Hypotheken getroffene Anordnung, deren Nichtbefolgung die Entstehung des Pfandrechts ausschließt. Die Bestimmungen des § 830 der ZPO beruhen darauf, daß nach § 1153 des BGB die Forderung nicht ohne die Hypothek, die Hypothek nicht ohne die Forderung übertragen werden kann, und gemäß § 1154 des BGB außer der schriftlichen Erklärung oder der Einigung die

Übergabe des Hypothekenbriefs, oder wenn die Erteilung des Hypothekenbriefs ausgeschlossen ist, die Eintragung der Rechtsänderung in das Grundbuch (BGB § 875) erforderlich ist. Die Pfändung eines mehrere Grundstücke oder Grundstücksanteile in Gesamthaft belastenden Grundstücksrechts kann wirksam auch durch mehrere gegen die Anteilsberechtigten erwirkte Einzelbeschlüsse erfolgen. KG 28. 11. 35; HRR 36 Nr. 440; JW 36, 887.

Eine **nach Pfändung** der Forderung bestellte Hypothek wird von der Pfändung ohne weiteres ergriffen. Der Grundbuchbeamte hat zugleich mit der Hypothek auf Antrag auch das Pfandrecht einzutragen. Aus dem Grundsatze, daß Hypothek und Forderung nicht getrennte Wege gehen dürfen, und aus der Vorschrift, daß die Forderung nicht ohne die Hypothek übertragen werden kann, die Übertragung der Forderung also ohne weiteres den Übergang auch der Hypothek zur Folge hat, folgt, daß ein an der Forderung wirksam begründetes Recht auch zugleich die Hypothek ergreift und daher ein Pfändungspfandrecht, das an einer Forderung erworben ist, sich von selbst auch auf die nachträglich hinzutretende Hypothek erstreckt. Es bedarf hiernach, wenn zur Zeit der Pfändung der Forderung für diese bereits eine Hypothek bewilligt, aber noch nicht eingetragen ist, zur Erstreckung des Pfändungspfandrechts auf die nachträglich eingetragene Hypothek neben der Pfändung der Forderung nicht noch der Pfändung der zukünftigen Hypothek gemäß § 830 der ZPO oder etwa der Pfändung des in dem Kaufvertrage mit begründeten Anspruchs auf Bestellung der Hypothek. (KG, 11.11. 1926; DNotV 1927, 337; DJAmtm 1928, 37).

Den Gegenstand der Pfändung bildet die Forderung

Infolge der Pfändung geht auch das Eigentum an dem Hypothekenbriefe gemäß § 952 Abs. 2 des BGB auf den Gläubiger über. Befindet sich der Gläubiger bereits im unmittelbaren Besitze des Briefes, so bedarf es nach § 929 S. 2 des BGB keiner Übergabe; in diesem Falle ist die Pfändung mit dem Erlasse des Pfändungsbeschlusses vollzogen.

Im Falle der Gesamthypothek kann die Forderung mit der Hypothek an allen Grundstücken gepfändet werden.

Der Pfändungsbeschluß ist von dem nach ZPO § 828 zuständigen Gerichte zu erlassen, also nicht von dem Gerichte der belegenen Sache. Er muß außer der Forderung auch die Hypothek selbst bzw. den Brief genau bezeichnen, da der Beschluß selbst, nicht etwa der dem Beschluß zugrunde liegende Schuldtitel, den Titel für die Wegnahme des Briefes oder die Eintragung bildet. Drittschuldner ist der Schuldner der gepfändeten Forderung; ist er aber nicht der Eigentümer des Grundstücks, so sind Schuldner und Eigentümer Drittschuldner, denn gepfändet wird die Forderung und die Hypothek (Stein-Jonas III zu § 830; OLG 25, 185 f. AM RG 40, 395).

Die Vorschrift: „Wird der Pfändungsbeschluß vor der Übergabe des Hypothekenbriefs oder der Eintragung der Pfändung dem Drittschuldner zugestellt, so gilt die Pfändung **diesem gegenüber** mit der Zustellung als bewirkt", hat, wie schon ihr Wortlaut erkennen läßt, nur die Bedeutung, daß die Wirkung der Pfändung **dem Drittschuldner gegenüber,** wenn sie später durch Übergabe des Briefes rechtswirksam wird, auf den Zeitpunkt der Zustellung des Pfändungsbeschlusses zurückbezogen wird, so daß Rechtsgeschäfte, die er in der Zwischenzeit mit dem Schuldner zum Nachteile des Pfändungsgläubigers vorgenommen hat, diesem gegenüber unwirksam sind. Während dieser Zwischenzeit besteht hiernach für das Recht des Pfändungsgläubigers ein Schwebezustand. Dieser wird beendet entweder zu Ungunsten des Gläubigers mit der Wirkung, daß die Entstehung des Pfandrechts ausgeschlossen wird, wenn die Übergabe des Briefs oder die Eintragung nicht erfolgt ist, oder zu Gunsten des Gläubigers **mit rückwirkender Kraft,** wenn die Übergabe des Briefs an ihn oder die Eintragung erfolgt. Denn die wirkliche Pfändung erfolgt nur durch Übergabe des Briefes oder Eintragung.

Dem Pfändungspfandgläubiger steht der öffentliche Glauben des Grundbuchs nicht zur Seite, weil er nicht durch Rechtsgeschäft erwirbt.

Gemäß ZPO § 857 Abs. 6 findet § 830 auch auf die

Pfändung einer Reallast, einer Grund- oder Rentenschuld Anwendung.

Erfolgt die Pfändung auf Grund eines Arrestbefehls, so muß die Pfändung innerhalb eines Monats, vom Tage der Verkündung oder Zustellung an den Antragsteller an gerechnet (§ 929 Abs. 2 der ZPO), ins Grundbuch eingetragen werden, denn die Eintragung stellt erst die wirkliche Pfändung der Forderung dar. Unterbleibt die Eintragung der Pfändung, so gilt die Pfändung dem Drittschuldner gegenüber mit der Zustellung des Pfändungsbeschlusses an ihn als bewirkt.

Die Übergabe (Wegnahme) des Hypothekenbriefs wird nicht schon dadurch ersetzt, daß der Gläubiger den Anspruch des Schuldners auf Herausgabe des Briefs gegen den Dritten pfänden und sich zur Einziehung überweisen läßt, da diese Überweisung einer Abtretung des Anspruchs nicht gleichsteht (BGB § 870). Der Gläubiger muß, wenn dem Schuldner ein Herausgabeanspruch wirklich zusteht, im Klagewege vorgehen und sich den Brief nach Erwirkung eines vollstreckbaren Titels durch zwangsweise Wegnahme gemäß ZPO §§ 883 ff von dem Dritten beschaffen. RG 63, 217; 74, 83.

Ist der Brief verloren, so muß der Anspruch auf Kraftloserklärung und Ausstellung eines neuen Briefs gepfändet und durchgeführt werden. Vorher ist die Pfändung der Hypothek nicht möglich. S. auch RG 84, 314 (betr. Abtretung). Wenn der zur Herausgabe eines Hypothekenbriefs verurteilte Besitzer des Briefs sich der Zwangsvollstreckung entzieht, so kann der Brief nicht gemäß § 1162 des BGB im Wege des Aufgebotsverfahrens für kraftlos erklärt werden. RGZ 155 S. 72.

Die Ansichten darüber, ob eine weitere Pfändung einer Briefhypothek dann möglich sei, wenn der Brief dem ersten Gläubiger übergeben ist, gehen weit auseinander. Stein-Jonas verlangt vertragliche Einräumung des Mitbesitzes durch den ersten Gläubiger. Dem steht entgegen, daß sich die Zwangsvollstreckung nicht gegen ihn richtet, er also die Verpflichtung des Schuldners zur Übergabe nicht zu erfüllen braucht. Will man aber Einräumung des vertragsmäßigen Mitbesitzes gelten lassen, so müßte mindestens der Mitbesitz jede alleinige Verfügung des anderen völlig unmöglich machen, denn Zweck des § 830 ist, anderen jede Möglichkeit der Verfügung zu entziehen (Baumbach). Ein bloßer Verwahrungsvertrag, der die Übergabe nach BGB § 1206 ersetzen würde, genügt nicht. Über Entstehung des zweiten Pfandrechts durch Einräumung des Mitbesitzes an dem Briefe und über die Reihenfolge der Eintragung der mehreren Pfandrechte vgl. HRR 29, 1968; RG 69, 39; 75, 222; 85, 439.

Wird der Mitbesitz nicht eingeräumt, so kann nur anstatt der Hypothek selbst **der Anspruch des Schuldners auf Herausgabe** des Briefs nach Befriedigung des ersten Gläubigers oder sein Anspruch auf den ihm zustehenden Überschuß im Falle der Hinterlegung oder der Zahlung seitens des Drittschuldners gepfändet werden. Ist eine Überweisung an Zahlungs Statt erfolgt, so können die **späteren Gläubiger** den **Anspruch** des Schuldners auf **Rückgabe** des Hypothekenbriefs für den Überrest **oder** auf Bildung eines **Teilbriefs** pfänden.

Eine **mehrfache Pfändung der Briefhypothek** kann jedoch dann vorkommen, wenn die weiteren Beschlüsse ergehen, bevor der Brief dem ersten Gläubiger übergeben ist, so daß die Wegnahme für alle Gläubiger zugleich erfolgt. Dann erhalten die Gläubiger gleichen Rang, es sei denn, daß eine Zustellung des Pfändungsbeschlusses an den Drittschuldner für einen der Gläubiger vorher erfolgt ist. Dasselbe gilt, wenn die Gläubiger sich sämtlich den Anspruch auf Herausgabe gegen den dritten Besitzer des Briefs überweisen lassen.

Eine Hypothek kann in der Weise bestellt werden, daß nur der Höchstbetrag, bis zu dem das Grundstück haften soll, bestimmt, im übrigen die Feststellung der Forderung vorbehalten wird. Der Höchstbetrag muß in das Grundbuch eingetragen werden. Die Hypothek gilt als **Sicherungshypothek,** auch wenn sie im Grundbuche nicht als solche bezeichnet ist (BGB § 1190). Bei der Sicherungshypothek ist die Erteilung des Hypothekenbriefs ausgeschlossen (BGB § 1185). **Für diese Höchstbetragshypothek** gelten im Regelfalle auch die Vorschriften, die für die Buchhypothek in Frage kommen. Das Pfandrecht entsteht auch durch die Eintragung nach ZPO § 830 Abs. 1, die Überweisung **zur Einziehung** erfolgt **durch** die **Aushändigung** des Überweisungsbeschlusses, **die Überweisung an Zahlungs Statt durch Eintragung** nach § 837 Abs. 1 der ZPO. Diese Forderung kann aber nach BGB § 1190 Abs. 4 gegen die Regel des § 1153 Abs. 2 daselbst auch **ohne die Hypothek** übertragen werden, denn diese Trennung tritt von selbst ein, wenn die Forderung nach den allgemeinen Grundsätzen, d. h. ohne Eintragung in das Grundbuch, übertragen wird. Dementsprechend gestattet § 837 Abs. 3 der ZPO dem Gläubiger, wenn er die Forderung **ohne die Hypothek** erwerben will, die Hauptforderung allein nach den allgemeinen Grundsätzen zu pfänden. Voraussetzung dafür ist aber, daß er schon mit dem Pfändungsgesuche den Antrag auf Überweisung der Forderung **ohne Hypothek an Zahlungs Statt** verbindet. Geschieht dies nicht, sei es, daß er die Pfändung allein oder daß er neben ihr die **Überweisung zur Einziehung** beantragt, so bleibt es bei der Regel der §§ 830, 837; erst die Eintragung begründet das Pfandrecht. **Stellt er dagegen den Antrag, so ist im Beschlusse die Trennung von Hauptforderung und Hypothek kenntlich zu machen**; Pfändung und Überweisung werden dann mit der Zustellung an den Drittschuldner wirksam.

Die Höchstbetragshypothek steht, wenn sie, wie meistens, für die (aus einem Geschäftsverkehr) dem Gläubiger gegen den Eigentümer künftig entstehender Forderungen bestellt ist, ebenso wie sonst eine Hypothek für eine künftige Forderung, zunächst gemäß § 1163 Abs. 1 Satz 1, § 1177 Abs. 1 des BGB als vorläufige, durch Entstehung der Forderungen **auflösend bedingte Grundschuld** dem Eigentümer zu und wird vom Gläubiger als Hypothek erst erlangt, wenn und soweit die Forderung zur Entstehung gelangt. Vorher kann eine Hypothek wegen Fehlens einer Forderung für den Gläubiger nicht bestehen. Anderseits aber hat der Eigentümer die Grundschuld nicht von vornherein als unbedingtes Recht in seinem Vermögen. Vielmehr ist der **Erwerb der Grundschuld** in der Weise auflösend bedingt, daß, wenn während der Dauer des Rechtsverhältnisses, das die Grundlage der hypothekarischen

Sicherung bildet, und bis zur vorbehaltenen Feststellung Forderungen der betreffenden Art entstehen, die Grundschuld als Hypothek für diese Forderungen auf den Gläubiger übergeht. Erst wenn diese Feststellung getroffen wird und sich dabei ergibt, daß eine den Höchstbetrag erreichende Forderung weder entstanden ist noch (z. B. wegen Aufhörens des Rechtsverhältnisses) entstehen kann, steht dem Eigentümer, soweit die entstandenen Forderungen den Höchstbetrag nicht anfüllen, eine voll wirksame Grundschuld zu.

Verfügungen des Eigentümers **über die Eigentümergrundschuld** oder **Pfändungen der Grundschuld** seitens seiner Gläubiger sind an sich **auch schon vor der Feststellung zulässig** insoweit, als nachgewiesen werden kann, daß die zu der betreffenden Zeit entstandenen Forderungen den Höchstbetrag nicht erreichen, und auch ihrer Eintragung steht nichts im Wege (vgl. RG 61, 375, JW 1912, 297 Nr. 17); jedoch muß der Eigentümer zuvor gemäß der Ordnungsvorschrift des § 40 der GBO als Gläubiger der ihm auflösend bedingt zustehenden Eigentümergrundschuld eingetragen werden. Wenn demnächst aber aus dem Rechtsverhältnis ferner Forderungen entstehen, sind die Verfügungen und Pfändungen, soweit nicht noch ein ungedeckter Teil des Höchstbetrags übrig bleibt, unwirksam, da die Erwerber durch die Verfügungen und die Pfändungen nicht mehr Rechte erlangen können, als dem Eigentümer zustanden (BGB § 161; vgl. RG 51, 118; jedoch auch RG Gruch 48, 607).

Eine Pfändung des **Berichtigungsanspruchs** ist hier nicht möglich, da er vor der Feststellung des Betrags nicht besteht. Solange also die Höchstbetragshypothek nicht in eine Eigentümergrundschuld umgeschrieben ist, kann die Pfändung mangels Eintragung nicht wirksam werden. Sobald aber die Umschreibung erfolgt, kann die Eintragung nachgeholt werden, und die an die Vollendung der Pfändung geknüpften Wirkungen werden nunmehr nach § 830 Abs. 2 der ZPO auf den Zeitpunkt der Zustellung des Pfändungsbeschlusses an den Eigentümer zurückbezogen, so daß etwa in der Zwischenzeit erfolgte Pfändungen dem Gläubiger gegenüber unwirksam sind.

Die **Pfändung einer Forderung ergreift nicht** die zu ihrer Sicherung **abgetretene Grundschuld.** Diese bleibt ein selbständiges Recht und wird nicht, wie die in den §§ 401, 1250 des BGB bezeichneten Nebenrechte der Forderung, durch deren Übertragung berührt. RGZ 135 S. 272.

19 Überweisung von Hypothekenforderungen ZPO § 837

Die Überweisung von Hypothekenforderungen erfordert nach § 837 Abs. 1 der ZPO den Erlaß des Überweisungsbeschlusses, der regelmäßig dem Gläubiger auszuhändigen ist. Die Zustellung an den Drittschuldner ist hier für den Eintritt der Wirkung unwesentlich. Es wird jedoch vorausgesetzt, daß im Zeitpunkte der Aushändigung an den Gläubiger die Pfändung bereits nach § 830 der ZPO durch Übergabe des Briefs oder durch Eintragung wirksam geworden war, denn jede Überweisung setzt begrifflich die Pfändung voraus. **Wird daher die Pfändung und die Überweisung in einem Beschluß ausgesprochen, was auch hier zulässig ist,** so bleibt die Wirkung der Überweisung trotz der Aushändigung des Beschlusses so lange aufgeschoben, bis die Pfändung gemäß § 830 der ZPO durch Übergabe oder Wegnahme des Briefs oder durch Eintragung (bei der Buchhypothek) wirksam vollzogen ist. **Erfolgt die Überweisung zur Einziehung,** so ist eine **Eintragung der Überweisung ins Grundbuch unzulässig. Nur wenn die Überweisung der Buchhypothek an Zahlungs Statt** ausgesprochen ist, so bedarf es zu ihrer Wirksamkeit der Eintragung der Überweisung neben derjenigen der Pfändung, und da die letztere nicht unter § 41 der GBO fällt, der vorherigen Eintragung des Schuldners nach § 40 der GBO.

Wird die **Briefhypothek an Zahlungs Statt** überwiesen, so ersetzt der Überweisungsbeschluß die öffentlich beglaubigte Abtretungserklärung nach BGB § 1155, ZPO § 836.

Wegen der Wirkung der Überweisung vgl. Nr. 24 und 25.

Der Gläubiger ist vermöge seines Rechts zur Einziehung befugt, nach seiner Befriedigung ohne Zuziehung des Schuldners dem Drittschuldner **löschungsfähige Quit-**

tung zu erteilen. Eine sogenannte abstrakte **Löschungsbewilligung** kann er allerdings nicht erteilen.

Eine **Umschreibung** der **Hypothek** auf den Namen des Gläubigers kann **nur** bei **Überweisung an Zahlungs Statt** verlangt werden.

Die im Wege der Zwangsvollstreckung erfolgte Überweisung zur Einziehung steht, da sie nicht die Wirkung hat, das Gläubigerrecht selbst zu übertragen, der Abtretung nicht gleich, deshalb kann der mittelbare Besitz durch eine Überweisung zur Einziehung nicht übertragen werden. Der Pfändung einer Forderung, für die eine Briefhypothek besteht, muß also nicht nur die Pfändung und Überweisung des Anspruchs auf Herausgabe des Briefs folgen, sondern auch die Geltendmachung dieses überwiesenen Rechts, damit der Gläubiger in den Besitz des Hypothekenbriefs oder eines Teilhypothekenbriefs gelangt (RG 63, 218).

20 Rückstände von Hypothekenzinsen usw.
— ZPO § 830 Abs. 3 —

Hypothekenzinsen können gesondert von der Hypothek gepfändet werden. Ihre Pfändung richtet sich danach, ob die Zinsen noch nicht fällig, oder bereits fällig, also rückständig sind. Die Pfändung der noch nicht fälligen Zinsen erfolgt nach den für die Hypothekenforderung geltenden Vorschriften gemäß ZPO § 830. Die Eintragung dieser Pfändung ist entweder notwendig (bei Buchhypotheken) oder wenigstens zulässig (bei Briefhypotheken). Die Pfändung künftiger Raten würde auch nicht mit Fälligkeit der Raten wirksam werden, wenn sie nicht gemäß ZPO § 830 Abs. 1 erfolgt wäre. Die Pfändung **rückständiger** Zinsen und anderer Nebenleistungen sowie der Kosten der Kündigung und der dinglichen Rechtsverfolgung (BGB §§ 1159, 1118) geschieht nach der allgemeinen Regel des § 829 der ZPO und ist nicht eintragbar. Für ihre Übertragung gelten auch die §§ 398 ff des BGB. Werden diese Forderungen zugleich mit der Hauptforderung oder den künftig fällig werdenden Zinsraten gepfändet, so erfolgt insoweit die Pfändung erst mit der Zustellung an den Drittschuldner.

21 Vollstreckung in Forderungen aus Wechseln usw.

— ZPO § 831 —

Obwohl Forderungen regelmäßig nur durch das Vollstreckungsgericht gepfändet werden (§ 828 der ZPO), so werden doch Forderungen aus Wechseln und anderen Papieren, die durch Indossament übertragen werden können, durch den Gerichtsvollzieher wie körperliche Sachen gepfändet, nämlich dadurch, daß er das Papier in Besitz nimmt (§ 831). Ob der Wechsel „an Ordre" lautet, in blanco indossiert ist, einen Börsen- oder Marktpreis hat, protestiert und ausgeklagt ist oder nicht, ist unerheblich, nur muß er den Erfordernissen in Art. 1 des Wechselgesetzes vom 21. 6. 1933 entsprechen. Dem Pfändungsprotokolle soll eine Abschrift des Papiers angefügt und der Gläubiger unter Mitteilung einer beglaubigten Abschrift des Protokolls und der Anlage sowie unter Rückgabe des Schuldtitels benachrichtigt werden. Das Papier darf nicht im Gewahrsam des Schuldners belassen werden.

Durch Indossament übertragbare Papiere sind die im § 363 des HGB erwähnten kaufmännischen Anweisungen und Verpflichtungsscheine über Geld, Wertpapiere und andere vertretbare Sachen, wenn sie an Order lauten, ohne die Leistung von einer Gegenleistung abhängig zu machen; desgleichen die an Order lautenden Konossemente der Seeschiffer, Ladescheine der Frachtführer, Lagerscheine der dazu staatlich ermächtigten Anstalten sowie Bodmereibriefe und Transportversicherungsscheine.

Eine durch Pfändungsbeschluß erfolgte Pfändung der Forderung aus einem hier genannten Papier ist wirkungslos. RG 61, 331.

Durch die Ergreifung des Besitzes entsteht für den Gläubiger das Pfandrecht an der Forderung und die sie verkörpernde Urkunde (RG 61, 331); bei Warenpapieren erstreckt sich das Pfandrecht jedoch nicht auf die darin versprochenen Waren, vielmehr hat hier das Gericht gemäß § 847 Anordnungen zu treffen.

Der Gerichtsvollzieher hat die Wechselurkunden solange zu verwahren, bis sie das Vollstreckungsgericht einfordert oder bis ihm ein die Wechselforderung betreffender Überweisungsbeschluß vorgelegt wird. Ebenso darf der Gerichtsvollzieher, der den Wechsel auf Grund der Pfändung eines dem Vollstreckungsschuldner zustehenden Herausgabeanspruchs in Besitz genommen hat, den Wechsel erst dann dem Gläubiger aushändigen, wenn dieser den Überweisungsbeschluß erwirkt hat.

22 Überweisung ZPO § 835

Durch die Pfändung und das Pfändungspfandrecht erhält der Gläubiger, abweichend vom BGB § 1282, noch nicht das Recht auf Befriedigung aus der Forderung durch Zahlung des Drittschuldners. Dazu bedarf es vielmehr erst eines besonderen gerichtlichen Aktes, regelmäßig der Überweisung. Eine Überweisung ist ausgeschlossen auf Grund eines Arrestes und in den Fällen ZPO §§ 772 f, 782 f. An Stelle der Überweisung kann unter Umständen eine andere Art der Verwertung angeordnet werden (ZPO § 844).

Pfändung und Überweisung können gleichzeitig beantragt und in demselben Beschluß ausgesprochen werden.

Ist zur Zeit der Überweisung die Pfändung unwirksam, so ist die Überweisung abzulehnen. Das gilt auch, wenn die Zwangsvollstreckung durch Beschluß eingestellt worden ist.

Dem Antrag auf Überweisung, der schriftlich oder mündlich angebracht werden kann, muß der Schuldtitel beigefügt werden. Auch der Überweisungsbeschluß wird dem Gläubiger formlos ausgehändigt. Wegen der Zustellung an den Drittschuldner und den Schuldner gilt dasselbe wie für den Pfändungsbeschluß. Mit der Zustellung des Überweisungsbeschlusses an den Drittschuldner ist die Überweisung als bewirkt anzusehen.

Bei der Verbindung von Pfändung und Überweisung treten mithin die beiden Wirkungen gleichzeitig ein.

23 Überweisung zur Einziehung oder an Zahlungs Statt

Ist dem **Schuldner** gemäß § 713 Abs. 2 der ZPO nachgelassen, die **Vollstreckung** durch **Sicherheitsleistung abzuwenden,** so darf die **Überweisung nur zur Einziehung** erfolgen, und es ist, dafern das Urteil noch nicht rechtskräftig ist, in dem Beschluß auszusprechen, daß der **Drittschuldner den Schuldbetrag zu hinterlegen** hat (ZPO § 839). Das gilt auch bei der Pfändung und Überweisung wegen eines Kostenfestsetzungsbeschlusses, der auf Grund eines solchen Urteils erlassen worden ist. Leistet der Schuldner nach der Überweisung, aber vor beendeter Zwangsvollstreckung, d. h. vor Befriedigung des Gläubigers durch den Drittschuldner, die Sicherheit, so ist gemäß § 775 Nr. 2 der ZPO die Zwangsvollstreckung einstweilen eingestellt, die Wirkung der Pfändung bleibt aber nach ZPO § 776 bestehen; auf Antrag ist vom Vollstreckungsgericht ein **Einstellungsbeschluß** zu erlassen.

Die Hinterlegung befreit den Drittschuldner, der Gläubiger erlangt an dem Hinterlegten ein Pfandrecht. Da das Eigentum an hinterlegtem Gelde auf das Reich (Hinterlegungsordnung vom 10. 3. 1937) übergeht, so besteht das Pfandrecht entsprechend BGB § 233 an der Forderung auf Rückerstattung.

Nach Rechtskraft des Urteils ist der Gläubiger zur Erhebung des Hinterlegten berechtigt.

Wegen der Überweisung nur zur Einziehung vgl. ZPO § 846, § 851 Abs. 2.

In allen übrigen Fällen hat der Gläubiger die Wahl zwischen der Überweisung zur Einziehung und der an Zahlungs Statt. Im Zweifel ist anzunehmen, daß der Gläubiger die Überweisung zur Einziehung als die regelmäßige Art der Verwertung wählt. Im Beschlusse des Gerichts muß die Art der Überweisung bestimmt bezeichnet sein. Ist die Überweisung zur Einziehung ausgesprochen, so kann diejenige an Zahlungs Statt nachfolgen. Das Umgekehrte ist rechtlich unmöglich, da der Gläubiger bei der Überweisung an Zahlungs Statt als befriedigt gilt.

Wechsel betr.: Die Überweisung an Zahlungs Statt ist wie eine Abtretung der Wechselforderung, die zulässig ist, zu beurteilen. In diesem Falle kann der Gläubiger auch weiter indossieren.

Die Überweisung zur Einziehung hat nicht die Wirkung wie die Überweisung an Zahlungs Statt, sie ermächtigt nur zur Geltendmachung des überwiesenen Anspruchs.

Die Überweisung eines Teils der Wechselforderung ist ebenso unzulässig wie eine Teilabtretung. Übersteigt die Wechselforderung die Forderung des Pfandgläubigers, so wird die Vollstreckung nur in der Weise durchgeführt werden können, daß das Vollstreckungsgericht gemäß § 844 der ZPO statt der Überweisung eine andere Art der Verwertung gestattet, z. B. Verkauf durch den Gerichtsvollzieher aus freier Hand oder Versteigerung nach den allgemeinen Bestimmungen (§ 821 der ZPO). Einen Mehrerlös hat der Gerichtsvollzieher an den Vollstreckungsschuldner abzuliefern.

Der Gläubiger, dem die Wechselforderung überwiesen ist, kann im Wechselprozeß klagen (RG in ZHR 29, 222).

24 Überweisung zur Einziehung

Die Überweisung zur Einziehung verleiht dem Gläubiger die bis dahin fehlende Befugnis, die Forderung von dem Drittschuldner einzuziehen. Insoweit der Gläubiger Befriedigung erlangt, gilt seine Forderung als erloschen.

Ist nach der Überweisung die Zwangsvollstreckung aus dem Schuldtitel gegen Sicherheitsleistung eingestellt und die Sicherheit geleistet worden, so darf der Gläubiger, dafern der Schuldner ihn durch Zustellung des Hinterlegungsscheins davon in Kenntnis gesetzt hat, die von dem Drittschuldner angebotene Leistung nicht annehmen. Es wird Sache des Schuldners sein, den Einstellungsbeschluß und den Hinterlegungsschein dem Drittschuldner vorzulegen oder zustellen zu lassen, um eine Zahlung an den Gläubiger zu verhindern.

Auf Grund der Überweisung kann der Gläubiger im eigenen Namen alle Rechtsgeschäfte vornehmen, die dem Zwecke dienen, die Leistung des Drittschuldners herbeizuführen oder zu ersetzen. Er kann insbesondere die nicht fällige Forderung kündigen. Die Rechte des Gläubigers beschränken sich aber auf den Betrag, zu dem ihm die Forderung überwiesen ist; eine Einziehung darüber hinaus ist ausgeschlossen. Dem Gläubiger steht nicht zu, mit Wirkung gegen den Schuldner Nachlaß oder Stundung zu gewähren oder einen Vergleich abzuschließen oder die gepfändete Forderung abzutreten.

25 **Überweisung an Zahlungs Statt**

Eine Forderung kann von dem Gläubiger durch Vertrag mit einem anderen auf diesen übertragen werden (Abtretung). Mit dem Abschlusse des Vertrags tritt der neue Gläubiger an die Stelle des bisherigen Gläubigers (BGB § 398). Durch die Überweisung an Zahlungs Statt wird die Forderung auf den Gläubiger übertragen. Diese Überweisung findet nur auf ausdrücklichen Antrag des Gläubigers und nur bei Geldforderungen statt; sie ist ausgeschlossen in den Fällen des § 839 und des § 851 Abs. 2 der ZPO, sowie dann, wenn die Forderung von einer Gegenleistung abhängt, weil eine solche Forderung keinen bestimmten Nennwert hat. Daß der Schuldtitel nur vorläufig vollstreckbar ist, hat keinen Einfluß.

Die Überweisung kann nur zum **Nennwert** erfolgen. Eine **Ausnahme** davon wäre nur dann möglich, wenn nach ZPO § 844 eine andere Verwertung anzuordnen ist.

Die Überweisung hat die Wirkung der Abtretung; die Forderung geht mit allen Nebenrechten gemäß BGB §§ 398 f auf den Gläubiger über. Soweit die Forderung besteht, wird der Gläubiger befriedigt. Dies gilt auch dann, wenn die Forderung uneinbringlich ist. Ein Rückgriff gegen den Schuldner steht ihm nicht zu; er hat wegen eines Mangels im Rechte keine Gewähr zu leisten. BGB § 365 findet keine Anwendung.

Soweit dagegen die **überwiesene Forderung nicht besteht** oder durch Einreden, für deren Zulässigkeit lediglich die §§ 404 ff des BGB gelten (der Drittschuldner kann dem neuen Gläubiger die Einwendungen entgegensetzen, die zur Zeit der Überweisung der Forderung gegen den bisherigen Gläubiger begründet waren), entkräftet werden kann, bleibt nach ZPO § 835 Abs. 2 die Forderung des Pfandgläubigers ungetilgt; dieser kann also, nötigenfalls nach Erteilung einer zweiten Ausfertigung (ZPO § 733), die Vollstreckung gegen den Schuldner fortsetzen.

26 Verpflichtungen des Schuldners ZPO § 836 Abs. 3

Wie BGB § 402, bestimmt auch ZPO § 836 Abs. 3, daß der Schuldner verpflichtet ist, dem Gläubiger die zur Geltendmachung der Forderung nötige Auskunft zu erteilen und ihm die über die Forderung vorhandenen Urkunden, z. B. den Schuldschein, das Sparkassenbuch, den Lebensversicherungsschein, den Pfandschein, herauszugeben. Die Herausgabe kann von dem Gläubiger im Wege der Zwangsvollstreckung erwirkt werden. Auf die Erteilung von Auskunft muß in besonderem Prozesse geklagt und das Urteil nach ZPO § 888 vollstreckt werden. Schuldhafte Verletzung der Pflicht verpflichtet den Schuldner nach § 823 des BGB zum Ersatze des Schadens.

Der Überweisungsbeschluß muß die Verpflichtung des Schuldners zur Herausgabe der Urkunden, die nach Möglichkeit genau zu bezeichnen sind, aussprechen. Der Beschluß ist unter Umständen insoweit zu ergänzen. Im Auftrage des Gläubigers sind auf Grund der vollstreckbaren Ausfertigung des Schuldtitels, kraft dessen die Forderung gepfändet und überwiesen worden ist, und einer Ausfertigung des Überweisungsbeschlusses, der dem Schuldner zugestellt sein muß, diesem die über die Forderung vorhandenen Urkunden durch den Gerichtsvollzieher wegzunehmen gemäß ZPO § 883. Einer besonderen Vollstreckungsklausel zum Überweisungsbeschluß bedarf es nicht. Ist nur ein Teil der Forderung überwiesen, so muß die über die ganze Forderung lautende Urkunde zur Einziehung des überwiesenen Teils unter der Verpflichtung zur Rückgabe herausgegeben werden. RG 21, 368. Der Beschluß muß in einem solchen Falle die Verpflichtung des Gläubigers zur Rückgabe an den Schuldner nach gemachtem Gebrauch aussprechen. Dieser Beschluß bildet dann den Vollstreckungstitel gegen den Gläubiger (ZPO § 794 Nr. 3).

Ist die Urkunde im Besitz eines nicht zur Herausgabe bereiten Dritten, so kann der Gläubiger im Wege der Klage die Herausgabe der Urkunden verlangen, und zwar insoweit, als BGB § 952 eingreift, also insbesondere beim Schuldschein auf Grund der Überweisung nach ZPO

§§ 835, 836, da mit der Überweisung der Forderung auch ohne besondere Anordnung der Anspruch des Schuldners gegen den dritten Inhaber der Urkunde auf deren Herausgabe gemäß ZPO § 886 für überwiesen gilt, soweit ein solcher nach bürgerlichem Rechte besteht (RG 21, 364, 3. Juni 87, Gruch 31, 842, 18. Dezember 03, JW 04, 92 usw. — OLG 13, 208 —). Das OLG Rostock führt aber in seinem Urteile vom 27. 10. 1915 — OLG 33 S. 111 — aus: „Die bisweilen vertretene Annahme, daß mit dem Pfändungsbeschluß bezüglich einer Hypothek oder Grundschuld ohne weiteres die Pfändung und Überweisung des Anspruchs des Schuldners gegen einen Dritten auf Herausgabe des Briefes verbunden sei, unterliegt erheblichen Bedenken." Ratsam ist es, doch vorher den Anspruch auf Herausgabe pfänden und zur Einziehung überweisen zu lassen.

BGB § 952: „Das Eigentum an dem über eine Forderung ausgestellten Schuldschein steht dem Gläubiger zu. Das Recht eines Dritten an der Forderung erstreckt sich auf den Schuldschein.

Das gleiche gilt für Urkunden über andere Rechte, kraft deren eine Leistung gefordert werden kann, insbesondere für Hypotheken-, Grundschuld- und Rentenschuldbriefe."

Bei einer Briefhypothek (Grund- und Rentenschuld) ergibt sich das Recht auf Wegnahme des Briefes nicht aus § 836, sondern aus § 830 Abs. 1 der ZPO. Denn der Brief ist auf Grund des Pfändungsbeschlusses wegzunehmen. Wird die Pfändung und Überweisung in einem Beschluß ausgesprochen, so bleibt die Wirkung der Überweisung trotz der Aushändigung des Beschlusses so lange aufgeschoben, bis die Pfändung gemäß § 830 durch Übergabe oder Wegnahme des Briefes wirklich vollzogen ist. Vgl. 29 unter d.

27 Recht des Schuldners ZPO § 838

Hat der Schuldner zur Sicherung einer ihm zustehenden Forderung eine bewegliche Sache als Pfand im Besitze, so wird durch die Pfändung und Überweisung der Forderung das Pfandrecht an der Sache mit ergriffen. Der Gläubiger kann daher nach der Überweisung von dem

Schuldner die Herausgabe des Pfandes verlangen, nötigenfalls im Wege der Klage, die sich auf den Überweisungsbeschluß zu stützen hat. Die in § 836 Abs. 3 der ZPO für Urkunden getroffene Bestimmung greift nicht Platz.

Erlangt der Gläubiger den Besitz, so tritt er dem Verpfänder gegenüber in die Pflichten des bisherigen Pfandgläubigers, also des Schuldners, ein, namentlich hinsichtlich der Verwahrung des Pfandes und eines Versehens beim Pfandverkaufe, BGB §§ 1215 ff. Für diese Verpflichtung zum Schadenersatze haftet aber nach BGB § 1251 Abs. 2 Satz 2 der Schuldner wie ein selbstschuldnerischer Bürge. Deshalb bestimmt ZPO § 838, **daß der Schuldner die Herausgabe des Pfandes an den Gläubiger verweigern kann,** bis ihm Sicherheit (BGB § 232) für diese Haftung geleistet wird.

28 Pflichten des Gläubigers

a) Streitverkündung ZPO § 841

Der Gläubiger, der, sei es auf Grund der Pfändung, sei es auf Grund der Überweisung zur Einziehung oder an Zahlungs Statt gegen den Drittschuldner auf Verurteilung zur Leistung oder Hinterlegung oder auf Feststellung klagt, hat die Pflicht, dem Schuldner gerichtlich den Streit zu verkünden, **sofern nicht eine Zustellung im Ausland oder eine öffentliche Zustellung** erforderlich wird. Für die Streitverkündung kommen die §§ 72 f der ZPO in Frage. Tritt der Schuldner als Nebenintervenient bei, so gilt er nicht als Streitgenosse der Hauptpartei, da § 69 keine Anwendung findet, denn das Urteil bewirkt keine Rechtskraft zwischen Schuldner und Drittschuldner.

Unterläßt es der Gläubiger, dem Schuldner den Streit zu verkünden, wo er dazu verpflichtet ist, und unterliegt der Gläubiger gegen den Drittschuldner, so hat der Schuldner, gegen den nun die Vollstreckung weitergeht, einen **Schadenersatzanspruch** gegen den Gläubiger wegen mangelhafter Führung des Prozesses gegen den Drittschuldner, sofern nicht der Gläubiger nachweist, daß der Prozeß auch trotz der Streitverkündung verloren worden wäre. Will der Schuldner mit diesem Anspruch aufrechnen, so muß er nach ZPO § 767 klagen.

Der Drittschuldner hat bei Unterlassung der Streitverkündung keine Einwendung.

b) Schadenersatz bei Verzögerung der Beitreibung

Ist dem Gläubiger die Forderung **zur Einziehung** überwiesen worden, so haftet er dem Schuldner für den durch Verzögerung der Beitreibung entstehenden Schaden. Beitreibung ist sowohl die außergerichtliche Einziehung wie die Einklagung und die Zwangsvollstreckung.

Bei Überweisung an **Zahlungs Statt** trägt der **Gläubiger** die Folgen verzögerter Einklagung selbst.

29 Herausgabe oder Leistung körperlicher Sachen ZPO §§ 846, 886

Die Zwangsvollstreckung in Ansprüche, die die Herausgabe (individuell bestimmter) oder Leistung (der Gattung nach bestimmter) körperlicher Sachen zum Gegenstande haben, kann im Gegensatze zu der Vollstreckung in Geldforderungen wegen der Verschiedenheit des Gegenstandes nicht unmittelbar zur Befriedigung des Gläubigers wegen seiner Geldforderung führen.

Pfändbar sind alle Ansprüche auf Herausgabe oder Leistung körperlicher Sachen, ohne Unterschied, ob der Anspruch dinglich oder persönlich, ob die Sache beweglich oder unbeweglich ist, und ob der Anspruch auf Übertragung des Eigentums oder nur auf Rückerstattung gerichtet ist. Pfändbar sind auch solche, die von der Gewährung einer Gegenleistung abhängig sind.

Ausgeschlossen sind Ansprüche ohne Drittschuldner, künftige Ansprüche, unpfändbare (vgl. §§ 850 ff, insbes. § 865: Zubehör) und Ansprüche, die nicht zum Vermögen des Schuldners gehören.

Eine Pfändung der Ansprüche des Absenders auf Herausgabe von Geldbriefen, Briefen oder anderen **Postsendungen** gegen die Post ist durch § 5 des PostG **ausgeschlossen.** Der Empfänger hat keinen Anspruch. Ferner sind Ansprüche unpfändbar, deren Gegenstand eine nach ZPO § 811 f, § 865 unpfändbare Sache oder ein Legitimationspapier oder eine Beweisurkunde bildet, die nicht für sich allein Gegenstand selbständiger Rechte und folgeweise der Geldvollstreckung sein kann, wie Hypothekenbriefe, Sparkassenbücher usw., sofern nicht diese Pfändung im Dienste und **zum Zwecke der Pfändung des verbrieften Rechts** erfolgt.

Hat ein Schuldner Vermögensstücke zum Schein verkauft und übergeben, so bleiben sie dennoch Eigentum des Verkäufers (Scheingeschäfte sind nichtig, BGB § 117), und der Gläubiger hat das Recht, den Anspruch seines Schuldners gegen den Scheinkäufer auf Herausgabe pfänden und sich überweisen zu lassen.

a) **Bewegliche Sachen betr.** ZPO § 847

In dem Pfändungsbeschluß, der dem Drittschuldner und dem Schuldner durch den Gerichtsvollzieher zuzustellen ist, ist gemäß ZPO § 847 neben dem Verbote der Herausgabe an den Schuldner anzuordnen, **daß die Sache an einen vom Gläubiger zu beauftragenden Gerichtsvollzieher herauszugeben sei.** Der Gerichtsvollzieher braucht in der Anordnung nicht bezeichnet zu sein.

Steht der Anspruch auf Herausgabe dem Schuldner und einem Dritten nach Bruchteilen zu, so darf sich die Pfändung nur auf den ideellen Anteil des Schuldners erstrecken; die Anordnung ist dahin zu erlassen, daß der vom Gläubiger zu beauftragende Gerichtsvollzieher zusammen mit dem Dritten zum Empfange berechtigt sei (RG 13, 176, 17. III. 93 JW 235).

In dem Pfändungsbeschluß sind die herauszugebenden Sachen bestimmt zu bezeichnen, da sonst ein wirksames Pfandrecht nicht entsteht.

Mit dem Pfändungsantrage kann der Antrag auf **Überweisung zur Einziehung** (eine Überweisung an **Zahlungs Statt** ist nach ZPO § 849 **unzulässig**) verbunden werden.

Auf Grund des **Pfändungsbeschlusses** allein darf der Gerichtsvollzieher die an ihn herausgegebenen Sachen nicht verwerten, **erst wenn** der **Überweisungsbeschluß** erlassen und dem Drittschuldner und dem Schuldner zugestellt worden ist, **ist eine Versteigerung zulässig.** Durch die Überweisung erlangt der Gläubiger das Recht auf Aushändigung des Erlöses. Ist dem Schuldner nachgelassen, durch Sicherheitsleistung oder durch Hinterlegung die Vollstreckung abzuwenden, so ist im Überweisungsbeschlusse die **Hinterlegung des Erlöses anzuordnen** (ZPO § 839).

Die Verwertung der herausgegebenen Sachen erfolgt lediglich im Wege der Versteigerung durch den Gerichtsvollzieher nach Maßgabe der §§ 814 bis 825 der ZPO; eine Pfändung durch den Gerichtsvollzieher findet also nicht statt.

Bei der Anleiheablösungsschuld mit Auslosungsrechten besteht vor der Auslosung ein Anspruch auf Auslieferung von Wertpapieren, der nach ZPO § 847 zu pfänden ist. Die **Vorzugsrente** nach AnlAblG §§ 18 ff ist zwar nach § 25 dieses Gesetzes unpfändbar; pfändbar sind jedoch die Auslosungsrechte, auf Grund deren eine einfache Vorzugsrente bezogen wird. Ihre Verwertung durch den Pfändungsgläubiger ist aber unmöglich, solange die Vorzugsrente bezogen wird. Möglich ist auch eine Verpfändung oder Abtretung für den Fall des Erlöschens der Rente. JW 35, 680.

b) Mehrfache Pfändung des Anspruchs ZPO § 854

Der Drittschuldner ist bei mehrfacher Pfändung eines Anspruchs, der eine bewegliche körperliche Sache betrifft (§ 847), oder bei gleichzeitiger Pfändung für mehrere Gläubiger **berechtigt**, die Sache unter Anzeige der Sachlage und unter Aushändigung der ihm zugestellten Beschlüsse dem Gerichtsvollzieher herauszugeben, der durch die Anordnung nach ZPO § 847 Abs. 1 in dem zuerst zugestellten Beschlusse zur Empfangnahme der Sache ermächtigt worden ist. Hat der Gläubiger bis zur Zustellung des Beschlusses keinen Gerichtsvollzieher bezeichnet, so ist er auf Antrag des Drittschuldners durch das Amtsgericht des Ortes, wo die Sache herauszugeben ist, also durch das Amtsgericht des Erfüllungsorts für den gepfändeten Anspruch, BGB § 269, zu ernennen. Ob der Drittschuldner die Sache freiwillig herausgeben will, steht bei ihm, und ob er sich dadurch dem Schuldner regreßpflichtig macht, bestimmt sich nach bürgerlichem Recht.

Auf **Verlangen** eines Gläubigers, **dem der Anspruch**

überwiesen wurde, ist der Drittschuldner **verpflichtet,** die Sache dem Gerichtsvollzieher herauszugeben, dafern er verpflichtet wäre, die Sache an den Schuldner herauszugeben. **Jeder Gläubiger, dem der Anspruch überwiesen** wurde, ist berechtigt, gegen den Drittschuldner Klage auf Herausgabe an den Gerichtsvollzieher unter Anzeige der Sachlage und unter Aushändigung der Beschlüsse zu erheben. Der Klage muß regelmäßig eine Aufforderung, die keiner besonderen Form bedarf, vorausgehen.

Mit der Herausgabe an den Gerichtsvollzieher übertragen sich die Pfandrechte am Anspruch in der Reihenfolge der Anspruchspfändungen auf die herausgegebene Sache. Ist der Erlös ausreichend oder wird von keiner Seite eine andere Verteilung als nach der Reihenfolge der Anspruchspfändung beansprucht, so hat der Gerichtsvollzieher ihn zu verteilen; anderenfalls hat er ihn unter Anzeige bei dem Gerichte des ersten Beschlusses zu hinterlegen (ZPO § 827 Abs. 2).

c) Unbewegliche Sachen betr. ZPO § 848

Zum unbeweglichen Vermögen gehören:

1. die Grundstücke,
2. die Bestandteile der Grundstücke,
3. die Berechtigungen, die Grundstücken gleichgestellt sind, also nach § 11 der Erbbau RVO vom 15. 1. 1919 (RGBl S. 72) das Erbbaurecht, und nach den Vorbehalten in Art. 63, 67 bis 69, 196 EBGB das Bergwerkseigentum, die Jagd- und Fischereigerechtigkeiten und sonstige vererbliche und veräußerliche Nutzungsrechte (Apothekerprivilegien, Abdeckereigerechtigkeiten / s. Preußen RG 86, 272 / usw.), sofern sie landesrechtlich dem Immobiliarrecht unterstellt sind, sowie das Erbpachtrecht und die sogenannten Kohlenabbaugerechtigkeiten, die, wo sie nach Landesrecht bestehen, reichsrechtlich durch EBGB Art. 63, 68 dem Erbbaurecht gleichgestellt sind. Bei dem Erbbaurechte sind die vom Eigentümer errichteten Gebäude nach § 93 des BGB wesentliche Bestandteile des Grundstücks, die vom Erbbauberech-

tigten errichteten wesentliche Bestandteile des Erbbaurechts, § 12 Erbbau RVO vom 15. 1. 19 — RGBl S. 72 —,

4. die im Schiffsregister eingetragenen Schiffe.

Die Pfändung erfolgt wie im Falle des § 847 der ZPO durch Pfändungsbeschluß des nach ZPO § 828 Abs. 2 zuständigen Vollstreckungsgerichts. Wesentlich für die Wirksamkeit des Pfändungsbeschlusses ist allein das Verbot der Herausgabe an den Schuldner. In dem Pfändungsbeschluß ist anzuordnen, daß die Sache an einen auf Antrag des Gläubigers **vom Amtsgerichte der belegenen Sache** zu bestellenden Sequester herauszugeben sei; ist der Anspruch auf Übertragung des Eigentums gerichtet, so ist die Auflassung an den Sequester als Vertreter des Schuldners anzuordnen. Ist das für die Pfändung zuständige Gericht zugleich das Vollstreckungsgericht der belegenen Sache, so kann die Ernennung des Sequesters, sofern ein Antrag des Gläubigers vorliegt, schon im Pfändungsbeschluß erfolgen. Den Pfändungsbeschluß und den Beschluß über die Ernennung hat der Gläubiger dem Drittschuldner und dem Schuldner zustellen zu lassen.

Auch hier ist eine **Überweisung nur zur Einziehung,** nicht an Zahlungs Statt, **zulässig.**

Geht der Anspruch des Schuldners auf Übertragung des Eigentums (Auflassung), sei es mit, sei es ohne Besitzübertragung, so erfolgt die Auflassung seitens des Drittschuldners an den Sequester als Vertreter des Schuldners. Gibt der Drittschuldner die Erklärung nicht freiwillig ab, so hat ihn der Gläubiger auf Grund der Pfändung, also auch im Falle der Arrestpfändung, darauf zu verklagen. Die Vollziehung des Urteils erfolgt dann gemäß §§ 894 f der ZPO. Zur Sicherung des gepfändeten Anspruchs kann der Gläubiger schon vorher eine **Vormerkung** in das Grundbuch eintragen lassen (BGB § 883). Die Eintragung einer Vormerkung erfolgt auf Grund einer einstweiligen Verfügung. Zur Erlassung der einstweiligen Verfügung ist nicht erforderlich, daß eine Gefährdung des zu sichernden Anspruchs glaubhaft gemacht wird (BGB § 885).

Mit dem Übergange des Eigentums, d. h. mit der Eintragung der Rechtsänderung, BGB § 873, erlangt der Gläubiger ohne Eintragung eine Sicherungshypothek für seine Forderung (BGB § 1184). Der Sequester hat die Eintragung der Sicherungshypothek zu bewilligen wegen der erforderlichen Berichtigung des Grundbuchs. EntlVO § 13: Bei der Pfändung eines Anspruchs auf Übertragung des Eigentums an einer unbeweglichen Sache entsteht die Sicherungshypothek als Höchstbetragshypothek (BGB § 1190); Höchstbetrag ist der nach § 12 berechnete Betrag (d. h. das Vollstreckungsgericht hat die beizutreibende Summe in dem Pfändungsbeschluß umzurechnen):

Ist die zu vollstreckende Forderung in der Art bestimmt, daß für sie eine wertbeständige Hypothek eingetragen werden kann, so findet § 12 keine Anwendung. Die Sicherungshypothek entsteht als wertbeständige Hypothek.

Der **Drittschuldner** ist **berechtigt** und auf Verlangen eines Gläubigers, **dem der Anspruch überwiesen wurde, verpflichtet,** die Sache unter Anzeige der Sachlage und unter Aushändigung der ihm zugestellten Beschlüsse an den von dem Amtsgericht der **belegenen Sache** ernannten oder auf seinen Antrag zu ernennenden Sequester **herauszugeben** (ZPO § 855).

Die Eintragung der Sicherungshypothek erfolgt nach der Reihenfolge der Pfändungen, da sie in dieser kraft Gesetzes erworben sind. Beansprucht ein späterer Gläubiger den Vorrang, so ist es seine Sache, sich ihn gemäß BGB § 899 durch Eintragung eines Widerspruchs zu sichern.

Wenn eine Sicherungshypothek auf ein dem Schuldner bereits aufgelassenes Grundstück eingetragen werden soll, muß der Gläubiger den Anspruch seines Schuldners auf dessen Eintragung im Grundbuche pfänden lassen und beim Grundbuchamte betreiben, eventuell unter Zahlung des Auflassungsvorschusses, der Grunderwerbsteuer usw. Erst wenn der Schuldner als neuer Eigentümer im Grundbuche eingetragen ist, ist dem Gläubiger die Möglichkeit gegeben, auf Grund seines vollstreckbaren

Titels die Eintragung der Sicherungshypothek zu beantragen.

d) Die herauszugebende Sache befindet sich im Gewahrsam eines Dritten ZPO § 886

Der Anspruch des Schuldners auf Herausgabe der Sache kann für den Gläubiger nach ZPO § 829 gepfändet und nach § 835 **zur Einziehung** — nicht an Zahlungs Statt — **überwiesen** werden. Es sind aber nur die Vorschriften über die Pfändung und Überweisung von Geldforderungen anwendbar, also nur die §§ 828 f, 837—845, nicht auch die auf den Umsatz in Geld bezüglichen §§ 847 f, weil der Gläubiger keine Geldforderung hat. Die Sache ist **deshalb dem Gläubiger,** nicht dem Gerichtsvollzieher, **herauszugeben,** und es ist unerheblich, wenn die Sache selbst nach ZPO § 811 unpfändbar ist.

Hat ein Dritter einen dem Schuldner gehörigen Hypothekenbrief im Gewahrsam, dessen Herausgabe der Schuldner verlangen kann, so kann der Gläubiger diesen Anspruch auf Grund des nach ZPO § 830 erwirkten Pfändungsbeschlusses, der keiner Vollstreckungsklausel bedarf, aber dem Schuldner gemäß ZPO § 750 zugestellt sein muß, nach ZPO § 886 pfänden und sich überweisen lassen. Der Titel, auf Grund dessen die Hypothekenforderung gepfändet worden ist, ist dazu nicht geeignet, denn er geht auf Geldleistung. Das Vollstreckungsgericht hat in dem Beschluß anzuordnen, daß der Drittschuldner den Hypotheken-(Grundschuld-)Brief an den Gläubiger herauszugeben hat. Dritter kann auch der Reichsjustizfiskus (Grundbuchamt) sein, insbesondere dann, wenn nach § 1117 Abs. 2 des BGB vereinbart worden ist, daß der Gläubiger der Hypothek berechtigt sein soll, sich den Brief vom Grundbuchamt aushändigen zu lassen.

Ist der **Rechtspfleger** ermächtigt, Beschlüsse nach ZPO §§ 829, 835 zu erlassen, dann gilt die Ermächtigung auch hier.

30 Verpflichtung des Drittschuldners zur Auskunftserteilung ZPO § 840

Auf Verlangen des Gläubigers hat der Drittschuldner binnen zwei Wochen (der Tag der Zustellung wird nicht mit gerechnet, ZPO § 222), von der Zustellung des Pfändungsbeschlusses an ihn an gerechnet, dem Gläubiger zu erklären:

1. ob und inwieweit er die Forderung als begründet anerkenne und Zahlung zu leisten bereit sei;
2. ob und welche Ansprüche andere Personen an die Forderung machen;
3. ob und wegen welcher Ansprüche die Forderung bereits für andere Gläubiger gepfändet sei.

Die Aufforderung zur Abgabe dieser Erklärung muß in die Zustellungsurkunde aufgenommen werden. Der Drittschuldner haftet dem Gläubiger für den aus der Nichterfüllung seiner Verpflichtung entstehenden Schaden. Die Aufnahme der Aufforderung in die Zustellungsurkunde ist also Voraussetzung für die Entstehung der Schadenersatzpflicht. Ist die Aufnahme unterblieben, so haftet der Drittschuldner auf Grund dieser Vorschrift selbst dann nicht, wenn er auf direkte Aufforderung des Gläubigers hin eine falsche Auskunft erteilt hat. RG 60, 330. Ist die Aufnahme versehentlich unterblieben, so muß, um die Aufforderung nach § 840 wirksam zu machen, der Pfändungsbeschluß erneut zugestellt werden; das durch die erste Zustellung erlangte Pfandrecht bleibt unberührt.

Gibt der Drittschuldner die Erklärungen sofort ab, so sind sie in die Zustellungsurkunde aufzunehmen. Der Drittschuldner kann innerhalb der zweiwöchigen Frist dem Gerichtsvollzieher gegenüber die Erklärung schriftlich oder mündlich abgeben, dafern er nicht vorzieht, sie dem Gläubiger unmittelbar zu übersenden. Es ist Sache des Drittschuldners, sich den Beweis der rechtzeitigen Abgabe zu sichern. Die Erklärung kann auch durch einen Vertreter abgegeben werden.

Erkennt der Drittschuldner die Forderung als begründet an, so liegt darin ein vertragsmäßiges **Schuldanerkenntnis.** Bestreitet der Drittschuldner die Forderung, oder behauptet er Ansprüche anderer Personen im Sinne der Nr. 2 und 3, so hat der Gläubiger zu ermessen, welche weiteren Maßnahmen er zur Verwertung der Forderung treffen will. (Nach der VO des RJM vom

9. 3. 1937 — DJ S. 431 — hat die verfügende Stelle bei der Abgabe der Erklärung gemäß ZPO § 840 regelmäßig den Zusatz zu machen, daß diese Mitteilung kein selbständiges Schuldanerkenntnis enthält.)

Erfüllt der Drittschuldner die Pflicht zur Abgabe der Erklärung nicht oder nicht rechtzeitig, so haftet er dem Gläubiger ohne Rücksicht auf sein Verschulden für den hieraus entstehenden Schaden. Dazu gehören namentlich die Kosten eines unnütz geführten Prozesses gegen den Drittschuldner, zu deren Tragung zwar der klagende Gläubiger nach § 91 oder § 271 der ZPO zu verurteilen ist, die er aber dann in besonderem Prozesse als Schaden einfordern kann. Auf Abgabe der Erklärung kann nicht geklagt werden.

Die Vorschrift im § 840 der ZPO bezweckt, dem Pfändungsgläubiger die Unterlagen für sein weiteres Vorgehen zu verschaffen. Der Pfändungsgläubiger soll demnach von dem Drittschuldner erfahren, wie er sich zu dem gepfändeten Forderungsrecht stellt, ob Rechte Dritter daran bestehen und ob etwa bereits weitere Zwangsakte vorliegen.

Wenn die Vorschrift ihren Zweck erreichen soll, und wenn sie es weiter verhüten soll, daß der Drittschuldner durch seine Angaben, mögen sie ihrem Sinne nach auch die Erklärung enthalten, daß er die gepfändete Forderung nicht anerkennen wolle, den Pfändungsgläubiger irreführen kann, was ja mit dem Zwecke des Gesetzes in offenem Widerspruch stünde, so muß man, auch wenn die Vorschrift dem Drittschuldner nicht die Abgabe einer Erklärung bestimmten Inhalts vorschreibt, es mindestens als dem Gesetze entsprechend ansehen, daß die tatsächlich abgegebene Erklärung der Wahrheit entsprechen muß. Seine Auskunftspflicht verletzt also nicht nur, wer überhaupt keine Erklärung abgibt, sondern auch, wer vorsätzlich oder fahrlässig eine inhaltlich falsche Erklärung abgibt. Eine inhaltlich falsche Erklärung gibt aber auch derjenige ab, der über den Grund, warum er die gepfändete Forderung nicht anerkennen kann, eine unrichtige Angabe macht. (RG., Urt. v. 29. 10. 1935; III 32/35 (Rpfl. 1936 S. 232); vgl. auch RG, VII. ZS, Urt. v. 29. 4. 1932;

VII 399/31: Der Drittschuldner haftet für die Unrichtigkeit oder Unvollständigkeit seiner Erklärung nur im Falle eines Verschuldens.) Vgl. auch LAG Leipzig 1. 10. 36. ArbRSamml. Bd. 29, 15.

Durch die Pfändung des Zahlungsanspruchs erwirbt der Gläubiger nicht zugleich den Anspruch auf **Rechnungslegung und Auskunftserteilung** gegen den Drittschuldner; vielmehr muß auch dieser Anspruch besonders gepfändet werden. DJ — Das Recht — 1936, 12, Nr. 9206.

31 Klage des Gläubigers gegen den Drittschuldner ZPO § 856

Jeder Gläubiger, **dem der Anspruch überwiesen wurde,** ist berechtigt, den Drittschuldner auf Erfüllung der ihm nach §§ 853 bis 855 der ZPO obliegenden Verpflichtungen zu verklagen, und zwar mit dem Antrage

1. im Falle des § 853: den Beklagten zu verurteilen, unter Anzeige der Sachlage und unter Aushändigung der ihm zugestellten Beschlüsse an das Amtsgericht, dessen Beschluß ihm zuerst zugestellt ist, ... *RM* ... *Rpf* (d. i. der Schuldbetrag) zu hinterlegen usw.;
2. im Falle des § 854: den Beklagten zu verurteilen, die (einzeln aufzuführenden) Sachen unter Anzeige der Sachlage und unter Aushändigung der ihm zugestellten Beschlüsse dem Gerichtsvollzieher des Amtsgerichts in .... herauszugeben usw.;
3. im Falle des § 855: den Beklagten zu verurteilen, die (näher zu bezeichnende unbewegliche Sache) unter Anzeige der Sachlage und unter Aushändigung der ihm zugestellten Beschlüsse an (Namen usw. des Sequesters) herauszugeben.

Zahlung kann nicht verlangt werden.

Der Kläger ist verpflichtet, gemäß § 841 der ZPO **dem Schuldner den Streit zu verkünden.** Klagen mehrere Gläubiger, denen der Anspruch überwiesen wurde, gemeinsam, so sind sie Streitgenossen nach § 62 der ZPO.

Um dem Drittschuldner die mehrfache Prozeßführung mit demselben Ziele zu ersparen, bestimmt Abs. 2, daß alle Pfändungsgläubiger, insbesondere auch diejenigen, die keine Überweisung erlangt haben (Arrestgläubiger) und daher nicht zur Klage berechtigt sind, sich als Streitgenossen (§ 82) dem Rechtsstreit anschließen können. Dies erfolgt durch die Zustellung eines Schriftsatzes.

Der Drittschuldner hat die Gläubiger, welche die Klage nicht erhoben und dem Kläger sich nicht angeschlossen haben, zum Termine zur mündlichen Verhandlung zu laden.

Im amtsgerichtlichen Verfahren erfolgt die Ladung von Amts wegen, im landgerichtlichen dagegen im Parteibetriebe nach §§ 214, 215 der ZPO.

Treten die Gläubiger dem Kläger bei, so sind sie nicht Nebeninterveniente, sondern Streitgenossen im Sinne des § 62 der ZPO.

Die Entscheidung, die in dem Rechtsstreit über den in der Klage erhobenen Anspruch erlassen wird, ist für und gegen sämtliche Gläubiger wirksam, auch wenn sie sich nicht beteiligt haben oder nicht beigeladen worden sind. Die Rechtskraft tritt dagegen zuungunsten eines Gläubigers nur ein, wenn er sich beteiligt hatte oder beigeladen war. Gegen solche nicht aufgetretenen Gläubiger, die er nicht beigeladen hatte, kann sich der Drittschuldner nach ZPO § 856 Abs. 5 nicht auf die ihm günstige Entscheidung berufen. Sonstige Rechtsnachteile erwachsen ihm aus der Unterlassung nicht.

Dem Schuldner gegenüber erzeugt das Urteil keine Rechtskraft.

32 Die Stellung des Drittschuldners

Infolge des Zahlungsverbots ist der Drittschuldner nicht mehr verpflichtet, an den Schuldner zu zahlen, und hat daher eine Einrede gegen dessen Verurteilungsklage.

Zahlt er dem Schuldner, so ist dies dem Gläubiger gegenüber unwirksam, es sei denn, daß die Zahlung im Falle der Ersatzzustellung erweislich in Unkenntnis der Pfändung erfolgt ist.

Trotz des Zahlungsverbots bleibt aber der Drittschuldner an sich zur Zahlung verpflichtet; auf einen schon eingetretenen Verzug hat die Pfändung keinen Einfluß.

RG 49, 201 f. Er ist aber nicht nur auf Verlangen des Gläubigers oder des Schuldners verpflichtet für beide zu hinterlegen oder an beide zu leisten, sondern bei gültiger Pfändung zur Hinterlegung für beide mit befreiender Wirkung nach BGB § 372 berechtigt (OLG 16, 374), auch wenn eine Abtretung vorher erfolgt war, denn dadurch wird die Pfändung nicht ungültig.

Gegen eine Klage des Gläubigers hat er zunächst:

a) diejenigen Einwendungen, die sich auf die Gültigkeit und Wirksamkeit der Pfändung beziehen, und zwar in Konkurrenz mit der Erinnerung nach ZPO § 766. Er kann also insbesondere alle diejenigen Gründe geltend machen, welche die Pfändung auch für Dritte unwirksam machen, z. B. Mängel der vollstreckbaren Ausfertigung des Titels oder seiner Zustellung nach ZPO § 750, soweit nicht eine Heilung stattgefunden hat, Mangel des Duldungsurteils nach § 739, Ablauf der Frist des § 929 Abs. 2, Mängel des Pfändungsverfahrens, insbesondere die Unzuständigkeit des Gerichts, Formmängel des Beschlusses oder seiner Zustellung oder dessen Wiederaufhebung.

b) Der Drittschuldner kann auch einwenden, daß zur Zeit der Pfändung (Zustellung des Pfändungsbeschlusses an ihn) die Forderung nicht bestand oder daß die Forderung vorher an einen anderen abgetreten war.

Ebenso gehört hierher die Aufrechnung mit Forderungen gegen den Schuldner, wenn die Voraussetzungen der Aufrechnung schon zur Zeit der Pfändung vorlagen. Durch die Beschlagnahme einer Forderung wird die Aufrechnung einer dem Schuldner gegen den Gläubiger zustehenden Forderung nur dann ausgeschlossen, wenn der Schuldner seine Forderung nach der Beschlagnahme erworben hat oder wenn seine Forderung erst nach der Beschlagnahme und später als die in Beschlag genommene Forderung fällig geworden ist (BGB § 392).

Gegen eine Klage des Schuldners stehen dem Drittschuldner außer dem Einwande der Pfändung alle Einwendungen gegen den Anspruch unbeschränkt zu, auch aus der Zeit nach der Pfändung, denn ihm gegenüber handelt der Schuldner auch später noch mit Wirkung.

Soweit ihm die Einreden zustehen, kann der Drittschuldner auch auf die Feststellung klagen, daß der Gläubiger aus der Pfändung keine Rechte habe.

Nach der Überweisung stehen dem Drittschuldner, dem Gläubiger wie dem Schuldner gegenüber alle Einreden in demselben Umfange zu, wie vor der Überweisung. Durch die Überweisung verliert ferner der Drittschuldner, abgesehen von dem Falle mehrfacher Pfändung, das Recht, sich durch Hinterlegung zu befreien, denn jetzt kann er erfüllen, und es erlischt auch seine Verpflichtung dazu, sofern nicht gemäß ZPO § 839 dem Drittschuldner aufgegeben worden ist, den Schuldbetrag zu hinterlegen. Vgl. noch BGB § 408 Abs. 2, der für den Fall, daß die Forderung ohne Wissen des Drittschuldners vor der Überweisung an einen Dritten abgetreten war, den an den Überweisungsgläubiger zahlenden Drittschuldner gegenüber dem Dritten schützt.

Erfolgt die Überweisung zur Einziehung für mehrere Gläubiger nacheinander, so haben sie untereinander lediglich den Rang ihrer Pfändungen, nicht den der Überweisungen. Jeder von ihnen ist an sich befugt, gegen den Drittschuldner auf Leistung zu klagen, dieser kann sich aber nachstehenden Gläubigern gegenüber verteidigungsweise auf die früheren Pfändungen berufen (OLG 19, 27), es sei denn, daß der Rangbessere sein Einverständnis erklärt hat. Dagegen macht die Überweisung an Zahlungs Statt alle nachfolgenden Pfändungen und Überweisungen unwirksam, weil die Forderungen jetzt nicht mehr zum Vermögen des Schuldners gehört. Der erste Überweisungsgläubiger hat Klage nach ZPO § 771 zu erheben.

33 Eine Geldforderung ist für mehrere Gläubiger gepfändet ZPO § 853

Im Falle **mehrfacher Pfändung oder Überweisung** derselben Forderung kann dem Drittschuldner nicht zugemutet werden, auf eigene Gefahr zu prüfen, welcher Gläubiger der Bestberechtigte ist. Deshalb bestimmt § 853, **daß der Drittschuldner berechtigt** ist, den Schuldbetrag zu **hinterlegen.** Wenn aber die Forderung auch nur einem der Gläubiger an Zahlungs Statt oder zur Einziehung

überwiesen ist, so ist der Drittschuldner **auf Verlangen des Gläubigers, dem die Forderung überwiesen wurde,** verpflichtet, den Schuldbetrag zu hinterlegen. Bei der Hinterlegung hat der Drittschuldner dem Amtsgerichte, **dessen Beschluß ihm zuerst zugestellt ist** (auch wenn dieses nicht Hinterlegungsstelle ist), die Sachlage anzuzeigen, d. h. das Nähere über seine Schuld und über die bei ihm vorgenommenen Pfändungen anzugeben, und die ihm zugestellten Beschlüsse (§ 829 Abs. 3, § 835 Abs. 3 der ZPO) auszuhändigen. Eine Hinterlegung ohne Anzeige wäre wirkungslos. War der zuerst zugestellte Pfändungsbeschluß im Arrestverfahren nach ZPO §§ 919, 930, 943 von einem Landgericht oder Oberlandesgericht erlassen worden, so ist diesem Gericht die Anzeige zu übermitteln, und letzteres hat dann, da nach § 872 das Verteilungsverfahren ausschließlich dem Amtsgericht zugewiesen ist, die Schriftstücke an das Amtsgericht seines Sitzes abzugeben.

Die Hinterlegung erfolgt bei dem Amtsgerichte für die beteiligten Gläubiger. Die Vorschriften der §§ 373 f des BGB bleiben außer Anwendung und ein Verzicht auf die Rücknahme ist unnötig, weil selbstverständlich.

Die Verpflichtung des Drittschuldners zur Hinterlegung und Anzeige kann von jedem Gläubiger, dem die Forderung überwiesen worden ist, nach ZPO § 856 **durch Klage** geltend gemacht werden; die Zahlung kann jetzt keiner der Gläubiger verlangen.

Befugnis zur Hinterlegung bei Pfändungskündigung: OLG 14, 210.

Hat der Schuldner die Forderung abgetreten und liegt nur ein Pfändungs- und Überweisungsbeschluß vor, so gilt die Bestimmung im § 853 nicht (JW 34, 2333).

Hinterlegt der Drittschuldner, so gilt dies als Erfüllung; der Betrag scheidet damit aus seinem Vermögen aus. Die Kosten der Hinterlegung sind Kosten der Zwangsvollstreckung. Der Drittschuldner darf sie bei der Hinterlegung abziehen.

Ist die Arbeitsvergütung des Schuldners mehrfach gepfändet, so beschränkt sich der Anspruch des später pfändenden Gläubigers gemäß § 853 keineswegs kraft

Gesetzes auf Hinterlegung der gepfändeten Ansprüche. Vielmehr gibt § 853 lediglich dem Drittschuldner die Berechtigung, bei mehrfacher Pfändung der Forderungen den Schuldbetrag zu hinterlegen und erklärt ihn auf Verlangen eines Gläubigers, dem die Forderung überwiesen wurde, zur Hinterlegung für verpflichtet. Auch bei mehrfacher Pfändung einer Forderung ist es deshalb keinem Pfandgläubiger, dem die Forderung zur Einziehung überwiesen wurde, an sich verwehrt, auf Zahlung zu klagen. RAG 13. 11. 37, 140/37. ArbRSamml. Bd. 31, 277.

34 Wer trägt die Kosten der Übersendung des Geldes an den Gläubiger?

Geld ist, gleichviel wo der Erfüllungsort sein mag, dem Gläubiger an dessen Wohnsitz, im Falle BGB § 270 Abs. 2 an den Ort der gewerblichen Niederlassung „zu übermitteln". Die dazu dienende Versendung geht auf Gefahr und Kosten des Schuldners. BGB § 270.

Diese Bestimmung ist zunächst im Verhältnis des Drittschuldners zum Schuldner maßgebend. Hätte der Drittschuldner die Geldforderung seinem Gläubiger (dem jetzigen Schuldner) zu übersenden und entstehen durch die Übersendung an den pfändenden Gläubiger infolge der Überweisung nicht mehr Kosten, so hat selbstverständlich der Drittschuldner die Kosten der Übersendung zu tragen. Mehrkosten treffen ihn unter allen Umständen nicht; sie würden dann nur den Schuldner treffen. Reicht die Schuld zur Deckung der Forderung des Gläubigers und des Übersendungsportos nicht aus, dann braucht der Drittschuldner nicht mehr zu leisten, als er an seinen früheren Gläubiger zu leisten gehabt hätte. Der Gläubiger wäre aber nur befriedigt nach Höhe des übersandten Betrags. Andernfalls hat der Gläubiger Anspruch auf portofreie Zusendung, so daß der Drittschuldner von der gepfändeten Forderung kürzen muß die Forderung und Kosten des Pfandgläubigers einschl. Übersendungskosten, denn soweit reicht das Pfandrecht. Vgl. JW 19, 373; 21, 733.

35 Pfändung einer Forderung durch das Arrestgericht ZPO § 930

Für die Pfändung einer Forderung ist nach ZPO § 930 Abs. 1 S. 3 an Stelle des im § 828 Abs. 2 der ZPO bezeichneten Gerichts das Arrestgericht als Vollstreckungsgericht ausschließlich zuständig. Dasselbe gilt für die Pfändung der im § 846 bezeichneten Ansprüche und der in § 857 bezeichneten Rechte. Pfändungen von Forderungen auf Grund einstweiliger Verfügungen dagegen erfolgen durch das nach ZPO § 828 zuständige Vollstreckungsgericht.

Auch hier ist nach Art. VI § 1 II 3 des EntlG vom 11. 3. 1921 die Landesjustizverwaltung befugt, die Entscheidung über die Pfändung dem Rechtspfleger zu übertragen. Sachsen hat davon keinen Gebrauch gemacht.

Hat das **Arbeitsgericht** einen Arrestbefehl erlassen, so ist stets das Arbeitsgericht als Vollstreckungsgericht für die Pfändung von Forderungen zuständig (ArbGG § 62 Abs. 2 in Verbindung mit ZPO § 930 Abs. 1).

Wird auf Grund des Arrestbefehls eine Forderung gepfändet, für die eine Hypothek besteht, so muß diese Pfändung innerhalb der Monatsfrist (ZPO § 929 Abs. 2) ins Grundbuch eingetragen werden, denn diese Eintragung bewirkt erst die wirkliche Pfändung.

Das Pfändungsgesuch kann mit dem Arrestgesuche verbunden werden, ohne dadurch seine Selbständigkeit zu verlieren. Auf die rechtliche Behandlung der Beschlüsse ist die Verbindung ohne jeden Einfluß. Die Zustellung des Pfändungsbeschlusses erfolgt nach ZPO § 829, die des Arrestbefehls nach § 922. Ebenso ist die Anfechtung des Arrestbefehls durch Widerspruch nach § 924, die des Pfändungsbeschlusses durch Erinnerung nach § 766 der ZPO zu erfolgen. Das Arrestgericht ist auch für die Erinnerung nach ZPO § 766 sowie für eine nach §§ 775 f erfolgende Aufhebung seines Pfändungsbeschlusses zuständig, ebenso für die Aufhebung nach ZPO § 934. **Für die spätere Überweisung ist dagegen das im § 828 der ZPO bestimmte Vollstreckungsgericht zuständig** (RG 36, 391).

Unterliegt der Schuldner in der Hauptsache, so ist auf Grund des zugestellten vollstreckbaren Urteils oder eines anderen zur Befriedigung berechtigenden vollstreckbaren Titels auf Antrag durch das Vollstreckungsgericht Überweisungsbeschluß zu erlassen.

Der Antrag auf Überweisung einer gepfändeten Forderung leitet gemäß § 36 Abs. 2 RAGO eine neue Instanz ein.

Für die Pfändung einer Forderung ist außer der Gebühr nach § 32 Abs. 1 des GKG die 1/4-Gebühr nach § 34 Abs. 2 des GKG zu erheben. Diese Gebühr erwächst auch, wenn der Arrestantrag zurückgewiesen wird (Entsch. des KG (20. ZS) vom 9. 4. 1932, 20 W 3708/32, BBl. 1932 S. 152).

Auf Grund eines Arrestbefehls kann der Gläubiger schon vor der Pfändung eine **Ankündigung nach ZPO § 845** erlassen. RG 8, 430; 71, 182; JW 07, 207 Nr. 14. Jedoch muß die gerichtliche Pfändung nicht nur innerhalb der Frist des § 845 Abs. 2 (3 Wochen), sondern auch innerhalb der des § 929 Abs. 2 (Vollziehungsfrist) — 1 Monat — erfolgen. JW 07, 207 Nr. 14.

Für die Pfändung und Überweisung auf Grund eines Kostenfestsetzungsbeschlusses, der zufolge des Arrestbefehls erlassen worden ist, ist nur das Vollstreckungsgericht zuständig.

36 Vorpfändung — Pfändungsbenachrichtigung — ZPO § 845

Da der Pfändungsbeschluß erst nach der Zustellung des Schuldtitels erlassen werden darf, würde oft der Zugriff des Gläubigers vereitelt werden. ZPO § 845 gestattet deshalb eine Vorpfändung von Forderungen durch Benachrichtigung des Drittschuldners ohne Mitwirkung des Gerichts.

Vorausgesetzt wird ein vollstreckbarer Titel. Zur Zeit der Benachrichtigung muß das vollstreckbare Urteil verkündet, ein Vollstreckungsbefehl erlassen, und für den Fall, daß das Urteil nur gegen Sicherheitsleistung vorläufig vollstreckbar ist, muß die Sicherheit bereits hinterlegt, bei Kostenforderungen ein gemäß § 105 der ZPO auf das Urteil oder den Vergleich zu setzender Kostenfestsetzungsbeschluß erlassen sein. Dagegen muß mit Rücksicht auf die Bestimmung im § 798 der ZPO bei den übrigen Kostenfestsetzungsbeschlüssen und bei den nach § 794 Nr. 5 der ZPO aufgenommenen Urkunden der Schuldtitel zugestellt und seit der Zustellung mindestens eine Woche verstrichen sein; der Tag der Zustellung wird nicht mitgezählt. Ist die Forderung an einem bestimmten Tage fällig, so muß der Tag abgelaufen sein.

Dagegen bedarf es nicht der Erteilung einer vollstreckbaren Ausfertigung des Urteils, des Vergleiches usw., auch wenn inzwischen ein Personenwechsel eingetreten ist, und erst recht nicht der Zustellung des Schuldtitels, des Hinterlegungsscheins usw. an den Schuldner. RG 71, 182.

Die Vorpfändung ist eine schriftliche Erklärung des Gläubigers oder seines nach ZPO §§ 80 ff legitimierten Prozeßbevollmächtigten (RG 64, 217). **Wesentlich** ist die Benachrichtigung, daß die Pfändung bevorstehe, und die Aufforderung an den Drittschuldner, nicht an den Schuldner zu zahlen. An den Schuldner ist neben der Benachrichtigung die Aufforderung zu richten, sich jeder Verfügung über die Forderung, insbesondere der Einziehung, zu enthalten. Die zu pfändende Forderung und der Titel des Gläubigers müssen genau bezeichnet werden.

Die Benachrichtigung ist dem Drittschuldner und dem Schuldner durch den **Gerichtsvollzieher** im Parteibetriebe zuzustellen. Öffentliche Zustellung ist unzulässig. Die Zustellung an den Drittschuldner ist für die Wirkung der Vorpfändung von Bedeutung, denn sie hat die Wirkung eines vollzogenen Arrestes.

Gegen die Vorpfändung ist sowohl die Erinnerung nach ZPO § 766 wie die Widerspruchsklage nach ZPO § 771 zulässig.

Die Wirkung der Vorpfändung geht aber ohne weiteres verloren, wenn die Pfändung nicht binnen drei Wochen bewirkt wird. Die Pfändung wird bewirkt durch Zustellung des Pfändungsbeschlusses an den Drittschuldner, bei einer Hypothekenforderung durch Übergabe des Hypothekenbriefs oder Eintragung in das Grundbuch. Die dreiwöchige Frist beginnt mit dem Tage der Zustellung an den

Drittschuldner (der Tag der Zustellung wird nicht mit gerechnet, OLG 14, 181). Ist die Vorpfändung, sowohl als auch die gerichtliche Pfändung ordnungsmäßig erfolgt, so bestimmt sich das Pfandrecht nach dem **Zeitpunkte der Vorpfändung.**

Ist ein Drittschuldner nicht vorhanden, so wird die Vorpfändung mit der Zustellung an den Schuldner wirksam.

Wird über das Vermögen des Schuldners während des Laufes der Frist von 3 Wochen der **Konkurs** eröffnet, so ist die **gerichtliche (Nach-)Pfändung** nicht nur nach der Konkurseröffnung (§ 14 der KO), sondern schon nach Erlassung des allgemeinen Veräußerungsverbots (KO § 106) **nicht mehr zulässig,** RG 26, 426; 42, 365.

Mit der Vorpfändung darf eine Aufforderung zur Erklärung gemäß ZPO § 840 nicht verbunden werden.

Das vorläufige Zahlungsverbot ist eine Parteimaßnahme. Wird es vom Vollstreckungsgericht abgeändert, so kann es vom Beschwerdegericht nicht neu angeordnet oder erweitert werden. JW 36, 894.

37 Verzicht des Gläubigers auf das Pfandrecht ZPO § 843

Der Gläubiger kann auf die durch die **Pfändung und Überweisung zur Einziehung** erworbenen Rechte verzichten. Der Verzicht auf das Recht aus der Pfändung vernichtet ohne weiteres das Recht aus der Überweisung; nicht umgekehrt. **Der Verzicht muß schriftlich erklärt** und dem Schuldner sowohl als auch dem Drittschuldner **durch den Gerichtsvollzieher** im Parteibetriebe **zugestellt werden.** Mit der Zustellung **an den Schuldner** fallen die Wirkungen der Pfändung und Überweisung von selbst weg; eine Zustellung nur an den Drittschuldner berührt die Pfändung nicht, sie bliebe trotzdem wirksam (RG 15, 409). Einer Aufhebung der Beschlüsse auf Grund des Verzichts bedarf es nicht, sie wäre auch dann unzulässig, wenn der Gläubiger sie verlangte, anstatt selbst den Verzicht zu erklären.

Beim Übergange von der Überweisung zur Einziehung zur Überweisung an Zahlungs Statt findet kein Verzicht statt.

Durch den Verzicht bleibt selbstverständlich der Anspruch des Gläubigers unberührt.

38 Andere Verwertung ZPO § 844

An Stelle der Überweisung kann das Gericht auf Antrag eine andere Art der Verwertung anordnen, wenn der gewöhnliche Weg der Überweisung mit Schwierigkeiten verbunden ist, z. B. weil die Forderung bedingt oder betagt ist oder weil sie von einer Gegenleistung abhängig ist oder weil der Drittschuldner zahlungsunfähig oder im Konkurs ist. Ob das Gericht dem Antrage stattgeben will, steht in seinem freien Ermessen; ein Recht darauf hat der Gläubiger nicht. Die Anordnung ist jedoch Amtspflicht, wenn sie angebracht erscheint. Wenn auch für die Entschließung in erster Reihe das Interesse des Gläubigers maßgebend ist, so darf doch das Interesse des Schuldners nicht vollständig unberücksichtigt bleiben. Durch eine Vereinbarung zwischen Gläubiger und Schuldner wird die Anordnung nicht ersetzt.

Vor dem Beschlusse muß der Gegner gehört werden, es sei denn, daß er sich im Ausland aufhält oder sein Aufenthalt unbekannt ist. Gehör ist aber unnötig, wenn der Antrag abgelehnt wird. Wird der Antrag vom Gläubiger schon mit dem Pfändungsgesuche gestellt, so muß das Gericht die Entscheidung darüber aussetzen, bis ihm die Pfändung nachgewiesen ist. Denn vor der Pfändung darf der Schuldner nicht gehört werden (ZPO § 834). Nach der Pfändung kann sowohl der **Gläubiger wie der Schuldner** den Antrag stellen, auch noch nach einer Überweisung zur Einziehung. Auch Nachpfandgläubiger sind antragsberechtigt. Der vorgehende Gläubiger hat das Recht der Erinnerung nach ZPO § 766, er kann aber nicht aus § 771 Klage erheben. Der Arrestgläubiger und der Gläubiger, dem die Forderung bereits an **Zahlungs Statt** überwiesen worden ist, sind zu dem Antrage nicht berechtigt.

Zuständig ist das für die Forderungspfändung zuständige Gericht. Durch eine Verlegung des Wohnsitzes des Schuldners in einen anderen Gerichtsbezirk wird die einmal begründete Zuständigkeit nicht berührt. Ann. OLG 35, 97. A. M. Stein-Jonas. Wenn es sich um eine durch den Gerichtsvollzieher gepfändete Wechselforderung handelt, ist für die Überweisung das Amtsgericht zuständig, in dessen Bezirke der neue Wohnsitz des Schuldners gelegen ist. RG 61, 332.

Sachliche und örtliche Unzuständigkeit des Gerichts macht die Anordnung und die Verwertung unrechtmäßig (RG 61, 332).

Der Gegner kann auch schriftlich gehört werden. Eine mündliche Verhandlung ist nicht erforderlich; sie kann aber, insbesondere wenn Einwendungen erhoben werden, angeordnet werden.

Der **ablehnende** Beschluß ist nur dem **Antragsteller** zuzustellen, der **bewilligende** Beschluß, wenn er nicht verkündet ist, muß **beiden Parteien und dem Drittschuldner** von Amts wegen zugestellt werden.

Gegen den Beschluß haben im Falle der Ablehnung der Antragsteller, im Falle der Bewilligung der Gegner und der Drittschuldner die **sofortige Beschwerde.** Entscheidet der Rechtspfleger, so sind § 576, § 577 Abs. 4 der ZPO zu beachten.

Wird die **Versteigerung** der Forderung oder des Wechsels durch den Gerichtsvollzieher oder eine andere Person angeordnet, so vollzieht sich die Versteigerung nach den allgemeinen Vorschriften des BGB, wenn nicht das Gericht besondere Anordnungen trifft. Bei Wechseln genügt die Übergabe der Urkunde (RG 61, 332), ein Indossament erscheint unzulässig. Bei Hypothekenforderungen muß die Übertragung unter Übergabe des Briefs schriftlich erfolgen oder ins Grundbuch eingetragen werden; bei Übertragung eines Teiles ist ein Teilbrief zu bilden. Ein Anspruch auf Gewährleistung steht dem Erwerber nicht zu. Der Erlös ist entsprechend ZPO § 819 wie der Erlös gepfändeter Sachen zu behandeln.

Das Gericht kann auch die Überweisung an Zahlungs Statt an den Gläubiger zu einem Schätzungswerte anordnen, der, etwa wegen der Befristung oder einer noch zu bewirkenden Gegenleistung, unter dem Nennwerte bleibt. Dann treten dieselben Wirkungen wie im Falle des § 835 Abs. 2 der ZPO ein, nur daß der Gläubiger lediglich in Höhe des Schätzungswertes befriedigt wird.

39 Einwendungen und Erinnerungen ZPO § 766, sofortige Beschwerde ZPO § 577

Die Erinnerung findet statt gegen die Vollstreckungsakte des Gerichts, namentlich die Pfändungsbeschlüsse, ZPO §§ 828 ff, 846 f, 857 f. Dies sind nicht Entscheidungen im Sinne des § 793 der ZPO. Für den Rechtsbehelf macht es keinen Unterschied, ob der Vollstreckungsakt von dem Richter oder von dem Rechtspfleger vorgenommen ist. In letzterem Falle ist also nicht zunächst die Anrufung des Gerichts nach § 576 und dann nochmals der sachlich gleiche Rechtsbehelf der Erinnerung nach § 766 gegeben, sondern nur die Erinnerung nach § 766 und gegen die auf sie ergehende Entscheidung die sofortige Beschwerde nach § 793. Die Bezeichnung des Gesuchs als Beschwerde hindert selbstverständlich nicht, dasselbe als Erinnerung nach § 766 zu behandeln.

Dem Gläubiger steht, wenn sein Antrag ganz oder zum Teil abgelehnt oder der Beschluß auf eine Einwendung des Schuldners nach § 766 hin ergangen ist, nicht die Erinnerung, sondern nur die sofortige Beschwerde und, wenn der den Antrag ablehnende Beschluß vom Rechtspfleger erlassen war, die als eventuelle Beschwerde zu behandelnde Anrufung des Gerichts nach § 577 Abs. 4 zu.

Weiter unterliegt der Erinnerung die Pfändungsbenachrichtigung (Vorpfändung) nach ZPO § 845.

Der Schuldner hat im Wege des § 766 alle Einwendungen hinsichtlich der von dem Vollstreckungsgerichte zu prüfenden formellen Voraussetzungen und Hindernisse der Zwangsvollstreckung geltend zu machen, namentlich die Unpfändbarkeit einzelner Rechte des Schuldners nach §§ 850 ff, 859 ff. Wegen des der Erinnerung im wesentlichen gleichartigen Berichtigungsantrags nach § 850 Abs. 4 der ZPO s. dort.

Eine Forderungspfändung, die das Gericht in Unkenntnis darüber erlassen hat, daß die Zwangsvollstreckung aus dem Urteil einstweilen eingestellt war, ist unzulässig und auf Erinnerung des Schuldners aufzuheben. HRR 36 Nr. 1341 — Das Recht 1936, 11 8396 —.

Werden dritte Personen von der Vollstreckung betroffen, so haben auch sie das Recht der Erinnerung. Ebenso kann der Drittschuldner die Unpfändbarkeit der gepfändeten Forderung (RG 66, 233 f; 93, 74; OLG 4, 154; 7, 310; 31, 137. A. M. OLG 15, 14; 19, 1; Sächs. Ann. 32, 55 f) oder die sonstige Unzulässigkeit der Pfändung, z. B. wegen Unzuständigkeit des Vollstreckungsgerichts, nach § 766 der ZPO geltend machen, wenn er ein berechtigtes Interesse daran hat, insbesondere wenn er von der Vollstreckung betroffen ist.

Der Einwand des Drittschuldners, daß er den gepfändeten Lohn an den Pfandgläubiger nur zahlen könne, soweit er nach Abzug der gezahlten Vorschüsse noch pfändbar sei, kann nicht nur im Wege des § 766 geltend gemacht werden, sondern auch durch Einwendung gegen die Zahlungsklage des Gläubigers. RAG 29. 2. 36, 315/35.

Für das Erinnerungsverfahren ist das Vollstreckungsgericht zuständig. Im Falle der Erinnerung gegen die Forderungspfändung des Arrestgerichts ist dieses Vollstreckungsgericht. Bei der Vorpfändung ist es das in § 828 der ZPO bestimmte Gericht.

Das Vollstreckungsgericht kann nicht mehr eingreifen, wenn die Vollstreckung bereits beendet ist.

Das Gericht kann vor der Entscheidung einstweilige Anordnungen erlassen.

Der Ausspruch der Unzulässigkeit des Pfändungsbeschlusses (ZPO § 775 Nr. 1) stellt zugleich dessen Aufhebung dar. In dem Beschluß ist nach ZPO §§ 91 ff über die Kosten zu entscheiden (Gerichtsgebühren erwachsen nicht). Wird der Beschluß nicht verkündet, so ist er, wenn er die Erinnerung **zurückweist, dem Antragsteller,** wenn er ihr **stattgibt, sämtlichen Beteiligten** von Amts wegen zuzustellen.

Wird eine Pfändung durch Beschluß für unzulässig erklärt und gegen diesen Beschluß von dem Gläubiger sofortige Beschwerde eingelegt, so ist der Vollstreckungsrichter, der den Beschluß erlassen hat, an sich weder zu einer Änderung dieses Beschlusses befugt (ZPO §§ 793, 577), noch aus Anlaß der Einlegung der Beschwerde zu einer Prüfung der sofortigen Beschwerde und des Akteninhalts verpflichtet, er kann aber, und zwar auch von

Amts wegen eine einstweilige, die Vollziehung des angefochtenen Beschlusses hindernde Anordnung treffen (§ 572 der ZPO). — RG III. ZS, Urt. v. 26. 2. 32; Rpfl 32 S. 426 —.

Der Umstand, daß die Pfändung für unzulässig erklärt und der Pfändungsbeschluß aufgehoben worden ist, schließt die Beschwerde (mit dem Ziel einer neuen Zwangsvollstreckung) nicht aus. Hat die Beschwerde Erfolg, so muß das Beschwerdegericht eine neue Pfändung aussprechen oder das Vollstreckungsgericht zu einer solchen nach § 575 der ZPO anweisen.

Behauptet ein Dritter, daß ihm die gepfändete Forderung zustehe, so ist der Widerspruch gegen die Zwangsvollstreckung im Wege der Klage bei dem Gerichte geltend zu machen, das den Pfändungsbeschluß erlassen hat. Ist aber die Forderung, wegen der gepfändet worden ist, und die gepfändete Forderung höher als 500 *RM*, so muß bei dem Landgerichte geklagt werden.

Alle **Einwendungen** gegen den **Anspruch** sind durch Vollstreckungsgegenklage zu verfolgen.

40 Widerspruchsklage ZPO § 771

Ein Dritter kann der durch Zustellung eines Pfändungsbeschlusses erfolgten Zwangsvollstreckung widersprechen und ihre Einstellung durch Gerichtsbeschluß herbeiführen, wenn ihm an dem Gegenstande der Zwangsvollstreckung ein die Veräußerung hinderndes Recht zusteht sowie wenn eine ihm nachteilige Verfügung über den Gegenstand auf Grund eines zu seinem Schutze bestehenden Veräußerungsverbots oder vermöge seiner Stellung als Nacherbe des Schuldners oder als Ehemann der Schuldnerin ihm gegenüber unwirksam sein würde.

Der **ausschließliche Gerichtsstand** für die Klage ist bei dem Gerichte begründet, in dessen Bezirke die Vollstreckung erfolgt ist. Das Amtsgericht, das den Pfändungsbeschluß erlassen hat, ist zuständig, wenn die Forderung, wegen der gepfändet worden ist, nicht mehr als 500 *RM* beträgt, oder wenn die Forderung, die gepfändet worden ist, 500 *RM* nicht übersteigt. Bei höheren Werten ist das Landgericht zuständig, bei dem auch wegen der

Einstellung der Zwangsvollstreckung Anwaltszwang besteht.

Im Falle der Vollziehung eines Arrestes durch Pfändung einer Forderung ist gemäß § 930 der ZPO das den Pfändungsbeschluß erlassende Arrestgericht auch das die Zuständigkeit für die Klage nach § 771 begründende Vollstreckungsgericht (RGZ 65, 378).

Dies gilt auch für die Fälle der Pfändung einer Hypothekenforderung (§ 830), selbst wenn die Zustellung des Pfändungsbeschlusses an den Drittschuldner oder, bei der Briefhypothek die freiwillige oder erzwungene Übergabe des Hypothekenbriefes, und bei der Buchhypothek die Eintragung der Pfändung in das Grundbuch etwa in dem Bezirk eines anderen Gerichts erfolgt ist (RGZ 65, 376 flg).

Die einmal durch Pfändung begründete Zuständigkeit i. S. des § 771 der ZPO bleibt noch fortbestehen trotz Aufhebung der Pfändung durch Sicherheitsleistung (§§ 707, 769), vgl. Gruchot 41, 1186; JW 97, 237; ROLG 26, 386.

Der Dritte muß den Gläubiger auffordern, auf die durch Pfändung und Überweisung zur Einziehung erworbenen Rechte zu verzichten und die Erklärung dem Schuldner und dem Drittschuldner gemäß ZPO § 843 zustellen zu lassen. Dabei muß der Dritte sein Recht glaubhaft machen. Der Schuldner ist ohne Vollmacht nicht befugt, den Gläubiger zur Verzichtleistung aufzufordern. Ein Bevollmächtigter hat eine Vollmachtsurkunde, die nicht beglaubigt zu sein braucht, vorzulegen, sonst kann der Gläubiger aus diesem Grunde die Aufforderung nach BGB § 174 zurückweisen. Empfänger der Aufforderung ist der Gläubiger. Hat aber der Prozeßbevollmächtigte die Vollstreckung selbst beantragt, so ist auch dieser zur Entgegennahme der Aufforderung verpflichtet.

Durch die Erhebung der Klage wird die Zwangsvollstreckung selbst nicht gehemmt. Dazu bedarf es vielmehr einer besonderen Anordnung nach ZPO §§ 769, 770.

Der Klagantrag hat mit Rücksicht auf § 775 Nr. 1, § 776 der ZPO nicht auf Aufhebung der Zwangsvollstreckung, sondern wie folgt zu lauten: „Die durch Pfändungs- und Überweisungsbeschluß des Amtsgerichts in ... — 17 M 2400/37 — vom 17. Juli 1937 erfolgte Zwangsvollstreckung in die angeblich dem Dachdecker ..... zustehende Forderung auf Zahlung von ... *RM* ... Pf. Mietzinsen wird für unzulässig erklärt und aufgehoben.

Der Beklagte hat die Kosten des Rechtsstreits zu tragen.

Das Urteil ist vorläufig vollstreckbar."

41 Einstweilige Einstellung der Zwangsvollstreckung

Einstweilige Einstellung der Zwangsvollstreckung aus dem Pfändungs- und Überweisungsbeschluß ist zulässig. RGZ Bd. 128, 81. — Urt. v. 28. 2. 1930: „Wenn bei der Zwangsvollstreckung in Forderungen nach dem Erlaß eines Pfändungs- und Überweisungsbeschlusses nicht auch dem Drittschuldner verboten werden könnte, weiter an den Pfändungsgläubiger zu zahlen, dann wäre eine solche Einstellung für den Antragsteller wertlos. Die gerichtlichen Handlungen, welche die Zwangsvollstreckung in Forderungen zum Gegenstand haben, sollen zwar nach ZPO § 828 durch das Vollstreckungsgericht erfolgen; diese Regelung schließt aber die nach § 769 daselbst begründete Befugnis **des Prozeßgerichts** nicht aus, in die Durchführung einer jeden Zwangsvollstreckung einzugreifen. Aus den Vorschriften im 1. und 2. Absatz des § 769 ist auch klar ersichtlich, daß hier in erster Reihe das Prozeßgericht zum Einschreiten berufen und nur hilfsweise für dringende Fälle eine Zuständigkeit des Vollstreckungsgerichts angeordnet ist. Eine ausreichende Wirkung einer solchen Einstellung der Zwangsvollstreckung kann aber nur dann als verbürgt gelten, wenn angenommen wird, daß sich der Einstellungsbeschluß an alle Behörden, Beamten und Privatpersonen wendet, die an der Durchführung der einzustellenden Zwangsvollstreckung irgendwie beteiligt sind, und daß sie alle den Beschluß gegen sich gelten lassen müssen, wenn er ihnen zur Kenntnis gebracht ist. Demnach handelt der Drittschuldner, der nach der Zustellung des Einstellungsbeschlusses an ihn dennoch weiter an den Pfändungsgläubiger zahlt, auf eigene Gefahr."

Aber auch das **Vollstreckungsgericht** ist nach ZPO

§ 766 in Verbindung mit § 732 Abs. 2 befugt, einstweilige Anordnungen zu erlassen, insbesondere anzuordnen, daß die durch Pfändung und Überweisung einer Forderung erfolgte Zwangsvollstreckung gegen oder ohne Sicherheitsleistung einstweilen einzustellen oder nur gegen Sicherheitsleistung fortzusetzen sei. Diese einstweilige Einstellung ist insbesondere zweckmäßig bei Einwendung des Vaters eines außerehelichen Kindes, wenn anzunehmen ist, daß der Drittschuldner den gepfändeten und überwiesenen Lohnteil an den Gläubiger auszahlt, bevor die Entscheidung ergeht. Denn vom Drittschuldner abgelieferte Beträge werden von der Entscheidung nicht mit erfaßt und eine Rückforderung ist ausgeschlossen.

C

Unpfändbare oder nur beschränkt pfändbare Forderungen

42 Vorbemerkung

Für die Frage, ob und in welcher Höhe eine Forderung pfändbar ist, entscheidet der Zeitpunkt der Pfändung. Bei der Vorpfändung nach ZPO § 845 muß die Pfändbarkeit sowohl zur Zeit der Benachrichtigung wie zu der der Pfändung bestehen.

Wird die Pfändung einer der in den §§ 850—850 d der ZPO aufgeführten Forderungen beantragt, so darf das Gericht den Pfändungs- oder Überweisungsbeschluß nicht oder doch nur bis zur zulässigen Höhe erlassen, denn diese Beschränkungen sind von Amts wegen zu berücksichtigen. Im Falle des § 850 e kann das Vollstreckungsgericht den ganzen Anspruch auf Vergütung für die persönlich geleisteten Arbeiten oder Dienste pfänden. Der Vollstreckungsschutz — vgl. § 850 e — tritt nur auf Antrag des Schuldners ein.

Bei Erlaß des Pfändungsbeschlusses muß sich das Gericht zunächst an die Angaben des Gläubigers halten; eine Anhörung des Schuldners ist unzulässig (ZPO § 834). Eine Ausnahme davon ist gegeben bei der Pfändung wegen Rückstände von Unterhaltsansprüchen. Vgl. Anmerkung zu ZPO § 850 Ziffer 15. Der Beschluß muß aber jedenfalls bestimmt sein; ein Beschluß, der die verschiedenen Möglichkeiten des § 850 b ($^{1}/_{3}$, $^{1}/_{2}$, $^{2}/_{3}$ des 35 *RM* für die Woche übersteigenden Betrags) offenläßt, wäre unwirksam.

Pfändungsbeschlüsse, die die §§ 850—850 g der ZPO verletzen, können nur innerhalb des Verfahrens im Wege der Erinnerung nach ZPO § 766 angefochten werden. Vgl. auch § 850 Abs. 4. Das bereits Empfangene kann von dem Gläubiger nicht zurückverlangt werden.

Unter mehreren Pfändungen entscheidet gemäß ZPO § 804 Abs. 3 das Alter.

Mit Rücksicht auf die Bestimmung im § 850 b Abs. 2 der ZPO, nach der sich der unpfändbare Teil erhöht, wenn er den dort genannten Personen Unterhalt zu gewähren hat, muß von dieser Rangfolge dann eine Ausnahme gemacht werden, wenn das Einkommen von Unterhaltsgläubigern und von nicht bevorrechtigten Gläubigern gepfändet worden ist. Denn in dem unpfändbaren Teile des Einkommens ist der zu gewährende Unterhalt bereits berücksichtigt, so daß das Vorrecht in dem Zugriffsrecht auf den für die Pfändung im allgemeinen nicht freigegebenen Teil des Einkommens besteht. Denn wenn der allgemein pfändbare Teil der Forderung von einem Nichtbevorrechtigten zuerst und bereits in voller Höhe gepfändet worden ist, so kann und wird sich der Bevorrechtigte an den im allgemeinen unpfändbaren Teil halten.

Erfolgt die Pfändung einer Forderung, die nur insoweit pfändbar ist, als sie einen bestimmten Betrag übersteigt (z. B. ZPO § 850 Abs. 1, § 850 b), in einem Zeitpunkt, in dem die Pfändungsgrenze nicht erreicht wird, so wird sie wirksam, sobald die Pfändungsgrenze überschritten wird; sie gewährt den Vorrang vor späteren Pfändungen.

Die Lohnpfändungsverordnung und das Lohnbeschlagnahmegesetz sind am 1. Januar 1935 außer Kraft getreten. Diese Bestimmungen sind jetzt in das Verfahrensgrundgesetz, die ZPO, eingefügt worden.

Damit sind die gesamten Vorschriften über den Pfändungsschutz bei Lohn- und Gehaltsforderungen zusammengefaßt.

Auf ein Bankkonto überwiesenes Diensteinkommen eines Beamten ist nicht geschützt.

Die Rechtsprechung ist nicht einheitlich. Das Kammergericht (Beschluß vom 8. 8. 1929, 8 W 7256/29) erklärte die unbeschränkte Pfändung der Forderung eines Beamten gegen die Bank auf Grund einer Gehaltsüberweisung für unzulässig. Das OLG München sagt in seinem Beschluß vom 20. 1. 1930, Beschw. Reg. 57/30 III: Der Anspruch des Beamten auf Auszahlung überwiesenen Gehaltes genieße den Pfändungsschutz nach § 850 der ZPO in gleichem Umfang wie vor der Überweisung, denn der Anspruch habe sich durch die Überweisung seinem wirtschaftlichen Wesen nach nicht verändert.

Die Ansicht, daß die Überweisung des Einkommens den Verlust seines Pfändungsschutzes zur Folge hat, vertreten dagegen das OLG Köln und das Kammergericht. Letzteres hat seine frühere bejahende Stellungnahme ausdrücklich aufgegeben. Vgl. Rpfl 1932 S. 479.

Auch das Reichsgericht hat in seinem Urteil vom 3. 7. 1931 (RGZ 133, 249) einen ablehnenden Standpunkt eingenommen. Wenn es auch diese Frage nur als Nebenfrage behandelt hat, so besteht doch die Vermutung, daß es nicht anders entscheiden wird, wenn es zur Hauptsache zu entscheiden hat.

Dem Beamten, dem Zwangsvollstreckung droht, bleibt es unbenommen, den Auftrag zur Überweisung seines Einkommens zurückzuziehen. Wegen der Zulässigkeit der Zurücknahme eines Überweisungsauftrags vgl. RGZ 133 S. 249 flg.

Für die Geltendmachung gepfändeter und überwiesener Lohn- und Gehaltsansprüche ist das Arbeitsgericht zuständig.

ArbGG vom 10. 4. 1934 — RGBl I S. 319 — § 2 Abs. 2: „Die im Abs. 1 begründete Zuständigkeit besteht auch in den Fällen, in denen der Rechtsstreit durch einen Rechtsnachfolger oder durch eine Person geführt wird, die kraft Gesetzes an Stelle der ursprünglichen Partei hierzu befugt ist."

Nach der ständigen Rechtsprechung des RG ist der Begriff der Rechtsnachfolge nicht im strengen Sinne des

Wortes zu nehmen. Rechtsnachfolger ist insbesondere der Pfändungsgläubiger (JW 1928, 1642, 2900; 1929, 93, 151 Nr. 3 und 4). Der Gläubiger, der die Lohn- oder Gehaltsforderung auf Grund eines Pfändungs- und Überweisungsbeschlusses gegen den Drittschuldner geltend machen will, muß sich an das zuständige Arbeitsgericht wenden. Die Arbeitsgerichte sind unter Ausschluß der ordentlichen Gerichte ohne Rücksicht auf den Wert des Streitgegenstandes zuständig.

Reichsarbeitsdienst

Die Vorschriften der §§ 850, 850 a, 850 g Z. 5 der ZPO finden auf den Reichsarbeitsdienst und die Angehörigen des Reichsarbeitsdienstes entsprechende Anwendung. Artikel 9 der 5. Verordnung zur Durchführung und Ergänzung des Reichsarbeitsdienstgesetzes vom 23. 3. 1936 — RGBl I S. 198 —.

43 ZPO §§ 850—850 h (RGBl I 1934 S. 1070)

§ 850

(1) Die Dienstbezüge der Beamten, der Geistlichen sowie der Ärzte und Lehrer an öffentlichen Anstalten und die Bezüge dieser Personen nach ihrer Versetzung in den dauernden oder einstweiligen Ruhestand oder ihrem sonstigen Ausscheiden aus dem Dienst sind bis zum Betrage von monatlich 150 *RM* und, soweit sie diesen Betrag übersteigen, zu zwei Dritteilen des Mehrbetrags der Pfändung nicht unterworfen. Das gleiche gilt von den Dienstbezügen der Wehrmachtsangehörigen und den Versorgungsbezügen der aus der Wehrmacht Ausgeschiedenen, soweit nicht in den Versorgungsgesetzen (s. Nr. 47) ein anderes bestimmt ist. Beträge, die auf Grund steuerrechtlicher oder sonstiger gesetzlicher Vorschriften zugunsten des Schuldners unmittelbar an eine dritte Stelle abzuführen sind, dürfen bei der Ermittlung des pfändbaren Betrages nicht in Abzug gebracht werden.

(2) Die Zulagen und Beihilfen, die den im Abs. 1 bezeichneten Personen mit Rücksicht auf das Vorhandensein unterhaltsberechtigter Angehöriger gewährt werden, sind weder der Pfändung unterworfen, noch bei der Ermitt-

lung der pfändbaren Beträge zu berücksichtigen. Das gleiche gilt für die Einkünfte, die zur Bestreitung eines Dienstaufwandes bestimmt sind.

(3) Wegen der Unterhaltsansprüche, die Verwandten, Ehegatten, früheren Ehegatten oder unehelichen Kindern kraft Gesetzes zustehen, sind die im Abs. 1 und im Abs. 2 Satz 1 genannten Bezüge ohne die dort bezeichneten Beschränkungen pfändbar. Dem Schuldner ist jedoch von den Bezügen so viel zu belassen, als er für seinen notwendigen Unterhalt und zur Erfüllung seiner laufenden gesetzlichen Verpflichtungen gegenüber den dem Gläubiger vorgehenden Unterhaltsberechtigten oder zur gleichmäßigen Befriedigung der dem Gläubiger gleichstehenden Unterhaltsberechtigten bedarf. Die Reihenfolge bestimmt sich nach § 1609 des BGB; die Ansprüche der unehelichen Kinder stehen denen der Verwandten, Ehegatten und früheren Ehegatten nach. Der dem Schuldner nach Satz 2 verbleibende Teil seiner Bezüge darf den Betrag nicht übersteigen, der ihm nach den Absätzen 1 und 2 zu verbleiben hätte. Für die Pfändung wegen Rückstände, die länger als ein Jahr vor dem Antrag auf Erlaß des Pfändungsbeschlusses fällig geworden sind, gelten die Vorschriften dieses Absatzes nur insoweit, als nach Lage der Verhältnisse anzunehmen ist, daß sich der Schuldner seiner Zahlungspflicht absichtlich entzogen hat; im übrigen ist die Pfändung wegen derartiger Rückstände nur in den in den Absätzen 1 und 2 bezeichneten Grenzen zulässig.

(4) Ändern sich die Verhältnisse, die nach den Absätzen 1 bis 3 den unpfändbaren Teil des Bezuges bestimmen, so ist auf Antrag des Schuldners oder des Gläubigers der Pfändungsbeschluß entsprechend zu ändern. Den Antrag kann auch ein Dritter stellen, dem gegenüber der Schuldner kraft Gesetzes unterhaltspflichtig ist. Der Drittschuldner kann nach Maßgabe der bisherigen Pfändung mit befreiender Wirkung leisten, solange ihm der Änderungsbeschluß nicht zugestellt ist.

Anmerkung zu § 850:

(1) Als **öffentliche Beamte** sind nur die in deutschen Diensten stehenden Personen anzusehen, die in einem

öffentlich-rechtlichen Dienstverhältnis zum Staate oder einer öffentlichen Körperschaft stehen. Hierzu gehören u. a. die Reichs- und Staatsbeamten, die Gemeindebeamten, die Beamten der öffentlich-rechtlichen Religionsgesellschaften, die der Deutschen Reichsbahn, der Reichsbank und der Landesversicherungsämter, auch wenn sie nur auf Probezeit, Kündigung oder Widerruf angestellt sind. Notare und Notariatsassessoren sind zwar nicht Beamte, wohl aber Träger eines öffentlichen Amtes. Dagegen nicht Schöffen, Geschworene und sonstige Laienbeisitzer.

Das Beamtenverhältnis ist durch Aushändigung einer Ernennungsurkunde begründet, in der die Worte „unter Berufung in das Beamtenverhältnis" enthalten sind. Die Aushändigung dieser Urkunde ist rechtsbegründender Art; wer sie nicht erhalten hat, ist nicht Beamter im Sinne des Deutschen Beamtengesetzes. Hiermit sind im Einzelfall alle Zweifel über das Bestehen oder Nichtbestehen eines Beamtenverhältnisses ausgeschaltet. Die Beeidigung dagegen hat keine rechtsbegründende Wirkung. § 25 DBG.

Die Beamten der **jüdischen Kultusvereinigungen und ihrer Verbände** haben mit Ablauf des 31. März 1938 ihre Beamteneigenschaft verloren. Sie sind mit demselben Zeitpunkt zu den Vereinigungen und Verbänden in ein **bürgerlich-rechtliches Dienstverhältnis** getreten. (Gesetz über die Rechtsverhältnisse der jüdischen Kultusvereinigungen. Vom 28. 3. 1938. RGBl I S. 338.)

(2) **Ärzte**, die an privaten Krankenanstalten angestellt sind, fallen nicht hierunter, die Pfändbarkeit deren Diensteinkommen regelt vielmehr § 850 b. Kassenärzte sind im allgemeinen nicht zu den Ärzten an öffentlichen Anstalten zu rechnen.

(3) **Pfändbar ist nur ein Drittel** des Betrags, der monatlich 150 *RM* übersteigt. Ob der Schuldner verheiratet ist oder nicht, ist ohne Bedeutung. Der Berechnung ist das Bruttoeinkommen zugrunde zu legen. Kinderzuschläge sowie die Dienstaufwandentschädigung (Reisekosten, Tagegelder, Umzugskosten, Pferdegelder usw.) genießen insofern eine Sonderstellung, als sie bei der Berechnung des pfändungsfreien Gehaltsteils außer Ansatz bleiben.

(4) Bei der Berechnung ist nur das Einkommen des Schuldners, nicht auch das der Ehefrau oder der Kinder zu berücksichtigen (s. BGB §§ 1367, 1651). Anders dagegen bei Pfändung wegen Unterhaltsansprüche (vgl. Ziffer 12). Eine **Zusammenrechnung** des Wartegeldes eines Beamten mit anderen Bezügen findet nur insoweit statt, als es sich um wirkliche Bezüge auf Grund des Beamtenverhältnisses handelt, nicht dagegen mit Einnahmen aus anderen Quellen, insbesondere nicht mit einer Versorgungsrente wegen Dienstbeschädigung.

(5) Bei einer Gehaltspfändung ist der an den Gläubiger auszuzahlende Betrag ohne Rücksicht auf den Gehaltsteil zu berechnen, den der Beamte vor der Pfändung auf Grund des Gesetzes über die Abtretung von Beamtenbezügen zum **Heimstättenbau** vom 30. Juni 1927 an eine Heimstättengesellschaft abgetreten hat (RGZ 146, 290; RG III 21. 12. 1934, 113/34).

(6) Zum Diensteinkommen gehört auch das Gehalt, das einem Beamten etwa nach seinem Austritt aus dem Dienste noch für einen gewissen Zeitraum bezahlt werden muß.

(7) Die Abtretung auf Grund des **Beamtenentschuldungsgesetzes** (RGBl I 1935, 1245) ist bei der Pfändung auf Grund des § 850 der ZPO ebenso zu berücksichtigen wie eine frühere Pfändung. Erreicht mithin der abgetretene Betrag die Höhe des pfändbaren Gehaltsteils, so ist das Gehalt zwar pfändbar, der Gläubiger erhält aber erst nach Befriedigung der vorgehenden Gläubiger den gepfändeten Betrag zugeteilt. Rpfl 35, 10 S. 601.

(8) **Zu Abs. 3:** Dienstaufwandsentschädigungen bleiben auch hier unberücksichtigt, nicht dagegen die Kinderzulagen.

Nach früherem Rechte waren das Diensteinkommen, das Ruhegeld, Kinderzuschläge usw. unbeschränkt pfändbar (Kahlpfändung), wenn die Pfändung wegen der den Verwandten, dem Ehegatten und dem früheren Ehegatten für die Zeit nach Erhebung der Klage und für das diesem Zeitpunkt vorausgehende letzte Vierteljahr kraft Gesetzes zu entrichtenden Unterhaltsbeiträge beantragt wurde. Bei Unterhalt für ein uneheliches Kind war eine Kahlpfändung unzulässig, dem Schuldner mußte sein notdürftiger Unterhalt und der standesgemäße Unterhalt für Verwandte, die Ehefrau oder frühere Ehefrau belassen werden. Jetzt ist dem Schuldner aber in allen Fällen soviel zu belassen, als er für seinen **notwendigen**, nicht nur notdürftigen, Unterhalt und zur Erfüllung seiner laufenden gesetzlichen Verpflichtungen gegenüber den vorgehenden oder gleichstehenden Unterhaltsberechtigten bedarf. Eine Kahlpfändung ist also nicht mehr möglich. Unter die bevorrechtigten gesetzlichen Unterhaltsbeiträge fallen alle Aufwendungen, die zur Bestreitung des Lebensbedarfs des Berechtigten erforderlich sind, also z. B. auch die Kosten der Erziehung und Vorbildung für einen Beruf. Der Aussteuer- und Ausstattungsanspruch fallen dagegen nicht darunter (RGZ 66, 234). **Nach BGB § 1609 ist folgende Reihenfolge** einzuhalten:

1. Abkömmlinge, 2. Verwandte der aufsteigenden Linie. Unter den Abkömmlingen gehen die nächsten gesetzlichen Erben den übrigen Abkömmlingen vor. Bei Verwandten der aufsteigenden Linie kommen die näheren vor den entfernteren zum Zuge. Die Gradesnähe entscheidet also. Der Ehegatte steht den minderjährigen unverheirateten Kindern gleich; er geht anderen Kindern und den übrigen Verwandten vor. Ein geschiedener Ehegatte geht den volljährigen und verheirateten Kindern und den übrigen Verwandten vor.

Hier ist die Frage aufzuwerfen, in welchem Verhältnis der Unterhaltsanspruch des geschiedenen Ehegatten zu dem der minderjährigen unverheirateten Kinder steht (BGB §§ 1579 Abs. 1, 1609). Das RG führt dazu aus: In § 1609 ist darüber nichts bestimmt, wie sich der Unterhaltsanspruch des geschiedenen Ehegatten beim Zusammentreffen mit dem Unterhaltsanspruch minderjähriger unverheirateter Kinder gestaltet, und braucht hierüber nichts bestimmt zu werden, da § 1579 die entscheidende Norm gibt. Dem geschiedenen Ehegatten ist nicht ein Vorzug vor dem neuen Ehegatten oder den minderjährigen unverheirateten Kindern gegeben, da deren Interessen bei Bemessung des Unterhalts des geschiedenen Ehegatten bereits berücksichtigt sind. Umgekehrt kann auch nicht der

Grundsatz aufgestellt werden, daß der geschiedene Ehegatte diesen Personen nachstände. Es ist vielmehr im einzelnen Falle nach Billigkeit zu entscheiden, ob der Unterhaltsanspruch des einen oder der des andern Beteiligten vorzugsweise Berücksichtigung verdient. Die Billigkeit kann unter Umständen dazu führen, daß der Unterhaltsanspruch des geschiedenen Ehegatten gänzlich in Wegfall kommt, vgl. RGZ 48 S. 112; RGZ 75 S. 433. RG 26. 3. 1935, JW 35, 2211.

(9) Mehrere unterhaltsberechtigte uneheliche Kinder haben gleichen Rang. Die Verteilung hat nicht nach Kopfteilen, sondern im Verhältnis der ihnen zugesprochenen Unterhaltsbeträge zu erfolgen. Soweit eine Pfändung in Unkenntnis des Vorhandenseins anderer Berechtigter ohne deren Berücksichtigung erfolgt ist, ist Abänderung nur auf Erinnerung hin möglich — OLG Dresden, 23. 4. 36, DJ 1936 Nr. 26 A S. 977 —. Vgl. auch JW 1936, 893.

Wird für ein uneheliches Kind gepfändet, so ist bei Bemessung des dem Schuldner zu belassenden Betrages auch der Unterhalt angemessen zu berücksichtigen, den er einem volljährigen ehelichen Kinde während dessen Erwerbslosigkeit gewährt (JW 36, 206).

(10) Zum notwendigen Lebensbedarf gehören Aufwendungen für Nahrung, Wohnung, Kleidung, Körperpflege und Instandhaltung der Wäsche und Kleider sowie ein Taschengeld zur Befriedigung der bescheidensten Freuden des Daseins, um nicht auf die Dauer jede Lebens- und Arbeitslust zu ertöten.

(11) Bei Berechnung der Höhe des notwendigen Unterhalts ist eine Versorgungsrente des Schuldners anzurechnen. Dabei wird an sich zu berücksichtigen sein, ob die neben dem Gehalt oder Lohn gegebene Einnahmequelle dauernd oder vorübergehend ist bzw. regelmäßig oder unregelmäßig dem Schuldner zur Verfügung steht. Die relative Pfändungsbeschränkung des § 850 Abs. 3 muß anders beurteilt werden, wie die regelmäßige absolute Pfändungsbeschränkung nach § 850 b Abs. 1.

Bei Berechnung des notwendigen Unterhalts des Schuldners muß auf die Lebensweise, Lebensgewohnheiten und den Gesundheitszustand des Schuldners Rücksicht genommen werden. Die Höhe der **Fürsorgesätze** muß schon um deswillen bei Bemessung der Unpfändbarkeit des Arbeitslohnes außer Betracht bleiben, weil sie im wesentlichen den notdürftigen Unterhalt des Bedürftigen und seiner Familie bezeichnet. Das Gesetz läßt jedoch nicht nur den notdürftigen, sondern den standesmäßigen Unterhalt für die Ehefrau und die Kinder eines Schuldners pfandfrei.

(12) Verdient die Frau des Schuldners mit, so sind die sicheren Einnahmen der Ehefrau in Rechnung zu stellen. Nach BGB § 1427 ist die Frau verpflichtet, zur Bestreitung des ehelichen Aufwandes einen angemessenen Beitrag aus den Einkünften ihres Vermögens und dem Ertrag ihrer Arbeit oder eines von ihr selbständig betriebenen Erwerbsgeschäfts zu leisten. Rspr 19, 18. Der Mehrertrag wird Vorbehaltsgut (BGB §§ 1367, 1371).

Bei Pfändungen zugunsten des unehelichen Kindes ist der aus Arbeitseinkommen der Ehefrau des Kindesvaters stammende Beitrag zum ehelichen Aufwand bei Bemessung der Pfändungsfreigrenze nur insoweit zu berücksichtigen, als infolge dieses Beitrags der Kindesvater seiner Ehefrau den gesetzlichen Unterhalt nicht zu gewähren braucht. JW 36, 3063; DJ — Das Recht — 1936 Nr. 8242.

(13) **Vorschüsse** müssen bei der Berechnung des pfändbaren Betrages außer Betracht bleiben (Pohle, Pfändungsschutz für Lohn usw., 1935 S. 41.) Vorschüsse, die der Schuldner bereits erhalten hat, dürfen also nicht bei der Berechnung des pfändbaren Betrags abgezogen werden. So RArbG 29. 2. 36, 315/35. Der Drittschuldner kann sich dem Pfandgläubiger gegenüber nicht auf ein anteilmäßiges Erlöschen seiner Schuld berufen. RArbG 315/35. DRpfl 1936 S. 496. Die Pfändungsgrenze ist so zu berechnen, als wären keine Vorschüsse geleistet worden. Neue Vorschüsse gelten als auf den unpfändbaren Teil der Vergütung geleistet. Vorschuß- oder Abschlagszahlungen auf nachträglich fällige Lohnbeträge hindern die Pfändung nicht. Sie sind bei der Berechnung des pfändbaren Forderungsteils mit in Ansatz zu bringen und auf den dem Schuldner verbleibenden Forderungsteil zu verrechnen.

(14) Zu beachten ist die Bestimmung, daß im Falle der Pfändung wegen Unterhalts dem Schuldner **höchstens** der Betrag belassen werden darf, der nach Abs. 1, 2 des § 850 unpfändbar wäre. Von einem Brutto-Lohn von z. B. wöchentlich 38 *RM* sind etwa 6 *RM* soziale Lasten zu kürzen. Wenn nun einem Schuldner, der für Frau und mehrere eheliche Kinder zu sorgen hat, 32 *RM* nach Abzug der sozialen Lasten pfandfrei verbleiben müßten, so würde der Pfändungsbeschluß dahin zu erlassen sein, daß die angebliche Forderung des Schuldners an ...... auf Zahlung von Lohn aus dem Arbeitsverhältnis gepfändet werde, und zwar mit der Einschränkung, daß dem Schuldner **nach** Abzug der sozialen Lasten wöchentlich 32 *RM* pfandfrei verbleiben, **mindestens** aber in Höhe von einem Drittel des wöchentlich 35 *RM* **ohne** Abzug von Steuern und sozialen Lasten übersteigenden Mehrbetrags.

(15) Sind **Rückstände** auf Unterhaltsbeiträge, die länger als ein Jahr vor dem Antrag auf Erlaß des Pfändungsbeschlusses fällig geworden sind, mit beizutreiben, so hat das Vollstreckungsgericht zu prüfen, ob der Schuldner sich absichtlich seiner Zahlungspflicht entzogen hat. Ist diese Frage zu bejahen, dann sind diese Rückstände wie die übrigen Unterhaltsbeiträge zu behandeln. Ist aber die Frage zu verneinen, dann sind diese Rückstände wie eine gewöhnliche Forderung zu behandeln, ein Vorrecht genießen sie dann nicht. **Vor der Entscheidung,** ob älteren Rückständen ein Pfändungsvorrecht zu gewähren ist, **ist der Schuldner zu hören.**

(16) Geht der Unterhaltsanspruch auf Dritte über, sei es durch Rechtsgeschäft, Erbgang oder gesetzliche Vorschrift, so verliert der Anspruch regelmäßig den Charakter der Unterhaltsforderung. In den Fällen der §§ 160 Abs. 2, 1608, 1709 Abs. 2 des BGB aber geht der Anspruch auf die andere unterhaltspflichtige Person als Unterhaltsforderung über. Das gilt auch nach § 21 a der VO über die Fürsorgepflicht (s. Anm. zu § 850 b).

(17) **Ändern** sich infolge von Eheschließung, Geburt oder Wegfall von Unterhaltsberechtigten die für die Bemessung des pfändungsfreien Betrags maßgebenden Verhältnisse, so ist der Pfändungsbeschluß auf Antrag des

Gläubigers oder des Schuldners entsprechend zu ändern. Den Antrag kann auch ein Dritter stellen, demgegenüber der Schuldner kraft Gesetzes unterhaltspflichtig ist. Der Antrag auf Erlaß eines Änderungsbeschlusses ist keine Erinnerung, die Entscheidung ist daher auch vom Rechtspfleger zu treffen. Gegen den über den Änderungsantrag ergehenden Beschluß des Rechtspflegers steht dem Gläubiger wie dem Schuldner die Erinnerung nach ZPO § 766 zu und gegen die Entscheidung des Gerichts die sofortige Beschwerde nach ZPO § 793. Für die Abänderung des Pfändungsbeschlusses ist die gleiche Stelle, die für den Erlaß des ursprünglichen Pfändungsbeschlusses zuständig war, zuständig, JW 36, 2443.

(18) Die Rechtsfrage, ob das Privilegium, das die Unterhaltsansprüche nach ZPO § 850 Abs. 3 Satz 1 und § 850 b Abs. 4 genießen, sich auch auf die **Kosten der Beitreibung** der Unterhaltsansprüche erstreckt (ZPO § 788), ist streitig. Das LG II Berlin — Beschl. vom 29. 1. 1929 — hat diese Frage verneint und folgt den Ausführungen von Falkmann-Mugdan, Zwangsvollstreckung 2. Aufl., 1914 S. 788 und Fußnote 89 dort, wo für die hier gebilligte Ansicht insbesondere zwei Entscheidungen des 8. ZS des KG zitiert sind. D JAmtm 29, 177. Gaupp-Stein-Jonas — Anm. VI 1 zu § 850 — und Baumbach, Anm. zu § 850, bejahen dagegen diese Frage.

§ 850 a

(1) Für die Pfändung der Bezüge von Hinterbliebenen der im § 850 Abs. 1 genannten Personen, der Bezüge aus Witwen- und Waisenkassen, der Erziehungsgelder, Studienstipendien und ähnlicher Bezüge gelten die Vorschriften des § 850 entsprechend.

(2) Die Sterbe- oder Gnadenbezüge sind in voller Höhe unpfändbar.

(Auch die Sterbe- oder Gnadenbezüge der in Nr. 1 des § 850 f genannten Hinterbliebenen sind in voller Höhe unpfändbar.)

„Hinterbliebene" sind die Personen, die auf Grund des Dienstverhältnisses des Verstorbenen zu Bezügen berechtigen.

Sterbegelder und Gnadenbezüge sind unpfändbar, ganz gleich in welcher Höhe sie gezahlt werden. Dazu gehört das sogenannte Gnadenvierteljahr.

§ 850 b

(1) Arbeits- und Dienstlohn sowie sonstige wiederkehrend zahlbare Vergütungen für geleistete Arbeiten sind, wenn die zu vergütenden Leistungen die Erwerbstätigkeit des Schuldners vollständig oder zu einem wesentlichen Teil in Anspruch nehmen,

bei Auszahlung für Monate oder Bruchteile von Monaten bis zum Betrage von 150 *RM* monatlich,
bei Auszahlung für Wochen bis zum Betrage von 35 *RM* wöchentlich,
bei Auszahlung für Tage bis zum Betrage von 5.80 *RM* täglich

und, soweit sie diese Beträge übersteigen, bis zu einem Drittel des Mehrbetrages der Pfändung nicht unterworfen. Die Vorschrift des § 850 Abs. 1 Satz 3 gilt dabei entsprechend.

(2) Hat der Schuldner seinem Ehegatten, einem früheren Ehegatten, einem Verwandten oder einem unehelichen Kinde Unterhalt zu gewähren, so erhöht sich der unpfändbare Teil des Mehrbetrags für jede Person, der Unterhalt gewährt wird, um ein Sechstel, höchstens jedoch auf zwei Drittel des Mehrbetrags.

(3) Übersteigt die Vergütung die Summe

von 500 *RM* für den Monat, von 115 *RM* für die Woche, von 19 *RM* für den Tag,

so findet auf den Mehrbetrag die Vorschrift des Absatzes 2 keine Anwendung.

(4) Für die Pfändung wegen gesetzlicher Unterhaltsansprüche gilt § 850 Abs. 3 entsprechend.

(5) Ändern sich die Verhältnisse, die nach den Absätzen 1 bis 4 den unpfändbaren Teil der Vergütung bestimmen, so gilt § 850 Abs. 4 entsprechend.

Anmerkung zu § 850 b:

1. Der Anspruch muß ein Entgelt für Arbeiten darstellen. Ob die Vergütung nach Zeit oder Stück, in Geld

oder in Naturalien berechnet wird, oder ob sie als Lohn, Gehalt, Provision, Tantieme, Wohnungsgeld, Taschengeld usw. bezeichnet wird, ist gleichgültig. Sachleistungen (freie Kost und Wohnung) sind mit einem ihrem Wert entsprechenden Geldbetrag anzusetzen. Einen gewissen Anhalt für die Anrechnungen können die Grundsätze geben, nach denen die Finanzämter bei Berechnung der Steuer verfahren. Eine Sonderregelung ist für die Arbeit der Beamten, Soldaten usw. im § 850 getroffen. Es ist nicht erforderlich, daß die Vergütung von dem Empfänger der Arbeitsleistung geschuldet wird. Praktische Bedeutung hat dies vor allem bei Ansprüchen von Ärzten gegen die kassenärztliche Vereinigung Deutschlands oder von Dentisten gegen den Reichsverband Deutscher Dentisten aus der Behandlung von Kassenmitgliedern.

2. Der Anteil an den vom Gastwirt als Zuschlag zur Rechnung erhobenen **Bedienungsgeldern** fällt hierunter, nicht dagegen die Einnahmen an Trinkgeldern. Das erhobene Bedienungsgeld wird nicht dem Kellner, sondern dem Wirt entrichtet und wird dessen Eigentum. Der Kellner hat dagegen einen Lohnanspruch gegen den Wirt. Der Wirt kann aber ausdrücklich oder stillschweigend die Bedienungsgelder dem Kellner überlassen, sie gehören dann diesem und dienen zur Abgeltung seiner Leistungen (treten also an Stelle des Lohnes). Die Überlassung ist aber nicht mehr zulässig, soweit der Lohnanspruch des Kellners von dessen Gläubigern gepfändet ist. Das Reichsarbeitsgericht führt in dem Urteile vom 20. 8. 1928 (RAG 2, 191) aus: „Rechtsirrig ist zunächst die Auffassung des Landesarbeitsgerichts, daß das Bedienungsgeld Eigentum des vereinnahmenden Kellners sei. Es stellt lediglich einen Zuschlag zum Kaufpreise der verabreichten Waren dar, der von dem Kellner für den Unternehmer erhoben und des Letzteren Eigentum wird. Wenn wirtschaftlich eine gegenteilige Ansicht bestände, so wäre sie unrichtig, und die Tatsache des Bestehens des Troncsystems, bei dem jeder Kellner seine Einnahme in die gemeinsame Kasse einzuverleiben hat, um einen entsprechenden Anteil aus ihr wieder zu erhalten, beweist allein schon, daß eine solche Auffassung unter den Tarifparteien

nicht bestanden haben kann. Der Bedienungszuschlag ist eine „Vergütung" im Sinne des Gesetzes. Er unterliegt also, sofern die für die Zulässigkeit der Lohnpfändung weiter erforderlichen Voraussetzungen vorliegen, der Pfändung. Vgl. auch Urteil vom 5. 3. 30 RArbG 1930, 5, 205, ebenso LArbG Gleiwitz, Urteil vom 1. 2. 1929.

Der Gastwirt wird dadurch, daß der Kellner ihm das Bedienungsgeld nicht abliefert, sondern für sich behält, von der Zahlungspflicht an den Pfändungsgläubiger nicht befreit. Urteil vom 25. 6. 30 — RAG 1930, 6, 204 —.

3. **Trinkgelder** dagegen sind nur dann als Vergütung anzusehen, wenn ein Anspruch darauf gegen den Arbeitgeber besteht. Sonst können sie nur im Wege der Taschenpfändung beschlagnahmt werden. Das OLG Hamburg (Beschluß vom 4. 9. 1928) verneint die Frage, ob Trinkgelder der Schiffskellner der Lohnpfändung unterliegen. Es führt aus: „Das Trinkgeld wird den Schiffskellnern von den Reisenden aus freien Stücken gegeben, die Drittschuldnerin hat damit nichts zu tun, sie hat auch keinerlei Einfluß darauf, ob die Schiffskellner Trinkgeld erhalten" (D JAmtm 1929, 32).

Ein Gasthofshausdiener, der nur gegen Kost und Wohnung und mit dem Rechte, die ihm von den Gästen gespendeten Trinkgelder zu behalten, dagegen nicht gegen Barlohn angestellt ist, hat gegen seinen Arbeitgeber keine der Pfändung unterliegende Geldforderung (RArbG 195/32; Rpfl 33 S. 192).

4. Die Vergütung muß auf Grund eines Arbeits- oder Dienstverhältnisses geschuldet werden. Unter das Gesetz fallen gewerbliche und andere Arbeiter, Hausangestellte, Gewerbe- und Handlungsgehilfen, Leiter kaufmännischer und gewerblicher Betriebe, Ärzte an Krankenhäusern, Redakteure, Hauslehrer, Erzieher, Schauspieler, Filmschauspieler (RArbG 96/28), Gesellen, Werkführer, Hausdamen, die bei öffentlichen Behörden im Lohn- oder Angestelltenverhältnisse Beschäftigten u. a. m. Wegen der selbständigen Provisionsagenten vgl. Anm. zu § 850 e.

5. Vergütungen aus **Nebenbeschäftigungen** sind in voller Höhe pfändbar, denn nur der Lohn aus derjenigen Erwerbstätigkeit ist geschützt, die den Arbeitnehmer über-

wiegend in Anspruch nimmt. Der volle Pfändungsschutz greift auch dann Platz, wenn jemand nur eine Nebenbeschäftigung hat. Nur wenn der Schuldner außer der Nebenbeschäftigung noch eine weitere Tätigkeit ausübt, die seine Arbeitskraft zum wesentlichen Teile in Anspruch nimmt, ist die Vergütung für die Nebenbeschäftigung in voller Höhe pfändbar (D. Rpfl. 36 Nr. 771).

Seit dem 1. Januar 1935 genießen auch **Vergütungsansprüche** für geleistete Arbeiten, bei denen ein Arbeits- oder Dienstverhältnis nicht vorliegt, denselben Schutz wie Arbeits- und Dienstlohn, nur muß der Anspruch ein **wiederkehrender** sein, auch müssen die Leistungen wie bei dem Arbeits- oder Dienstverhältnis, die Erwerbstätigkeit des Schuldners vollständig oder zu einem wesentlichen Teil in Anspruch nehmen.

6. Die Ansprüche eines **Kassenarztes** gegen die Krankenkasse für die Behandlung von Kassenpatienten sind „sonstige wiederkehrend zahlbaren Vergütungen" im Sinne des § 850 b. Die Worte „zu einem wesentlichen Teil" besagen etwa dasselbe wie „zu einem erheblichen Teil". Bei der Pfändung solcher Ansprüche kann bei der Bemessung des pfandfreien Betrages nicht — wie bei § 850 e — berücksichtigt werden, daß der Schuldner noch Einkommen anderer Art (Privatpraxis) hat.

Der Teil der Vergütung eines Zahnarztes, der ihm von der Kassenärztlichen Vereinigung Deutschlands für Materiallieferung geschuldet wird, unterliegt der Forderungspfändung DJ — Das Recht — 1937 Nr. 1262. Andere Ansicht dagegen LG Altona, 7. ZK (D. Rpfl. 1938, 1 S. 19 (— Nr. 38 —), das ausführt:

„Bei Pfändung der Kassenbezüge eines Zahnarztes, dessen Tätigkeit ihn wesentlich in Anspruch nimmt (§ 850 b ZPO), ist zur Deckung der sachlichen Unkosten als pfandfrei ein bestimmter Hundertsatz (zwischen 55 und 35 v. H.) der jeweiligen Bezüge, aber keine Summe in festen Ziffern abzuziehen. Die Pfändungsfreiheit der sachlichen Unkosten ist dem § 851 der ZPO zu entnehmen, da es sich bei den dem Schuldner vom Drittschuldner zufließenden Bezügen insoweit, als diese der Deckung der Unkosten gelten, um zweckgebundene Beträge handelt. Die Zweckgebundenheit hinsichtlich der fraglichen Beträge ist als zwischen Schuldner und Drittschuldner stillschweigend vereinbart anzunehmen."

7. Der Arbeits- oder Dienstlohn und die Vergütungen sind bis zum Betrage von

monatlich 150.— *RM*,
wöchentlich 35.— *RM* und
täglich 5.80 *RM*

unpfändbar.

Von dem diese Beträge übersteigenden (Brutto-) Lohn sind pfändbar

zwei Drittel, wenn der Schuldner nur für sich zu sorgen hat. Pfändbar ist

die Hälfte, wenn der Schuldner einer im 2. Absatz des § 850b genannten Person Unterhalt zu gewähren hat,

ein Drittel, wenn er mehr als eine dieser Personen zu unterhalten hat.

Macht der Gläubiger keine Angaben über den Familienstand des Schuldners, so darf nur der Teil gepfändet werden, der schlechthin der Pfändung unterworfen ist, das ist $^1/_3$.

8. Hat der Drittschuldner die Vergütung **hinterlegt,** so steht der Anspruch an die Hinterlegungsstelle in Höhe des unpfändbaren Lohnteiles dem Schuldner zu. Darauf, ob die Arbeit schon geleistet ist, kommt es nicht an. Sowohl der im voraus als auch der nachträglich zu entrichtende Arbeitslohn unterliegen den Beschränkungen.

9. Das **Bestehen der Unterhaltspflicht** erfüllt bereits die Voraussetzungen für die Erhöhung des pfandfreien Teiles. Darauf, ob der Arbeitnehmer seine Unterhaltspflichten tatsächlich erfüllt, kommt es nicht an. JW 36, 472.

Bei der Berechnung des pfändbaren Teils ist nur der Arbeitsverdienst des Schuldners, nicht auch der seiner Ehefrau und Kinder zu berücksichtigen.

Berücksichtigt wird nur die Verpflichtung zur Gewährung von Unterhalt seinem Ehegatten (BGB § 1360), einem früheren Ehegatten (BGB §§ 1578 f., 1583), einem Verwandten in gerader Linie (BGB § 1601), (Geschwister und weitere Seitenverwandte kommen nicht in Frage) oder einem unehelichen Kinde (BGB §§ 1705, 1708) gegenüber, auch dann, wenn der Unterhaltsanspruch des unehelichen Kindes nach BGB § 1709 Abs. 2 auf die Mutter oder einen unterhaltspflichtigen mütterlichen Verwandten, oder wenn ein hier zu berücksichtigender Unterhaltsanspruch gemäß § 21 a der VO über die Fürsorgepflicht (RGBl I 1924, 100; I 1931, 306) auf den Fürsorgeverband übergegangen ist. Für das in den Haushalt aufgenommene uneheliche Kind der Ehefrau kann der Mann nicht Erhöhung des pfandfreien Betrags fordern. JW 1935, 3492 Nr. 72.

[**§ 21 a VO über die Fürsorgepflicht** (RGBl I 1931 S. 306):

(1) Der Fürsorgeverband, der auf Grund dieser Verordnung einen Hilfsbedürftigen unterstützt hat, kann, wenn der Hilfsbedürftige für die Zeit der Unterstützung Rechtsansprüche gegen einen Dritten auf Leistungen zur Deckung des Lebensbedarfs hat, durch schriftliche Anzeige an den Dritten bewirken, daß diese Rechtsansprüche zum Ersatz auf ihn übergehen. Dies gilt auch dann, wenn der Anspruch nicht von der Bedürftigkeit des Unterstützten abhängt. Der Fürsorgeverband soll den Übergang von Rechtsansprüchen nur insoweit bewirken, als es „zum Ersatz" seiner Aufwendungen erforderlich ist. Der Übergang wird nicht dadurch ausgeschlossen, daß der Anspruch der Pfändung nicht unterworfen ist.

(2) Der Fürsorgeverband kann einen nach bürgerlichem Recht Unterhaltspflichtigen für die Vergangenheit außer unter den Voraussetzungen des § 1613 des BGB auch in Anspruch nehmen, wenn er dem Unterhaltspflichtigen von der Gewährung der Fürsorge unverzüglich schriftliche Mitteilung gemacht hat.

(3) Abs. 1 und 2 gelten auch dann, wenn der Fürsorgeverband einen Erstattungsanspruch gegenüber einem anderen Fürsorgeverband hat.

Anmerkung: Die bisherige Bestimmung des § 22 der VO vom 13. 2. 1924, wonach den Kindern des Unterstützten den Erstattungsansprüchen des Fürsorgeverbandes gegenüber unter Umständen nur der notdürftige Unterhalt zu belassen war, ist in der neuen Fassung der Verordnung nicht mehr vorhanden. Mithin kann der Unterhaltspflichtige nach § 1603 des BGB nur soweit in Anspruch genommen werden, als sein standesgemäßer Unterhalt nicht gefährdet ist.]

Früherer Ehegatte ist nicht nur der geschiedene Ehegatte, sondern auch der Ehegatte nach Aufhebung der ehelichen Gemeinschaft und nach Nichtigerklärung der Ehe (BGB §§ 1578, 1583, 1586 verb. mit §§ 1345, 1351), uneheliche Kinder sind auch diejenigen, deren Ehelichkeit mit Erfolg angefochten ist, und die aus nichtigen Ehen gemäß BGB § 1609.

10. **Übersteigt** die Vergütung die Summe
von 500 *RM* für den Monat,
„ 115 „ „ die Woche,
„ 19 „ „ den Tag,
so sind die Mehrbeträge ohne Rücksicht auf bestehende Unterhaltspflichten des Schuldners zu **zwei Dritteln** pfändbar.

11. Ist wegen **gesetzlicher Unterhaltsansprüche** zu pfänden, so gilt das zu § 850 Abs. 3 Gesagte (Anm. 8).

Einem Melker, der neben freier Station einen Barlohn von wöchentlich 8 *RM* bezog, sind 6 *RM* für den durch die Naturalbezüge nicht abgegoltenen Lebensbedarf belassen worden (JW 1935 S. 3242 Nr. 4). Zur Frage des notwendigen Unterhalts vgl. D. Rpfl. 1936 S. 472. Der Satz von 103 *RM* monatlich für den notwendigen Unterhalt eines Schuldners gilt für einen Angestellten in einem festen Arbeitsverhältnis. Für einen kaufmännischen Provisionsreisenden ist der pfandfreie Betrag auf 124 *RM* monatlich zu erhöhen. JW 1936, 3489. Einem Landwirtschaftsgehilfen mit freier Station sind monatlich 28 *RM* zu belassen (D. Rpfl. 1937 S. 82).

12. Wer für eine Milchlieferungsgenossenschaft ständig Milch kühlt, genießt für die ihm hierfür zustehende Vergütung den für die Pfändung von Arbeits- und Dienstlohn geltenden Schutz des § 850 b auch dann, wenn er sein Gewerbe völlig selbständig betreibt. RG — 25.2.36 — Deutsche Justiz, Das Recht, Heft 5/36 S. 330, Nr. 3550.

13. **Ändern** sich die Verhältnisse, die den unpfändbaren

Teil der Vergütung bestimmen, so gilt das zu § 850 Abs. 4 (Nr. 17) Gesagte. Der Drittschuldner kann nach Maßgabe der bisherigen Pfändung mit befreiender Wirkung leisten, so lange ihm der Änderungsbeschluß nicht zugestellt ist. Er ist aber berechtigt, seine Leistungen an den Gläubiger nach Maßgabe der eingetretenen Veränderungen zu vollziehen. Zahlt der Drittschuldner entsprechend der eingetretenen Veränderungen ohne Änderungsbeschluß, so trägt er die Verantwortung für die Richtigkeit der Veränderungen.

14. **Hausstands- und Kinderzulagen** sind Bestandteil des Lohnes. Die im § 850 Abs. 2 für Beamte usw. vorgesehene gegenteilige Regelung ist eine Ausnahmevorschrift, die für die unter § 850 b fallenden Personen nicht gilt. Das erhellt, abgesehen von dem klaren Wortlaute der gesetzlichen Bestimmungen, auch daraus, daß für Verheiratete und Familienväter des Arbeitnehmerstandes die Grenze des unpfändbaren Lohnes gegenüber den Ledigen erhöht ist.

15. Eine **Aufwandsentschädigung** unterliegt nicht dem Pfändungsschutz nach ZPO § 850 b; sie ist aber wegen ihrer Zweckgebundenheit nicht abtretbar und daher unpfändbar. LG Breslau (JW 1935, 3242 Nr. 37, D. Rpfl. 36, 3, 179).

16. **Bei der Berechnung des pfändbaren Teils einer Forderung können Einkünfte des Schuldners von verschiedenen Drittschuldnern nicht zusammengerechnet werden.** Dies war für das frühere Recht herrschende Ansicht; daran ist aber auch für das geltende Recht festzuhalten. Nicht nur der äußere Aufbau, auch der Wortlaut des Gesetzes läßt eine Zusammenrechnung nicht zu. Hier sei aber auf folgendes hingewiesen:

Nach ZPO § 850 b genießen den kraft Gesetzes wirkenden Pfändungsschutz nur der Arbeits- und Dienstlohn sowie die sonstigen wiederkehrend zahlbaren Vergütungen für geleistete Arbeiten, **wenn die zu vergütenden Leistungen die Erwerbstätigkeit des Schuldners vollständig oder zu einem wesentlichen Teil in Anspruch nehmen.** Der Lohn oder die Vergütungen aus einer **Nebentätigkeit** aber können nach ZPO § 850 e an sich gepfändet werden, sie sind nur auf Antrag des Schuldners vom Gericht in gewissen Grenzen wieder freizugeben. Auf diesem Wege nur wird man einen Schuldner, der mehrere Einnahmequellen hat, beikommen können. Vgl. DJ Nr. 37 A S. 1343; DJ 35, 1343; a. A. JW 36, 73.

Bei dem in einem neuen Dienstverhältnis stehenden Ruhegeldempfänger unterliegt Dienstlohn und Ruhegehalt je gesondert den Pfändungsbeschränkungen des § 850 b. HRR 37 Nr. 600.

17. Auf **Staatsangestellte** findet § 850 b Anwendung; sie sind nicht „Beamte" im Sinne des § 850 Abs. 1 der ZPO. Beamter im Sinne der Vorschrift des § 850 Abs. 1 ist nur der, der in einem öffentlich-rechtlichen Dienstverhältnis zum Staate steht, dessen Anstellung durch einen staatlichen Hoheitsakt, nicht aber durch Abschluß eines privaten (zweiseitigen) Dienstvertrags erfolgt, wie dies bei einem Staatsangestellten der Fall ist, der unter Zugrundelegung des Tarifvertrags für Staatsangestellte in die Dienste einer staatlichen Behörde getreten ist. Fehlt es aber an einem öffentlichen Berufungsakt, so kann es dahingestellt bleiben, ob der Schuldner tatsächlich Tätigkeiten öffentlich-rechtlicher Natur „wie ein Beamter" ausübt. (Vgl. RGZ 84, 364.)

Auch **Behördenangestellte sind nicht Beamten gleichzustellen.** § 850 b der ZPO verweist nur auf die Absätze 1 Satz 3, 3 und 4 des § 850 und nicht auf Abs. 2. Wo der Gesetzgeber keine besondere Regelung gibt, wie z. B. im § 359 des StGB, sondern nur von „Beamten" spricht, ist der durch das Gesetz vom 30. Juni 1934 geschaffene Beamtenbegriff zugrunde zu legen. Danach ist zum Erwerbe der Beamteneigenschaft eine Anstellungsurkunde erforderlich, die unter Berufung in das Beamtenverhältnis ausgehändigt wird. Bei einem Behördenangestellten ist dies jedoch nicht der Fall. (DJ 1935 Ausg. A S. 1530, siehe auch D. Rpfl. 1935 11. 698.)

18. Pfändbarer Lohn im Sinne des § 850 b ist jeder dem Arbeitnehmer für seine Arbeit gebührende Vermögensvorteil, insbesondere auch **Reisespesen**, soweit sie über den üblichen Reise- und Dienstaufwand hinausgehen. Vgl. RArbG Bd. 4 S. 100, 268 und RArbG 581/29, Art.

vom 27. 8. 1930. Das Reichsarbeitsgericht hat in seinem Urteile vom 20. 9. 1930 — RArbG 170/30 — den monatlich 75 *RM* übersteigenden Betrag als übermäßigen Aufwand und daher für pfändbar erachtet.

Reisespesen sind dann unbeschränkt pfändbar, wenn sie **reiner Auslagenersatz** sind. Handelt es sich bei Reisespesen nicht um einen Teil des Lohnes, Gehalts oder sonstiger Arbeitsvergütung, sondern um reinen Auslagenersatz, so gehört diese Forderung nicht zu den nach ZPO § 850 b geschützten Ansprüchen. Es ist eine gewöhnliche Geldforderung, die mangels gegenteiliger gesetzlicher Bestimmungen ohne Beschränkung pfändbar ist. Nur dann werden die „Spesen" teilweise den Schutz genießen, wenn sie so reichlich sind, daß sie offensichtlich nicht nur als Auslagenersatz, sondern teilweise als Arbeitsvergütung gedacht sind. Vgl. Stein — J 14. Aufl. nach § 850 II 1a, Baumbach 4. Aufl. § 850, 2 C; OLG 6, 139, Sächs. Ann. 25/255; **a. A.** OLG 24, 254. Der reine Auslagenersatz dürfte aber dann überhaupt **nicht pfändbar sein,** wenn der Schuldner vertraglich verpflichtet ist, z. B. einen Bezirk zu bereisen. Es handelt sich bei den für Spesenzwecke dem Schuldner zufließenden Bezügen um zweckgebundene Bezüge. (ZPO § 851.) Vgl. D. Rpfl. 1936 S. 371.

Das OLG Frankfurt a. M., 2. ZS., führt in seinem Urteile v. 22. 7. 1926 (JW 1927, 726 Nr. 13) folgendes aus: „Wenn sich die Pfändung auch auf den reinen Auslagenersatz erstrecken würde, so würde sie die Grundlage des Vertrags zerstören; der Pfändungsgläubiger würde nichts erreichen, und neben ihm wäre noch der Pfändungsschuldner notleidend geworden. Dieses Ergebnis wäre unerwünscht. Es ist auch unrichtig. Geldbeträge, die gemäß vertraglicher Vereinbarung zu bestimmten, im Interesse des Drittschuldners liegenden Zwecken zu verwenden sind, dürfen durch die Pfändung diesem Zwecke nicht entzogen werden. Der Pfändungsgläubiger kann durch die Pfändung keine bessere Rechtsstellung erwerben, als sie dem Schuldner gegenüber dem Drittschuldner zusteht." Auch das KG (JW 36, 519) bejaht die Unpfändbarkeit. Es führt aus:

„Von den Bezügen eines Provisionsreisenden ist der

Teil unpfändbar, der nicht eine Vergütung für die geleisteten Dienste darstellt, sondern nur dazu bestimmt ist, den Reiseaufwand des Reisenden zu decken. Unerheblich ist, ob dem Reisenden die Spesen im voraus gezahlt werden oder ob sie ihm nachträglich ersetzt werden. Unerheblich ist weiter, ob für die Spesen ein bestimmter Betrag ausgesetzt ist oder ob sie mit der allgemeinen Vergütung mit abgegolten werden."

Wenn bestimmte Beträge vorschußweise für Werbung, Benzin, Ausbesserungs- und Abnutzungskosten für den Kraftwagen eines Angestellten, den dieser für dienstliche Fahrten hält, gewährt werden, so liegt eine Zweckgebundenheit vor, so daß sie der Pfändung entzogen sind.

19. **Schwerarbeiterzulagen** sind bei Vollstreckungen wegen Unterhaltsforderungen unpfändbar. Zulagen, die einen Ausgleich für den erhöhten Bedarf des Schuldners im Verhältnis zu sonstigen Arbeiten darstellen, müssen wegen ihrer Zweckgebundenheit dem Schuldner ungeschmälert belassen werden. JW 37, 1166; D. Rpfl. 37, Nr. 262.

20. **Sondervergütungen, wie Weihnachtsgeld,** Abschlußvergütung, Urlaubsgeld, Jubiläumsgabe u. dgl. sind nicht zweckgebunden. Das Weihnachtsgeld ist Arbeitsvergütung. Das gleiche gilt auch für die anderen Sondervergütungen. Die Sondervergütung wird ganz von selbst durch die Pfändung der Arbeitsvergütung mit erfaßt. Sie ist voll auf den durch den Auszahlungszeitpunkt bestimmten Lohnabschnitt dem regelmäßigen Arbeitsentgelt zuzurechnen — JW 38, 86; DJ — Das Recht — 1938 Nr. 1054. —

Vgl. dagegen JW 37, 3142, Das Recht 38 S. 27 Nr. 266: „Weihnachtsgratifikation ist unpfändbar, da der Anspruch als höchstpersönlicher anzusehen ist."

21. Zur Frage der Pfändbarkeit des Gehaltes des Geschäftsführers einer G. m. b. H.:

„Die Pfändbarkeit der Bezüge eines Geschäftsführers einer G. m. b. H. ist streitig. Wie insbesondere das RVersA. in der Entscheidung vom 25. März 1931: Bensh. Samml. 11, 9, näher ausführt, besteht, wenn der Geschäftsführer einer G. m. b. H. durch Dienstvertrag bestellt ist, ein abhängiges Geschäftsverhältnis. Dadurch, daß der Geschäftsführer zugleich Gesellschafter der G. m. b. H. ist, wird die Eigenschaft als Angestellter jedenfalls dann nicht ausgeschlossen, wenn er als Gesellschafter keinen maßgebenden Einfluß auf die Entschließungen der Gesellschaft hat. Nach dieser Entsch. (vgl. auch Hachenburg, G. m. b. H., 5. Aufl., S. 21 § 35 Anm. 44—49) bildet ein Beschäftigungsverhältnis zwischen dem Geschäftsführer und der G. m. b. H. die Regel. Für das Beschäftigungsverhältnis sind, soweit nicht das Gesetz betreffend die G. m. b. H. selbst besondere Vorschriften trifft, die Vorschriften des BGB über den Dienstvertrag maßgebend (vgl. auch RG v. 15. 12. 1911; LZ 1912, 309; Hachenburg Anm. 49). Nach dem Maße seiner Verantwortlichkeit und der Bedeutung seiner Stellung ist der Geschäftsführer regelmäßig ein leitender Angestellter.

Der Schuldner hat regelmäßig dann keinen maßgebenden Einfluß auf die Entschließungen der G. m. b. H., wenn er selbst weniger als die Hälfte der Geschäftsanteile an dem Stammkapital der G. m. b. H. besitzt, sofern nicht besondere Abweichungen bestehen (vgl. § 47 Abs. 1 S. 2 G. m. b. H.); JW 1934 Heft 35 S. 2180 Nr. 3."

22. Wegen der Verrechnung von **Vorschüssen** vgl. Anm. zu § 850 Nr. 13.

23. Bei der Berechnung des jeweils pfändbaren Wochenbetrags ist ein **Ausgleich** zwischen den Wochen mit voller Beschäftigung und den Kurzarbeitswochen nicht zulässig. JW 36, 3489.

24. Der dem Schuldner nach Einziehung durch den **Gerichtsvollzieher** zustehende Anspruch auf Auszahlung der beigetriebenen Lohnsumme ist insoweit unpfändbar, als der Lohn des Schuldners nach ZPO § 850 b unpfändbar wäre (JW 1933, 232 Nr. 8; D. Rpfl. 33, 126). Der Gerichtsvollzieher ist nicht Drittschuldner. Die Pfändung ist mit dem Zeitpunkt als bewirkt anzusehen, in dem dem Schuldner das Gebot, sich jeder Verfügung über den Anspruch zu enthalten, zugestellt ist. Dem Gerichtsvollzieher muß natürlich der Pfändungs- und Überweisungsbeschluß vorgelegt werden. Da jedoch auch die Meinung vertreten

ist, daß der Gerichtsvollzieher Drittschuldner sei, wird eine Zustellung an diesen mindestens nicht schädlich sein.

25. Wegen der **Heimarbeiter** usw., die wie andere Arbeiter nach ZPO § 850 b zu behandeln sind, vgl. Anm. Nr. 2 zu § 850 e.

Anhang zu § 850 b

Verordnung zur Ergänzung der Vorschriften über die Pfändung der Arbeitsvergütung. Vom 7. 4. 1938 — RGBl I S. 378 —

Auf Grund des § 25 der Verordnung über Maßnahmen auf dem Gebiete der Zwangsvollstreckung vom 26. Mai 1933 (RGBl I S. 302) wird folgendes verordnet:

Einziger Artikel

(1) Bei der Pfändung wiederkehrend zahlbarer Arbeitsvergütungen kann das Vollstreckungsgericht dem Schuldner auf Antrag auch den nach § 850 b der ZPO pfändbaren Teil der Bezüge so weit belassen, als dies mit Rücksicht auf den besonderen Umfang der gesetzlichen Unterhaltspflichten des Schuldners geboten erscheint und überwiegende Belange des Gläubigers nicht entgegenstehen. Für eine Änderung der Anordnung gelten die Vorschriften des § 850 Abs. 4 der ZPO sinngemäß. Soweit eine Anordnung nach Satz 1 aufgehoben wird, erstreckt sich die Beschlagnahme der Arbeitsvergütung ohne weiteres und mit dem aus der ursprünglichen Pfändung sich ergebenden Rang auf den gesamten pfändbaren Teil der Arbeitsvergütung.

(2) Ist die Arbeitsvergütung zugunsten bevorrechtigter Unterhaltsansprüche (§ 850 Abs. 3 in Verb. mit § 850 b Abs. 4 der ZPO) gepfändet, so kann der dem Schuldner zu belassende Betrag unter den im Abs. 1 bezeichneten Voraussetzungen entsprechend erhöht werden.

(3) Die Zulässigkeit der Abtretung und Aufrechnung der Arbeitsvergütung wird durch die vorstehenden Vorschriften nicht berührt.

§ 850 c

(1) Hat sich der Empfänger der vom Schuldner geleisteten Arbeiten oder Dienste verpflichtet, Leistungen an

einen Dritten zu bewirken, die nach Lage der Umstände ganz oder teilweise eine Vergütung für die Leistung des Schuldners darstellen, so kann der Anspruch des Drittberechtigten insoweit auf Grund des Schuldtitels gegen den Schuldner gepfändet werden, wie wenn der Anspruch dem Schuldner zustände. Die Pfändung des Vergütungsanspruchs des Schuldners umfaßt ohne weiteres den Anspruch des Drittberechtigten.

(2) Der Pfändungsbeschluß ist dem Drittberechtigten ebenso wie dem Schuldner zuzustellen.

Anmerkung zu § 850 c:

In vielen Fällen vereinbarten verschuldete Arbeitnehmer mit dem Arbeitgeber, daß nur der die Pfändungsgrenze erreichende Betrag des Lohnes oder Gehalts bar ausgezahlt, der Rest an die Ehefrau überwiesen werden solle. Nach ständiger Rechtsprechung des Reichsgerichts wurde die Anfechtung eines solchen Vertrags für unbegründet erklärt, weil der Gläubiger nicht geschädigt sei. Überdies sei der Anspruch auf die an die Ehefrau gezahlten und zu zahlenden Beträge niemals im Vermögen des Schuldners gewesen und könne daher auch nicht durch eine Anfechtung seinem Vermögen entzogen werden (RGZ 69 S. 59). Gegen diese sogenannten 1500-Mark-Verträge richtet sich die Bestimmung im § 850 c. Die neuen Bestimmungen haben den Zweck, Schiebungen zu vereiteln, die die Zwangsvollstreckung verhindern sollen.

Ist zwischen dem Schuldner und seinem Arbeitgeber ein derartiger Vertrag abgeschlossen worden, so wird dennoch die Vergütung so behandelt, als ob sie von vornherein nur dem Schuldner zustände. Ob ein solcher Vertrag vorliegt, hat das Vollstreckungsgericht nicht zu entscheiden. Die Frage ist in einem besondern Rechtsstreite zu klären. Ist der Drittschuldner ungewiß über die Person des Gläubigers, so wird er den Teil, den er bisher an den Dritten auszahlte, hinterlegen können.

Ist dem Gläubiger das Vorliegen eines solchen Vertrages bekannt, dann hat er es in seinem Antrage zu erwähnen, damit das Vollstreckungsgericht den Drittberechtigten, dem auch der Pfändungsbeschluß im Parteibetriebe zugestellt werden muß, mit bezeichnen kann.

§ 850 d

Leistet der Schuldner einem Dritten in einem ständigen Verhältnis Arbeiten oder Dienste, die nach Art und Umfang üblicherweise vergütet werden, unentgeltlich oder gegen eine unverhältnismäßig geringe Vergütung, so gilt im Verhältnis des Gläubigers zu dem Empfänger der Arbeits- oder Dienstleistungen eine angemessene Vergütung als geschuldet. Bei der Prüfung, ob diese Voraussetzungen vorliegen, sowie bei der Bemessung der Vergütung ist auf alle Umstände des Einzelfalles, insbesondere die Art der Arbeits- oder Dienstleistung, die verwandtschaftlichen oder sonstigen Beziehungen zwischen dem Dienstberechtigten und dem Dienstverpflichteten und die wirtschaftliche Leistungsfähigkeit des Dienstberechtigten, Rücksicht zu nehmen.

Anmerkung zu § 850 d:

1. Das Gesetz erfaßt die Fälle, in denen Dienste ohne Entgelt oder gegen zu geringe Vergütung geleistet werden. Es unterstellt das Vorliegen eines Arbeitsverhältnisses, weshalb der Schuldner auch ein Recht auf den Schutz seines Lohnes im Rahmen des § 850 b hat.

Voraussetzung ist also, daß es sich um Arbeiten oder Dienste handelt, die nach Art und Umfang üblicherweise vergütet werden. Die Auffassungen und persönlichen Verhältnisse der Vertragsparteien können für die Frage der Üblichkeit des Entgelts keine Rolle spielen. Der Begriff „üblicherweise vergütet" ist ohne Rücksicht auf Einzelanschauungen oder örtlich oder beruflich begrenzte Verhältnisse abstrakt nach allgemein herrschender Volksanschauung auszulegen (RAG 160/35 — Band 15 —). Die wirtschaftliche Leistungsfähigkeit des Dritten ist nach der Rechtsprechung des RAG von wesentlicher Bedeutung. Der Gläubiger hat auch bei Vorliegen aller sonstigen Voraussetzungen gegen den Dritten nur dann Erfolg, wenn diesem die Zahlung einer Vergütung nach den obwaltenden Umständen und seiner wirtschaftlichen Leistungsfähigkeit zugemutet werden kann.

Nach den besonderen Umständen des Falles ist zu entscheiden, ob die Gewährung einer Vergütung an den im Betriebe der Frau tätigen Mann tragbar wäre; es genügt nicht, daß er einen Großknecht ersetzt, wenn die Frau wegen ihrer schlechten Vermögenslage außerstande wäre, mit einer bezahlten fremden Arbeitskraft den landwirtschaftlichen Betrieb zu halten. RAG 21. 9. 35, 144/35.

Hat eine Ehefrau, die im Güterstand der Gütertrennung lebt, die Verwaltung eines ihr gehörigen Landgutes ihrem Ehemann übertragen, ohne mit ihm ein Vertragsverhältnis eingegangen zu sein, so kommt es bei der Anwendung des § 850 d für die Feststellung der Vergütung, die dem Ehemann im Verhältnis zwischen seiner Ehefrau und einem seiner Gläubiger als geschuldet gilt, nicht darauf an, in welchem Umfange der Ehemann vom ärztlichen Standpunkt aus als arbeits- und erwerbsfähig betrachtet werden kann, sondern allein darauf, in welchem Umfange er tatsächlich Arbeiten geleistet hat. LAG Königsberg 17. 2. 37. ArbRSamml. Bd. 29, 143.

Die Vorschrift gilt nicht nur bei Lohnschiebung, sondern sie will jedem Gläubiger die Befriedigungsmöglichkeit in solchen Fällen verschaffen, in denen der Schuldner zwar keinen Rechtsanspruch auf eine Vergütung hat, der Ausschluß jedes Entgelts aber nach den besonderen Verhältnissen für das Volksempfinden unbillig ist. RAG 23. 11. 1935, 139/35.

2. Das Vollstreckungsgericht hat ohne nähere Prüfung der Richtigkeit des Vorbringens einen Teil der Vergütung, die der Schuldner für die Dienste angemessenerweise beanspruchen kann, unter Innehaltung der durch die §§ 850 b, 850 e festgelegten Pfändungsgrenzen ($^1/_3$, $^1/_2$, $^2/_3$ des monatlich 150 *RM* übersteigenden (Brutto-) Lohnanspruchs zu pfänden.

3. Behauptet der Drittschuldner, nicht mehr als den pfandfreien Betrag zu schulden und verweigert er die Zahlung, so muß der Gläubiger auf Zahlung des Betrags klagen, den das Gericht als geschuldet feststellt oder der beim Vorliegen eines Unterhaltsanspruchs gepfändet worden ist. Die Frage, ob und in welcher Höhe die gepfändete Forderung wirklich besteht, ist nicht im Voll-

streckungsverfahren zu entscheiden, sondern im ordentlichen Prozeßverfahren. Zuständig ist das Arbeitsgericht, falls ein Dienst- oder Arbeitsverhältnis vorliegt.

4. Behauptet der Schuldner, daß ihm im Falle der Beitreibung von Unterhaltsansprüchen für seinen notwendigen Unterhalt zu wenig belassen worden sei, so hat das Gericht gemäß ZPO § 766 zu entscheiden.

5. Das Gericht wird jeden einzelnen Fall zu beurteilen haben. Eine auf jeden Fall zutreffende Regel kann nicht aufgestellt werden.

6. Zwischen **Familienangehörigen** kann ein Arbeitsvertrag eingegangen werden. Ist ein solcher Vertrag nicht ausdrücklich geschlossen, so wird, wenn alle Merkmale des Arbeitsverhältnisses, wie wirtschaftliche und persönliche Abhängigkeit, Berufsmäßigkeit usw. gegeben sind, trotzdem ein solches mit allen arbeitsrechtlichen Auswirkungen festzustellen sein. Grundsätzlich ist aber davon auszugehen, daß durch die der Berufsvorbildung und sozialen Lebensstellung entsprechende Tätigkeit des Kindes im Gewerbebetriebe des Vaters eine Verpflichtung erfüllt wird, die dem Kinde dem Vater gegenüber unmittelbar kraft Gesetzes (BGB § 1617) obliegt und daher in einem derartigen Rechtsverhältnis kein Arbeitsvertrag erblickt werden kann. § 1617 bestimmt, daß ein dem elterlichen Hausstand angehöriges — minderjähriges oder volljähriges — Kind, das von den Eltern unterhalten wird (zum Unterhalt gehört sowohl Beköstigung und Kleidung als auch die Gewährung von Wohngelegenheit und Taschengeld), in einer seinen Kräften und seiner Lebensstellung entsprechenden Weise (unentgeltlich) Dienste zu leisten hat, ohne daß irgendeine weitere Einschränkung hinsichtlich seiner Tätigkeit gemacht ist.

Ob das eine oder andere Verhältnis gegeben ist, ist Tatfrage, denn trotz Vorliegens der Voraussetzungen des § 1617 des BGB kann zwischen Eltern und Kindern ein reines Arbeitsverhältnis begründet werden, ein Dienstvertrag mit der Verpflichtung des Arbeitgebers zur Zahlung der Vergütung nach BGB § 611. Hierbei kommt es auf den ausdrücklichen oder stillschweigenden Willen der Parteien an, ob sie ein Arbeitsverhältnis begründen wollen.

Das Gericht kann aber trotz der Bestimmung im § 1617 des BGB ein Arbeitsverhältnis annehmen und das, was dem Schuldner gewährt wird, als Lohn ansehen, denn es ist nicht ausschlaggebend, ob ein Arbeitsverhältnis vorliegt oder nicht. Immerhin wird diese Frage bei Bemessung der Vergütung eine Rolle spielen. Auf verwandtschaftliche Beziehungen zwischen dem Schuldner und dem Arbeitgeber darf dann kein ausschlaggebendes Gewicht gelegt werden, wenn der Schuldner in Wahrheit die Seele des Betriebes ist.

7. Auch abgesehen von der Vorschrift des § 850 d muß die Ehefrau, der das Geschäft ihres Mannes nur in der Absicht übertragen worden ist, um den Gläubigern die Beitreibung ihrer Forderungen unmöglich zu machen, sich so behandeln lassen, als ob die Schulden ihres Mannes ihre eigenen wären. LAG Harburg-Wilhelmsburg 12. 7. 35. JW 35, 3500.

8. Eine **Abtretung** kann nicht bei der nur als geschuldet geltenden Vergütung, sondern nur bei einer auf Vereinbarung beruhenden Vergütung in Betracht kommen — RArbG 29. 4. 1936, 45/36 —.

§ 850 e

(1) Ist in anderen als den im § 850 b bezeichneten Fällen ein Anspruch auf Vergütung für persönlich geleistete Arbeiten oder Dienste gepfändet, so hat das Gericht dem Schuldner auf Antrag so viel zu belassen, als er während eines angemessenen Zeitraums für seinen notwendigen Unterhalt und den seines Ehegatten, seiner unterhaltsberechtigten Verwandten oder eines unehelichen Kindes bedarf. Bei der Entscheidung sind die wirtschaftlichen Verhältnisse des Schuldners, insbesondere seine sonstigen Verdienstmöglichkeiten, frei zu würdigen. Dem Schuldner ist nicht mehr zu belassen, als ihm nach freier Schätzung des Gerichts verbleiben würde, wenn sein Einkommen aus laufendem Arbeits- oder Dienstlohn bestände. Der Antrag des Schuldners ist insoweit abzulehnen, als überwiegende Belange des Gläubigers entgegenstehen.

(2) Die Vorschriften des § 33 des Gesetzes über die

Heimarbeit vom 23. März 1934 (RGBl I S. 214) bleiben unberührt.

Anmerkung zu § 850 e:

1. Geschützt ist das Einkommen für persönlich geleistete Arbeiten oder Dienste, denen kein Arbeits- oder Dienstverhältnis zugrunde liegt. Darunter fällt die Vergütung z. B. der **selbständigen Provisionsagenten, Rechtsanwälte, Rechtsvertreter, Makler, Handwerker, Schriftsteller, Ärzte** (wegen der Kassenärzte vgl. Anm. zu § 850 b Nr. 6) usw. Bei Lohndienern und Kofferträgern kann man deshalb nicht von einem Arbeitsverhältnisse sprechen, weil in den Beziehungen zwischen Arbeitgeber und Arbeitnehmer eine gewisse Stetigkeit bestehen muß. Sie fallen deshalb unter die Vorschrift des § 850 e.

Agenten, auch selbständige **Handelsvertreter,** werden dann unter § 850 b fallen, wenn das Arbeitsverhältnis ihre Erwerbstätigkeit vollständig oder hauptsächlich in Anspruch nimmt und die Vergütung wiederkehrend zahlbar ist — JW 35, 88 —.

Bei einer ziemlich gleichmäßigen Tätigkeit für mehrere Arbeitgeber greift möglicherweise der Schutz des § 850 e Platz. D. Rpfl. 36 Nr. 771.

Auch Ansprüche aus **einmaliger Tätigkeit** unterliegen dem Schutze dieser Vorschrift. Das OLG Kassel führt dazu in seinem Beschluß vom 3. 2. 1936 (Rpfl 36 S. 233) folgendes aus:

„Zu Recht geht das Landgericht entgegen dem Amtsgericht davon aus, daß der einmalige, dem Schuldner aus seiner Tätigkeit als Gläubigerausschußmitglied im Konkursverfahren zustehende Vergütungsanspruch seiner Art nach den Pfändungsschutz des § 850 e ZPO genießt. Nach ihrem Wortlaut hat diese Vorschrift nur zur Voraussetzung, daß es sich um einen „Anspruch auf Vergütung für persönlich geleistete Arbeiten oder Dienste" handelt. Sie schließt also weder irgendeine Arbeitsleistung deshalb aus, weil sie höherer Art wäre, noch fordert sie eine wiederkehrende, also sich wiederholende Tätigkeit gleicher Art, sei es überhaupt, sei es, daß diese wiederkehrende Tätigkeit sogar der gleichen Person geleistet werden müßte usw.

§ 850 e findet auf die Pfändung von **Untermietzins** keine Anwendung; unter Umständen kann aber die Pfändung auf Grund des Vollstreckungsmißbrauchgesetzes, wenigstens zum Teil, aufgehoben werden. JW 35, 2165.

Die anderweitigen Verdienstmöglichkeiten des Schuldners darzulegen und zu beweisen ist Sache des Gläubigers (KG Beschluß vom 5. 2. 1935; Rpfl 1935 S. 443).

2. **Gesetz über die Heimarbeit**

§ 2: In Heimarbeit Beschäftigte sind

1. die Heimarbeiter (§ 3 Abs. 1),
2. die Hausgewerbetreibenden (§ 3 Abs. 2), die in der Regel allein oder mit ihren Familienangehörigen (§ 3 Abs. 5) oder mit nicht mehr als zwei fremden Hilfskräften (Betriebsarbeitern) arbeiten usw.

§ 33 Lohnpfändung

(1) Das Entgelt, das Heimarbeitern oder Hausgewerbetreibenden gewährt wird, ist im Sinne der Vorschriften über die Lohnpfändung Vergütung für Arbeiten oder Dienste, welche auf Grund eines Arbeits- oder Dienstverhältnisses geleistet werden.

(2) Das gleiche gilt für das Entgelt sonstiger Hausgewerbetreibender, Zwischenmeister oder anderer arbeitnehmerähnlicher Personen, die nach § 2 Abs. 2 den Heimarbeitern oder Hausgewerbetreibenden gleichgestellt worden sind.

Wegen der Begriffe Heimarbeiter, Hausgewerbetreibender und Zwischenmeister vgl. § 3 a. a. O.

Heimarbeiter usw. sind bei Pfändung ihrer Bezüge wie andere Arbeiter nach § 850 b zu behandeln.

3. Der Schutz tritt nur auf **Antrag des Schuldners** ein (Einwendung gem. ZPO § 766). Das Gericht hat die wirtschaftlichen Verhältnisse des Schuldners, insbesondere seine sonstigen Einkommensverhältnisse, frei zu würdigen. Es will dem Gläubiger Gelegenheit geben, sich zu dem Vorbringen des Schuldners zu äußern. Wenn überwiegende Belange des Gläubigers entgegenstehen, ist der Schutz auch in geringerem als in dem vom § 850 e vorgesehenen Umfange zu gewähren.

§ 850 f

(1) Die Pfändung

1. des Ruhegehalts von Personen, die in einem bürgerlich-rechtlichen Dienst- oder Arbeitsverhältnis beschäftigt gewesen sind, und der Bezüge von Hinterbliebenen dieser Personen,
2. der Bezüge, die ein Handlungsgehilfe auf Grund der Vorschriften der §§ 74 bis 75 a des Handelsgesetzbuchs (RGBl 1914 S. 209) für die Zeit nach der Beendigung des Dienstverhältnisses als Entschädigung beanspruchen kann,

unterliegt denselben Beschränkungen wie die Pfändung des Arbeits- und Dienstlohns (§ 850 b).

(2) Die Sterbe- oder Gnadenbezüge der in Nr. 1 genannten Hinterbliebenen sind in voller Höhe unpfändbar.

Anmerkung zu § 850 f Abs. 1 Z. 2:

Die §§ 74 bis 75 a des HGBs behandeln Wettbewerbsverbote, das sind Vereinbarungen zwischen dem Führer des Betriebes und dem Gefolgschaftsmitglied (Handlungsgehilfen), die das Gefolgschaftsmitglied für die Zeit nach Beendigung des Dienstverhältnisses in seiner gewerblichen Tätigkeit beschränken, § 74 Abs. 1 des HGBs, sind nur verbindlich, wenn sich der Führer des Betriebes verpflichtet, für die Dauer des Verbots eine im § 74 Abs. 2 daselbst näher bestimmte Entschädigung zu leisten, die am Schlusse jedes Monats zahlbar ist, HGB § 74 b Abs. 1.

§ 850 g

Der Pfändung sind nicht unterworfen

1. die nach § 843 des BGB wegen einer Verletzung des Körpers oder der Gesundheit zu entrichtenden Geldrenten;
2. die auf gesetzlicher Vorschrift beruhenden Unterhaltsforderungen und die nach § 844 des BGB wegen der Entziehung einer solchen Forderung zu entrichtende Geldrente;
3. die fortlaufenden Einkünfte, die ein Schuldner aus Stiftungen oder sonst auf Grund der Fürsorge und Freigebigkeit eines Dritten oder auf Grund eines

Altenteils- oder Auszugsvertrags bezieht, soweit der Schuldner der Einkünfte für seinen notwendigen Unterhalt und den seines Ehegatten und seiner unterhaltsberechtigten Verwandten bedarf;

4. **die aus Kranken-, Hilfs- und Sterbekassen zu beziehenden Hebungen, soweit nicht eine andere gesetzliche Regelung getroffen ist;**
5. **das Diensteinkommen der Angehörigen mobiler Verbände.**

Anmerkung. Zu Nr. 1: Nur die Geldrente, die wegen Verletzung des Körpers oder der Gesundheit dem Verletzten zu leisten ist, ist unpfändbar. Die Kapitalsabfindung dagegen, die nach Abs. 3 des § 843 des BGB gewährt werden kann, ist ungeschützt.

Der Rente nach BGB § 843 gleich zu behandeln sind die dem Verletzten zustehenden Geldrenten nach HaftpflG § 7 (EBGB Art. 42), KraftfahrzG § 13, LuftverkG § 24, HGB § 62 Abs. 3, § 76 Abs. 1.

Geschützt ist nur die gesetzliche Rente, nicht auch die ohne Vorliegen einer gesetzlichen Verpflichtung freiwillige, vertraglich vereinbarte.

Die Bestimmung über die Unpfändbarkeit von Ansprüchen aus BGB § 843 kann nicht auf Ansprüche aus § 278 des BGB übertragen werden, RGZ 148, 137, JW 35, 3291.

Zahlt der Schuldner dem durch Unfall Verletzten die einzelnen Rentenbeträge nicht bei Fälligkeit, sondern erheblich später auf Grund eines Urteils, das ihn zur Zahlung eines alle rückständigen Beträge enthaltenden Kapitalbetrages zwingt, so verliert die Geldrente nicht das ihr zustehende Privileg der Pfändungsbeschränkung. Jedoch kann das Privileg sich nur soweit erstrecken, als der Kapitalbetrag die Summe der Rentenhöchstbeträge von jährlich 1500 *RM* nicht übersteigt. RG VI 30. 4. 36. — DJ — Das Recht — 1936 Nr. 6339 —. (DAutoR 36, 210).

Zu Nr. 2: Als Unterhaltsforderungen kommen in Frage:

§§ 1360 f BGB (Der Mann hat der Frau Unterhalt

zu gewähren. Die Frau hat dem Manne, wenn er außerstande ist usw. Unterhalt zu gewähren).

§§ 1578 ff BGB (Der allein für schuldig erklärte Mann hat der geschiedenen Frau den standesmäßigen Unterhalt usw. zu gewähren. Die allein für schuldig erklärte Frau hat dem geschiedenen Manne den standesmäßigen Unterhalt insoweit zu gewähren, als er außerstande ist, sich selbst zu unterhalten).

§ 1586 BGB (Wird nach § 1575 die eheliche Gemeinschaft aufgehoben, so treten die mit der Scheidung verbundenen Wirkungen ein usw.).

§§ 1601 ff BGB (Verwandte in gerader Linie sind verpflichtet, einander Unterhalt zu gewähren).

§§ 1608 ff BGB (Der Ehegatte des Bedürftigen haftet vor dessen Verwandten usw.).

§§ 1699 f BGB (Ein Kind aus einer nichtigen Ehe, das im Falle der Gültigkeit der Ehe ehelich sein würde, gilt als ehelich usw.).

§ 1703 BGB (Gilt das Kind nicht als ehelich, weil beiden Ehegatten die Nichtigkeit der Ehe bei der Eheschließung bekannt war, so kann es gleichwohl von dem Vater, solange er lebt, Unterhalt wie ein eheliches Kind verlangen usw.).

§ 1708 BGB (Der Vater des unehelichen Kindes ist verpflichtet, dem Kinde bis zur Vollendung des sechzehnten Lebensjahres usw. Unterhalt zu gewähren).

§ 1969 BGB (Der Erbe ist verpflichtet, Familienangehörigen des Erblassers, die zur Zeit des Todes des Erblassers zu dessen Hausstand gehört und von ihm Unterhalt bezogen haben, in den ersten dreißig Tagen nach dem Eintritte des Erbfalls in demselben Umfange, wie der Erblasser es getan hat, Unterhalt zu gewähren usw.).

Der Anspruch der Mutter eines unehelichen Kindes auf Entbindungs- und Sechswochenkosten nach § 1715 des BGB ist nicht ein solcher auf den Unterhalt, sondern nach der unzweideutigen und beabsichtigten Fassung des Gesetzes ein **Schadenersatzanspruch**.

Unterhalt, der auf Grund einer unerlaubten Handlung geschuldet wird, fällt nicht hierher.

Den Unterhaltsansprüchen sind diejenigen **Geldrenten**

(nicht Kapitalsabfindungen und Erstattungsansprüche wegen Heilungskosten und dergl.) **gleichgestellt, die nach § 844 des BGB im Falle der Tötung des Unterhaltspflichtigen dem Unterhaltsberechtigten zustehen.**

BGB § 844: Im Falle der Tötung hat der Ersatzpflichtige die Kosten der Beerdigung demjenigen zu ersetzen, welchem die Verpflichtung obliegt, diese Kosten zu tragen.

Stand der Getötete zur Zeit der Verletzung zu einem Dritten in einem Verhältnisse, vermöge dessen er diesem gegenüber kraft Gesetzes unterhaltspflichtig war oder unterhaltspflichtig werden konnte, und ist dem Dritten infolge der Tötung das Recht auf den Unterhalt entzogen, so hat der Ersatzpflichtige dem Dritten durch Entrichtung einer Geldrente insoweit Schadenersatz zu leisten, als der Getötete während der mutmaßlichen Dauer seines Lebens zur Gewährung eines Unterhalts verpflichtet gewesen sein würde usw.

Ferner sind in § 7 des HaftpflG, § 13 Abs. 2 des KraftfahrzeugG und § 24 Abs. 2 des LuftverkG die Ansprüche der **Hinterbliebenen** den hier behandelten Geldrenten gleichgestellt. Diese Vorschriften gelten auch für die Renten, die den Hinterbliebenen auf Grund von Vorschriften zu entrichten sind, die auf § 844 des BGB verweisen, z. B. § 618 des BGB.

Ein Anspruch auf Grund vertraglicher Haftung ist dagegen pfändbar.

Die Unterhaltsforderungen und Geldrenten sind auch nicht pfändbar wegen der Unterhaltsbeiträge für Verwandte und Ehegatten.

Zu Nr. 3: Fortlaufende Einkünfte in Geld oder Naturalien, aus Vertrag oder von Todes wegen (aus Vermächtnis). Fürsorge und Freigebigkeit müssen zusammentreffen (OLG 19, 19), d. h. die Einkünfte müssen unentgeltlich gewährt sein, um den Schuldner vor Not zu schützen.

Diese und die Einkünfte auf Grund eines Altenteils- oder Auszugsvertrags sind pfändbar, soweit sie der Schuldner für seinen notwendigen Unterhalt und den seines Ehegatten und seiner unterhaltsberechtigten Verwandten nicht bedarf. Nach dem Wortlaute des Gesetzes ist Unterhalt für einen früheren Ehegatten und für uneheliche Kinder nicht zu berücksichtigen. Auf die Erwerbsfähigkeit des Schuldners kommt es nicht an. Sein wirklicher Erwerb und etwaige Beiträge von Frau und Kindern zum Haushalt sind anzurechnen. Die Unpfändbarkeit dauert bis zum Aufhören der Bedürftigkeit (RG 106, 206).

Auf die Einkünfte auf Grund eines Altenteils- oder Auszugsvertrags finden nach BGB § 1107 die für Zinsen einer Hypothekenforderung geltenden Vorschriften entsprechende Anwendung. Die Eintragung der Pfändung des Anspruchs auf die einzelnen Reallastleistungen ins Grundbuch kann nur begehrt werden, wenn der Anspruch auf die künftigen, also noch nicht fälligen, Leistungen gepfändet ist.

Zu Nr. 4: Hebungen aus Kranken-, Hilfs- und Sterbekassen, mögen diese Kassen öffentliche oder private sein, sofern nur die Hebungen dem Unterstützungszwecke dienen (Sächs. Ann. 37, 63), bei Sterbekassen also den durch den Todesfall verursachten Aufwand decken sollen, sind unpfändbar. Die Höhe der Hebungen ist unerheblich. Dagegen sind pfändbar die Ansprüche auf die Versicherungssumme aus Verträgen mit Versicherungsgesellschaften (RG 52, 51), — vgl. Nr. 75 — oder der Anspruch auf Rückstände nach dem Tode des Empfangsberechtigten.

Sozialpolitische Gesetze machen jedoch bestimmte Ausnahmen zugunsten einzelner Gläubiger. Diese Gesetze gehen vor. Vgl. Nr. 44 flg.

Zu Nr. 5: Mobile Verbände sind Teile der Wehrmacht. Diensteinkommen ist, was § 850 Dienstbezüge nennt, einschl. der planmäßigen Zulagen. Auch die Unterhaltsforderungen haben keinen Vorzug.

Die von einem Bezirksfürsorgeverband an die Pflegeeltern eines Pflegekindes zu zahlenden Unterstützungsgelder sind als zweckgebundene Leistung unpfändbar. JW 36, 2836.

§ 850 h

Die Vorschriften der Versicherungs-, Versorgungs- und sonstigen Gesetze über die Pfändung von Ansprüchen bestimmter Art bleiben unberührt.

Diese Vorschrift besagt, daß die §§ 850—850 g, die ihre jetzige Fassung der NotV 1934 verdanken, die älteren Sondervorschriften über Unpfändbarkeit nicht aufgehoben haben. In Betracht kommen namentlich die nachstehend behandelten Gesetze.

44 Reichsversicherungsordnung. Vom 15. 12. 1924 (RGBl. S. 779)

§ 3: Träger der Reichsversicherung sind, soweit dieses Gesetz nichts anderes vorschreibt:

1. für die Krankenversicherung die Krankenkassen (d. s. die Ortskrankenkassen, die Landkrankenkassen, Betriebskrankenkassen und die Innungskrankenkassen § 225),
2. für die Unfallversicherung die Berufsgenossenschaften, für die Invalidenversicherung die Versicherungsanstalten.

§ 5 Abs. 1: Jeder Versicherungsträger hat einen Vorstand. Dieser vertritt ihn gerichtlich und außergerichtlich. Er hat die Stellung eines gesetzlichen Vertreters.

§ 119 Abs. 1: **Die Ansprüche des Berechtigten können** mit rechtlicher Wirkung übertragen, verpfändet und **gepfändet werden nur wegen**

1. eines Vorschusses, den der Berechtigte auf seine Ansprüche vor Anweisung der Leistungen vom Arbeitgeber oder von einem Organe des Versicherungsträgers oder einem seiner Mitglieder erhalten hat.
2. der im § 850 Abs. 3, 850 b Abs. 4 der ZPO bezeichneten Forderungen (Unterhaltsansprüche) usw.

Abs. 2: Ausnahmsweise darf der Berechtigte auch in anderen Fällen den Anspruch mit Genehmigung des Versicherungsamts ganz oder zum Teil auf andere übertragen.

Auch bei Pfändung einer dem Schuldner nach der RVO zustehenden Unfallrente ist dem Schuldner jetzt stets der notwendige Unterhalt zu belassen. § 850 h der ZPO bestimmt zwar, daß die Vorschriften der Versicherungsgesetze über die Pfändung von Ansprüchen bestimmter Art durch das Gesetz vom 24. Oktober 1934 unberührt bleiben. Diese Bestimmung ist jedoch im Zusammenhang mit Art. 5 a. a. O. zu lesen, wonach, soweit in Reichs- und Landesgesetzen auf Vorschriften verwiesen ist, die durch dieses Gesetz geändert werden, an ihre Stelle die entsprechenden Vorschriften dieses Gesetzes treten (LG Düsseldorf, Beschl. v. 18. 3. 1935; Rpfl. 1935, 7, 441).

Bei der Anwendung des § 119 RVO ist es gleichgültig, ob es sich bei dem zu pfändenden Rentenanspruch um einen solchen für die **Vergangenheit** oder für die Zukunft handelt. Der Rentenanspruch des Schuldners wird erst durch einen Bescheid der Landesversicherungsanstalt festgestellt. Die Rente beträgt auf die Zeit vom 1. Mai bis 31. August 1937 220.60 *RM* = 55.15 *RM* monatlich. Unter Berücksichtigung seiner wirtschaftlichen Verhältnisse und Lebensbedürfnisse ist dem Schuldner aber dieser Betrag allein schon für seinen notwendigen Unterhalt als unpfändbar zu belassen.

Nach dem Wortlaute des § 119 Abs. 2 sind nur von der Willensrichtung des Berechtigten abhängige, also freiwillige Übertragungen (Abtretung, Verpfändung) möglich. Eine Pfändung, die nicht unter die Vorschriften des § 119 Abs. 1 fällt, ist auch mit Genehmigung des Versicherungsamtes unzulässig. Wenn aber ein Pfandgläubiger desjenigen, an den mit Genehmigung des Versicherungsamtes die Rente rechtswirksam abgetreten worden ist, zur Pfändung schreitet, so unterliegt diese Zwangsvollstreckung nicht den Beschränkungen des § 119 der RVO — D. Rpfl. 1937 S. 111 —.

§ 119a: Betrifft Unterbringung eines Berechtigten oder eines Kindes, für das Kinderzulage oder Kinderzuschuß zu gewähren ist.

§ 1309: Betrifft Aufrechnung der Rentenansprüche.

§ 1360: Der Reichsarbeitsminister bestimmt auf Antrag der zuständigen Stelle, welche Anstalten des Reichs, eines Landes oder eines Gemeindeverbandes als **Sonderanstalten** zugelassen werden und von welchem Zeitpunkt an.

§ 1372: Auf die Sonderanstalten sind entsprechend anzuwenden die Übertragung, die Verpfändung und die Pfändung der Ansprüche (§ 119) usw.

45 Angestelltenversicherungsgesetz. Vom 28. 5. 1924 (RGBl S. 563) und vom 17. 5. 1934 (RGBl I S. 419)

§ 50: Für die Übertragung, Verpfändung und Pfändung der Rentenansprüche gelten die §§ 119, 119 a, für die Aufrechnung § 1309 der Reichsversicherungsordnung entsprechend.

§ 93: Träger der Versicherung ist, soweit nichts anderes bestimmt ist, die Reichsversicherungsanstalt für Angestellte. Sie hat ihren Sitz in Berlin.

§ 98: Das Direktorium vertritt die Reichsversicherungsanstalt gerichtlich und außergerichtlich. Es hat die Stellung eines gesetzlichen Vertreters.

§ 369: Die Vorschrift des § 50 wegen Übertragung, Verpfändung und **Pfändung** der Versicherungsansprüche gelten entsprechend **für Ansprüche an Ersatzkassen.** Sie gelten nicht, soweit die Leistungen der Ersatzkasse die reichsgesetzlichen Leistungen übersteigen.

46 Reichsknappschaftsgesetz. Vom 1. 7. 1926 (RGBl. S. 369) in der Fassung v. 17. 5. 34 (RGBl I S. 419)

Gegenstand der Versicherung § 6: Die Versicherung umfaßt:
die Krankenversicherung,
die Pensionsversicherung,
die Invalidenversicherung und
die Angestelltenversicherung.

§ 7: Träger der Versicherung ist die Reichsknappschaft.

§ 60: Für die Übertragung, Verpfändung und Pfändung der Rentenansprüche gelten die §§ 119, 119 a, für die Aufrechnung § 1309 der RVO entsprechend. Im Falle des § 119 der RVO tritt an die Stelle des Versicherungsamts die Gemeindebehörde.

47 Gesetz über die Versorgung der Militärpersonen und ihrer Hinterbliebenen bei Dienstbeschädigung (Reichsversorgungsgesetz). Neue Fassung vom 22. Dez. 1927 (RGBl. I 1927 S. 515) (RGBl I 1931 S. 284).

§ 1: Frühere Angehörige der Deutschen Wehrmacht und ihre Hinterbliebenen erhalten wegen der gesundheitlichen und wirtschaftlichen Folgen einer Dienstbeschädigung auf Antrag Versorgung.

§ 3: Die Versorgung umfaßt:
1. Heilbehandlung, Krankengeld und Hausgeld (§§ 4 bis 20),
2. soziale Fürsorge (§§ 21—23),
3. Rente (§§ 24—30), Pflegezulage (§ 31) und Zusatzrente (§§ 88—95),
4. Beamtenschein (§ 33),
5. Sterbegeld und Gebührnisse für das Sterbevierteljahr (§§ 34 und 35),
6. Hinterbliebenenrente (§§ 36—50) und Zusatzrente (§§ 88—95).

§ 29: Dem verheirateten Beschädigten, dessen Erwerbsfähigkeit infolge Dienstbeschädigung um mindestens 50 v. H. gemindert ist (Schwerbeschädigten), wird eine Frauenzulage gewährt. Sie beträgt 10 v. H. der ihm nach den §§ 27 Abs. 1 und 28 zustehenden Gebührnisse.

Wenn der Beschädigte nicht für die Ehefrau sorgt, so bestimmt die Versorgungsbehörde, an wen die Frauenzulage zu zahlen ist.

§ 30: **Kinderzulage.** Abs. 5: **Sorgt der Beschädigte nicht für das Kind, so bestimmt die Versorgungsbehörde, an wen die Kinderzulage zu zahlen ist.**

§ 32: **(Übergangsgeld,)** Zur Erleichterung des Überganges in das Erwerbsleben kann einem nicht versorgungsberechtigten Angehörigen der Wehrmacht, dessen Erwerbsfähigkeit bei dem Ausscheiden aus dem Militärdienst infolge einer Gesundheitsstörung gemindert ist, im Falle der Bedürftigkeit längstens bis zum Ablauf von drei Jahren nach dem Ausscheiden ein Übergangsgeld gewährt werden. Es darf zwei Drittel der Vollrente und der Schwerbeschädigtenzulage nicht übersteigen.

An Stelle des Übergangsgeldes kann Heilbehandlung einschließlich Krankengeld (§ 12), Hausgeld und Unterstützung (§ 13) gewährt werden.

§ 68: **(Übertragung, Verpfändung und Pfändung.)** Der Anspruch auf **Versorgungsgebührnisse** kann übertragen, verpfändet und gepfändet werden nur . . . 2. **wegen eines Anspruchs auf Erfüllung einer gesetzlichen Unterhaltspflicht** . . .

§ 70: In den Fällen des § 68 Nr. 2 ist **die Übertragung**, Verpfändung und **Pfändung insoweit unzulässig, als der Versorgungsberechtigte der Gebührnisse zur Bestreitung seines Unterhalts oder zur Erfüllung einer** ihm sonst gesetzlich obliegenden vorgehenden oder gleichstehenden Unterhaltspflicht bedarf.

Anmerkung zu § 70: Sinn und Zweck des § 70 ist es, einem Beschädigten, der seine Rente nach seinen Einkommensverhältnissen zu seinem Unterhalt überhaupt bedarf, die Befriedigung dieser durch seine Beschädigung bedingten Mehrbedürfnisse ohne Rücksicht auf seine Gläubiger nicht nur theoretisch zu gestatten, sondern auch sicherzustellen. Für den bedürftigen Kriegsbeschädigten sollte ein Vorrecht geschaffen werden, selbst gegenüber seinen nächsten Angehörigen; die Rente soll einen Ausgleich für die Verminderung der Erwerbsfähigkeit schaffen. Wenn der Zweck der Rentengewährung erreicht werden soll, so muß der Versorgungsberechtigte solange im Genuß der Rente verbleiben, als er nicht anderweitig so viel sicheres Einkommen hat, daß er selbst unter Berücksichtigung seiner infolge der Kriegsbeschädigung erhöhten Bedürfnisse die Rente entbehren kann.

Die Rente muß dem Versorgungsberechtigten als der sichere Einkommensteil bei einem geringen und unsicheren Einkommen verbleiben und der Gläubiger auf den Zugriff in das übrige Einkommen verwiesen werden, wenn nicht der gesetzliche Zweck des § 70 RVO vereitelt werden soll.

§ 72: — **Kapitalabfindung** —.

§ 83 Abs. 2: Innerhalb der von der Behörde bemessenen Frist (§ 78) ist ein der ausgezahlten Abfindungssumme gleichkommender Betrag an Geld, Wertpapieren und Forderungen der Pfändung nicht unterworfen. (Also auch nicht wegen eines Anspruchs auf Erfüllung einer gesetzlichen Unterhaltspflicht!)

§ 87: — **Teuerungszulage** —.

Aus § 68 in Verb. mit § 70 ergibt sich, daß alle Gebührnisse, die auf Grund des Reichsversorgungsgesetzes gezahlt werden (vgl. jedoch § 83), nur wegen eines Unterhaltsanspruchs der Verwandten, des Ehegatten, des früheren Ehegatten und eines unehelichen Kindes **beschränkt pfändbar sind,** so daß dem Schuldner soviel zu belassen ist, als er zur Bestreitung seines standesgemäßen — nicht nur des notwendigen — Unterhalts oder zur Erfüllung einer ihm sonst gesetzlich obliegenden Unterhaltspflicht bedarf. Das KG hält in seinem Beschluß vom 21. März 1930 eine Rente von monatlich 80 *RM* für unpfändbar.

Auch bei den sogenannten „Kannbezügen" liegt ein Anspruch auf Versorgungsgebührnisse i. S. der §§ 68 ff des RVersG vor. Dieser Anspruch ist grundsätzlich der Pfändung unterworfen. KG 2. 10. 34. JW 35, 221.

Wegen der Vertretung des Fiskus als Drittschuldners bei der Pfändung von Versorgungsgebührnissen vgl. Nr. 124, Vertretung des Reichsfiskus im Bereiche des Reichskriegsministeriums und des Reichsluftfahrtministeriums unter II C 2, III C 2, IV C 2.

Die Vorschriften der §§ 35, 55 Absätze 1—3, § 57 Abs. 1, § 58, § 61 Abs. 1, §§ 66, 68 bis 71, § 86 Abs. 2 des RVG gelten für die **Frontzulage** von 60 *RM* jährlich entsprechend — vgl. Gesetz über Änderungen auf dem Gebiete der Reichsversorgung v. 3. 7. 1934 (RGBl I S. 541 —.

Nach Art. 2 Abs. 2 der **ersten Verordnung zur Durchführung** und **Ergänzung des Gesetzes über die vorläufige Reichsarbeitsdienstversorgung** — vom 24. 4. 36, RGBl. I S. 386 — finden u. a. die Vorschriften §§ 68, 70 des Reichsversorgungsgesetzes entsprechende Anwendung.

48 Wehrmachtversorgungsgesetz. Neue Fassung vom 19. 9. 1925 (RGBl I S. 349) Änderung v. 3. 11. 37 — RGBl I S. 1153 —

Das Gesetz dient der Sicherung der persönlichen Verhältnisse derer, die in den Dienst der **jetzigen Wehrmacht** (Heer, Kriegsmarine und Luftwaffe) treten.

I. § 1: Unteroffiziere und Mannschaften, die nach Ablauf ihrer zwölfjährigen Dienstverpflichtung, sowie solche, die vor oder nach Ablauf ihrer zwölfjährigen Dienstverpflichtung, aber nach einer Dienstzeit von mindestens

4 Jahren, wegen Dienstunfähigkeit nach § 21 Nr. 1a des Wehrgesetzes entlassen werden, haben Anspruch auf:

a) **Übergangsgebührnisse** nach § 7 (zur Erleichterung des Überganges in den bürgerlichen Beruf),
b) eine **Zulage zu den Übergangsgebührnissen** unter den Voraussetzungen des § 8 (die Zulage, die zur Erleichterung des Überganges in einen nichtbeamteten Beruf dient, wird gewährt, wenn der Zivildienstschein nicht erteilt worden ist),
c) einen **Zivildienstschein**,
d) **Kinder-, Frauen- und Teuerungszuschläge** unter den Voraussetzungen des § 14, (§ 14: Zu den Übergangsgebührnissen (§ 7) werden Kinder-, Frauen- und Teuerungszuschläge in entsprechender Anwendung der Vorschriften des Pensionsergänzungsgesetzes vom 21. 12. 1920 gewährt. Ebenso werden Teuerungszuschläge zu der Zulage zu den Übergangsgebührnissen (§ 8) gewährt usw.),
e) eine **einmalige Übergangsbeihilfe** nach § 15 (früher Dienstprämie genannt),
f) eine **einmalige Umzugsentschädigung** unter den Voraussetzungen des § 16.

Den vorbezeichneten Unteroffizieren und Mannschaften soll gewährt werden:

a) ein Vorschuß auf die Übergangsgebührnisse und die Zulage hierzu unter den Voraussetzungen des § 9,
b) eine Reichsbürgschaft zur Erleichterung der ländlichen Ansiedlung usw.

§ 8 Abs. 4: Inhaber des Zivildienstscheins können innerhalb der Zeit, in der ihnen Übergangsgebührnisse zustehen, gegen Verzicht auf den Schein die Zulage wählen. Geschieht dies innerhalb eines Jahres nach der Entlassung, so sollen auch die bereits abgelaufenen Beträge der Zulage gewährt werden, wenn es zur Begründung oder Sicherung des wirtschaftlichen Fortkommens nötig ist und die nützliche Verwendung gewährleistet erscheint. Dagegen ist die nachträgliche Erwerbung des Zivildienstscheins gegen Verzicht auf die Zulage nicht zulässig.

§ 27: Stirbt ein Versorgungsberechtigter, so werden für die auf den Sterbemonat folgenden drei Monate noch die laufenden Versorgungsgebührnisse (§§ 7, 8, 14) gezahlt, die dem Verstorbenen nach diesem Gesetze zu zahlen gewesen wären.

§ 28: Die **einmalige Übergangsbeihilfe**, die **einmalige Umzugsentschädigung** und die **Gebührnisse** für das **Sterbevierteljahr** (§§ 15, 16, 27) **sind der Pfändung nicht unterworfen.** Das gleiche gilt für einen der einmaligen Übergangsbeihilfe und der einmaligen Umzugsentschädigung gleichwertigen Betrag an Geld, Wertpapieren und **Forderungen** bis zum Ablaufe von drei Monaten nach der Auszahlung der Beträge. **Die übrigen Versorgungsgebührnisse,** d. s. Übergangsgebührnisse nach § 7 (vgl. § 1 a), Zulagen zu den Übergangsgebührnissen (vgl. § 1 b), Kinder- und Teuerungszuschläge (vgl. § 1 d), **unterliegen insoweit der Pfändung,** als diese bei den Ruhegehaltsbezügen der Offiziere und Beamten zulässig ist, d. h. ihre Pfändung ist wegen der Unterhaltsansprüche, die Verwandten, Ehegatten, früheren Ehegatten oder unehelichen Kindern kraft Gesetzes zustehen, pfändbar, dem Schuldner ist aber soviel zu belassen, daß er seinen **notwendigen Unterhalt** bestreiten **und außerdem** seine gesetzlichen Verpflichtungen gegen vorgehende Unterhaltsberechtigte erfüllen oder gleichstehende Berechtigte gleichmäßig befriedigen kann. **Wegen anderer Forderungen** sind die übrigen Versorgungsgebührnisse (ohne Kinder- und Frauenzuschläge) pfändbar in Höhe von einem Drittel des Betrags, der monatlich 150 *RM* übersteigt.

II. Offiziere (Deckoffiziere stehen den Offizieren gleich, § 73)

§ 31: Offiziere haben Anspruch auf ein lebenslängliches **Ruhegehalt,** wenn sie nach einer Gesamtdienstzeit von mindestens zehn Jahren wegen Dienstunfähigkeit oder unzureichender Befähigung nach § 26 Abs. 1 a, b des Wehrgesetzes entlassen werden.

§ 32: Offiziere, die vor vollendeter zehnjähriger, aber nach mindestens vierjähriger Gesamtdienstzeit wegen

Dienstunfähigkeit entlassen werden, haben zur Erleichterung des Überganges in den bürgerlichen Beruf Anspruch auf **Übergangsgebührnisse** usw.

Kapitalabfindung (§ 38): Offiziere, die auf Grund dieses Gesetzes Anspruch auf Ruhegehalt (§ 31) haben, sollen auf ihren Antrag zum Erwerb oder zur wirtschaftlichen Stärkung eigenen Grundbesitzes oder zur Erleichterung des Berufswechsels nach Maßgabe der folgenden Vorschriften durch Zahlung eines Kapitals abgefunden werden. Eine Kapitalabfindung soll auch dann gewährt werden, wenn die Offiziere zum Erwerb eigenen Grundbesitzes einem gemeinnützigen Bau- oder Siedlungsunternehmen beitreten wollen; usw.

§ 43: Die Abfindungssumme ist auf Erfordern insoweit zurückzuzahlen, als sie nicht innerhalb einer vom Reichswehrminister bemessenen Frist bestimmungsgemäß verwendet ist.

§ 46: Wird durch eine Körperschaft des öffentlichen Rechtes oder durch eine von der Landeszentralbehörde zugelassene Einrichtung Erwerb oder wirtschaftliche Stärkung von Grundbesitz vermittelt, so soll auf Antrag anstatt der Kapitalabfindung und unter deren Voraussetzungen zum Zwecke der Kapitalbeschaffung die **Abtretung auch der nicht der Pfändung unterliegenden Ruhegehaltsteile** an die vermittelnde Stelle genehmigt werden. **Diese Abtretung macht die unpfändbaren Bezüge nicht pfändbar** usw.

§ 51 — Vorschuß auf die Übergangsgebührnisse —.

§ 53: Für die Gewährung von Kinder-, Frauen- und Teuerungszuschlägen gelten die Vorschriften des § 14 entsprechend.

§ 54 — **Einmalige Übergangsbeihilfe** — Die Vorschriften des § 15 finden auf Offiziere bis zu Dienstgraden mit dem Diensteinkommen eines Hauptmanns einschließlich Anwendung.

§ 55 — Einmalige Umzugsentschädigung —.

§ 61: Den versorgungsberechtigten Offizieren bis zu Dienstgraden mit dem Diensteinkommen eines Obersten einschließlich ist auf Antrag bei der Entlassung der Zivildienstschein (§ 1 Abs. 1 c) zu erteilen.

§ 70: — Gebührnisse für das Sterbevierteljahr —.

§ 71: — **Pfändung** —. Die Versorgungsgebührnisse der Offiziere, mit Ausnahme der, die auf Grund von Dienstbeschädigung nach dem Reichsversorgungsgesetze gewährt werden (§§ 33, 35), unterliegen insoweit der Pfändung, als diese bei den Ruhegehaltsbezügen der Beamten zulässig ist. Vgl. I § 28 Satz 3 und 4.

Innerhalb der im § 43 vorgesehenen Frist ist jedoch ein der ausgezahlten Abfindungssumme gleichwertiger Betrag an Geld, Wertpapieren und Forderungen der Pfändung nicht unterworfen. Das gleiche gilt für die gemäß § 46 beschafften Kapitalbeträge bis zu ihrer bestimmungsmäßigen Verwendung. Der **Pfändung** sind ferner **nicht unterworfen** die **einmalige Übergangsbeihilfe**, die **einmalige Umzugsentschädigung** und die **Gebührnisse** für das Sterbevierteljahr (§§ 54, 55, 70). Das gleiche gilt für einen der einmaligen Übergangsbeihilfen und der einmaligen Umzugsentschädigung gleichwertigen Betrag an Geld, Wertpapieren und Forderungen bis zum Ablauf von drei Monaten nach der Auszahlung der Beträge.

Wegen des Anspruchs des Reichs auf Rückzahlung zu Unrecht erhobener Versorgungsgebührnisse ist die Pfändung von Versorgungsgebührnissen ohne Beschränkung zulässig. (§ 91 Abs. 2: Zu Unrecht erhobene Versorgungsgebührnisse werden **wie Gemeindeabgaben** beigetrieben.)

III. Hinterbliebene

§ 76: Die Hinterbliebenen von Soldaten ..... erhalten Witwen- und Waisengeld nach den Vorschriften, die für die Hinterbliebenen von Reichsbeamten gelten.

Haben Hinterbliebene außerdem einen Anspruch auf Versorgung nach dem Reichsversorgungsgesetze, so wird nur die günstigere Versorgung gewährt.

§ 77: Für Soldatenhinterbliebene, die nach diesem Gesetze keine Versorgung erhalten, gelten die Vorschriften des Reichsversorgungsgesetzes .....

§ 79: Witwen, die Witwengeld (§ 76) erhalten, sollen auf ihren Antrag zum Erwerb oder zur wirtschaftlichen Stärkung eigenen Grundbesitzes oder zum Beitritt zu einem gemeinnützigen Bau- oder Siedelungsunternehmen oder zur Erleichterung einer Berufsausbildung eine Kapitalabfindung nach den Vorschriften der §§ 38 bis 50, 71 Abs. 2 erhalten.

Bei Ermittelung, ob und zu welchem Betrage die Bezüge der Witwe einer nach Zahlung der Abfindungssumme bewirkten Pfändung unterliegen, bleibt der Teil außer Ansatz, hinsichtlich dessen die Abfindung stattgefunden hat.

§ 80: — Einmalige Umzugsentschädigung —.

Die Vorschriften des § 28 Abs. 1, Satz 1, 2 gelten entsprechend.

49 Fortlaufende Bezüge ZPO § 832

Das Pfandrecht, welches durch die Pfändung einer Gehaltsforderung oder einer ähnlichen in fortlaufenden Bezügen bestehenden Forderung erworben wird, erstreckt sich auch auf die nach der Pfändung fällig werdenden Beträge.

Die Meinungen über die Begriffsbestimmung „Gehaltsforderung oder eine ähnliche in fortlaufenden Bezügen bestehende Forderung" sind geteilt. Vgl. hierzu Fuchs in JW 1916, 1229; Stein § 832 ZPO; Kann daselbst. Das OLG Frankfurt a. M. führt in seinem Urteile vom 22. Juli **1926** — JW 1927, 726 Nr. 13 — aus: Mangels anderer Anhaltspunkte kann für die Auslegung nur der Zweck des § 832 maßgebend sein. Dieser Zweck kann nicht darauf hinausgehen, Pfändungsschuldner, die unselbständig sind und Leistungen zu fordern haben, die für ihren Unterhalt bestimmt sind, schlechter zu stellen als andere Pfändungsschuldner. Der Zweck ist offenbar nur der, dem Pfändungsgläubiger die Pfändung zu erleichtern, ihn der Notwendigkeit zu entheben, die jeweils fällig werdenden Bezüge erneut pfänden zu müssen, und ihn nicht auf die vielfach zweifelhafte Möglichkeit der Pfändung bedingter oder betagter Ansprüche verweisen zu müssen. Dies Interesse des Pfändungsgläubigers an der Erleichterung der Pfändung ist aber bei allen Forderungen vorhanden, die in ähnlicher Weise wie Gehaltsforderungen „in fortlaufenden Bezügen bestehen". Die Unselbständigkeit des Gläubigers und der Bestimmung der Leistung zu seinem Unterhalte verlangt das Gesetz nicht. **Das Verlangen derartiger Erfordernisse würde auch in Widerspruch stehen mit der herrschenden Meinung, daß Miet- und Pachtzinsen unter § 832 fallen.** Für die Anwendung des § 832 ist daher ausreichend, wenn eine Forderung gepfändet ist, bei der auf Grund eines einheitlichen Rechtsverhältnisses fortlaufend neue Raten fällig werden.

Das Reichsgericht (VII. ZSen.) **führt dagegen** in dem Urteile vom 28. Oktober 1932 (RGZ 138, 252) folgendes aus:

„§ 832 der ZPO fordert eine Gehaltsforderung oder eine „ähnliche in fortlaufenden Bezügen bestehende Forderung." Es ist die Meinung vertreten, zu der zweiten Gruppe der in § 832 erwähnten Forderungen, d. h. den einer Gehaltsforderung ähnlichen in fortlaufenden Bezügen bestehenden Forderungen, gehörten alle Forderungen aus einem einheitlichen Schuldgrund. Dem steht entgegen, daß das Gesetz an anderen Stellen, wo es fortlaufende Forderungen, die aus einem einheitlichen Schuldgrund hervorgehen, zusammenfaßt, den Ausdruck „wiederkehrende Leistungen" gebraucht (§§ 9, 258 der ZPO; dazu Stein-Jonas ZPO § 258 Bem. I Abs. 2, § 9 Bem. I). Zu der Meinung paßt auch das Wort „Bezüge" in § 832 nicht; man nennt nicht alle Teilforderungen aus einem Schuldverhältnis Bezüge. Wäre jene Meinung richtig, so müßte es auch heißen: „andere" in fortlaufenden Bezügen bestehende Forderungen, denn das Erfordernis des einheitlichen Schuldgrundes ergibt sich schon aus den Worten: „in fortlaufenden Bezügen bestehende Forderung." Der Zusatz „ähnliche", d. h. gehaltsähnliche usw. Forderungen, wäre dann auch überflüssig, ja irreführend, es sei denn, daß man die Worte so lesen wollte, als ob dort stände: „ähnliche, d. h. in fortlaufenden Bezügen bestehende Forderungen." Das widerspräche indes dem Wortlaut. Die Erläuterung mit „d. h." wäre aber auch falsch; denn die Forderungen, die aus einem einheitlichen Schuldgrund hervorgehen, haben deshalb noch keine Ähnlichkeit mit Gehaltsforderungen. Wenn man also den einheitlichen Schuldgrund als einziges Begriffsmerkmal für die zweite

Gruppe von Forderungen, wie sie § 832 erwähnt, aufstellen wollte, so ergäbe das einen zu weiten Begriff. Man darf jedoch den Begriff auch nicht durch Aufstellung einer zu großen Zahl weiterer Merkmale ungebührlich verengern. Das Wort „Bezüge" mag aus dem Beamtenrecht stammen, wie § 850 der ZPO von Dienstbezügen spricht. Vgl. auch §§ 850 a, 850 f der ZPO. Das Erfordernis der Gehaltsähnlichkeit bei der zweiten Gruppe der in § 832 erwähnten Forderungen und der Ausdruck „Bezüge" ergeben, daß es sich bei diesen Forderungen **außer um einen einheitlichen Schuldgrund noch um die Zweckbestimmung des Unterhalts und um persönliche Dienstleistungen handeln muß,** ohne daß es erforderlich wäre, daß der Bezugsberechtigte nur diese eine Unterhaltsquelle hätte oder daß die ganze Forderung zum Unterhalt bestimmt wäre; **dazu muß nach dem Wortlaut ferner eine gewisse Dauer und Stetigkeit kommen.** Die Unselbständigkeit des Bezugsberechtigten wird weder vom Wortlaut noch vom Sinn des § 832 gefordert. **Wenn der einheitliche Schuldgrund, die Zweckbestimmung des Unterhalts, die persönlichen Dienstleistungen oder die Dauer und Stetigkeit fehlen, so kann von einer Ähnlichkeit mit einer Gehaltsforderung nicht die Rede sein. Sind diese Voraussetzungen aber gegeben, so besteht die Gehaltsähnlichkeit auch bei einem selbständigen Gewerbetreibenden."**

Nach der vorerwähnten Entscheidung des Reichsgerichts fallen mithin Zinsen einer Forderung sowie Miet- und Pachtzinsen nicht unter § 832 der ZPO. Möglich ist die Pfändung „aller gegenwärtigen und künftigen Forderungen" gegen einen bestimmten Schuldner (RG 55 S. 334, 404; 58 S. 72; 67 S. 166; 75 S. 225). Die Pfändung künftiger Forderungen hat daher auch sofort die dingliche Wirkung, daß bei Entstehung der Forderung der Übergang sich ohne weiteres vollzieht bzw. das Pfandrecht wirksam wird. Sollen also andere als Gehaltsforderungen oder gehaltsähnliche Forderungen, z. B. Miet- oder Pachtzinsen gepfändet werden, so muß gepfändet werden „die angebliche Forderung aus einem Miet-(Pacht-) Vertrag, und zwar auf Zahlung bereits fälliger und künftighin fällig werdender Miet-(Pacht-)Zinsraten."

Die Pfändung von zukünftigen Mietraten ist nicht wegen mangelnder Bestimmtheit unwirksam, da die Höhe der zukünftigen Raten jeweils zu ermitteln ist. RG 31. 12. 34, JW 35, 1043.

Ergibt sich die Dauer und Stetigkeit der Forderung eines selbständigen **Provisionsagenten** aus einem Vertrage, der auf längere Zeit geschlossen worden ist, so fallen diese Forderungen unter § 832.

Unter die Bestimmung des § 832 der ZPO fallen außer den Gehaltsforderungen, Lohnforderungen, Provisionsforderungen der dauernd Angestellten und des Handlungsagenten im Sinne des HGB § 84 (RArbG 1930, 594) und Ansprüche auf Ruhegeld.

Durch die Pfändung eines Diensteinkommens wird auch dasjenige Einkommen betroffen, welches der Schuldner infolge der Versetzung in ein anderes Amt, der Übertragung eines neuen Amtes oder einer Gehaltserhöhung zu beziehen hat.

Diese Bestimmung findet auf den Fall der Änderung des Dienstherrn keine Anwendung. § 833 der ZPO.

50 Nicht übertragbare Rechte ZPO § 851

Rechte, die nicht übertragbar sind, unterliegen nicht der Pfändung, d. s. solche Rechte, die nach besonderer Gesetzesvorschrift oder nach ihrem Inhalte nicht abgetreten werden können, und insbesondere Forderungen, deren Abtretung nach § 399 des BGB durch Vereinbarung mit dem Schuldner ausgeschlossen ist. BGB § 399 lautet: „Eine Forderung kann nicht abgetreten werden, wenn die Leistung an einen anderen als den ursprünglichen Gläubiger nicht ohne Veränderung ihres Inhalts erfolgen kann oder wenn die Abtretung durch Vereinbarung mit dem Schuldner ausgeschlossen ist."

Mit dem Einverständnisse des Schuldners fällt aber der Hinderungsgrund selbst weg. Eine verbotswidrig erfolgte Abtretung (und mithin auch eine Pfändung) wird durch die nachfolgende Genehmigung des Schuldners wirksam, indessen nicht mit rückwirkender Kraft. Weil die Übertragbarkeit der Rechte die Regel bildet, trifft die Beweislast für die Ausnahme den Schuldner (RG JW 01,

725, 20). Ist die Abtretung durch Vereinbarung mit dem Schuldner ausgeschlossen, so wirkt der Ausschluß nicht nur zwischen Gläubiger und Schuldner, sondern auch jedem Dritten gegenüber, nimmt also der Forderung selbst die Eigenschaft der Veräußerungsfähigkeit.

ZPO § 851 Abs. 2 bestimmt jedoch, daß eine nach § 399 des BGB nicht übertragbare Forderung insoweit gepfändet und zur Einziehung überwiesen werden kann, als der geschuldete Gegenstand der Pfändung unterworfen ist. Sofern also der zu leistende Gegenstand an sich nach ZPO § 811 oder § 857 pfändbar ist, ist es auch die darauf gehende Forderung. Durch einseitiges Rechtsgeschäft kann die Unübertragbarkeit nicht begründet werden, BGB § 137, auch nicht durch Testament.

Anders steht es bei den Leistungen von höchstpersönlichem Charakter; hier wird offenbar der Drittschuldner durch die Pfändung und Überweisung beschwert. Der Anspruch auf die Beköstigung im Haushalt des Schuldners und auf das persönliche Wohnrecht sind unpfändbar. Die fortlaufenden Einkünfte auf Grund eines Altenteils- oder Auszugsvertrags sind dagegen nach ZPO § 850 g Nr. 3 beschränkt pfändbar (s. daselbst).

Nicht übertragbar sind z. B. der Anspruch auf Aussteuer (BGB § 1623), Vereinsmitgliedschaftsrechte (BGB § 38), Vorkaufsrechte (BGB § 514), im Zweifel Ansprüche auf persönliche Dienstleistungen (BGB § 613), gewisse Ansprüche aus dem Gesellschaftsverhältnisse (BGB § 717), der Nießbrauch (BGB § 1059) sowie eine Reihe von Rechten aus dem Gebiete des Familienrechts (BGB §§ 1408, 1427 usw.). Kann die Ausübung eines nicht übertragbaren Rechtes einem andern überlassen werden, so kann auch das Recht auf Überlassung der Ausübung übertragen und gepfändet werden. Eine solche Pfändung begründet aber kein Pfandrecht an dem auszuübenden Rechte selbst.

Die unter BGB § 399 fallenden **Geldforderungen** können nach ZPO § 851 Abs. 2 (für die übrigen folgt es schon aus ZPO § 849) **nur zur Einziehung**, nicht auch an Zahlungs Statt überwiesen werden.

51 Prozeßkostenvorschuß des Ehemannes

Die Forderung der Frau gegen den Mann auf Zahlung eines Prozeßkostenvorschusses **unterliegt nicht der Pfändung**; nur insoweit werden Abtretung und Pfändung zuzulassen sein, als sie in dem Rahmen der Zweckgebundenheit liegen, also die Abtretung und Pfändung zugunsten des Anwalts wegen der ihm aus der betreffenden Angelegenheit erwachsenen Gebührenforderung.

52 Vorschuß auf Zeugengebühren ist nicht pfändbar

Die Forderung eines Zeugen auf Entschädigung ist als bedingte bereits mit der Ladung zu einem Gerichtstermin entstanden. Bedingte Forderungen können auch gepfändet werden (Jonas, ZPO § 829 I Note 6). Die Unzulässigkeit der Pfändung einer derartigen Forderung ergibt sich aber aus der Zweckbestimmung des Anspruchs auf Zeugengebühren (vgl. Jonas § 851 II Abs. 4). Der Anspruch auf Entschädigung für Zeitversäumnis und für Reisekosten soll dem Zeugen ermöglichen, seiner Verpflichtung zum Erscheinen vor Gericht nachzukommen. Aus diesem Grunde gewährt § 165 Abs. 3 des GVG einen Anspruch auf Vorschuß. Dieser Zweck würde insbesondere dann vereitelt, wenn, wie vorliegend, der auswärts wohnende Zeuge eine größere Reise machen muß und ihm eigene Mittel nicht zur Verfügung stehen. Letzteres kann ohne weiteres unterstellt werden, da der Gläubiger wegen eines Betrags von 70 *RM* die Zwangsvollstreckung betreiben will. Wäre die Pfändung der bezeichneten Forderung des Schuldners zulässig, so bestünde die Gefahr, daß der Schuldner aus Mangel an Geldmitteln der Ladung nicht Folge leisten könnte. Die Pfändung ist infolgedessen durch das öffentliche Interesse an der Erfüllung der Zeugnispflicht ausgeschlossen. (LG Stuttgart, Beschluß vom 12. 4. 1929; D JAmtm 1929, 376.)

Bereits verdiente Zeugen- und Sachverständigengebühren sind nach § 398 des BGB abtretbar und mithin nach § 851 der ZPO pfändbar. Der Umstand, daß die Höhe der Gebühren bei der Abtretung noch in der Schwebe ist, steht nicht entgegen; es genügt, daß sie bestimmbar ist. (Bayr. OLG 1 StS., Beschluß vom 12. 6. 33; Rpfl 1933, 10, 506.)

53 Pfändung des Anspruchs auf Rechnungslegung — ZPO § 851, HGB § 91, BGB § 399 —

Die Unzulässigkeit der alleinigen Abtretung (Pfändung) des Anspruchs auf Rechenschaft beruht auf seinem Wesen als Neben- und Hilfsanspruch, der lediglich der Ermittlung des Gegenstandes und des Betrags des Hauptanspruchs dient. Zur Zulässigkeit und Gültigkeit seiner Pfändung muß es daher genügen, **wenn diese mit der Pfändung eines Hauptanspruchs verbunden wird,** zu dessen ziffernmäßiger Feststellung es der Ablegung der Rechenschaft bedarf. Der Anspruch auf Herausgabe der vom Schuldner vereinnahmten Vermögenswerte steht aber mit diesem in besonders nahem Zusammenhang, da er ohne Rechnungslegung nicht ziffernmäßig bestimmt werden kann. (RG, VII. ZS, VII 609/29.) Rpfl 1931 S. 167.

Im Wege der Forderungspfändung hat der Gläubiger die angeblichen Ansprüche des Schuldners auf Zahlung von Provision und überdies den angeblichen Anspruch des Schuldners an den Drittschuldner auf Rechnungslegung gepfändet. Der Drittschuldner bestreitet die Zulässigkeit der Pfändung des zuletzt erwähnten Anspruchs zu Unrecht. Nach HGB § 91 hat der Agent Anspruch auf Mitteilung eines Buchauszugs, um ihm die erforderliche Klarheit über den Umfang und die Höhe der Provisionsansprüche zu verschaffen. Die Mitteilung des Buchauszuges ist nichts weiter als eine Rechnungslegung. Da der Hauptanspruch — Zahlung von Provision — gepfändet und überwiesen ist, geht auch das Recht auf Rechnungslegung auf den Pfändungsgläubiger über (RG Recht 16, Nr. 200). Gepfändet werden können Forderungen, soweit sie übertragbar sind (ZPO § 851). Die Beschränkung der Übertragbarkeit nach BGB § 399 kommt hier nicht in Frage. Denn eine Veränderung des zwischen dem Schuldner und dem Drittschuldner bestehenden Rechtsverhältnisses tritt bei der Abtretung und Pfändung hier nicht ein. Eine solche Möglichkeit ist in der Rechtsprechung für das hier nicht in Frage kommende Gesellschaftsverhältnis anerkannt (LG Dresden, 28. 12. 1927).

54 Ansprüche auf Gewährung eines Darlehens

Bei Ansprüchen auf Gewährung eines Darlehens bildet die Geldzahlung als forderungsbegründender Akt den Gegenstand des Anspruchs. Häufige Anwendungsformen des Vorvertrags auf Darlehnshingabe sind der nicht auf ein einzelnes Darlehen, sondern auf einen laufenden Kredit in bestimmter Zeit und bestimmter Höhe gerichtete Kreditvertrag und der Baugeldvertrag. Der Anspruch auf die Darlehenshingabe ist regelmäßig nicht abtretbar und daher auch nicht pfändbar. Die Unübertragbarkeit des Anspruchs aus dem Darlehensvorvertrage entfällt, wenn die Zahlung an den Nachgläubiger (Zessionar) nicht diesen, sondern den Vorgläubiger (Zedenten) und Versprechensempfänger zum Schuldner des Darlehens machen soll (RG 68, 355; 77, 407; JW 08, 676 Abs. 6; 09, 309 Abs. 4; Warn 1910 Nr. 307). Dann ist auch die Pfändung zulässig. Sie wird jedoch regelmäßig nicht zum Ziele führen, da gemäß BGB § 610 das Versprechen widerrufen werden kann, wenn die Vermögensverhältnisse des Entleihers sich wesentlich verschlechtert haben.

55 Der Baugeldvertrag

Der Baugeldvertrag ist ein durch die besondere Zweckbestimmung des Geldes gekennzeichneter Darlehensvertrag (RG 84, 193); vgl. § 1 des BaufordG vom 1. 6. 1909, RGBl 449. Im Sinne des BaufordG ist Baugeld nur das durch Hypothek bzw. Grundschuld oder zeitweiliges Veräußerungsverbot gesicherte Darlehen. Beim Baugelderdarlehen ist die Übertragbarkeit der einzelnen Baugelderraten an sich anzunehmen (RG 66, 359; 38, 308). Maßgebend ist hier jedoch, daß durch die Abtretung die Baugelder dem Zwecke des Baugelddarlehens entsprechend der Förderung des Baues zugewendet werden; außerhalb dieses Zwecks ist jede Abtretung und Anweisung auch der einzelnen Darlehensraten unzulässig. Daraus ergibt sich, daß die Pfändung des Baugeldanspruchs für Forderungen der Bauhandwerker usw., (nicht aber auch für Prozeßkosten — OLG 33, 117 —) zulässig sein wird. Darüber hinaus sind sowohl Abtretung wie Pfändung ausgeschlossen. Vgl. RG 37, 337; OLG 5, 133; 13, 211; 14, 184; aber auch RG 38, 311; 66, 359; OLG 15, 14; 20, 364; KG 15. 4. 37. JW 37, 2232.

Das gilt auch für

Wohnungsbaudarlehen aus öffentlichen Mitteln,

wenn die Abtretung und damit die Pfändbarkeit des Darlehensanspruchs durch Vereinbarung ausgeschlossen ist.

Die **Rechte eines Bausparers** aus dem Bausparvertrag können grundsätzlich gepfändet und überwiesen werden. JW 35, 816.

56 Entschädigung der Mitglieder des Reichstags

Gesetz vom 15. 12. 1930 — RGBl II 1275 —

§ 6: Ein Verzicht auf die Aufwandsentschädigung ist unzulässig. Der Anspruch auf freie Eisenbahnfahrt und auf Aufwandsentschädigung ist nicht übertragbar.

57 Arbeitslosenunterstützung

Gemäß § 111 des Gesetzes vom 12. 10. 1929 (RGBl I S. 162) ist die Unterstützung der Pfändung nicht unterworfen.

Solange ein zuschlagsberechtigter Angehöriger (§ 103 Abs. 2) nicht in die häusliche Gemeinschaft des Arbeitslosen aufgenommen ist oder wenn ein Arbeitsloser seinen gesetzlichen Unterhaltspflichten gegenüber einem zuschlagsberechtigten Angehörigen nicht nachkommt, kann der Verwaltungsausschuß des Arbeitsamtes anordnen, daß ein angemessener Teil der Arbeitslosenunterstützung an den Angehörigen oder diejenige Person, Anstalt oder Behörde ausgezahlt wird, in deren Obhut er sich befindet (§ 175).

58 Postsendungen

Der Adressat hat gegen die Post keinen Anspruch auf Aushändigung der für ihn bestimmten Geldsendungen, wohl aber der **Absender** auf die Rückforderung der Postanweisungsbeträge, sowie auf die Auszahlung der Geldbeträge aus Nachnahmesendungen und Postaufträgen.

Eine Pfändung **der Ansprüche des Absenders auf Herausgabe** von Geldbriefen, Briefen oder anderen Postsendungen gegen die Post ist durch § 5 des Postgesetzes **ausgeschlossen.** RG 43, 98.

59 Der Anspruch auf die **Entschädigung der im Wiederaufnahmeverfahren freigesprochenen Personen ist bis zur endgültigen Entscheidung** der Pfändung entzogen. § 5 Abs. 4 des Ges. vom 20. 5. 1898. (RGBl S. 345, 1933 S. 1005.)

60 Der entsprechende Anspruch bei **unschuldig erlittener Untersuchungshaft** ist in § 6 Abs. 4 des Ges. vom 14. Juli 1904, RGBl 321 (I 1933 S. 1005), bis **zur rechtskräftigen Entscheidung über den Antrag für unübertragbar erklärt.**

61 Gesetz über die Gewinnverteilung bei Kapitalgesellschaften (Anleihestockgesetz). Vom 4. 12. 1934 — RGBl I 1222 —

§ 4 Abs. 1 Satz 3: Die der Bank überwiesenen Teile des Reingewinns sowie der Anleihestock unterliegen **nicht** der Zwangsvollstreckung; weder die Gesellschaft noch die Gesellschafter können darüber verfügen.

62 **Pflichtteilsanspruch ZPO** § 852

Der Pflichtteilsanspruch ist der Pfändung nur unterworfen, **wenn er durch Vertrag anerkannt oder rechtshängig geworden ist.**

Das gleiche gilt für den nach § 528 BGB dem Schenker zustehenden Anspruch auf Herausgabe des Geschenkes.

Der Pflichtteil ist regelmäßig nicht selbst Erbteil, sondern bemißt sich nur wirtschaftlich und ziffermäßig nach der **Hälfte des Wertes des gesetzlichen Erbteils.** Der Pflichtteilsberechtigte hat also nur einen Anspruch auf eine **Geldleistung** aus dem Nachlasse. Obwohl der Anspruch nach § 2317 des BGB übertragbar ist, beschränkt ZPO § 852 Abs. 1 die Pfändbarkeit auf den Fall des vertragsmäßigen Anerkenntnisses und der Rechtshängigkeit. (Bei Teilklagen ist nur der Teil pfändbar.) **Dies gilt auch für den modifizierten Pflichtteilsanspruch des § 1511 Abs. 2 des BGB, nicht dagegen für ein Vermächtnis,** das dem Pflichtteilsberechtigten hinterlassen ist, BGB § 2307.

Die Pfändung des Pflichtteilsanspruchs für den künftig möglichen Fall der Anerkennung oder der Rechtshängigkeit ist unzulässig. (RG 8. ZS — JW 1935, 3486 Nr. 60; D. Rpfl. 1936, 121.) Aus der Fassung des Gesetzes ergibt sich, daß das Anerkenntnis oder die Rechtshängigkeit die Voraussetzung der Zulässigkeit der Pfändung ist, daß sie also grundsätzlich in dem Zeitpunkt der Pfändung vorliegen müssen. Die Pfändung darf nicht ausgesprochen werden, wenn die Behauptungen der Pfändungsgläubigerin die Rechtshängigkeit oder das Anerkenntnis nicht schlüssig erscheinen lassen. (A. M. ROLG 40, 154.) Zwar sind an sich künftige Forderungen in gewissem Umfange pfändbar. Aber der Pflichtteilsanspruch ist keine künftige oder auch nur bedingte Forderung, sondern entsteht in der Hand des Pflichtteilsberechtigten mit dem Erbfall, nicht erst damit, daß er von dem belasteten Erben durch Vertrag anerkannt oder gegen ihn eingeklagt wird. (BGB § 2317 Abs. 1.) Allerdings ist es durchaus zulässig und möglich, daß eine Pfändung, die an sich unstatthafterweise vor dem Anerkenntnis oder der Rechtshängigkeit erfolgt ist, gültig wird, wenn vor rechtskräftiger Erledigung des Erinnerungsverfahrens die Bedingung eintritt, d. h. der Anspruch anerkannt oder rechtshängig gemacht wird (OLG Karlsruhe in HRR 1930 Nr. 1164; Stein-Jonas, Anm. II zu § 852; Baumbach Anm. 2 zu § 852). Vgl. Rpfl 1935, 443.

§ 852 der ZPO erfordert nicht unbedingt ein vertragsmäßiges Anerkenntnis i. S. des § 781 des BGB, sondern es genügt, wenn der Anerkennungswille gegenüber dem Berechtigten — der unter Umständen auch der Gläubiger selbst sein kann — von dem Verpflichteten in schlüssiger Weise zum Ausdruck gebracht ist.

In der Fassung des Pfändungsbeschlusses muß zum Ausdrucke gebracht werden, daß der Anspruch nur insoweit

gepfändet wird, als er anerkannt oder rechtshängig geworden ist.

Unterliegt ein Nachlaß der Verwaltung eines Testamentsvollstreckers, so ist wegen eines Pflichtteilsanspruchs zur Zwangsvollstreckung in den Nachlaß ein Urteil gegen den Erben auf Leistung und gegen den Testamentsvollstrecker auf Duldung der Zwangsvollstreckung erforderlich. (ZPO § 748 Abs. 3.)

Dem Pflichtteilsanspruch und dem Anspruche des verarmten Schenkers stehen gleich der Anspruch auf Ersatz des immateriellen Schadens nach BGB § 847 und der Anspruch der unbescholtenen Verlobten nach BGB § 1300, denn diese Ansprüche sind übertragbar (und gemäß ZPO § 851 Abs. 1 pfändbar), wenn sie durch Vertrag anerkannt oder rechtshängig geworden sind.

63 Guthabenbescheinigungen

auf Grund des Gesetzes zur Förderung des Wohnungsbaues und der Anspruch auf ihre Ausstellung sind weder übertragbar noch pfändbar. (Verordnung vom 18. 4. 1935, § 7 Abs. 5 — RGBl I S. 546 —.)

64 Verordnung über die Unterstützung der Angehörigen der zur Erfüllung der aktiven Dienstpflicht einberufenen Wehrpflichtigen (**Familienunterstützungsverordnung**). Vom 19. 12. 1935. RGBl I S. 1511.

§ 1 Abs. 2: Die Familienunterstützung ist keine Leistung der öffentlichen Fürsorge. Sie ist nicht zurückzuerstatten. Sie unterliegt nicht der Pfändung.

65 5. Verordnung zur Durchführung des Gesetzes über Zinsermäßigung bei den öffentlichen Anleihen. Vom 7. 2. 1936. RGBl I S. 62.

Art. 4: Der Anspruch auf **Härtebeihilfe** ist nicht übertragbar.

66 Verordnung über den Pfändungsschutz für Urlaubskarten, Urlaubsmarken und Urlaubsgeld im Baugewerbe und in den Baunebengewerben. Vom 31. 8. 36 — RGBl I S. 715 —.

Urlaubskarten, Urlaubsmarken, sowie die Ansprüche auf Auszahlung der auf Grund der Urlaubskarten zu gewährenden Beträge unterliegen nicht der Pfändung. Die Pfändung des Arbeits- oder Dienstlohnes erstreckt sich nicht auf die Ansprüche des Arbeiters oder Angestellten gegen den Unternehmer auf Auszahlung der von diesem auf die Urlaubskarte abgehobenen Beträge.

67 Verordnung zur Ausführung der Ersten Verordnung **über den vorläufigen Aufbau des deutschen Handwerks.** Vom 22. 12. 1936 — RGBl I S. 1145 —.

§ 4: Während der Dauer des Zwangsverwaltungsverfahrens (zum Zwecke der Befriedigung der Gläubiger einer Handwerkerinnung) sind Zwangsvollstreckungen in das Vermögen der Innung unzulässig, es sei denn, daß es sich um die Verfolgung dinglicher Rechte handelt.

68 Bei **Bedarfsdeckungsscheinen** ist das Wertpapier für unpfändbar erklärt, auch wenn es sich in der Hand der Verkaufsstelle befindet. Dieser Schutz endet aber nicht mit der Einreichung an das Finanzamt, so daß eine Vollstreckung in Ansprüche gegen das Finanzamt unzulässig ist. DJ 1936, 34 S. 1272.

Drittes Gesetz zur Änderung des Gesetzes über Förderung der Eheschließungen. Vom 3. 11. 37 — RGBl I S. 1158.

§ 3: Die Bedarfsdeckungsscheine werden den Verkaufsstellen durch die Finanzämter in bar eingelöst. Sie sind nicht übertragbar und weder beim Darlehensnehmer noch bei der Verkaufsstelle pfändbar.

Kinderbeihilfen an kinderreiche Familien
(Sechste RFV DV. Vom 31. 8. 1937 — RGBl I S. 989 —)

§ 12: Die Bedarfsdeckungsscheine der Kinderbeihilfen sind nicht übertragbar und weder bei dem Beihilfeempfänger noch bei der Verkaufsstelle oder den sonstigen Annahmeberechtigten pfändbar. Der Anspruch auf Aushändigung der Bedarfsdeckungsscheine der Kinderbeihilfen kann nur an staatlich bestellte oder zugelassene Siedlungs-(Verfahrens-)träger abgetreten werden.

§ 22 Abs. 2: Der Anspruch auf Auszahlung der

laufenden Kinderbeihilfen ist nicht übertragbar und nicht pfändbar.

69 Treugeld

Das auf Grund des § 25 der Dienst- und Lohnordnung für die Arbeiter der Deutschen Reichsbahn vom 1. Mai 1934 zu zahlende „Treugeld" unterliegt nicht der Pfändung. JW 36, 1480; D. Justiz — Das Recht — 6/36 Nr. 4441.

70 Der Anspruch einer Prozeßpartei auf **Berichtigung der Streitwertfestsetzung** ist nicht pfändbar!

Der Schuldner hat keinen Anspruch gegen den Fiskus oder sonst irgendwen auf Herabsetzung des Streitwertes, sondern nur das Recht, gegen eine gerichtliche Entscheidung ein Rechtsmittel zu ergreifen. Diese öffentlich-rechtliche Befugnis kann niemals irgendwie übertragen werden und noch weniger gegen den Willen des Schuldners ihm abgepfändet werden. (OLG Karlsruhe, 20. 6. 1930; HRR 1930 Nr. 1960; Rpfl 1931, S. 28.)

71 Schuldbefreiung

Der Anspruch (z. B. des Haftpflichtigen gegen die Versicherungsgesellschaft) kann nicht an Dritte, sondern nur an den Gläubiger der Forderung abgetreten und von diesem gepfändet werden (RG 80, 183; 81, 250; OLG 22, 387; 23, 16), in dessen Hand sich dann der Anspruch in einen reinen Zahlungsanspruch umsetzt (RG 70, 257; 81, 250; JW 36, 3490).

72 Reichsgesetz über den Versicherungsvertrag

Vom 30. 5. 1908 (VVG RGBl 263)

§ 15: Soweit sich die Versicherung auf unpfändbare Sachen bezieht, kann die Forderung aus der Versicherung nur an solche Gläubiger des Versicherungsnehmers übertragen werden, die diesem zum Ersatze der zerstörten oder beschädigten Sachen andere Sachen geliefert haben.

Grundsätzlich ist die Forderung, die dem Versicherungsnehmer aus dem Sachversicherungsvertrage gegen den Versicherer zusteht, abtretbar, verpfändbar, pfändbar ohne Rücksicht darauf, ob der Versicherungsfall bereits eingetreten oder noch nicht eingetreten ist. Die Forderung kann unter anderem nicht abgetreten werden, insoweit sie der Pfändung nicht unterworfen ist (BGB § 400). Bezieht sich die Versicherung auf eine unpfändbare Sache, dann ist sie dem Zugriffe der Gläubiger des Versicherungsnehmers entzogen. Hieran soll durch Eintritt des Versicherungsfalls nichts geändert werden. Die Gläubiger dürfen nach Eintritt des Versicherungsfalls nicht günstiger gestellt sein als vorher. Hiervon ist eine Ausnahme nur zugunsten derjenigen Gläubiger gemacht, die dem Versicherungsnehmer die versicherten Sachen ersetzt haben. Die Übertragbarkeit liegt auch vor, wenn der Gläubiger nicht die Sachen selbst neu geliefert, sondern dem Versicherungsnehmer das Geld zur Neuanschaffung vorgeschossen und dieser es hierzu verwendet hat, ebenso, wenn er an der Wiederherstellung der beschädigten Sachen gearbeitet hat, ohne andere Sachen zu liefern.

Die unbefangene Auslegung des § 15 ergibt, daß dort unter „unpfändbaren Sachen" nur solche Sachen verstanden werden sollen, die überhaupt keiner irgendwie gearteten Zwangsvollstreckung unterliegen. § 865 Abs. 2 der ZPO schützt den Eigentümer nicht vor einer Zwangsvollstreckung, sondern nur vor einer bestimmten Art der Vollstreckung. Diese Bestimmung kann deshalb nicht zur Auslegung einer Vorschrift herangezogen werden, die zum Zwecke hat, den Eigentümer vor jeder Art von Zwangsvollstreckung zu schützen.

§ 15 entspricht im wesentlichen dem § 811 der ZPO. Die Vorschrift will den Eigentümer unpfändbarer Sachen vor der Vernichtung der wirtschaftlichen Existenz schützen, er soll die Versicherungsforderung nicht übertragen dürfen; damit ist zugleich die Unverpfändbarkeit und die Unpfändbarkeit gegeben (BGB § 1274 Abs. 2, ZPO § 851 Abs. 1). RGZ 135, 159.

Dagegen sind die in § 812 der ZPO aufgeführten Gegenstände nicht unpfändbar im Sinne des § 15, da ihre Erhaltung nach den tatsächlichen Voraussetzungen des § 15 nicht mehr in Frage kommt. Sind neben unpfändbaren Sachen pfändbare Sachen versichert, so ist nur derjenige

Teil der Forderung beschränkt abtretbar, welcher auf die unpfändbaren Sachen entfällt.

Unbeschränkt abtretbar ist insbesondere der Ersatzanspruch aus § 67. Da aber der Ersatzanspruch kraft Gesetzes auf den Versicherer übergeht, so kann der Gläubiger des Versicherungsnehmers weder den Ersatzanspruch noch den Versicherungsanspruch pfänden. Erhält der Versicherungsnehmer im Falle des § 67 den Schaden nur teilweise ersetzt, so bleibt er insoweit Gläubiger des Dritten, und zwar mit Vorrang vor dem Versicherer oder vor dem Versicherten. Brennt also beispielsweise ein nur zur Hälfte seines Wertes versichertes Haus infolge Fahrlässigkeit eines Dritten ab, und reicht dessen Vermögen nicht aus, um sowohl den Versicherungsnehmer wie den Versicherer schadlos zu halten, so hat der dem Versicherungsnehmer wegen der nicht versicherten Hälfte verbleibende Ersatzanspruch den Vorrang vor dem auf den Versicherer übergegangenen Ersatzanspruch. In den Versicherungsbedingungen kann Gegenteiliges vereinbart werden.

73 Versicherung für fremde Rechnung VVG §§ 74—80

§ 75: „Bei der Versicherung für fremde Rechnung stehen die Rechte aus dem Versicherungsvertrage dem Versicherten zu. Die Aushändigung eines Versicherungsscheins kann jedoch nur der Versicherungsnehmer verlangen.

Der Versicherte kann ohne Zustimmung des Versicherungsnehmers über seine Rechte nur verfügen und diese Rechte nur gerichtlich geltend machen, wenn er im Besitz eines Versicherungsscheins ist."

Eine Versicherung für fremde Rechnung liegt vor, wenn der, der den Vertrag mit dem Versicherer im eigenen Namen abschließt, durch diesen Vertrag das Interesse eines anderen versichert.

Bei der Versicherung für fremde Rechnung sind der Versicherungsnehmer, d. h. der dem Versicherer gegenüberstehende Vertragsteil, und der Versicherte, d. h. der Träger des versicherten Interesses, verschiedene Personen. Das Gesetz regelt das Verhältnis des Versicherers zu diesen beiden Personen, und zwar dahin, daß der Versicherungsnehmer aus dem Vertrage verpflichtet wird; er hat also vor allem die Prämie zu zahlen. Die Rechte aus dem Vertrage hat dagegen der Versicherte (§ 75 Abs. 1). Allerdings wird seine Verfügungsmacht wieder erheblich eingeschränkt: ohne Zustimmung des Versicherungsnehmers kann er über seine Rechte nicht verfügen oder sie gerichtlich geltend machen, es sei denn, daß er im Besitze des Versicherungsscheines ist (§ 75 Abs. 2). Dieser ist grundsätzlich dem Versicherungsnehmer auszuhändigen. Die Verfügung über die Rechte gegenüber dem Versicherer steht dem Versicherungsnehmer zu.

Die Rechte aus dem Versicherungsvertrag umfassen außer dem Anspruch auf Entschädigung den Anspruch auf alle sonstigen Leistungen des Versicherers, so den Anspruch auf Erteilung von Abschriften der Erklärungen, die der Versicherungsnehmer mit Bezug auf den Vertrag abgegeben hat, auf Rückzahlung von Prämien im Falle der Aufhebung des Vertrags, auf Ersatz von Aufwendungen und Kosten, ferner hat der Versicherte alle Gestaltungsrechte, z. B. auf Herabsetzung der Versicherungssumme bei Doppelversicherung. Die Rechte gehören nicht zur Konkursmasse des Versicherungsnehmers und unterliegen außerhalb des Konkurses nicht dem Zugriff der Gläubiger des Versicherungsnehmers.

Der Versicherte kann, obwohl er Träger der Rechte ist, nach Abs. 2 keinerlei Rechte ausüben, aber sie können von seinen Gläubigern gepfändet werden und sie gehören zu seiner Konkursmasse.

§ 76: „Der Versicherungsnehmer kann über die Rechte, welche dem Versicherten aus dem Versicherungsvertrage zustehen, im eigenen Namen verfügen.

Ist ein Versicherungsschein ausgestellt, so ist der Versicherungsnehmer ohne Zustimmung des Versicherten zur Annahme der Zahlung sowie zur Übertragung der Rechte des Versicherten nur befugt, wenn er im Besitze des Scheins ist.

Der Versicherer ist zur Zahlung an den Versicherungsnehmer nur verpflichtet, wenn dieser ihm gegenüber nachweist, daß der Versicherte seine Zustimmung zu der Versicherung erteilt hat."

Ist kein Versicherungsschein ausgestellt, so kann der Versicherungsnehmer auch die geldliche Leistung des Versicherers in Empfang nehmen und die Rechte des Versicherten übertragen, ohne dem Versicherer gegenüber des Einverständnisses des Versicherten zu bedürfen.

Ist ein Versicherungsschein ausgestellt, so gilt für den Versicherten nach § 75 Abs. 2 der Besitz des Scheins als Zustimmung des Versicherungsnehmers zur Verfügung über die Rechte aus der Versicherung. Deshalb ist umgekehrt der Versicherungsnehmer, der nicht im Besitze des Scheins ist, nur mit Zustimmung des Versicherten zur Empfangnahme der Leistung und zur Übertragung der Rechte des Versicherten befugt. Das Gesetz spricht nur von Annahme der Zahlung, doch bezieht sich dies auch auf Entgegennahme anderer Erfüllungshandlungen, wie Aufrechnung, Annahme an Zahlungs Statt usw. Will ein Dritter die Entschädigungsforderung pfänden, so wird er zweckmäßigerweise den Pfändungsbeschluß sowohl dem Versicherungsnehmer wie dem Versicherten zustellen lassen.

§ 77: „Der Versicherungsnehmer ist nicht verpflichtet, dem Versicherten oder, falls über das Vermögen des Versicherten der Konkurs eröffnet ist, der Konkursmasse den Versicherungsschein auszuliefern, bevor er wegen der ihm gegen den Versicherten in bezug auf die versicherte Sache zustehenden Ansprüche befriedigt ist. Er kann sich für diese Ansprüche aus der Entschädigungsforderung gegen den Versicherer und nach der Einziehung der Forderung aus der Entschädigungssumme vor dem Versicherten und dessen Gläubigern befriedigen."

Das Zurückbehaltungsrecht des Versicherungsnehmers an dem Versicherungsschein unterscheidet sich von dem Zurückbehaltungsrechte des § 273 des BGB dadurch, daß die Ansprüche nicht fällig sein müssen, und daß es nicht durch Sicherheitsleistung abgewendet werden kann. Es kann gegenüber dem Versicherten, seinen Gläubigern und der Konkursmasse des Versicherten geltend gemacht werden.

74 Feuerversicherung VVG §§ 81—107

§ 97: „Ist der Versicherer nach den Versicherungsbestimmungen nur verpflichtet, die Entschädigungssumme zur Wiederherstellung des versicherten Gebäudes zu zahlen, so kann der Versicherungsnehmer die Zahlung erst verlangen, wenn die bestimmungsmäßige Verwendung des Geldes gesichert ist."

Die Wiederherstellungsklausel dient in erster Linie der Sicherung des Realkredits. Das Anwendungsgebiet der Wiederherstellungsklausel ist auf die Feuerversicherung von Gebäuden beschränkt.

Der Anspruch auf die Versicherungssumme verbleibt dem Versicherungsnehmer, bei Veräußerung des Grundstücks dem Veräußerer, wenn er ihn nicht an den Erwerber abtritt (§ 98).

Nach § 98 kann im Falle des § 97 die Forderung des Versicherungsnehmers auf die Entschädigungssumme **vor** der Wiederherstellung des Gebäudes abgetreten oder verpfändet werden

1. an den Erwerber des Grundstücks;
2. an Gläubiger des Versicherungsnehmers, welche Arbeiten oder Lieferungen zur Wiederherstellung des Gebäudes übernommen oder bewirkt haben. In Betracht kommen namentlich Bauhandwerker, Architekten, Baumeister, Baulieferanten;
3. an Gläubiger des Versicherungsnehmers, welche bare Vorschüsse zur Wiederherstellung gegeben haben, wenn die Verwendung der Vorschüsse zur Wiederherstellung erfolgt.

Eine Abtretung (Verpfändung), die an andere Personen erfolgt, ist nach BGB § 135 nur gegenüber den geschützten Personen unwirksam. Mit Wiederherstellung des zerstörten Gebäudes verliert das Verbot seinen Zweck auch den geschützten Gläubigern gegenüber.

Da eine Forderung grundsätzlich nur insoweit gepfändet werden kann, als sie übertragbar ist (§ 851 Abs. 1 der ZPO), so gelten für die Pfändung die gleichen Beschränkungen.

§ 99: „Im Falle des § 97 ist eine Zahlung, welche ohne

die Sicherung der bestimmungsmäßigen Verwendung des Geldes geleistet wird, dem Hypothekengläubiger gegenüber nur wirksam, wenn ihm der Versicherer oder der Versicherungsnehmer angezeigt hat, daß ohne Sicherung geleistet werden soll, und seit dem Empfange der Anzeige ein Monat verstrichen ist, usw."

Der Hypothekengläubiger kann bis zum Ablaufe der Frist dem Versicherer gegenüber der Zahlung widersprechen. Die Anzeige darf unterbleiben, wenn sie untunlich ist; in diesem Falle wird der Monat von dem Zeitpunkt an berechnet, in welchem die Versicherungssumme fällig wird.

Bei der Gebäudeversicherung kommen auch die §§ 1127 f des BGB und § 865 der ZPO in Betracht. Die §§ 1127—1130 des BGB betreffen alle Versicherungen, nicht nur die Feuer-, sondern z. B. auch die Sturm- und Wasserleitungsschäden-Versicherung.

§ 1127 gilt für alle Gegenstände, welche der Hypothek unterliegen, unter Umständen also auch für die vom Grundstücke getrennten Erzeugnisse und für seine Zubehörstücke. BGB § 1128 und §§ 99 bis 105 des VVG beziehen sich nur auf die Versicherung von Gebäuden, BGB § 1129 erstreckt sich auf die Versicherung anderer Gegenstände als Gebäude. Nach BGB § 1128 braucht der Hypothekengläubiger keine besonderen Handlungen vorzunehmen. Nach § 1129 aber muß er zwecks Wahrung seiner Rechte die Versicherungssumme besonders beschlagnahmen; so lange dieses nicht geschehen ist, kann sie vom Versicherer ohne weiteres an den Versicherungsnehmer ausgezahlt werden.

75 Lebensversicherung VVG §§ 159—178

Gegenstand der Beschlagnahme sind sämtliche dem Versicherungsnehmer aus dem Vertragsverhältnis zustehenden Rechte in ihrer Gesamtheit oder einzeln, sofern sie einen selbständigen Vermögenswert besitzen. Somit ist **pfändbar das gesamte Recht des Schuldners,** in sich schließend das Recht auf die Versicherungssumme, den Anspruch auf Kündigung und Umwandlung der Versicherung, auf Rückgewähr und auf Widerruf.

Von ihnen wird allerdings das Recht auf Umwandlung, ebenso wie das weitere pfändbare Recht auf Gewährung eines Darlehens aus praktischen Gründen von Dritten nicht ausgeübt werden. Der Gläubiger hat auch die Möglichkeit, die Versicherung des Schuldners fortzuführen oder den Antrag auf Wiederinkraftsetzung einer stornierten Versicherung zu stellen. Welche Rechte gepfändet werden sollen, muß der Pfändungsbeschluß erkennen lassen. Nicht pfändbar sind die Rechte nur dann nicht, wenn der Versicherungsnehmer sie in einer der Anfechtung nicht unterliegenden Weise und unwiderruflich einem bezugsberechtigten Dritten zugewiesen hat (§ 166).

Bei der Pfändung von Ansprüchen des Versicherungsnehmers aus einem Lebensversicherungsvertrag, nach dem die Versicherungssumme vorbehaltlich des Widerrufs des Versicherungsnehmers an einen Dritten gezahlt werden soll, muß der Pfändungsgläubiger den Widerruf vor Eintritt des Versicherungsfalls erklären, um den Dritten vom Bezug der Versicherungssumme auszuschließen. BGB §§ 330, 331. Vers. Vertr. Ges. §§ 165, 166. RGZ 127, 269. Das RG führt aus:

„Der N. N. hatte sein Leben vom 1. April 1925 ab versichert. Die Versicherungssumme von 15 000 GM sollte am 1. April 1939 an den Versicherten, bei seinem früheren Ableben sofort an die Witwe zahlbar sein. Die Gläubigerin N. N. ließ auf Grund eines Arrestbefehls am 18. Oktober 1928 die Ansprüche pfänden, die dem Schuldner aus dem Lebensversicherungsvertrage zustanden. Der Versicherte erschoß sich am 25. Januar 1929 usw.

Das Berufungsgericht hat erwogen, daß dem Versicherten zur Zeit der Pfändung neben dem bedingten Anspruch auf die Lebensversicherungssumme das Recht zugestanden habe, die Bezeichnung seiner Frau als Bezugsberechtigte zu widerrufen und den Vertrag nach VVG § 165 zu kündigen. Weder das eine noch das andere habe er getan, und solche Erklärungen habe auch die Pfändungsgläubigerin nicht abgegeben. Sie sei dazu auch nicht befugt gewesen; denn wie das Kündigungsrecht nach VVG § 165 ein unentziehbares Recht sei (§ 172 daselbst), so sei auch das höchstpersönliche Recht des Widerrufs der Bezugsberechtigung unentziehbar und durch die Pfändung nicht betroffen. Jedenfalls sei aber in der Pfändung nicht die Ausübung des Widerrufsrechts zu finden.

Die Revision greift diese Ausführungen an. Sie meint, durch Verpfändung der Ansprüche des Versicherungsnehmers aus dem Versicherungsvertrag werde das Bezugsrecht dritter Personen aufgehoben oder trete doch hinter das Pfandrecht zurück. Das gleiche müsse für ein Pfändungspfandrecht gelten.

Nicht zu billigen ist die Annahme des Berufungsgerichts, die Befugnis des Versicherungsnehmers zum Widerruf einer vordem begründeten Bezugsberechtigung sei ein höchstpersönliches Recht in dem Sinne, daß es von der Person des Versicherungsnehmers nicht gelöst werden könne (RGU vom 13. 2. 1914). Unzutreffend ist auch die Gleichstellung der Kündigung des § 165 VVG mit dem Widerruf der Bezugsberechtigung in Ansehung der Frage, ob diese Rechte dem Versicherungsnehmer entzogen werden können; denn es fehlt beim Widerrufsrecht an einer dem § 172 des VVG entsprechenden Vorschrift, wonach nicht wirksam auf den Widerruf dem Versicherer gegenüber verzichtet werden könnte, und es steht außer Zweifel, daß die Bestimmung der Allgemeinen Versicherungsbedingungen der beteiligten Gesellschaft rechtswirksam ist, wonach der Versicherungsnehmer den Widerruf ausschließen kann (§ 14 Satz 3). Es ist sonach davon auszugehen, daß zu den Rechten des Versicherungsnehmers aus dem Versicherungsvertrag, die der Zwangsvollstreckung unterliegen, auch die Befugnis zum Widerruf der Bezugsberechtigung gehört, und daß die Gläubigerin durch den von ihr erwirkten Pfändungsbeschluß auch dieses Recht gepfändet hat.

Diese Rechtsstellung ermächtigt sie mithin zum Widerruf der Bezugsberechtigung der Witwe des Versicherungsnehmers. Ob es dazu noch einer vorgängigen Überweisung dieses Rechts zur Einziehung bedurft hätte — welche die Beklagte nicht erwirkt hat —, kann dahingestellt bleiben; denn die Pfandgläubigerin hat die Beugsberechtigung nicht widerrufen, und die Annahme der Revision, daß die

Pfändung das Erlöschen der Bezugsberechtigung zur unmittelbaren Folge habe, trifft nicht zu. Das Pfändungspfandrecht ergreift das Recht des Versicherungsnehmers in dem zur Zeit der Pfändung bestehenden Umfang; eine Änderung des Rechts wird durch die Pfändung nicht herbeigeführt. Daher bleibt die Aussicht des Bezugsberechtigten auf Erwerb des Anspruchs auf die Versicherungssumme bestehen, und um diese Aussicht zunichte zu machen, bedarf es des Widerrufs. Unterläßt der Pfandgläubiger bis zum Tode des Versicherungsnehmers eine solche Erklärung, so erwirbt der Bezugsberechtigte den Anspruch auf die Versicherungssumme, ohne durch das Pfandrecht beschränkt zu werden. Denn dieser Erwerb tritt gemäß BGB §§ 330, 331, § 14 Satz 2 der Allgem. Vers.-Bed. unmittelbar mit dem Tode des Versicherungsnehmers ein dergestalt, daß der Bezugsberechtigte weder aus dem Nachlaß noch überhaupt aus dem Vermögen des Versicherungsnehmers erwirbt (RGZ Bd. 80, 177; 71, 327; 51, 405). Mit dem Tode des Versicherungsnehmers ist an die Stelle seines Anspruchs auf die Versicherungssumme ein neuer, durch das Pfandrecht nicht beschwerter Anspruch des Bezugsberechtigten getreten. Die Gläubigerin kann also auf Grund der Pfändung der Auszahlung der Versicherungssumme an die Klägerin nicht widersprechen."

§ 165: „Sind laufende Prämien zu entrichten, so kann der Versicherungsnehmer das Versicherungsverhältnis jederzeit für den Schluß der laufenden Versicherungsperiode kündigen.

Ist eine Kapitalversicherung für den Todesfall in der Art genommen, daß der Eintritt der Verpflichtung des Versicherers zur Zahlung des vereinbarten Kapitals gewiß ist, so steht das Kündigungsrecht dem Versicherungsnehmer auch dann zu, wenn die Prämie in einer einmaligen Zahlung besteht."

§ 173: „Hat das Versicherungsverhältnis mindestens drei Jahre bestanden und ist die Prämie für diesen Zeitraum bezahlt, so gelten die besonderen Vorschriften der §§ 174—176."

§ 174: „Der Versicherungsnehmer kann jederzeit für den Schluß der laufenden Versicherungsperiode die Umwandlung der Versicherung in eine prämienfreie Versicherung verlangen.

Wird die Umwandlung verlangt, so tritt mit dem bezeichneten Zeitpunkt an die Stelle des vereinbarten Kapital- oder Rentenbetrags der Betrag, der sich für das Alter desjenigen, auf dessen Person die Versicherung genommen ist, als Leistung des Versicherers ergibt, wenn die auf die Versicherung entfallende Prämienreserve als einmalige Prämie angesehen wird, usw."

Auch das Recht auf Umwandlung unterliegt dem Zugriffe des Pfandgläubigers, da es insofern ein Vermögensrecht des Versicherungsnehmers darstellt, als es ihn von der weiteren Zahlung von Prämien befreit. Praktisch wird die Ausübung des Rechts durch Dritte wohl nicht vorkommen.

§ 176: „Wird eine Kapitalversicherung für den Todesfall, die in der Art genommen ist, daß der Eintritt der Verpflichtung des Versicherers zur Zahlung des vereinbarten Kapitals gewiß ist, durch Rücktritt oder Kündigung aufgehoben, so hat der Versicherer den Betrag der auf die Versicherung entfallenden Prämienreserve zu erstatten usw."

Das Verfahren richtet sich nach ZPO §§ 828 ff. Mit Zustellung des Pfändungsbeschlusses an den Vorstand der Versicherungsunternehmung gilt die Pfändung als bewirkt. Der Vollstreckungsgläubiger erlangt hierdurch ein Pfandrecht an der Forderung und somit grundsätzlich dieselbe Rechtsstellung wie der Pfandgläubiger, aber er bedarf noch eines gerichtlichen Überweisungsbeschlusses zur Einziehung der Forderung. Überweisung an Zahlungs Statt kann nicht verlangt werden, wenn die Übertragbarkeit der Forderung ohne Einwilligung des Versicherten vereinbarungsgemäß ausgeschlossen ist. Die Überweisung setzt voraus, daß ein Rückvergütungswert („Nennwert") vorhanden ist.

Durch Überweisung zur Einziehung erlangt der Vollstreckungsgläubiger nicht die Rechte eines Zessionars, sondern nur die Befugnis zur Einziehung der gepfändeten Forderung. Er kann somit eine widerrufliche Begünstigung widerrufen, die fällig gewordene Versicherungssumme allein in Empfang nehmen, aber nicht die Versicherung kündigen, umwandeln, beleihen. Hierzu bedarf es eines besonderen Pfändungs- und Überweisungsbeschlusses, sofern nicht alle Rechte des Versicherungsnehmers für ihn gepfändet und ihm überwiesen sind.

An Stelle der Überweisung kann eine andere Art der Verwertung der gepfändeten Versicherungsforderung zugelassen werden (ZPO § 844), so die öffentliche Versteigerung. Ist die Übertragung der Versicherungsforderung nur mit Einwilligung des Versicherten zulässig, so muß der Versicherte mit der öffentlichen Versteigerung einverstanden sein. Der Ersteher erwirbt die gepfändete Forderung; stirbt der Versicherte, so gehört ihm die Versicherungssumme.

Der Anspruch auf Rückvergütung (auch Rückgewähr, Abgangsvergütung, Rückkauf genannt) ist gegeben, wenn vier Voraussetzungen erfüllt sind:

a) umwandlungsfähig (§§ 174, 175) sind alle Versicherungsarten der Lebensversicherung, Anspruch auf Rückvergütung besteht nur bei Kapitalversicherungen auf den Todesfall mit unbedingter Leistungspflicht des Versicherers;
b) es muß eine einmalige Prämie entrichtet sein, wobei es nicht darauf ankommt, wie lange das Versicherungsverhältnis besteht (§ 177), oder das Versicherungsverhältnis muß mindestens drei Jahre bestanden haben und für diesen Zeitraum die laufende Prämie entrichtet sein (§ 173);
c) es muß ein Deckungskapital vorhanden sein;
d) das Vertragsverhältnis muß durch Rücktritt oder Kündigung aufgehoben sein.

76 Unfallversicherung VVG §§ 179—185

Der Anspruch aus der Unfallversicherung gehört nicht zur Konkursmasse des Versicherten, wenn der Unfall bei Eröffnung des Verfahrens noch nicht eingetreten ist, weil die körperliche Unversehrtheit des Versicherten und die Erhaltung seiner Arbeitskraft Güter sind, die nicht der Zwangsvollstreckung unterliegen; dagegen gehört zur

Konkursmasse und unterliegt auch der Pfändung der bei der Unfallversicherung vorkommende Anspruch auf Prämienrückgewähr. Die Abtretung und Verpfändung der Ansprüche an dritte Nichtbeteiligte (nicht auch an den Versicherten bei der Versicherung für fremde Rechnung) vor ihrer endgültigen Feststellung sind nach den Allg. Vers.-Bedg. nur mit ausdrücklicher Zustimmung des Versicherers zulässig (BGB § 399). Die ausdrückliche Zustimmung bedarf keiner besonderen Form.

§ 180: „Ist als Leistung des Versicherers die Zahlung eines Kapitals vereinbart, so gelten die Vorschriften der §§ 166—168."

Für den bezugsberechtigten Dritten in der Unfallversicherung gelten dieselben Regeln (§§ 166—168) wie bei der Lebensversicherung. Auch er erwirbt aus eigenem Rechte, nicht aus dem Nachlasse des Versicherungsnehmers oder des Versicherten. BGB § 330 findet entsprechende Anwendung. Dem Kapital im Sinne dieser Bestimmung steht die Rückgewähr der Prämien gleich.

Solange der Versicherungsfall noch nicht eingetreten ist, hat der Bezugsberechtigte (vgl. § 166) nur eine Anwartschaft ähnlich wie der Vermächtnisnehmer vor Eintritt des Erbfalls. Infolgedessen kann der **Bezugsberechtigte** über sein „Recht" nicht verfügen (OLG Dresden 18. 2. 10 Seuffert 65, 317), er kann es nicht abtreten, verpfänden usw., es kann von seinen Gläubigern nicht gepfändet werden. Dagegen behält der Versicherungsnehmer auch nach der Bezeichnung des Bezugsberechtigten die unumschränkte Verfügungsmacht über die Forderung.

Die Gläubiger des **Versicherungsnehmers** können im Wege der Zwangsvollstreckung die Anwartschaft des Bezugsberechtigten zunichte machen.

Durch den vertragsmäßigen Ausschluß der Abtretung wird die Pfändbarkeit nicht berührt. Die Pfändung kann auch schon vor Eintritt des Versicherungsfalls erfolgen. Auch eine etwaige Rente ist unbeschränkt pfändbar, § 850g Nr. 2 der ZPO trifft nicht zu.

77 Zwangsvollstreckung in andere Vermögensrechte ZPO §§ 857—863

Andere Vermögensrechte sind solche, die nach Ausscheidung der Geldforderungen (§§ 829 ff) und der Ansprüche auf Herausgabe oder Leistung körperlicher Sachen (§§ 846 ff) übrig bleiben.

§ 857 enthält die allgemeinen Vorschriften; die folgenden Paragraphen behandeln nur einzelne Rechte.

Pfändbar sind nur Rechte im Gegensatze zu tatsächlichen Verhältnissen, wie etwa dem „Rechte" des Alleinerben. Einzelbefugnisse, die nur im Rahmen eines bestimmten Rechtsverhältnisses zustehen, können ohne das Recht selbst nicht gepfändet werden. Zu den Einzelbefugnissen gehören z. B. die Vollmacht, das Anfechtungsrecht nach dem AnfG, das Wahlrecht als solches, das Recht, einen Vertrag zu kündigen, eine Forderung abzutreten, eine Hypothek löschen zu lassen (das Recht auf Löschung einer Hypothek ist Ausfluß des Verfügungsrechts über die Hypothek), der Rang eines Rechts oder die Rechte aus einem Rangvorbehalt (der Rangvorbehalt ist kein Recht am Grundstücke, wie die Eigentümergrundschuld, sondern nur eine im Eigentum selbst enthaltene Befugnis, ein Recht am Grundstück an bestimmter Rangstelle zu begründen). Solange die Befugnis nicht ausgeübt ist, besteht für den Eigentümer ein Recht an dem Grundstücke nicht. Die Befugnis ist daher, mag sie eingetragen sein oder nicht, für die Gläubiger nicht pfändbar. Ferner die Ansprüche auf Vorlegung von Urkunden (RG 74, 79 f) usw. Dasselbe gilt von Nebenrechten i. e. S., wie dem Pfandrecht an beweglichen Sachen und Forderungen, dem sog. Einziehungsrecht bei der Überweisung, sowie von der Hypothek und dem Anspruch gegen den Bürgen, die von der Forderung nicht trennbar sind und deshalb nur mit der Forderung gepfändet werden können. Ein auf Grund des Gesetzes, betr. die Ermöglichung der Kapitalkreditbeschaffung für landwirtschaftliche Pächter vom 9. Juli 1926 (RGBl I 399) bestelltes Pfandrecht kann gemäß § 13 Abs. 1 nicht ohne die Forderung übertragen werden.

Ist ein Drittschuldner vorhanden, so wird die Pfändung mit Zustellung an ihn wirksam (§ 829 Abs. 3). Fehlt ein Drittschuldner, so wird die Pfändung mit Zustellung des Verfügungsverbots an den Schuldner wirksam. Drittschuldner ist jeder Dritte, dessen Recht die Pfändung berührt. So z. B. ein Miterbe (RG 49, 407). Ist es fraglich, ob ein Drittschuldner vorhanden ist oder nicht, so ist dem Gläubiger anzuraten, lieber etwas mehr zu tun als zu wenig, also dem angeblichen Drittschuldner zustellen zu lassen, z. B. dem Ersteher bei Pfändung des Überschusses aus dem Erlöse eines versteigerten Grundstücks.

Unveräußerliche Rechte sind in ihrem Bestande nach ZPO § 851 unpfändbar. § 851 Abs. 3 läßt die Pfändung der Ausübung nach zu, soweit diese einem anderen überlassen werden kann. Das trifft aber überall zu, wo sich die Rechtsausübung nicht notwendig an die Person des Berechtigten knüpft, wie die Ausnutzung des schriftstellerischen Urheberrechts.

Überweisung zur Einziehung ist statthaft, wenn der Gläubiger an die Stelle des Schuldners treten kann. Können das nur bestimmte Personen, so muß der Gläubiger zu ihnen gehören. Dann kann der Gläubiger auf die Überweisung hin erreichen, was ohne Pfändung der Schuldner erreicht. So darf er bei Grundbuchberichtigung Eintragung auf den Namen des Schuldners verlangen, nicht aber auf den seinen. Überweisung an Zahlungs Statt kommt nur bei Rechten in Frage, die einen bestimmten Nennwert haben, z. B. der Eigentümerhypothek.

Ist aber die Verwertung durch Einziehung unmöglich oder schwierig, so kann das Vollstreckungsgericht eine andere Art der Verwertung, je nach der Art des Rechts, anordnen (§ 844), etwa bei einem veräußerlichen Rechte die Veräußerung des Rechts durch Versteigerung oder freihändigen Verkauf. So z. B. bei einem Erbteil (RG 87, 325) oder einer Eigentümergrundschuld. Bei Nutzungsrechten kann das Gericht besondere Anordnungen treffen. Es kann namentlich eine Verwaltung anordnen. Dann ist die genutzte Sache dem Verwalter zu übergeben. Dieser liefert die Erträge dem Gläubiger ab, soweit nicht ein

Drittschuldner nach ZPO § 839 hinterlegen müßte. Alle näheren Anordnungen hat das Vollstreckungsgericht zu treffen. Das Gericht kann auch einem Dritten oder dem Gläubiger die Ausübung zugunsten des Gläubigers übertragen, z. B. an einem Patent durch Lizenzerteilung.

Unter § 857 fallen namentlich folgende Rechte:

78 **Anteilsrechte**, insbesondere von einer Gemeinschaft nach Bruchteilen, vgl. BGB §§ 747, 751 S. 2. Ideelle Anteile an einer Sache, insbesondere das Miteigentum, können nur nach § 857 der ZPO gepfändet werden, auch wenn die Sache sich im Gewahrsam des Schuldners befindet.

Gemeinschaft nach Bruchteilen (ziffermäßig bestimmte, sogenannte ideelle Anteile) BGB § 741 f. Eine Gemeinschaft nach Bruchteilen liegt vor, wenn mehreren Personen (nach Gesetz oder Rechtsgeschäft) ein Recht (z. B. eine Forderung, das Eigentum an einer Sache) gemeinschaftlich zusteht, ohne daß eine Gemeinschaft zur gesamten Hand, wie sie bei der Gesellschaft, der ehelichen Gütergemeinschaft, der Erbengemeinschaft besteht, begründet ist. Es gelten dann, sofern sich nicht aus dem Gesetz etwas anderes ergibt, die Vorschriften der §§ 742 bis 758 des BGB.

Die Bruchteilsgemeinschaft entsteht aus Rechtsgeschäften (z. B. gemeinschaftlichem Ankauf und Erwerb) oder aus anderen Tatsachen, s. insbesondere BGB §§ 953 ff. (Früchte der gemeinschaftlichen Sache), BGB §§ 947, 948 (Verbindung, Vermischung), BGB §§ 963, 984, 2087 ff., 2157. Durch die ungetrennte Verladung mehrerer Mengen losen Getreides in demselben Schiffsraum entsteht für die mehreren Empfänger an der gesamten Getreidemenge Miteigentum, auf welches grundsätzlich die §§ 741 ff des BGB anzuwenden sind.

BGB § 742: Im Zweifel ist anzunehmen, daß den Teilhabern gleiche Anteile zustehen.

BGB § 743: Jedem Teilhaber gebührt ein seinem Anteil entsprechender Bruchteil der Früchte. Ihm steht ein Anspruch gegen die übrigen Teilhaber zu.

BGB § 746: Haben die Teilhaber die Verwaltung und

Benutzung des gemeinschaftlichen Gegenstandes geregelt, so wirkt die getroffene Bestimmung auch für und gegen die Sondernachfolger. (Sondernachfolger ist auch der Gläubiger, der die Pfändung des Anteils eines Teilhabers erwirkt hat — vgl. anderseits § 751 Satz 2).

BGB § 747: „Jeder Teilhaber kann über seinen Anteil an dem gemeinschaftlichen Gegenstand frei verfügen, ihn also veräußern, verpfänden und sonst belasten. Über den Gegenstand im ganzen können die Teilhaber nur gemeinschaftlich verfügen."

Eine vertragsmäßige Beschränkung des Veräußerungsrechts wirkt nur obligatorisch unter den Teilhabern, hindert aber den Übergang des Rechts auf den Dritten nicht.

Jeder Gläubiger eines Teilhabers kann dessen Anteil pfänden lassen; er kann dann, sofern sein Schuldtitel nicht bloß vorläufig vollstreckbar ist, die Auflösung der Gemeinschaft verlangen ohne Rücksicht auf eine etwa vereinbarte Ausschließung des Kündigungsrechts.

BGB § 751 Satz 2. Satz 2 entspricht dem § 725. Augenfällig ist aber der Unterschied, daß im Gegensatze zu der Vorschrift des § 725 bei der Bruchteilsgemeinschaft der Pfändungsgläubiger die Verwaltungs- und Benutzungsrechte des Teilhaber-Schuldners (BGB §§ 743 bis 745, 748) ausüben kann (vgl. ZPO § 804 Abs. 1; BGB §§ 1258 Abs. 1, 1273 Abs. 2). Auch einzelne schuldrechtliche Ansprüche eines Teilhaber gegen die übrigen (vgl. §§ 743 Abs. 1, 748) sind weder der Verpfändung noch der Pfändung entzogen. So kann auch allein der Anspruch auf Aufhebung der Gemeinschaft (ein in dem ganzen Anteilsrecht enthaltenes Teilrecht) gemäß ZPO § 857 gepfändet und zur Geltendmachung überwiesen werden. Für diesen Fall muß nach dem Zwecke des Gesetzes angenommen werden, daß dem Pfändungsgläubiger BGB § 751 Satz 2 zur Seite steht. Zur Zwangsvollstreckung in den gemeinschaftlichen Gegenstand im ganzen ist ein Schuldtitel gegen alle Teilhaber erforderlich.

Bruchteile von Grundstücken und Berechtigungen gehören nicht zum beweglichen Vermögen, sie können daher selbst nicht nach § 857 gepfändet werden (OLG 40, 410), sondern nur der Anspruch auf den Erlös bei der Auseinandersetzung.

Besteht der Bruchteil in dem Anteil eines Miteigentümers, so ist die Zwangsvollstreckung **in den Bruchteil** nur durch Eintragung einer Sicherungshypothek, durch Zwangsversteigerung und durch Zwangsverwaltung (ZPO § 866) möglich. ZPO § 864 Abs. 2.

79 **Realgewerbeberechtigungen** (GewO § 48: Realgewerbeberechtigungen können auf jede, nach den Vorschriften dieses Gesetzes zum Betriebe des Gewerbes befähigte Person in der Art übertragen werden, daß der Erwerber die Gewerbeberechtigung für eigene Rechnung ausüben darf), soweit sie nicht nach Landesrecht (E BGB Art. 74) zum unbeweglichen Vermögen gehören. **Die Befugnis zum Betrieb eines konzessionierten Gewerbes ist unpfändbar.**

80 **Urheberrechte** an Mustern und Modellen (Ges. v. 11. 1. 1876) — Das Musterrecht kann übertragen werden ganz oder teilweise, es können Teilrechte entstehen —, an Gebrauchsmustern (Gebrauchsmustergesetz vom 5. 5. 1936, RGBl II S. 130). § 5 Abs. 4: Die Vorschriften des Patentgesetzes über das Recht auf den Schutz (§ 3), über den Anspruch auf Erteilung des Schutzrechts (§ 4 Abs. 1), über den Anspruch auf Übertragung (§ 5) und über die Einschränkungen der Wirkung (§§ 7, 8) gelten entsprechend.

LitUrhG vom 19. 6. 1901 / 22. 5. 1910.

§ 10: Die Zwangsvollstreckung in das Recht des Urhebers oder in sein Werk findet gegen den Urheber selbst ohne dessen Einwilligung nicht statt; die Einwilligung kann nicht durch den gesetzlichen Vertreter erteilt werden. Gegen den Erben des Urhebers ist ohne seine Einwilligung die Zwangsvollstreckung nur zulässig, wenn das Werk erschienen ist.

Bei Miturheberschaft sind die Bruchteile der Miturheber, § 6 des LitUrhG, der Natur der Sache nach ohne Einwilligung der Miturheber unpfändbar.

Die einen Bestandteil des Urheberrechts bildende Befugnis zur Übersetzung, Dramatisierung, Verfilmung oder dergl. ist mangels rechtlicher Selbständigkeit nicht für sich allein pfändbar.

Verwertung erfolgt durch Lizenz, Versteigerung oder freihändigen Verkauf.

Entsprechendes gilt für das **künstlerische Urheberrecht**, § 14 des Kunstschutzgesetzes vom 9. 1. 1907 / 22. 5. 1910. Filmurheberrechte (am fertigen Film) sind unbeschränkt pfändbar, weil sie ein Ergebnis des Zusammenwirkens von Titelurheber, Regisseur und Photograph sind, JW 24, 413. Bei Verwertung sind die Rechte aller zu berücksichtigen.

Bei Urheberrechten genügt die Zustellung des Pfändungsbeschlusses an den Schuldner, da ein Dritter fehlt.

81 Patentrechte

— Patentgesetz vom 5. Mai 1936 — RGBl II S. 117 ff —

§ 9: „Das Recht auf das Patent, der Anspruch auf Erteilung des Patents und das Recht aus dem Patent gehen auf die Erben über. Sie können beschränkt oder unbeschränkt auf andere übertragen werden."

Die Übertragung des Patentrechts ist an keine Formvorschrift geknüpft. Die Umschreibung in der Patentrolle ist materiell rechtlich ohne Bedeutung, sie dient lediglich zum Ausweis des Berechtigten (§ 24).

Aus der Übertragbarkeit der im § 9 behandelten Rechte folgt, daß sie der Zwangsvollstreckung unterliegen.

Die Zwangsvollstreckung in das Recht aus der Anmeldung und in das Patent geschieht wie in allen veräußerlichen Vermögensrechten durch Pfändung nach ZPO § 857. Sie wird wirksam mit der Zustellung des Pfändungsbeschlusses an den Schuldner (Patentsucher oder Patentinhaber). Einer Zustellung an das Patentamt bedarf es nicht. Trotzdem ist es für den Gläubiger ratsam, dem Patentamt die Zustellung des Beschlusses an den Schuldner nachzuweisen, damit die Pfändung in den Akten vermerkt wird. Der Gläubiger ist dadurch vor Umschreibungen des Rechts auf einen anderen, die nach dem Zeitpunkt der Pfändung beim Patentamt beantragt werden, gesichert; nur mit Zustimmung des Pfandgläubigers kann dann eine solche Umschreibung stattfinden. Die Zwangsvollstreckung in die Patenturkunde ist nicht erforderlich, da diese keine eigene Rechtsbedeutung hat; es kann aber nach der Pfändung die Herausgabe der Urkunde nach ZPO § 836 Abs. 3 erwirkt werden.

Durch die Erwirkung eines Pfändungsbeschlusses erlangt der Gläubiger noch keine Veräußerungsbefugnis über das gepfändete Recht. Es kann ihm auch nicht zur Einziehung überwiesen werden. Die Verwertung erfolgt vielmehr gemäß § 857 Abs. 4, § 844 der ZPO; das Gericht hat die Art der Verwertung anzuordnen. Dies kann durch die Anordnung öffentlicher Versteigerung durch den Gerichtsvollzieher oder des Verkaufs aus freier Hand erfolgen; es kann aber auch die Verwaltung durch einen Sequester angeordnet werden. Dies wird sich, um eine Verschleuderung zu vermeiden, besonders dann empfehlen, wenn es sich um eine noch nicht erprobte Erfindung handelt.

Wenn der Patentberechtigte nicht im Inlande wohnt, so ist nach § 16 des PG für die Pfändung das Amtsgericht zuständig, in dessen Bezirke sein Vertreter seinen Geschäftsraum hat; fehlt ein Geschäftsraum, so ist der Ort maßgebend, wo der Vertreter seinen Wohnsitz hat. Falls kein solcher vorhanden ist, ist das Amtsgericht Berlin-Mitte (Sitz des Reichspatentamts) zuständig.

Ob die Vorschriften über die Vorpfändung Anwendung finden, ist streitig, da ein Drittschuldner nicht vorhanden ist.

Die vorstehenden Ausführungen gelten auch für die Rechte aus der Erfindung, die vor der Patenterteilung bestehen. Da § 9 ausdrücklich bestimmt, daß die Rechte übertragbar sind, ist die Pfändbarkeit auch der noch nicht angemeldeten Erfindung grundsätzlich außer Zweifel gestellt. Das ist auch schon früher anerkannt worden (RG 3. 10. 1902 RGZ 52, 227).

Ist eine angemeldete Erfindung gepfändet, so kann der Erfinder die Anmeldung nicht mehr zurücknehmen.

82 **Lizenzen,** d. s. Verfügungen über die Gebrauchsbefugnis an dem Patent. Die Lizenzgewährung stellt eine Verfügung über das Patentrecht in beschränktem Umfange dar, sie räumt ein Recht am Patent ein.

Lizenzen unterliegen der Zwangsvollstreckung, soweit sie übertragbar sind, was bei der einfachen Lizenz regelmäßig nicht der Fall ist. Eine Betriebslizenz ist nur mit dem Betrieb übertragbar und daher allein nicht pfändbar, auch wenn sie ausschließlichen Charakter trägt. Da der Betrieb als Ganzes nicht Gegenstand eines Pfandrechts sein kann, so ist die Pfändung von Betriebslizenzen nicht möglich. Auch hier fehlt in der Regel ein Drittschuldner. Der Lizenzgeber ist, da er in der Regel seine Verpflichtung durch Einräumung der Lizenz erfüllt hat, nicht als Drittschuldner anzusehen.

83 **Verlagsrecht** (§§ 28, 36 des Gesetzes vom 19. 6. 1901 / 22. 5. 1910). Es ist pfändbar, eine Veräußerung ist aber unmöglich, wenn sie durch Vertrag zwischen dem Urheber und dem Verleger ausgeschlossen ist oder wenn der Urheber die Zustimmung verweigert. Die Zustimmung kann nur verweigert werden, wenn ein wichtiger Grund vorliegt. Der Verlag als Ganzes unterliegt der Zwangsvollstreckung nicht. Das Verlagsrecht i. S. des Verl.-VertrG setzt voraus, daß ein vom Verleger verschiedener Urheber vorhanden ist (RG 95, 236). Wenn die Veräußerung unmöglich ist, ist ein Verwalter zu bestellen.

84 Nießbrauch und beschränkte persönliche Dienstbarkeiten

Der Nießbrauch und die beschränkten persönlichen Dienstbarkeiten sind nach §§ 1059, 1092 des BGB nicht übertragbar; da aber ihre Ausübung einem anderen beim Nießbrauch unbedingt, bei den genannten Dienstbarkeiten im Falle der Gestattung überlassen werden kann, sind sie insoweit, d. h. ihrer Ausübung nach, nach ZPO § 857 Abs. 3 pfändbar (RG 56, 388; OLG 22, 386). Einer Eintragung in das Grundbuch bedarf es nicht. Das Recht wird in dem Bestande von der Pfändung ergriffen, den es zu ihrer Zeit hatte, so daß etwaige Belastungen des Rechts auch dem Gläubiger gegenüber wirksam sind, z. B. Verwendung der Früchte zur Bestreitung von Abgaben und Hypothekenzinsen. Das von dem Pfändungsgläubiger erworbene Pfandrecht kann durch Verzicht des Nießbrauchers auf den Nießbrauch nicht beseitigt werden.

Der Pfändungsbeschluß ist dem Eigentümer als Drittschuldner zuzustellen.

Die kraft des Nießbrauchs **gezogenen Früchte** sind als Sachen oder Forderungen nach allgemeinen Grundsätzen zu pfänden.

Das Gericht kann nach ZPO § 857 Abs. 4 bei der Zwangsvollstreckung in unveräußerliche Rechte, deren Ausübung einem anderen überlassen werden kann, besondere Anordnungen erlassen. Es kann insbesondere bei der Zwangsvollstreckung in Nutzungsrechte eine Verwaltung anordnen; in diesem Falle wird die Pfändung auch durch Übergabe der Sache an den Verwalter bewirkt, wenn sie nicht schon vorher durch Zustellung bewirkt ist. Die Zustellung selbst wird dadurch nicht erübrigt.

Eine Überweisung zur Einziehung nach ZPO §§ 835 f kann erfolgen, soweit das Recht von einem anderen als dem Schuldner ausgeübt werden kann.

Auf Antrag des Gläubigers und nach Gehör des Schuldners (ZPO § 844 Abs. 2) können aber auch die Rechte, die nur in Ansehung der Ausübung veräußerlich sind, wie der Nießbrauch, im Wege der Versteigerung oder durch Verkauf aus freier Hand veräußert werden. Es kann bei solchen Rechten eine Veräußerung der Ausübung an den Belasteten selbst, auch wenn dieser der Gläubiger ist, gestattet werden. Vgl. hierzu Nr. 38 (§ 844 der ZPO).

Außerdem kann das Gericht nach Lage der Sache besondere Bestimmungen treffen, insbesondere eine Verpachtung oder eine Verwaltung anordnen, wenn die dem Nießbrauch unterworfene Sache sich im Gewahrsame des Schuldners oder eines zur Herausgabe bereiten Dritten befindet. Die Sache wird dann an den Verwalter ausgeliefert, der vom Vollstreckungsgerichte, bei Grundstücken in entsprechender Anwendung des § 848 von dem Amtsgerichte der belegenen Sache als Vollstreckungsgericht zu bestellen ist.

Der Verwalter hat Rechnung zu legen und die Erträgnisse der Verwaltung an den Gläubiger abzuliefern, soweit nicht auch der Drittschuldner gemäß ZPO § 839 zu hinterlegen hätte, wenn also dem Schuldner gemäß

ZPO § 713 Abs. 2 nachgelassen ist, durch Sicherheitsleistung oder durch Hinterlegung die Vollstreckung abzuwenden.

Die etwa für die Verwaltung erforderlichen Vorschüsse hat der Gläubiger zu leisten. Ist der zu verwaltende Gegenstand für mehrere Gläubiger gepfändet, so ist mit dem Reinertrag unter entsprechender Anwendung der §§ 854 Abs. 2, 3, 872 ff der ZPO zu verfahren.

85 Benutzungsrechte

Miet- oder Pachtrechte unterliegen nicht der Pfändung, da nach den § 549 Abs. 1, § 581 Abs. 2, § 596 Abs. 1 des BGB in Ermangelung einer abweichenden Vereinbarung dem Mieter nicht gestattet ist, die Ausübung des Rechts einem Dritten zu überlassen. OLG 19, 22; RG 70, 229. Ist die Übertragung der Ausübung vertragsmäßig gestattet, so ist die Pfändung gemäß § 857 zulässig. OLG 19, 22; RG 37, 412.

Das Recht auf Erklärung der gesetzlichen Miete (§ 1 RMG) ist nicht pfändbar.

Die Pfändung anderer Vermögensrechte als der Geldforderungen (ZPO §§ 829 flg) und der Ansprüche auf Herausgabe von Sachen (ZPO §§ 846 flg) richtet sich nach ZPO § 857. Danach sind aber nur „Rechte" pfändbar, nicht die davon zu trennenden „Einzelbefugnisse", die einem Rechtssubjekte nur im Rahmen eines bestimmten Rechtsverhältnisses zustehen und deshalb losgelöst von den eigentlichen vertraglichen Rechten selbst nicht den Gegenstand der Pfändung bilden können. Solche Befugnisse tragen keinen Vermögenswert in sich und es kann daher eine unmittelbare Befriedigung des Gläubigers daraus nicht erfolgen. Wie das Recht, einen Mietvertrag zu kündigen, unpfändbar ist, weil es nur im Zusammenhange mit der Gesamtheit der Rechtsbeziehungen des Vermieters zum Mieter gepfändet werden kann, so ist es auch die Befugnis, die Geltung der gesetzlichen Miete zu erklären, da sie lediglich eine bestimmte Berechnung des Mietzinses zum Ziele hat. — LG Dresden vom 8. 2. 29, 17 B C 150/29 —.

Benutzung des Fernsprechers ist als Mietrecht nach den Verträgen unpfändbar,

das Jagdpachtrecht als Pachtrecht nach § 13 des Jagdgesetzes vom 3. 7. 34 (RGBl I S. 549).

§ 3 des Jagdgesetzes:

Das **Jagdrecht** steht dem Eigentümer auf seinem Grund und Boden zu. Es ist untrennbar mit dem Eigentum am Grund und Boden verbunden. Als selbständiges dingliches Recht kann es nicht begründet werden.

86 Stahlkammer (Schließfach, Safe, Tresor)

Unter § 857 der ZPO gehören alle Rechte und Ansprüche, die nicht unter die §§ 829, 847 flg der ZPO fallen, insbesondere die Ansprüche auf Mitwirkung zur Öffnung bei den unter gemeinschaftlichem Verschlusse befindlichen Sachen. Es handelt sich im letzteren Falle, selbst wenn der Schuldner seinen Schlüssel an den Gläubiger oder den Gerichtsvollzieher abgeliefert hat, nicht um die Herausgabe, denn ein Verwahrungsvertrag liegt nicht vor, sondern um die Handlung, die den Zugang zu der Sache eröffnet. Auf den Schlüssel des Schuldners ist § 836 Abs. 3 verbunden mit § 846 der ZPO entsprechend anzuwenden. Die Pfändung des Anspruchs begründet selbstverständlich noch kein Pfandrecht an den im Schrankfach befindlichen Sachen; dazu bedarf es nach Erlangung des Zutritts noch der Pfändung durch den Gerichtsvollzieher. Die Bank ist auf Grund des Pfändungs- und Überweisungsbeschlusses verpflichtet, ihre Mitwirkung zu gewähren. Wird der Schlüssel nicht gefunden, dann steht dem Gläubiger einerseits die Befugnis zu, gemäß § 836 Abs. 3, §§ 846, 883 der ZPO zur Erzwingung der Herausgabe des Schlüssels den Schuldner zur Leistung des Offenbarungseides anzuhalten, andererseits kann er nach Lage der Sache dann verlangen, daß die Angelegenheit für ihn der Bank gegenüber ebenso behandelt werde, wie bei Verlust des Schlüssels; für ihn ist dieser ja verloren (vgl. Sächs. Archiv für Bürgerl. Recht und Prozeß 1903, Band 13, S. 8 f).

87 Pfandrecht an beweglichen Sachen und an Rechten

Mit der Übertragung der Forderung geht das Pfandrecht auf den neuen Gläubiger über. Das Pfandrecht kann nicht ohne die Forderung übertragen werden. Wird bei der Übertragung der Forderung der Übergang des Pfandrechts ausgeschlossen, so erlischt das Pfandrecht (BGB § 1250).

Das Pfandrecht kann nicht selbständig übertragen und deshalb nicht gepfändet werden. Der Übergang des Pfandrechts vollzieht sich ohne weiteres von Gesetzes wegen mit der Übertragung (Pfändung) der Forderung.

88 Reallasten

BGB § 1105: „Ein Grundstück kann in der Weise belastet werden, daß an denjenigen, zu dessen Gunsten die Belastung erfolgt, wiederkehrende Leistungen aus dem Grundstücke zu entrichten sind.

Die Reallast kann auch zugunsten des jeweiligen Eigentümers eines anderen Grundstücks bestellt werden."

Besondere Vorbehalte für die Landesgesetzgebung bezüglich einzelner Reallasten, die zugleich die wichtigsten sind, enthalten EG Art. 62 (Rentengutsrenten), Art. 96 (Leibgeding oder Altenteil) und Art. 118 (Kulturrenten). Beim Altenteil (Ausgedinge) sind häufig mit Reallastleistungen beschränkte persönliche Dienstbarkeiten (z. B. Wohnungsrecht, Recht zur Benutzung einzelner Grundflächen zu bestimmten Zwecken) verbunden (RG 70, 172). Über bergrechtliche Kohlenzehnten als Reallasten vgl. RG 75, 163.

Zur Entstehung der Belastung ist gemäß § 873 des BGB Einigung der Beteiligten und Eintragung ins Grundbuch erforderlich. Die einzelnen Leistungen, zu denen die Reallast verpflichtet, müssen eingetragen werden.

Reallasten sind nach der ausdrücklichen Vorschrift des § 857 Abs. 6 der ZPO als Ganzes pfändbar, jedoch nur insoweit, als die einzelnen Leistungen nicht unter BGB § 399 fallen. BGB § 1111 Abs. 2: „Ist der Anspruch auf die einzelne Leistung nicht übertragbar, so kann das Recht nicht veräußert oder belastet werden."

Regelmäßig kann die subjektiv-persönliche Reallast als Ganzes gemäß BGB § 873 veräußert und (z. B. mit einem Nießbrauch, einem Pfandrechte) belastet werden. Ob ein Fall der Unübertragbarkeit vorliegt, bestimmt sich nach BGB §§ 399, 400, 413. Als unübertragbar kommen hier namentlich in Betracht persönliche Dienstleistungen, Pflege, Bespeisung usw. seitens des Eigentümers des belasteten Grundstücks, wie sie besonders bei Altenteilen häufig sind. Auch wenn nur eine von mehreren Einzelleistungen, wie es z. B. beim Altenteil der Fall sein kann (s. OLG 8, 131), unübertragbar ist, kann nach dem Wortlaute des § 1111 Abs. 2 des BGB das Reallastrecht weder ganz, noch zum Teil veräußert oder belastet werden. Sind mit Reallasten, wie beim Altenteil häufig, beschränkte persönliche Dienstbarkeiten (z. B. Wohnungsrecht, Recht zum Benutzen eines Gartens) verbunden, so sind, da die Dienstbarkeiten nicht übertragbar sind (BGB § 1092), die Reallasten wenigstens dann als ebenfalls unübertragbar zu erachten, wenn nach dem Willen der Beteiligten alle Rechte das gleiche rechtliche Schicksal haben sollten. **Unpfändbar** ist eine Reallast, wenn das Recht mit dem Eigentum an einem Grundstück untrennbar verbunden ist, BGB § 1105 Abs. 2, § 1110. Über Nießbrauch und Pfandrecht an einer Grundschuld vgl. §§ 1080, 1291 des BGB.

Wegen der Pfändung der fortlaufenden Einkünfte, die ein Schuldner auf Grund eines Altenteils- oder Auszugsvertrags bezieht, vgl. ZPO § 850 g Nr. 3.

Die Pfändung ist der von Hypothekenforderungen, ZPO §§ 830, 837, gleich. Es bedarf also eines Pfändungsbeschlusses, nicht aber seiner Zustellung an den Drittschuldner. Vielmehr tritt die Wirkung der Pfändung mit der Eintragung in das Grundbuch ein. — **Einzelne Rückstände** von Zinsen, Renten oder Leistungen aus Reallasten sind nach den allgemeinen Grundsätzen der §§ 829, 835, 846 zu pfänden, wie dies auch für die Hypothekenzinsen gilt (BGB § 1107) s. Nr. 20. Einzelleistungen werden also anders behandelt als das ganze Recht.

89 Grundschulden

Grundschulden, BGB §§ 1191 ff, sind nach ZPO § 857 Abs. 6 pfändbar. BGB § 1191: „Ein Grundstück kann in der Weise belastet werden, daß an denjenigen, zu dessen Gunsten die Belastung erfolgt, eine bestimmte Geldsumme aus dem Grundstücke zu zahlen ist.

Die Belastung kann auch in der Weise erfolgen, daß Zinsen von der Geldsumme sowie andere Nebenleistungen aus dem Grundstücke zu entrichten sind."

Grundschuld und Forderung gehen bei der Abtretung getrennte Wege. Die Abtretung der Grundschuld erfolgt nach § 1154 (mit § 1192) des BGB, die der Forderung nach §§ 398 ff des BGB. § 1153 des BGB findet keine Anwendung, auch nicht, wenn die Grundschuld zur Sicherung einer Forderung bestellt ist. Die Forderung kann ohne die Grundschuld, die Grundschuld ohne die Forderung abgetreten werden. Dient die Grundschuld zur Sicherung einer Forderung, so kann diese für sich allein nach ZPO § 829 gepfändet werden; ZPO § 830, betreffend die Pfändung einer Forderung, für die eine Hypothek besteht, findet keine Anwendung. (RG 81, 71.) **Für Zinsen der Grundschuld** gelten die Vorschriften über die Zinsen einer Hypothekenforderung (BGB § 1192 Abs. 2), s. Nr. 20.

Das Verfahren bei der Pfändung einer Grundschuld ist ebenfalls wie bei der Reallast an dasjenige bei der Pfändung von Hypothekenforderungen, ZPO §§ 830, 837, angeschlossen. Es bedarf also nicht der Zustellung des Pfändungsbeschlusses an den Drittschuldner. Vielmehr tritt die Wirkung der Pfändung, wenn ein Grundschuldbrief erteilt ist, mit dessen Übergabe, anderenfalls mit der Eintragung in das Grundbuch ein. Für den Grundschuldbrief gilt daher dasselbe, wie für den Hypothekenbrief; er kann nicht als Wertpapier gepfändet werden, es sei denn, daß er auf den Inhaber ausgestellt ist, BGB §§ 1195, 1199, für welchen Fall dann ZPO § 821 anzuwenden wäre. Vgl. Nr. 18.

Die zur wirksamen Pfändung der Grundschuld nach §§ 830 und 857 Abs. 6 der ZPO erforderliche Übergabe des Briefs wird durch die Hinterlegung des Briefes und deren Annahme durch die Gläubigerin ersetzt. Da die Hinterlegung „zugunsten der streitenden Parteien" erfolgt war, so übte die Hinterlegungsstelle, jedenfalls nachdem die Gläubigerin die Hinterlegung angenommen hatte, die Rücknahme also nach § 376 Abs. 2 Nr. 2 des BGB ausgeschlossen war, den Besitz als Besitzmittlerin derjenigen Partei aus, deren Berechtigung durch Gerichtsentscheidung oder Vereinbarung als die bessere anerkannt werden würde. Wenn nun auch im allgemeinen die Begründung des mittelbaren Besitzes der zur Begründung eines Pfandrechts erforderlichen Übergabe nicht gleichsteht, so muß doch für den Fall ein anderes gelten, daß die Besitzvermittlung durch die Hinterlegungsstelle stattfindet. Denn die Hinterlegung ist dem Schuldner gerade zu dem Zwecke nachgelassen, um sich von seiner Verpflichtung zur Übergabe an den Gläubiger in gleicher Weise zu befreien, wie wenn die Übergabe stattgefunden hätte (§ 378 des BGB). RGZ 135 S. 272.

Bei Grundschulden ist die **Überweisung** der Eintragung in das Grundbuch weder bedürftig noch fähig. Eine Überweisung an Zahlungs Statt ist nur möglich, wenn das Recht einen bestimmten Nennwert hat, wie z. B. die Eigentümerhypothek.

Bei einer Grundschuld,

die für die Einräumung eines Kredites bestellt ist, kommt es vor, daß sie auf einen höheren Nominalbetrag lautet, als der durch sie gesicherte Höchstbetrag des Kredites beträgt. Der nicht valutierte Teil der Grundschuld ist keine Eigentümergrundschuld, da die Grundschuld von der gesicherten Forderung losgelöst ist, BGB § 1163 daher gemäß § 1192 des BGB keine Anwendung findet. Infolgedessen steht der nicht valutierte Teil der Grundschuld auch nicht dem Eigentümer des Grundstücks (Kreditschuldner) als dingliches Recht zu. Der Eigentümer hat vielmehr gegen seinen Kreditgeber nur einen persönlichen (obligatorischen) Anspruch auf Abtretung der Grundschuld an sich oder auf Verzicht auf die Grundschuld nach Abdeckung des Kredites, der sich auf die Vorschriften über die ungerechtfertigte Bereicherung (BGB § 812) gründet. Tritt der Kreditgeber die Grundschuld an den Eigentümer des Grundstücks ab oder verzichtet er auf sie zu dessen Gunsten, so entsteht eine Eigentümergrundschuld. Hierzu ist der Kreditgeber aber erst nach Ablösung des Kredites gegenüber dem Kreditschuldner verpflichtet.

Ein Gläubiger des Kreditschuldners kann daher nicht den noch nicht voll valutierten Teil der Grundschuld pfänden, sondern lediglich den obligatorischen Anspruch auf Abtretung oder Verzicht auf die Grundschuld. Diese Pfändung erfolgt nach ZPO § 829 durch Pfändungs- und Überweisungsbeschluß und kann nicht ins Grundbuch eingetragen werden. Eine große praktische Bedeutung für den Pfändungsgläubiger kommt ihr nicht zu, da er erst dann zur Verwertung seines Pfändungsrechts schreiten kann, wenn der Kredit zurückgezahlt ist.

90 Rentenschulden

BGB § 1199: „Eine Grundschuld kann in der Weise bestellt werden, daß in regelmäßig wiederkehrenden Terminen eine bestimmte Geldsumme aus dem Grundstücke zu zahlen ist.“ Rentenschulden sind ebenso wie Grundschulden pfändbar.

Die Rentenschuld, die ebenso, wie die gewöhnliche Grundschuld, sowohl Buchgrundschuld als auch Briefgrundschuld sein (§§ 1116, 1192, 1200) und auch für den Briefinhaber (§§ 1195, 1200) sowie für den Eigentümer (§§ 1196, 1200 des BGB) bestellt werden kann, unterscheidet sich von der gewöhnlichen Grundschuld hauptsächlich dadurch, daß sie nicht, wie diese, auf Zahlung eines Kapitals, sondern auf Zahlung einer bestimmten Geldsumme in regelmäßig (aber nicht notwendig stets in gleicher Höhe) wiederkehrenden Terminen, einer Geldrente, gerichtet ist. Eine Kündigung der Rentenschuld seitens des Gläubigers ist unzulässig. Dem Eigentümer allein steht ein Kündigungsrecht zu.

Die Rentenschuld untersteht den für die gewöhnliche Grundschuld geltenden Vorschriften der §§ 1191 ff des BGB, soweit sich nicht aus den §§ 1199 ff des BGB ein anderes ergibt.

Auf die **einzelnen Leistungen** finden die für Hypothekenzinsen geltenden Vorschriften entsprechende Anwendung. (BGB § 1200 Abs. 1). Sie sind nach ZPO §§ 829, 837 zu pfänden.

Wegen des Verfahrens bei der Pfändung einer Rentenschuld vgl. das vorher über Grundschulden Ausgeführte.

91 Eigentümerhypothek (mit der Forderung)

BGB § 1143: „Ist der Eigentümer nicht der persönliche Schuldner, so geht, soweit er den Gläubiger befriedigt, die Forderung auf ihn über. Die für einen Bürgen geltenden Vorschriften des § 774 Abs. 1 finden entsprechende Anwendung.

Besteht für die Forderung eine Gesamthypothek, so gelten für diese die Vorschriften des § 1173."

Ist der Eigentümer selbst der persönliche Schuldner, so erlischt gemäß BGB § 362 die Forderung durch die Befriedigung in der Regel und geht auf ihn gemäß BGB § 1163 Abs. 1 S. 2, § 1177 Abs. 1 nur das dingliche Recht als Grundschuld über (RG 80, 319). Hat er jedoch als Gesamtschuldner oder als Mitbürge für die Schuld Hypothek bestellt, so geht auf ihn durch die Befriedigung nach BGB § 426 Abs. 2, § 774 Abs. 2 die Forderung und somit nach BGB §§ 412, 401, 1153 Abs. 1 auch die Hypothek insoweit über, als er von den übrigen Schuldnern oder von den Mitbürgen Ausgleichung verlangen kann; im übrigen erlischt die Forderung auch in diesem Falle und erlangt er ebenfalls nur das dingliche Recht als Grundschuld.

Bei teilweiser Befriedigung tritt der Forderungsübergang hinsichtlich des Teilbetrags ein. Betrifft die Befriedigung nur Rückstände von Zinsen und sonstigen Nebenleistungen oder Kosten, die dem Gläubiger zu erstatten sind, so findet insoweit zwar auch Übertragung der Forderung auf den Eigentümer statt, aber die Hypothek für diesen Forderungsanteil erlischt hier gemäß BGB § 1178 Abs. 1. Durch die teilweise Befriedigung erlangt der Eigentümer die Rechte aus BGB §§ 1144, 1145 hinsichtlich der Urkunden zur Berichtigung des Grundbuchs, des Vermerks der Teilbefriedigung auf dem Hypothekenbrief und der Herstellung eines Teilhypothekenbriefs. Der dem Gläubiger verbleibende Rest der Hypothek hat aber den Vorrang vor dem auf den Eigentümer übergehenden Teil, weil nach § 1143 Abs. 1 S. 2, § 774 Abs. 1 S. 2, § 1176 des BGB der Übergang nicht zum Nachteile des Gläubigers geltend gemacht werden kann.

Befriedigt nicht der Eigentümer, sondern ein Dritter, so erlischt regelmäßig die Forderung und der Eigentümer erlangt das dingliche Recht als Grundschuld, gleichviel ob der Dritte (z. B. der frühere Eigentümer) persönlicher Schuldner ist oder nicht. Nicht ein Dritter ist der Konkursverwalter im Konkurse des Eigentümers; die Hypothek fällt in die Konkursmasse.

Wenn der Gläubiger einer Hypothek, die auf dem ganzen, mehreren Miteigentümern gehörenden Grundstücke lastet, von einem Miteigentümer, der nicht zugleich persönlicher Schuldner ist, befriedigt wird, erwirbt der Miteigentümer gemäß BGB §§ 1143, 1153, 1009 die Hypothek als solche (Forderung nebst Hypothek) im ganzen Umfang und an dem ganzen Grundstücke.

Die Forderung geht über kraft Gesetzes, ohne daß es einer Übertragungserklärung des Gläubigers, der Eintragung in das Grundbuch und bei der Briefhypothek der Übergabe des Briefes (BGB § 1154) bedarf. Die Hypothek kann nach BGB § 1177 Abs. 2, solange sie mit dem Eigentum in einer Hand vereinigt ist, nur unter den für die Eigentümergrundschuld im § 1197 vorgeschriebenen Beschränkungen geltend gemacht werden.

Der Eigentümer hat die Rechte aus BGB § 1144 auf Aushändigung der zur Grundbuchberichtigung erforderlichen Urkunden, sowie bei Briefhypotheken auf Aushändigung des Briefes.

Ein weiterer, ebenso zu behandelnder Fall einer forderungsbekleideten Eigentümerhypothek ist der der sogenannten Ersatzhypothek nach BGB § 1182 (RG 81, 71 ff). Vgl. auch Nr. 92 unter d.

In den hier behandelten Fällen bleibt die Forderung als solche der Gegenstand der Pfändung, und es ist unerheblich, daß die dafür bestehende Hypothek dem Eigentümer selbst zusteht. Hier ist also ZPO § 830 mit der einzigen Einschränkung anwendbar, daß der Eigentümer die Doppelstellung als Schuldner und Drittschuldner hat.

Bei Eigentümerhypotheken ist eine Überweisung an Zahlungs Statt möglich, denn das Recht hat einen bestimmten Nennwert.

92 **Eigentümerhypothek (ohne die Forderung) — Eigentümergrundschuld —**

BGB § 1163: „Ist die Forderung, für welche die Hypothek bestellt ist, nicht zur Entstehung gelangt, so steht die Hypothek dem Eigentümer zu. Erlischt die Forderung, so erwirbt der Eigentümer die Hypothek.

Eine Hypothek, für welche die Erteilung des Hypothekenbriefs nicht ausgeschlossen ist, steht bis zur Übergabe des Briefes an den Gläubiger dem Eigentümer zu."

Es muß eine Hypothek als solche im Grundbuch eingetragen sein. Die Vorschriften des Abs. 1 gelten auch für Sicherungshypotheken (§§ 1184, 1185), einschließlich Höchstbetragshypotheken (§ 1190), namentlich im Falle der Nichtentstehung der gesicherten Forderungen (RG 62, 168).

Die Hypothek, die nach Abs. 1 Satz 1 oder nach Abs. 2 dem Eigentümer zusteht oder von ihm erworben wird, ist in Wirklichkeit keine Hypothek, sondern nach BGB § 1177 Abs. 1 in der Hand des Eigentümers eine Grundschuld (RG 51, 44; 51, 116; 52, 9; 77, 108; 78, 409). Nur geht bei der Verwandlung der Hypothek in die Grundschuld auf diese gemäß BGB § 1177 Abs. 1 Satz 2 von der Forderung, für welche die Hypothek bestellt worden ist, so viel mit hinüber, daß in Ansehung der Verzinslichkeit, des Zinssatzes, der Zahlungszeit, der Kündigung und des Zahlungsorts die für die Forderung getroffenen Bestimmungen maßgebend bleiben.

Der Übergang auf den Eigentümer vollzieht sich kraft Gesetzes, ohne daß es einer rechtsgeschäftlichen Übertragung bedarf. In dem Augenblick, in dem die den Übergang und zugleich die Umwandlung bewirkende Tatsache (Nichtentstehung der Forderung, Erlöschen der Forderung, Nichtübergabe des über die eingetragene Hypothek gebildeten Briefes) vorliegt, ist das Eingetragene nicht Hypothek des eingetragenen Gläubigers, sondern Grundschuld des Eigentümers. Das Grundbuch ist unrichtig insofern, als danach der eingetragene Gläubiger der Inhaber und das eingetragene Recht eine Hypothek sein soll. Der Eigentümer kann von dem Eingetragenen Zustimmung zur Berichtigung des Grundbuchs gemäß BGB § 894 verlangen. Von einem Nachweise des Eintritts der Tatsache hängt der Übergang (die Umwandlung) nicht ab. Ist die Forderung z. B. zufolge Befriedigung des Gläubigers erloschen (Abs. 1 S. 2), so genügt zur Berichtigung des Grundbuchs, also zur Umschreibung der Hypothek auf den Eigentümer als Grundschuld, gemäß GBO § 22 eine in der Form des § 29 der GBO ausgestellte **Quittung des Gläubigers,** worin er bekennt, Zahlung erhalten zu haben, und zwar unter Nennung des Zahlenden; eine **Löschungsbewilligung des Gläubigers ist nicht genügend,** weil er nicht mehr wahrer Berechtigter ist. Handelt es sich um eine Briefhypothek, so kann der Eigentümer gemäß BGB §§ 896, 1144 Aushändigung des Briefes verlangen. Für den Fall der teilweisen Befriedigung durch den Eigentümer vgl. BGB § 1145 (Vorlegung des Briefes zum Zwecke der Herstellung eines Teilhypothekenbriefs). Im Falle der Nichtentstehung der Forderung oder der Nichtübergabe des Briefes (Abs. 1 S. 1, Abs. 2) wird durch ein in der Form des § 29 der GBO erklärtes Anerkenntnis dieser Tatsachen seitens des Gläubigers dargetan, daß auf Grund der Hypothekeneintragung eine Grundschuld des Eigentümers besteht. Ist bei einer Briefhypothek die Forderung nur teilweise zur Entstehung gelangt, so steht dem Eigentümer das Miteigentum an dem Briefe gemäß BGB § 952 zu. Er kann aber von dem Hypothekengläubiger, da dieser in der freien Verfügung über die Resthypothek nicht beschränkt werden darf, weder Aushändigung des Briefes noch Gewährung des Mitbesitzes daran verlangen, sondern gemäß BGB § 896 Vorlegung des Briefes zur Berichtigung des Grundbuchs oder gemäß BGB §§ 749, 752 Vorlegung behufs Herstellung eines Teilhypothekenbriefs (RG 59, 318; 69, 40). Der so als Inhaber ausgewiesene Eigentümer kann über die Hypothek (Grundschuld) verfügen.

Er kann sie an einen anderen übertragen. **Gegenstand der Übertragung** ist nicht die Hypothek als solche, deren Forderung nicht etwa nun entsteht oder wieder auflebt, sondern **die Grundschuld.** Dies ist bei der Übertragung zum Ausdruck zu bringen.

Mit dem Eintritte der Tatsache, wodurch die Hypothek in eine Grundschuld umgewandelt wird (nicht also erst im Zeitpunkte der Berichtigung des Grundbuchs), kann diese auch von den Gläubigern des Inhabers gepfändet werden. Zur Pfändung ist gemäß § 857 Abs. 6, § 830 der ZPO außer Zustellung des Pfändungsbeschlusses an den Inhaber im Falle der Briefhypothek (Briefgrundschuld) Übergabe des Briefes an den Gläubiger oder Wegnahme im Wege der Zwangsvollstreckung durch den Gerichtsvollzieher (gemäß ZPO § 883, RG Gruch 50, 1110) erforderlich (RG 56, 184; 59, 313; 61, 376; 70, 279; vgl. auch wegen einer Vorpfändung nach ZPO § 845 OLG 23, 213) und im Falle der Buchhypothek (Buchgrundschuld) Eintragung der Pfändung (RG 55, 378; 56, 13). Die Übergabe des Briefes wird nicht gemäß BGB § 931 dadurch ersetzt, daß der Pfändungsgläubiger den Anspruch des Grundschuldinhabers auf Herausgabe des (gemäß BGB § 952 Abs. 1, 2 in sein Eigentum gelangten, RG 59, 318; 69, 40) Briefes gegen den als Hypothekengläubiger Eingetragenen oder einen dritten Besitzer sich zur Einziehung überweisen läßt (ZPO §§ 835, 886), da eine solche Überweisung nicht der Abtretung gleichsteht; der Pfändungsgläubiger muß sich den Besitz des Briefes, nötigenfalls durch Klage gegen den Besitzer, verschaffen (RG 63, 214). Wenn der Pfändungsgläubiger die Eintragung der Pfändung beantragt, muß er dem Grundbuchamt ebenso wie der Eigentümer, der über die Grundschuld verfügen will, in gehöriger Form (s. oben) nachweisen, daß die Hypothek dem Eigentümer als Grundschuld zusteht.

Zur Rechtswirksamkeit der Verfügungen über die Eigentümergrundschuld selbst ist nach BGB nicht erforderlich, daß der Eigentümer als Inhaber der Grundschuld eingetragen (die Hypothek als Grundschuld auf ihn umgeschrieben) ist. **Zur Eintragung** der Abtretung oder der

Pfändung der Eigentümergrundschuld **ist deren Umschreibung auf den Namen des Eigentümers Voraussetzung.**

Im Zusammenhange hiermit steht die Frage, ob eine künftige, möglicherweise entstehende Eigentümergrundschuld im voraus übertragen, verpfändet, gepfändet werden kann. Dies wird von der herrschenden Meinung an sich bejaht, weil es sich um ein künftiges Recht handle, das in einem bereits bestehenden Rechtsverhältnisse seine Grundlage habe (RG 51, 115; 55, 334; 56, 14; OLG 7, 315). Nur die Eintragung derartiger Verfügungen wird für unzulässig erklärt, weil namentlich aus GBO § 40 sich ergebe, daß das von der einzutragenden Verfügung betroffene Recht ein gegenwärtiges und ein eingetragenes sein müsse (RG 61, 374; 72, 276; 75, 250). Bei der Briefhypothek könnte also die künftige Eigentümergrundschuld abgetreten (§ 1154) oder gepfändet (ZPO § 830 Abs. 1, 857 Abs. 6) werden, wenn die Übergabe des Hypothekenbriefs erlangt werden könnte.

Eine Vereinigung der Hypothek mit dem Eigentum in einer Person, ohne daß dem Eigentümer auch die Forderung zusteht, tritt außer in den Fällen des § 1163 des BGB noch in folgenden Fällen ein:

a) Erwerb der Hypothek durch den Eigentümer oder des Eigentums durch den Gläubiger zufolge Übertragung oder Erbganges;

b) Verzicht des Gläubigers auf die Hypothek (der Eigentümer erwirbt die Hypothek kraft Gesetzes, ohne daß es seiner Eintragung als Gläubiger bedarf, in dem Augenblick, in dem der Verzicht (durch die Eintragung oder die etwa erst nachfolgende Verzichtserklärung) rechtswirksam vollzogen ist. Der Eigentümer erwirbt die Hypothek gemäß BGB § 1177 Abs. 1 als Grundschuld. Bleibt die persönliche Forderung in der Hand des Gläubigers bestehen, so wird hier die Forderung von dem hypothekarischen Rechte getrennt; § 1168);

c) Ausschließung des Gläubigers mit seinem Rechte im Wege des Aufgebotsverfahrens. (Gemäß BGB § 1170 erwirbt der Eigentümer, der zur Zeit der Verkündung des Ausschlußurteils, gegen das ein

Rechtsmittel nicht stattfindet, Eigentümer ist, auch wenn etwa ein früherer Eigentümer den Aufgebotsantrag gestellt hat, die Hypothek kraft Gesetzes, ohne daß es seiner Eintragung als Gläubiger bedarf. Die Hypothek geht gemäß BGB § 1177 Abs. 1 als Grundschuld auf den Eigentümer über, es tritt eine Trennung des dinglichen Rechtes von der Forderung ein. Der Eigentümer kann die Grundschuld auf Grund des Ausschlußurteils auf seinen Namen umschreiben lassen. Der dem Gläubiger erteilte Hypothekenbrief wird nach Abs. 2 kraftlos.)

d) Erlassung eines als Befriedigung des Gläubigers geltenden Ausschlußurteils gemäß BGB § 1171, wenn der Eigentümer zugleich persönlicher Schuldner ist. (Mit der als Befriedigung des Gläubigers geltenden Erlassung des Ausschlußurteils oder, wenn nach den Vorschriften über die Hinterlegung, was gemäß BGB § 372, § 376 Abs. 2 Nr. 1, § 378 regelmäßig der Fall sein wird, die Befriedigung schon vorher (mit der Hinterlegung) eingetreten ist, geht in diesem Zeitpunkte die Hypothek auf denjenigen, der zu dieser Zeit der Eigentümer ist, kraft Gesetzes über, und zwar, wenn der Eigentümer zugleich persönlicher Schuldner ist, gemäß BGB § 1163 Abs. 1 S. 2, § 1177 Abs. 1 als Grundschuld. Wenn aber der Eigentümer nicht zugleich persönlicher Schuldner ist, geht die Hypothek mit der Forderung gemäß §§ 1143, 401, 412, 1153 über; dann trifft Nr. 91 — Eigentümerhypothek mit der Forderung — zu).

e) Übergang der Gesamthypothek auf die Eigentümer sämtlicher belasteten Grundstücke in den Fällen BGB § 1172 Abs. 1, des Verzichts des Gläubigers gemäß § 1175 Abs. 1 S. 1 und der Ausschließung des Gläubigers mit seinem Rechte gemäß BGB § 1170, § 1175 Abs. 2. Die Gesamthypothek fällt infolge des Verzichts den Eigentümern der belasteten Grundstücke gemeinschaftlich zu kraft Gesetzes. Die persönliche Forderung des Gläubigers wird durch den Verzicht nicht berührt. Sie trennt sich von der

Hypothek. Diese wird in der Hand der Eigentümer gemäß BGB § 1177 Abs. 1 zur Gesamtgrundschuld.

f) Übergang von Arrest- oder Zwangshypotheken auf den Eigentümer gemäß ZPO §§ 868, 932 (der Eigentümer erwirbt eine Zwangshypothek — auf Grund eines vollstreckbaren Schuldtitels eingetragene Sicherungshypothek —, wenn die im § 868 der ZPO genannten aufhebenden Entscheidungen, Anordnungen, Maßnahmen erfolgen, und eine Arresthypothek — in Vollziehung eines Arrestes eingetragene Höchstbetragshypothek —, wenn der Arrestbefehl durch eine vollstreckbare Entscheidung § 925 Abs. 2, §§ 926, 927 der ZPO) aufgehoben wird.

Die unter Nr. 92 behandelten Eigentümerhypotheken fallen nach ständiger Rechtsprechung des Reichsgerichts **als Grundschulden** unter ZPO § 857 Abs. 6. Für diese Fälle gilt also folgendes: **Der Pfändungsbeschluß muß die Eigentümergrundschuld als solche bezeichnen.** Die Pfändung von Ansprüchen auf Rückübertragung der Hypothek oder dergl. genügt nicht. Da ein Drittschuldner nicht vorhanden ist, braucht der Beschluß nur das Verbot an den Eigentümer zu enthalten und ist nur diesem nach Abs. 2 zuzustellen. Hat der Eigentümer die **Briefhypothek,** z. B. nach BGB § 1163, **nur zu einem Teile** erworben, so muß nach der Ansicht des Reichsgerichts (RG 59, 318) gepfändet werden:

1. das Miteigentum des Schuldners an dem Briefe, BGB § 952;
2. der Anspruch des Schuldners auf Aufhebung der Gemeinschaft am Briefe, BGB § 749;
3. der Anspruch des Schuldners auf Berichtigung des Grundbuchs, BGB § 894;
4. der Anspruch auf Vorlegung des Briefes an das Grundbuchamt, BGB § 896, zur Bildung eines Teilbriefes, um dann durch die Übergabe des Teilbriefes (nicht schon mit der Vorlegung an das Grundbuchamt) das Pfandrecht an der Hypothek selbst zu erlangen. **Inzwischen kann aber auf Grund**

der Pfändung des Berichtigungsanspruchs ein Widerspruch in das Grundbuch eingetragen werden.

Bei einer Buchhypothek kann die Pfändung der Grundschuld in das Grundbuch nach GBO § 40 zunächst nicht eingetragen werden, solange nicht die Grundschuld auf den Eigentümer umgeschrieben ist. Zur Umschreibung ist nach GBO § 19 die Eintragungsbewilligung des Hypothekengläubigers und nach § 13 der Antrag des Eigentümers erforderlich. Meist wird aber der Pfändungsgläubiger die Umschreibung der Grundschuld auf den Eigentümer auf diesem friedlichen Wege nicht erreichen. **Es ist deshalb die Pfändung des Berichtigungsanspruchs,** der dem Schuldner gegen den eingetragenen Hypothekengläubiger zusteht, notwendig. Der Berichtigungsanspruch ist nach BGB § 1273 übertragbar und nach ZPO § 851 auch pfändbar. Die Pfändung erfolgt nach ZPO § 857 in Verb. mit §§ 829, 835. Er ist aber nicht eintragungsfähig, da er nicht ein unmittelbares Recht am Grundstück oder an einem Grundstücksrechte ist. Nach der Überweisung des Anspruchs ist der Schuldner nach ZPO § 836 Abs. 3 verpflichtet, dem Gläubiger die zur Geltendmachung nötige Auskunft zu erteilen und die vorhandenen Urkunden herauszugeben. Besitzt ein Dritter diese Urkunden, so kann der Gläubiger auf Herausgabe der Urkunden klagen.

Wenn der Berichtigungsverpflichtete die Zustimmung nicht freiwillig gibt, so muß der Pfandgläubiger ihn verklagen und kann dann die Zustimmung durch das rechtskräftige Urteil (ZPO § 894) ersetzen. Der Gläubiger kann gemäß BGB § 899 auf Grund einer **einstweiligen Verfügung einen Widerspruch** gegen die Richtigkeit des Grundbuchs eintragen lassen. Die einstweilige Verfügung ergeht nach ZPO §§ 916 ff. Jedoch braucht hier nur der Berichtigungsanspruch, nicht der Arrestgrund glaubhaft gemacht zu werden (BGB § 899 Abs. 2).

Gemäß GBO § 14 ist der Gläubiger an Stelle des Berechtigten ermächtigt, den Eintragungsantrag zu stellen, falls er einen vollstreckbaren Schuldtitel gegen ihn hat. Der Antrag ist formlos.

Wegen der zur Eigentümergrundschuld gewordenen

Höchstbetrags- oder Kautionshypothek (BGB § 1190) vgl. Nr. 18, § 830.

93 Eintragung der Pfändung einer in der Höchstbetragssicherungshypothek schlummernden Eigentümergrundschuld in das Grundbuch

Höchstbetragssicherungshypotheken nach BGB § 1190, die zur Sicherheit für künftige Forderungen bestellt sind, stehen infolge sinngemäßer Anwendung des § 1113 Abs. 2 des BGB erst dem Eigentümer, und zwar nach BGB § 1163 Abs. 1 Satz 1, § 1177 Abs. 1 als Eigentümergrundschulden zu. Eigentümergrundschulden sind oft auch in den mit gleitenden Forderungen ausgestatteten Hypotheken enthalten, die zugunsten von Sparkassen, Banken und Kaufleuten bestellt sind und zur Sicherung derselben für solche Forderungen dienen sollen, die aus der Gewährung von Kredit in laufender Rechnung oder aus Lieferungen von Waren auf Kredit entstehen. Der Gläubiger erwirbt und verliert diese Hypotheken jeweils dann, wenn und insoweit durch sie gesicherte Forderungen entstehen (RG 97, 223) oder untergehen. Solange die gesicherte Forderung noch nicht entstanden und noch nicht endgültig festgestellt ist, entsteht eine auflösend bedingte Eigentümergrundschuld für den bestellenden Eigentümer. Künftige möglicherweise entstehende Eigentümergrundschulden können im voraus übertragen, verpfändet und gepfändet werden (RG 51, 115; 55, 334; 56, 14; 97, 223). In ebenso ständiger Rechtsprechung wird aber die nach § 830 Abs. 1 der ZPO zur vollen Wirksamkeit der Pfändung erforderliche Eintragung in das Grundbuch bei nur vorläufigen Eigentümergrundschulden für unzulässig erachtet (RG 56, 9, 184; 61, 374; 70, 278; 72, 276; 75, 250; 84, 80; 97, 223; 145, 343). Auch die Eintragung der Pfändung des Berichtigungsanspruchs ist unzulässig.

Zur Eintragung der Pfändung der angeblich zur Eigentümergrundschuld gewordenen Post ist zunächst der urkundliche Nachweis in grundbuchmäßiger Form erforderlich, daß das Recht dem Eigentümer zusteht. Welcher Nachweis überhaupt dafür erbracht werden muß, hängt von der der Hypothek zugrunde liegenden Urkunde ab. Eine Löschungsbewilligung des Gläubigers reicht dazu nicht aus. Erst dann kann die zur Eigentümergrundschuld gewordene Höchstbetragssicherungshypothek auf den Namen des Eigentümers umgeschrieben werden, wenn durch Vertrag zwischen dem Gläubiger und dem persönlichen und dinglichen Schuldner oder durch Urteil festgestellt ist, ob und inwieweit die Hypothek durch eine gesicherte Forderung des eingetragenen Gläubigers in Anspruch genommen ist.

Wird vom Gläubiger der Verzicht auf die Hypothek oder auf Teile derselben erklärt, so ist zwar schon damit eine Feststellung der Forderung vorgenommen. Nach BGB § 1177 Abs. 1 geht zwar die Hypothek insoweit als Grundschuld auf den Eigentümer über, aber erst dann, wenn gemäß BGB § 1168 die Erklärung des Verzichtenden in das Grundbuch eingetragen wird. Der Gläubiger kann die Umschreibung der Hypothek gleichzeitig mit dem Antrag auf Eintragung der Pfändung verlangen, wenn er die Entstehung der Eigentümergrundschuld durch öffentliche Urkunden vorschriftsmäßig nachweist.

Mit Rücksicht darauf, daß eine Eigentümergrundschuld zur Zeit der Erlassung des Pfändungsbeschlusses oft noch nicht entstanden ist, sondern erst in Zukunft entsteht, muß im Beschluß zum Ausdruck kommen, daß das Recht, soweit es gegenwärtig besteht oder in Zukunft entstehen wird, gepfändet werde.

Wird ein Eigentümerpfandrecht gepfändet, dann empfiehlt es sich, den Pfändungsbeschluß dahin zu fassen, daß das Eigentümerpfandrecht, „sei es Hypothek oder Grundschuld, nebst der etwaigen persönlichen Forderung" gepfändet wird, weil sich oft schwer feststellen läßt, ob eine Eigentümerhypothek oder -grundschuld gegeben ist. DJ Das Recht 1936 Nr. 9205. — Vgl. hierzu Nr. 89.

94 Recht des Nacherben

Das Recht des Nacherben vor dem Eintritte der Nacherbfolge ist beim alleinigen Nacherben als Recht auf den Nachlaß als ganzes, bei mehreren Nacherben als Recht auf den Anteil an dem Nachlaß, nicht als Recht auf einzelne Sachen, pfändbar. Der Nacherbe kann die Erbschaft auch trotz der Pfändung ausschlagen. Da bei dem Rechte des alleinigen Nacherben ein Dritter fehlt (der Vorerbe ist nicht Drittschuldner), so genügt die Zustellung des Pfändungsbeschlusses an den Schuldner (ZPO § 865 Abs. 2). Das durch die Pfändung begründete Pfandrecht am Rechte des Nacherben kann im Wege der Berichtigung des Grundbuchs in dieses eingetragen werden (RG 83, 434).

Übergang eines versteigerten Nacherbenrechts

(ZPO §§ 859 Abs. 2, 857 Abs. 5; BGB § 2033 Abs. 1 Satz 2)

Ein gepfändetes Nacherbenrecht, das der Gerichtsvollzieher auf Grund einer gerichtlichen Anordnung gemäß ZPO § 857 Abs. 5 versteigert, geht mit dem Zuschlag auf den Meistbietenden über, ohne daß es eines besonderen Übertragungsaktes in gerichtlicher oder notarieller Form gemäß BGB § 2033 Abs. 1 Satz 2 bedarf. (RG, 1. ZS, Beschluß vom 22. 11. 1928 — DJAmtm 1929, 33—.)

95 Handlungsrechte

Das **Recht zur Rücknahme** hinterlegter Gegenstände (Geld, Wertpapiere, sonstiger Urkunden und Kostbarkeiten) ist nach BGB § 377 Abs. 1 der Pfändung nicht unterworfen. Das Rücknahmerecht stellt sich als ein höchst persönliches Recht dar.

Unpfändbar sind auch

das **Vorkaufsrecht,** BGB §§ 514, 1094, 1098 (das Vorkaufsrecht ist im Zweifel — wenn nicht ein anderes bestimmt ist — ausgeschlossen. Eine Vereinbarung der Übertragbarkeit des dinglichen Vorkaufsrechts, die bei der Bestellung und auch noch nachher zulässig ist, bedarf gemäß BGB §§ 873, 877, da sie den Inhalt des dinglichen Vorkaufsrechts betrifft, der Eintragung. Die durch Ausübung des Vorkaufsrechts dem Berechtigten bereits erworbenen Rechte aber sind in jedem Falle unbeschränkt übertragbar, und folglich pfändbar);

das Recht zum **Widerruf einer Schenkung** wegen

Undanks, das nach BGB §§ 530 ff als ein höchstpersönliches Recht gestaltet ist, ebenso das **Widerrufsrecht nach der Scheidung** § 1584 des BGB; **pfändbar** aber ist das **Rückforderungsrecht der Verlobten,** wenn die Eheschließung unterbleibt (BGB § 1301).

Nach erfolgtem Widerruf ist der Anspruch des unschuldig geschiedenen Ehegatten auf **Rückforderung** der dem anderen Teil gemachten Schenkungen (§ 1584 des BGB) pfändbar.

Pfändbar sind

das Recht zum Widerruf (BGB § 178: Bis zur Genehmigung des Vertrags ist der andere Teil zum Widerrufe berechtigt, es sei denn, daß er den Mangel der Vertretungsmacht bei dem Abschlusse des Vertrags gekannt hat),

und das **Wiederkaufsrecht** (BGB § 497: Hat sich der Verkäufer in dem Kaufvertrage das Recht des Wiederkaufs vorbehalten, so kommt der Wiederkauf mit der Erklärung des Verkäufers gegenüber dem Käufer, daß er das Wiederkaufsrecht ausübe, zustande. Die Erklärung bedarf nicht der für den Kaufvertrag bestimmten Form. Der Preis, zu welchem verkauft worden ist, gilt im Zweifel auch für den Wiederkauf).

Der dingliche Anspruch auf Zustimmung zur Berichtigung des Grundbuchs durch Eintragung des Schuldners, BGB § 894, (des gegenwärtigen wahren Berechtigten), der ein Anspruch gegen den eingetragenen Berechtigten ist, ist nach § 857 der ZPO pfändbar.

96 Abzahlungsgeschäft (Möbelleihvertrag), Sicherungsübereignung

Sind Sachen auf Grund eines sog. Möbelleihvertrags oder einer ähnlichen Abrede dem Schuldner von einem Dritten übergeben worden, so hat der Schuldner ein bedingtes Eigentumsrecht, **eine Anwartschaft auf den Erwerb des Eigentums** nach Erfüllung der Bedingung, die wie jedes andere bedingte Recht, und zwar nach ZPO § 857 gepfändet werden kann, es sei denn, daß die Möbel selbst nach ZPO § 811 unpfändbar sind. Die Verwertung dieses Rechts führt allerdings, weil ZPO § 847 außer Anwendung bleibt, nicht unmittelbar zur Befriedigung des Gläubigers, da auch bei Überweisung des Rechts, dafern sie überhaupt zulässig ist, das **Eigentum auf den Schuldner,** nicht auf den Gläubiger übergeht, und der Gläubiger den Besitz der Sachen dadurch nicht erlangt. Aber das ist kein Grund, die Pfändung auszuschließen (SA 65, 37; OLG 20, 349 f, 23, 219 f). Vermöge der Pfändung dieses Rechts hat der Verkäufer als Drittschuldner die im § 840 der ZPO bestimmte Auskunftspflicht und er muß die ihm vom Gläubiger angebotene **Gegenleistung** sofort (BGB § 271 Abs. 2) **annehmen.** Um nun in den Besitz der Sachen zu gelangen, muß der Gläubiger diese selbst **außerdem durch den Gerichtsvollzieher** nach ZPO § 808 pfänden lassen. Geschah dies bereits vor der Pfändung des Rechts, also zu einer Zeit, wo der Schuldner noch nicht Eigentümer war, so ist die Pfändung gültig, wenn auch das Pfandrecht erst zu der Zeit entsteht, wo durch die Zahlung des Restkaufpreises der Schuldner Eigentümer wird. Die Verwertung der Sachen kann, nachdem der Verkäufer befriedigt ist, nach ZPO §§ 814 ff erfolgen.

Befriedigt der Gläubiger den Verkäufer (Drittschuldner), so wird also der Schuldner Eigentümer der Sachen, und der Versteigerung steht nichts mehr im Wege. Denn das Recht des Verkäufers zum Widerspruch ist nunmehr beseitigt. Der Gläubiger muß aber äußerst vorsichtig sein, denn wenn der Schuldner jetzt mit der Einwendung wegen **Unentbehrlichkeit** durchdringt, so ist der Gläubiger auch noch dieses Geld los.

Einem Nachpfandgläubiger ist dieser Weg nur zu empfehlen, wenn er fest davon überzeugt ist, daß die Vorpfandgläubiger voll befriedigt werden und auf seine Forderung ein höherer Betrag entfällt, als er zur Befriedigung des Verkäufers aufzuwenden hätte.

Im Falle der **Sicherungsübereignung** liegt keine bedingte Rückübereignung vor, sondern es besteht lediglich ein Anspruch **auf Rückübereignung der Sachen nach Tilgung der durch die Übereignung gesicherten Forderung.** Der Anspruch auf Rückübereignung ist nach ZPO §§ 829,

847 zu pfänden; sind jedoch die Sachen im Gewahrsame des Sicherungsübereigners geblieben, so ist für eine Anordnung nach ZPO § 847 Abs. 1 kein Raum. (S. auch RG 20. 1. 14 JW 415.) Um in den Besitz der Sachen zu gelangen, muß sie der Gläubiger auch hier noch nach ZPO § 808 durch den **Gerichtsvollzieher** pfänden lassen.

Nach BGB § 455 berechtigt der **Eigentumsvorbehalt** den Verkäufer einer beweglichen Sache bei Zahlungsverzug des Käufers im Zweifel zum **Rücktritt vom Vertrage** mit der Folge, daß die Parteien die empfangenen Leistungen einander nach BGB §§ 346 bis 358 zurückzugewähren haben. (RGZ 119, 64.)

Gegebenenfalls ist zu pfänden: Für den Fall des Rücktritts vom Kaufvertrage der Anspruch des Schuldners auf Rückgewähr des bereits Geleisteten.

97 Schiffspart ZPO § 858

Wiewohl das eingetragene Schiff nach ZPO § 864 der Zwangsvollstreckung in das unbewegliche Vermögen unterliegt, behandelt § 858 die Schiffspart als beweglich.

Schiffspart im eigentlichen, engeren Sinne ist nach HGB §§ 474 ff ein Anteil an einem Schiffe, das zum Erwerbe durch die Seefahrt bestimmt ist, und zwar Anteil eines Miteigentümers mit der Besonderheit, daß in dem Miteigentumsanteil sich zugleich die Teilhaberschaft an der Erwerbsgesellschaft verkörpert.

Der Erwerber der Schiffspart wird Mitreeder, ohne an Gewinn und Verlust des bisherigen Mitreeders teilzuhaben.

Gegenstand der Vollstreckung ist die Schiffspart.

Als Vollstreckungsgericht ist abweichend von ZPO § 828 ausschließlich das Amtsgericht zuständig, in dessen Bezirke sich der Heimathafen (HGB § 480) oder der Heimatort des Schiffes (§ 6 BinnSchG) befindet.

Da ein Drittschuldner nicht vorhanden ist, erfolgt die Pfändung nach ZPO § 857 Abs. 2 durch Zustellung an den Schuldner. Ist ein Korrespondentreeder (HGB § 492) bestellt, so soll der Pfändungsbeschluß außerdem an ihn zugestellt werden. Die Pfändung wird auch mit dieser Zustellung wirksam.

Das Vollstreckungsgericht soll der Registerbehörde von der Erlassung des Pfändungsbeschlusses unverzüglich Mitteilung machen.

Die Befriedigung des Gläubigers erfolgt nur durch die Veräußerung der gepfändeten Schiffspart gemäß ZPO § 844. Vgl. HGB § 503. Überweisung zur Einziehung oder an Zahlungs Statt ist ausgeschlossen. Dem Antrag auf die Veräußerung hat der Gläubiger einen Auszug aus dem Schiffsregister beizubringen, der alle die Part betreffenden Eintragungen enthält und nicht älter als eine Woche, vom Tage der Einreichung des Antrags zurückgerechnet, sein darf. Ist das Vollstreckungsgericht zugleich Registerbehörde, so genügt die Bezugnahme auf das Schiffsregister. Ohne diese Voraussetzung ist der Antrag abzulehnen.

Ergibt der Auszug aus dem Schiffsregister, daß die Part mit einem Pfandrechte belastet ist, das einem anderen als dem betreibenden Gläubiger zusteht, so hat das Gericht zwar die Veräußerung, aber zugleich die Hinterlegung des Erlöses anzuordnen, ohne in eine Prüfung des Vorrangs eintreten zu dürfen. Es tritt dann in jedem Falle das Verteilungsverfahren nach ZPO §§ 873 ff ein.

Die an der Part bestehenden Rechte erlöschen durch den Verkauf. Der Erwerber hat die Berichtigung des Schiffsregisters zu betreiben.

Pfändung von Gesellschaftsrechten ZPO § 859

98 Gesellschaft des bürgerlichen Rechts (BGB §§ 705 ff)

Die Gesellschaft des BGB ist nach dem Grundsatze der gesamten Hand gestaltet. Der einzelne Gesellschafter hat weder über seinen Anteil am Gesellschaftsvermögen noch über den Anteil an den einzelnen dazu gehörigen Gegenständen ein freies Verfügungsrecht (BGB § 719). Die Ansprüche der Gesellschafter gegeneinander aus dem Gesellschaftsverhältnisse sind nicht übertragbar.

Abweichend hiervon ist nach ZPO § 859 Abs. 1 der Anteil eines Gesellschafters am Gesellschaftsvermögen als Ganzem pfändbar.

Pfändbar, weil nach BGB § 717 S. 2 übertragbar, sind auch:

a) **die Ansprüche aus der Geschäftsführung,** soweit deren Befriedigung vor der Auseinandersetzung verlangt werden kann, namentlich auf Ersatz von Aufwendungen (BGB §§ 713, 669, 670) und auf besondere Vergütung von Diensten;

b) **der Anspruch auf einen Gewinnanteil** (BGB §§ 721, 722), aber nicht auf bestimmte Entnahmen aus der Gesellschaftskasse (feste Zinsen, Vierteljahrsraten, sofern diese von Gewinn und Verlust unabhängig und zugleich im Einzelfalle durch Gewinn nicht gedeckt sind (RG 67, 13);

c) der Anspruch auf das Auseinandersetzungsguthaben (BGB §§ 733 ff, 738—740).

Die vorstehend zu b und c bezeichneten Forderungen sind nicht zukünftige, sondern bereits bestehende Ansprüche (RG 60, 130).

Die Pfändung des Anteils erfolgt nach ZPO § 857. Die übrigen Gesellschafter (nicht etwa die Gesellschaft) haben die Stellung des Drittschuldners, denn das Anteilsrecht besteht ihnen gegenüber. Zur Pfändung ist daher die Zustellung an die geschäftsführenden Gesellschafter, BGB § 710, erforderlich, aber auch genügend, da nur sie für das an den Drittschuldner nach ZPO §§ 857, 829 zu erlassende Verbot in Betracht kommen.

Durch die Pfändung des Anteils erlangt der Gläubiger nicht das Recht, an Stelle seines Schuldners die Rechte des Gesellschafters auszuüben, etwa die Bücher einzusehen usw., auch wenn ihm der Anteil zur Einziehung überwiesen sein sollte, BGB § 725 Abs. 2; RG 60, 131. Vielmehr kann er, solange die Gesellschaft besteht, nur den Anspruch auf einen Gewinnanteil geltend machen, d. h. auf Grund des Pfändungsbeschlusses die Hinterlegung des Gewinns, nach Überweisung aber Auszahlung verlangen. Eine auf Grund eines rechtskräftigen Titels erfolgte Pfändung des Anteils gewährt dem Gläubiger (auch schon vor der Überweisung) das Recht, die Gesellschaft ohne Einhaltung einer Kündigungsfrist zu **kündigen.** BGB § 725 Abs. 1. Durch diese Kündigung wird die

Gesellschaft sofort aufgelöst, sofern nicht nach BGB § 736 die Kündigung nur den Austritt des kündigenden Gesellschafters zur Folge hat. In jedem Falle hat aber nunmehr die Auseinandersetzung durch die Gesellschafter, sei es nach BGB §§ 730 ff oder nach § 738, zu erfolgen, und dabei fällt alles, was der Schuldner zu erhalten hat, in das Pfandrecht des Gläubigers, der sonach den Aktivsaldo erhält; ausgezahlt erhält er ihn aber nur nach Überweisung. Der Gläubiger darf die Auseinandersetzung an Stelle des Schuldners betreiben (str.).

Das Gericht kann aber auch die **Veräußerung des Rechts** auf den Gewinnanteil oder auf das Auseinandersetzungsguthaben gemäß ZPO § 857 und § 844 anordnen.

Bei Pfändung der **Einzelansprüche** hat der Gläubiger keinen Einfluß auf die Beendigung der Gesellschaft und auf die Auseinandersetzung.

Bei der Zwangsvollstreckung gegen die Gesellschaft ist deren Anspruch gegen die Gesellschafter auf Zahlung der Beiträge pfändbar (RG 29. 4. 1911, „Recht" 1911 Nr. 2874). Die Gesellschafter müssen nach ZPO § 736 verurteilt sein.

99 Offene Handelsgesellschaft

Pfändungsmöglichkeiten sind dieselben wie bei der Gesellschaft des bürgerlichen Rechts. Die Pfändung des **Anteils am Gesellschaftsvermögen** ist zulässig; sie ist durch HGB § 135 nicht eingeschränkt. Die Zustellung des Pfändungsbeschlusses hat hier an die Gesellschaft als Drittschuldnerin, vertreten durch den oder die (anderen) persönlich haftenden Gesellschafter zu geschehen; Zustellung an einen von ihnen (für die Gesellschaft) genügt. Solange die Gesellschaft besteht, kann der pfändende Gläubiger die sich aus dem Gesellschaftsverhältnis ergebenden Rechte des Gesellschafters, mit Ausnahme des Anspruchs auf einen Gewinnanteil, nicht geltend machen. **Das Kündigungsrecht** des pfändenden Gläubigers ist hier nur bei Pfändung des Auseinandersetzungsguthabens gegeben. § 135 des HGB beschränkt aber das Kündigungsrecht dadurch, daß es abweichend von BGB § 725 erst nach der

Überweisung eintritt. Das Kündigungsrecht ist hier an die Voraussetzung geknüpft, daß der pfändende oder ein anderer Gläubiger innerhalb der letzten sechs Monate vor der Überweisung eine Zwangsvollstreckung in das bewegliche Vermögen des Gesellschafters erfolglos versucht hat; es ist endlich an eine Kündigungsfrist von sechs Monaten und an den Kündigungstermin zum Ende des Geschäftsjahrs gebunden. Eine kürzere Frist ist zulässig, wenn der Gesellschafter selbst vertraglich kürzer aufkündigen darf. Auf Kündigung tritt Liquidation ein, auf deren Vornahme der Gläubiger die Gesellschaft verklagen kann. Der Gläubiger wird nicht Liquidator, er gehört aber zu den „Beteiligten" der §§ 146, 147, 152 des HGB.

An die Stelle der Auflösung tritt das Ausscheiden des Schuldners, wenn dies im Gesellschaftsvertrag bestimmt ist, oder auf Grund eines nach der Kündigung des Gläubigers von den übrigen Gesellschaftern gefaßten Beschlusses. Bei nur zwei Gesellschaftern ist die Übernahme des Geschäfts durch den andern zulässig.

Bei der Zwangsvollstreckung **gegen die Gesellschaft** ist deren Anspruch gegen die einzelnen Gesellschafter auf die rückständigen Beiträge pfändbar.

100 Kommanditgesellschaft HGB § 161

Das unter Nr. 99 Ausgeführte gilt auch hier, mag der Schuldner persönlich haftender Gesellschafter oder Kommanditist sein.

101 Stille Gesellschaft HGB § 335

Die Forderung des stillen Gesellschafters gegen den Geschäftsinhaber aus dem Gesellschaftsverhältnisse wird nach ZPO § 829 gepfändet.

Auf Grund der Pfändung und Überweisung des **Auseinandersetzungsguthabens des stillen Gesellschafters** ist die Auflösung der Gesellschaft durch Kündigung möglich (HGB §§ 135, 339). Voraussetzung für die Kündigung ist, daß ein rechtskräftiger Schuldtitel vorliegt und daß innerhalb der letzten sechs Monate vor der Überweisung eine Zwangsvollstreckung in das bewegliche Vermögen des

Schuldners erfolglos versucht worden ist. Der Gläubiger kann die von ihm ausgesprochene Kündigung frei zurücknehmen.

Im Gegensatz zu den Handelsgesellschaften, bei denen regelmäßig nach Auflösung die Liquidation eintritt, ist dies bei der stillen Gesellschaft nicht der Fall. Hier greift die Pflicht des Geschäftsinhabers, sich mit dem stillen Gesellschafter auseinanderzusetzen und dessen Guthaben in Geld zu berichtigen, Platz (HGB § 340). Vom Zeitpunkt der Auflösung an ist der stille Gesellschafter am Gewinn oder Verlust nicht mehr beteiligt; lediglich an den im Augenblick der Auflösung bereits schwebenden Geschäften hat er noch Anteil.

102 Aktiengesellschaft

— Aktiengesetz vom 30. Januar 1937 (RGBl I S. 107 —

§ 34 Abs. 4: „Anteilsrechte können vor der Eintragung der Gesellschaft in das Handelsregister nicht übertragen werden."

Sie sind mithin unpfändbar.

Pfändbar ist dagegen das Bezugsrecht auf neue Aktien, denn es ist nicht von dem Aktienbesitz untrennbar (Aktiengesetz § 153).

Bei der Aktiengesellschaft verkörpern sich die Gesellschaftsrechte in den Aktien; sie werden durch den Gerichtsvollzieher gepfändet (ZPO §§ 808, 821 flg.).

§ 158: Die neuen Anteilsrechte können **vor** Eintragung der Durchführung der Erhöhung des Grundkapitals nicht übertragen (usw.) werden.

Wegen der Pfändbarkeit von **Einzahlungsansprüchen auf Aktien** der Aktiengesellschaft vgl. Nr. 105.

103 Kommanditgesellschaft auf Aktien

— Aktiengesetz, 2. Buch, § 219 flg. —

Die Vorschriften des Ersten Buches über die Aktiengesellschaft gelten sinngemäß (§ 219 Abs. 3).

Die Zwangsvollstreckung gegen den persönlich haftenden Gesellschafter in seine Gesellschaftsrechte erfolgt wie bei der offenen Handelsgesellschaft — Nr. 99 —. Die

Kündigung des pfändenden Gläubigers eines persönlich haftenden Gesellschafters muß gegenüber allen persönlich haftenden Gesellschaftern und der Gesamtheit der Kommanditaktionäre (vertreten durch den Aufsichtsrat) erklärt werden.

Die Gläubiger eines Kommanditaktionärs sind nicht berechtigt, die Gesellschaft zu kündigen (§ 231 Abs. 3).

Die Aktien selbst werden wie bewegliche Sachen gepfändet (ZPO §§ 808, 821 flg.).

104 Erwerbs- und Wirtschaftsgenossenschaft

(eingetragene Genossenschaft mit unbeschränkter Haftpflicht, eingetragene Genossenschaft mit beschränkter Haftpflicht. Nach dem Gesetz vom 20. 12. 1933 — RGBl I S. 1089 — sind eingetr. Genossenschaften mit unbeschränkter Nachschußpflicht fortan G. m. u. H.)

Hier kann der **Anspruch des Genossen auf Gewinn** (§ 19 des Gesetzes) **oder auf das Geschäftsguthaben,** das dem Schuldner (Genossen) bei der Auseinandersetzung zukommt, gepfändet und überwiesen werden. Insoweit die Dividende nach Gesetz oder Statut dem Geschäftsanteil zuzuschreiben ist, darf diese nicht zur Deckung irgendwelcher Verbindlichkeiten gegenüber der Gesellschaft verwendet werden; insoweit ist sie von Dritten auch nur gleichzeitig mit dem Geschäftsguthaben pfändbar.

Geschäftsanteil bedeutet den Höchstbetrag der statthaften Mitgliedereinlagen, wogegen der jeweilige Betrag, welchen die Einlagen eines Genossen erreichen, mit „Geschäftsguthaben“ bezeichnet wird. **Das Geschäftsguthaben ist pfändbar.** Die Pfändung des Geschäftsanteils wäre unrichtig.

Gemäß § 66 des GenG kann der Gläubiger eines Genossen, der die Pfändung und Überweisung des demselben bei der Auseinandersetzung mit der Genossenschaft zukommenden Guthabens erwirkt hat, zum Zwecke seiner Befriedigung das Kündigungsrecht des Genossen an dessen Stelle ausüben, sofern der Schuldtitel nicht bloß vorläufig vollstreckbar ist. Voraussetzung ist aber, daß innerhalb der letzten sechs Monate eine Zwangsvollstreckung in das Vermögen des Genossen erfolglos versucht worden ist. Der fruchtlose Versuch muß der Pfändung und Überweisung des Geschäftsguthabens voraufgegangen sein.

Die Geschäftsguthaben eines Erbhofbauern bei einer Genossenschaft, die zu den den Anteilen an einer Waldgenossenschaft ähnlichen, dem Erbhof dienenden Rechten nach § 2 der 2. Durchführungsverordnung zum Reichserbhofgesetz zu rechnen sind, z. B. die Guthaben bei Bezugsgenossenschaften, Zuchttiergenossenschaften, Dreschgenossenschaften und evtl. auch Kreditgenossenschaften, sind als Zubehör des Erbhofs unpfändbar (Vogels, Kommentar zum Reichserbhofgesetz 1934 S. 423), jedoch hat das LG Stargard — JW 34, 2577 — das Geschäftsguthaben eines Erbhofbauern bei einer landwirtschaftlichen Ein- und Verkaufsgenossenschaft für pfändbar erklärt. Pfändung eines Teils des Guthabens ist unzulässig (Dresden OLG 40, 203). Die Pfändung des Kündigungsrechts ist ausgeschlossen.

Der Aufkündigung muß eine beglaubigte Abschrift des Schuldtitels und der Urkunden über die fruchtlose Zwangsvollstreckung beigefügt sein. Nach § 69 Abs. 1 Satz 3 des Gesetzes hat der Vorstand dem Gerichte außerdem eine beglaubigte Abschrift des Pfändungs- und Überweisungsbeschlusses beizufügen.

Die Kündigung hat stets nur den Austritt des Genossen zur Folge (§§ 69, 71, 73 d. G.).

105 Ansprüche wegen Einzahlung auf Geschäftsanteile

Ansprüche eingetragener Genossenschaften gegen die Genossen wegen Einzahlungen auf die Geschäftsanteile sind nicht abtretbar und nicht pfändbar — GenG §§ 7, 19, 22, 68, 91, 105 flg.

Die rechtliche Möglichkeit ihrer Abtretung ist, gleichviel ob Fälligkeit schon eingetreten ist oder nicht, grundsätzlich zu verneinen, und zwar für alle Arten von Genossenschaften. Das Gesetz enthält zwar darüber keine ausdrückliche Bestimmung. Daraus folgt aber noch nicht, daß Abtretung und Pfändung solcher Ansprüche nun schlechthin zulässig sein müßten. Im Schrifttum ist diese

Frage bestritten. Das Reichsgericht hat hierzu, soweit ersichtlich, bisher noch nicht Stellung genommen. Wohl ist in RGZ Bd. 59 S. 67 die Zulässigkeit der Abtretung von Nachschußansprüchen durch den Konkursverwalter im Konkurs einer eingetragenen Genossenschaft m. b. H. verneint worden. Dieses Urteil beruht aber im wesentlichen auf der eigenartigen Ausgestaltung der Nachschußpflicht der Genossen im Konkurs der Genossenschaft (§§ 105 flg., § 141 GenG) und kann deshalb für die Beurteilung des vorliegenden Falles nicht maßgeblich sein.

Die Klägerin und das Landgericht berufen sich für ihre Auffassung namentlich auch auf die Rechtssprechung zur Frage der Abtretbarkeit und Pfändbarkeit von Einzahlungsansprüchen auf Aktien der Aktiengesellschaft und auf Stammeinlagen einer Gesellschaft m. b. H. Gewiß hat das Reichsgericht die Möglichkeit der Abtretung und Pfändung solcher Forderungen bejaht (RGZ Bd. 85 S. 351, Bd. 102 S. 385), allerdings nur unter der weiteren Voraussetzung, daß der Gesellschaft dafür im Einzelfall ein vollwertiges Entgelt zufließt (s. z. B. RGZ Bd. 124 S. 380, Bd. 133 S. 81). Auch muß bei der Abtretung und Pfändung der Grundsatz der Gleichbehandlung der Aktionäre und der Gesellschafter gewahrt werden. Daraus folgt, daß die Gesellschaft z. B. bei der Abtretung nicht die Ansprüche gegen einzelne bestimmte Gesellschafter herausgreifen kann, sondern auch insoweit gegenüber allen Gesellschaftern in gleicher Weise verfahren muß. Es liegt auf der Hand, daß wegen dieser Voraussetzungen die Möglichkeit einer rechtswirksamen Abtretung und Pfändung solcher Einlageforderungen tatsächlich vielfach entfallen wird. Demnach ist es durchaus nicht so, daß Forderungen dieser Art schlechthin für abtretbar und pfändbar erklärt sind, vielmehr ergibt sich aus dem weiteren Erfordernis der Vollwertigkeit des Entgelts und der Gleichbehandlung der Gesellschafter praktisch eine ganz wesentliche Einschränkung der Abtretungsmöglichkeit. Diese Rechtsprechung stützt sich auf die Eigenart des finanziellen Aufbaus der Aktiengesellschaft und der Gesellschaft m. b. H., insbesondere auf die Zweckbestimmung des Grund- oder Stammkapitals, als Garantiekapital für die Gläubiger zu dienen, sowie auf den Grundsatz der Gleichbehandlung der Gesellschafter. Dieser Grundsatz beherrscht auch das Recht der eingetragenen Genossenschaften. Dagegen ist ihr finanzieller Aufbau rechtlich wesentlich anders gestaltet als derjenige der Aktiengesellschaft und der Gesellschaft m. b. H. Ein Grund- oder Stammkapital, das für die Gläubiger schlechthin gebunden wäre, gibt es bei den Genossenschaften nicht. Dessen Stelle vertritt vielmehr im wesentlichen die Haftpflicht der Genossen in ihrer verschiedenen Form, nämlich als beschränkte und unbeschränkte Haftpflicht. Immerhin haben aber auch die Einzahlungsansprüche auf Geschäftsanteil und die darauf geleisteten Einzahlungen mit den Zweck, als Sicherheit für die Gläubiger zu dienen. Dies folgt ohne weiteres aus § 22 des GenG (vgl. RGZ Bd. 45 S. 108 flg.) .... Gewiß handelt es sich um Geldforderungen; daran würde auch durch Abtretung und Pfändung nichts geändert. Aber nicht jede Geldforderung ist abtretbar und pfändbar. Der Charakter der Einzahlungsansprüche als Geldforderungen spricht deshalb keineswegs zwingend für die Zulässigkeit der Abtretung und Pfändung. Wohl aber sprechen eine ganze Reihe von Erwägungen dagegen usw., s. RGZ Bd. 135 S. 55. Urt v. 15. 1. 1932.

Die Einzahlungsansprüche auf den Geschäftsanteil, die der Genossenschaft gegen den Genossen zustehen, sind auch dann unpfändbar, wenn die Genossenschaft sich in Liquidation befindet. (JW 1934, 3077 Nr. 1; Rpfl. 35, 2, 117.)

Ansprüche eingetragener Genossenschaften gegen die Genossen auf Zahlung der Eintrittsgelder sind pfändbar.

Da die Genossenschaft zur Aufnahme von Mitgliedern nicht verpflichtet ist, soweit sie sich nicht selbst eine solche Verpflichtung auferlegt, kann sie im allgemeinen Rahmen der Gesetze die Aufnahme von beliebigen Bedingungen abhängig machen und deshalb satzungsgemäß auch ein Beitrittsgeld einführen, das der Eintretende beim Erwerb der Mitgliedschaft zu zahlen verpflichtet wird (vgl. RGZ Bd. 62 S. 303). Insoweit handelt es sich aber um eine gewöhnliche Geldforderung, die mit dem Beitritt zur Entstehung gelangt und im übrigen in ihrem Bestand und

Fortbestand von den genossenschaftlichen Beziehungen nicht weiter beeinflußt wird. Das GenG insbesondere läßt der Genossenschaft wegen der Verwendung und Verwertung der Beitrittsgelder und der Forderungen auf sie völlig freie Hand. RGZ Bd. 135 S. 56.

106 Gesellschaft mit beschränkter Haftung

Der **Geschäftsanteil** ist keine Forderung, sondern ein Recht; er enthält Forderung und Leistungsgegenstand zugleich. Er ist also ein Gesamtrecht und als solches auch pfändbar. Seine Pfändung erfolgt nach ZPO § 857 durch Beschluß des Vollstreckungsgerichts. Er ist als Geschäftsanteil auch dann pfändbar, wenn die Veräußerung nur mit Genehmigung der Gesellschaft erfolgen darf (GmbHG § 15). Die Zustellung des Beschlusses hat an die Gesellschaft zu erfolgen, die eine dem Drittschuldner gleiche Stellung hat. So Stein-Jonas und Baumbach. Nach RG 47, 415 fehlt ein Drittschuldner. Die Bestimmtheit der Person des Anteilserwerbers ist erforderlich. Dieses Erfordernis ergibt sich schon aus den Bestimmungen in § 16 GmbHG., wo die Rechtsstellung des Anteilserwerbers gegenüber der Gesellschaft von Anmeldung und Nachweis des Übergangs abhängig gemacht und der Erwerber für die zur Zeit der Abmeldung auf den Geschäftsanteil rückständigen Leistungen als neben dem Veräußerer haftbar erklärt ist. Auch die Ausfallhaftung im Falle der Kaduzierung (§ 22 GmbHG.) erheischt die Bestimmbarkeit des für den Geschäftsanteil in Frage kommenden Rechtsvorgängers. RGZ Bd. 135 S. 70.

Eine Pfändung der Anteilscheine als Wertpapiere ist ausgeschlossen.

Der Geschäftsanteil kann aber nicht überwiesen werden, weil der Gläubiger kein Kündigungsrecht und der Geschäftsanteil keinen Nennwert hat. Es kommt nur anderweite Verwertung gemäß § 857 Abs. 5, § 844 der ZPO in Frage. Die Anordnung kann nicht mit dem Pfändungsbeschlusse verbunden werden, weil der Schuldner vorher zu hören ist (ZPO § 844 Abs. 2). Die Verwertung erfolgt im Wege der öffentlichen Versteigerung.

Die Bestimmung des Gesellschaftsvertrages, daß Gesellschaftsanteile nur mit schriftlicher Genehmigung der Gesellschaft veräußert werden dürfen, steht einer Versteigerung der Anteile im Wege der Zwangsvollstreckung nicht entgegen. RGZ 70, 64; Brodmann, GmbHG, § 15 Anm. 2 d.

Die Pfändung des Geschäftsanteils umfaßt, sofern der Pfändungsbeschluß ausdrücklich auf den Geschäftsanteil als solchen gerichtet ist, alle Mitgliedsrechte des Schuldners aus dem Anteile gegen die Gesellschaft. Die vermögensrechtlichen Leistungen darf aber die Gesellschaft an den Schuldner (Gesellschafter, Mitglied) bewirken, solange auf sie nicht besondere Pfändung der aus der Mitgliedschaft fließenden Rechte erwirkt ist. Die Pfändung der **Einzelrechte** eines Gesellschafters (auf Gewinn, Auseinandersetzungsguthaben) erfolgt im Wege der gewöhnlichen Forderungspfändung (Drittschuldner ist die Gesellschaft). Hier ist auch Überweisung zulässig. Nach § 17 des Gesetzes sind Teile eines Gesellschaftsanteils, die durch Erbübergang oder durch Genehmigung der Gesellschaft entstanden sind, nur dann pfändbar, wenn sie mit Genehmigung der Gesellschaft verpfändbar sind. Der Teil ist im Pfändungsgesuch und Beschluß ausdrücklich nach dem Nennbetrage (§ 17 Abs. 4, § 5 d. G.) zu bezeichnen. Drittschuldnerin ist die Gesellschaft; ihr ist der Beschluß zuzustellen.

Unterliegt der Anspruch einer Gesellschaft m. b. H. gegen ihre Gesellschafter auf Einzahlung der Stammeinlage der Pfändung? GmbHG § 19. Urt. v. 22. 5. 31.

Eine Pfändung und Überweisung zur Einziehung kann nur dann als rechtsgültig anerkannt werden, wenn der Anspruch des Gläubigers gegen die Gesellschaft im Zeitpunkt des Wirksamwerdens des Pfändungs- und Überweisungsbeschlusses gegenüber dem gepfändeten Einzahlungsanspruch vollwertig ist. Fehlt es daran — und dies wird nicht selten der Fall sein — dann ermangelt auch der Pfändungs- und Überweisungsbeschluß der Rechtswirksamkeit.... Ist sonach die Möglichkeit der Abtretung und Pfändung von Stammeinlageforderungen grundsätzlich zu bejahen, so ergibt sich doch aus dem Gesetz und der Zweckbestimmung dieser Ansprüche, daß hierbei im Einzelfall noch eine besondere Voraussetzung erfüllt sein muß. Schon in dem eine aktienrechtliche Sache betreffenden Urteil des erkennenden Senats RGZ Bd. 124 S. 380 ist dargelegt, daß die Abtretung von Einlageansprüchen auf Aktien nur dann rechtswirksam sein kann, wenn hierdurch der Vermögensstand der Gesellschaft nicht verringert wird, ihr vielmehr in Form der Gegenleistung des Erwerbers ein vollwertiges Entgelt zufließt..... RGZ Bd. 133 S. 81.

107 Anteil eines Miterben ZPO § 859 Abs. 2

Die Pfändung des Anteils eines Miterben an dem Nachlaß ist **erst nach dem Erbfall** und nur bis zur Auseinandersetzung der Miterben zulässig, und zwar auch dann, wenn Nachlaßverwaltung angeordnet oder ein Testamentsvollstrecker eingesetzt ist.

Nach der Auseinandersetzung ist die Pfändung des Anteils unmöglich. Das Pfandrecht verschafft dem Gläubiger nicht die Stellung eines Miterben (RG 90, 235).

Eine Pfändung einzelner Nachlaßgegenstände (also auch einzelner Forderungen und Rechte) ist unzulässig. Der Anspruch auf Auseinandersetzung und auf das Auseinandersetzungsguthaben für sich ist unpfändbar. Der Gläubiger hat kraft seines Pfandrechts das Recht zu dem Antrag auf gerichtliche Auseinandersetzung, FGG § 86 Abs. 2 (RG 95, 232), und zur Geltendmachung der dazu gewährten Hilfsrechte auf Auskunft usw. (OLG 12, 373). Dagegen ist er zu einer auf die einzelne Sache (Zwangsversteigerung des Grundstücks nach ZVG § 180) beschränkten Auseinandersetzung nicht berechtigt. Bei der Auseinandersetzung fallen die auf den gepfändeten Erbteil entfallenden Gegenstände in das Pfandrecht des Gläubigers (RG 60, 133 f), und für ihre Verwertung gelten die §§ 847, 848 der ZPO entsprechend. Der Gläubiger kann auch die Erteilung eines Erbscheins beantragen. Eine ohne den Gläubiger vorgenommene Auseinandersetzung ist wegen der Verfügungsbeschränkung der Erben ihm gegenüber unwirksam.

Die Befriedigung des Gläubigers erfolgt im übrigen nach den allgemeinen Grundsätzen. Nach BGB § 2033 kann jeder Miterbe über seinen Anteil an dem Nachlasse verfügen. Über seinen Anteil an den einzelnen Nachlaßgegenständen kann ein Miterbe nicht verfügen. Das Gericht kann gemäß ZPO § 857 Abs. 5 die hiernach zulässige Veräußerung des Rechts selbst anordnen, die auch in Form der Versteigerung erfolgen darf (RG in JW 1916, 270; OLG 29, 549. Daneben ist aber auch die Überweisung des Anteils zur Einziehung zulässig, also zur Beitreibung des Auseinandersetzungsguthabens.

Ist ein **Nacherbe** eingesetzt, so wird entweder die Anordnung einer Verwaltung zur Ausnutzung nach ZPO § 857 Abs. 4, oder eine Veräußerung des Rechts in der Weise in Frage kommen, daß ein Miterbe, der Nacherbe oder ein Dritter den Erbanteil übernimmt. Entfallen bei der Auseinandersetzung auf den gepfändeten Anteil Nachlaßgegenstände, so ist zu beachten, daß nach ZPO § 773 ein Gegenstand nicht im Wege der Zwangsvollstreckung veräußert oder überwiesen werden soll, wenn die Veräußerung oder die Überweisung im Falle des Eintritts der Nacherbfolge nach BGB § 2115 dem Nacherben gegenüber unwirksam ist. BGB § 2115: „Eine Verfügung über einen Erbschaftsgegenstand, die im Wege der Zwangsvollstreckung oder der Arrestvollziehung oder durch den Konkursverwalter erfolgt, ist im Falle des Eintritts der Nacherbfolge insoweit unwirksam, als sie das Recht des Nacherben vereiteln oder beeinträchtigen würde. Die Verfügung ist unbeschränkt wirksam, wenn der Anspruch eines Nachlaßgläubigers oder ein an einem Erbschaftsgegenstande bestehendes Recht geltend gemacht wird, das im Falle des Eintritts der Nacherbfolge dem Nacherben gegenüber wirksam ist."

Gehört zu dem Nachlaß ein **Grundstück**, so kann die Pfändung als **Verfügungsbeschränkung** des Miterben hinsichtlich seines Erbteils im Wege der Berichtigung des Grundbuchs in dieses eingetragen werden, wenn die Erben als Eigentümer eingetragen sind. Im Falle der Pfändung des Erbanteils gibt der Miterbe nicht gänzlich seine Mitberechtigung am Gesamtnachlaß auf. Er bedarf aber, um in Gemeinschaft mit den übrigen Miterben über das Grundstück verfügen zu können, der Zustimmung seines Pfandgläubigers, und die Notwendigkeit dieser Zustimmung muß aus dem Grundbuche ersichtlich sein, wenn das Grundbuch die wirkliche Rechtslage zutreffend wiedergeben soll. Deshalb müssen die Beteiligten für berechtigt erachtet werden, die Eintragung des Pfandrechts ins Grundbuch zu verlangen (OLG Braunschweig, 27. 9. 1926; DJZ 1928, 36; RGZ 90, 223).

Die **Veräußerung eines Miterbenanteils darf trotz vorher eingetragener Pfändung des Anteils im Grundbuch eingetragen werden.** Eine Pfändung des Erbanteils untersteht hinsichtlich der sachlich-rechtlichen Wirkungen des Pfandrechts den allgemeinen Rechtsgrundsätzen. Der Pfandschuldner darf hiernach allerdings über seinen Erbanteil nicht mehr verfügen. Allein dieses Verfügungsverbot ist kein absolutes, es verhindert nicht jede Verfügung, sondern nur eine solche zum Nachteile des Pfandgläubigers. Die Verfügungen des Schuldners sind mithin gültig, soweit sie das Recht des Gläubigers nicht beeinträchtigen; und auch im übrigen sind sie im Verhältnis zum Drittschuldner und bei späterem Wegfalle des Pfandrechts sogar ganz allgemein gültig. Bayr. Ob.LG., ZS., Beschl. v. 4. 12. 1926; Bayr. Z. 1927, 93; DJZ. 1927, 332.

Die Zulässigkeit der Pfändung gilt auch für den Anteil des Nacherben.

Der **Pfändungsbeschluß hat den Erbteil als Gegenstand** der Pfändung zu bezeichnen. Der Beschluß ist an die übrigen Miterben (bzw. bei der Nacherbschaft an die Mitnacherben (OLG 26, 333) als Drittschuldner zuzustellen, denn sie nehmen diesem Rechte gegenüber, obwohl es an sich ein absolutes ist, die Stellung des Drittschuldners ein (RG 74, 51 f; 86, 294; OLG 20, 353). Ist aber ein zur Teilung des Nachlasses berufener **Testamentsvollstrecker** bestellt, so hat er die Rolle des Drittschuldners (RG 86, 294; OLG 20, 354; 23, 221), ebenso der **Nachlaßverwalter** und **Nachlaßpfleger.**

Ist eine Ehefrau Miterbin, so braucht der Pfändungsbeschluß nicht auch dem Manne zugestellt zu werden (RG 74, 51).

108 Gütergemeinschaft usw. ZPO § 860 (BGB §§ 1437 ff., §§ 1519 ff., §§ 1549 ff., §§ 1483 ff.)

Der Anteil eines Ehegatten am Gesamtgut oder an den dazu gehörigen Gegenständen ist bei allen vertragsmäßigen Güterständen seiner freien Verfügung entzogen, ebenso der Anteil eines Abkömmlings bei der fortgesetzten Gütergemeinschaft, BGB §§ 1442, 1487, 1519, 1549, 1557. Dementsprechend wird in § 860 Abs. 1 der ZPO die Pfändung ausgeschlossen. Sie kann auch nicht als Pfändung des nach Beendigung der Gütergemeinschaft zufallenden Anteils erfolgen, denn dabei handelt es sich nicht um ein bedingtes, sondern um ein künftiges Recht. **Nach der Beendigung der Gemeinschaft ist der Anteil an dem Gesamtgute** zugunsten der Gläubiger des Anteilsberechtigten der **Pfändung unterworfen.** Eine Pfändung des Anteils an den einzelnen Gegenständen findet dagegen nicht statt.

Der Pfändungsbeschluß ist den übrigen am Gesamtgute Berechtigten zuzustellen.

Durch die Pfändung des Anteils erwirbt der Gläubiger nach FGG § 99 Abs. 1 verb. mit § 86 Abs. 2 das Recht, die gerichtliche Auseinandersetzung herbeizuführen. Bei der Auseinandersetzung fallen die auf den gepfändeten Anteil entfallenden Gegenstände in das Pfandrecht des Gläubigers. Für ihre Verwertung gelten die §§ 847, 848 der ZPO entsprechend.

Die Befriedigung erfolgt durch Überweisung zur Einziehung. Eine Veräußerung des Anteilrechts erscheint dagegen nicht zulässig.

109 Das Recht des Mannes am eingebrachten Gute ZPO § 861 (BGB §§ 1363 flg.)

Das Recht, das dem Ehemanne bei dem gesetzlichen Güterstande kraft der Verwaltung und Nutznießung an dem eingebrachten Gute zusteht, ist nicht pfändbar.

Die von dem Ehemann bereits erworbenen Früchte

des eingebrachten Gutes sind insoweit nicht pfändbar, als sie für diejenigen Ausgaben erforderlich sind, die dem Zwecke des ehemännlichen Rechts entspringen und deshalb zuerst aus dessen Erträgnissen zu decken sind. Dies sind

1. die Kosten der Gewinnung der Früchte und der Erhaltung des eingebrachten Guts, die Abgaben, privatrechtlichen Lasten, Versicherungsgelder, Schuldzinsen, Unterhaltsleistungen der Frau, Prozeß- und Verteidigungskosten;
2. die Unterhaltspflichten, die dem Manne kraft Gesetzes seiner Ehefrau, seiner früheren Ehefrau und seinen Verwandten gegenüber obliegen. Die unehelichen Kinder kommen nicht in Betracht;
3. der eigene standesgemäße Unterhalt des Schuldners (BGB § 1610).

Die Beschränkungen unter 1—3 muß der Schuldner durch Erinnerung nach ZPO § 766 geltend machen; er hat die Beweislast. Die Erinnerung steht aber auch allen denjenigen zu, zu deren Gunsten der Vorbehalt gemacht ist. Die Ehefrau bedarf zu diesem Widerspruche nicht der Zustimmung des Mannes (BGB § 1407 Abs. 4).

Erworben werden die Früchte

1. bei Naturalfrüchten mit der Trennung, BGB § 954,
2. bei Zivilfrüchten mit Abschluß des erzeugenden Vertrags. Daher sind künftige Raten unter der Bedingung der Fortdauer des Güterstandes pfändbar (RG 124, 329).

Für das eingebrachte Gut im Falle der Errungenschafts- oder Fahrnisgemeinschaft sind Sonderbestimmungen nicht getroffen. Der Mann hat hier kein Nutzungsrecht, da die Früchte ins Gesamtgut fallen. BGB §§ 1525 Abs. 1, 1550 Abs. 2. Vgl. ZPO § 740.

Ist bei dem **gesetzlichen Güterstande** nach der Vorschrift des § 1377 Abs. 3 des BGB der Ehemann durch Veräußerung von Teilen des eingebrachten Gutes ersatzpflichtig geworden, so bildet diese Ersatzforderung einen Teil des eingebrachten Gutes (BGB § 1363 Abs. 2). Diese kann auf Grund eines Doppeltitels nach ZPO § 739 gepfändet und entgegen der Beschränkung in § 1394 des BGB zur sofortigen Einziehung überwiesen werden (BGB § 1411 Abs.). Das gleiche gilt für den aus § 1383 verb. mit § 1039 Abs. 1 des BGB sich ergebenden Anspruch auf Ersatz übermäßig gezogener Früchte.

110 Das Nutzungsrecht am Vermögen des Kindes ZPO § 862 (BGB §§ 1649 flg.)

Das Recht, das dem Vater oder der Mutter kraft der elterlichen Nutznießung an dem Vermögen des Kindes zusteht, ist nach BGB § 1658 nicht übertragbar, und nach ZPO § 862 der Pfändung nicht unterworfen. Das gilt auch von dem jährlichen Reingewinne, der sich aus dem von dem Vater oder der Mutter im Namen des Kindes betriebenen Erwerbsgeschäfte ergibt, und von den Nutzungen, die dem Vater oder der Mutter nach BGB § 1656 zustehen, **solange sie nicht fällig sind.**

Die in § 862 Abs. 1 der ZPO ausgesprochene Unpfändbarkeit bedeutet, daß die Nutznießung auch nicht der Ausübung nach gepfändet werden kann. **Pfändbar** sind jedoch nach ZPO § 862 Abs. 2, § 861 die kraft der Nutznießung erworbenen Früchte, soweit sie nicht zur Bestreitung der Lasten der Nutznießung, zur Erfüllung der dem Vater gegenüber seiner Frau, seiner früheren Frau oder seinen Verwandten obliegenden gesetzlichen Unterhaltspflicht (ausgenommen ist der Unterhalt für ein uneheliches Kind) oder zur Bestreitung des standesmäßigen Unterhalts des Vaters selbst erforderlich sind.

Der Widerspruch nach ZPO § 766 steht dem Vater oder der Mutter als Inhaber der elterlichen Gewalt, ev. auch als Unterhaltsberechtigten zu, außerdem dem Kinde selbst, auch wenn es durch den Vater gesetzlich vertreten wird. Es ist ihm dann nach BGB § 1909 ein Pfleger zu bestellen.

Das elterliche Nutznießungsrecht gehört nicht zur Konkursmasse im Konkurse über das Vermögen des Gewalthabers; nur bereits erworbene Früchte gehören dazu.

Das Recht der Nutznießung endigt, auch wenn die elterliche Gewalt des Vaters fortbesteht:

a) mit der Verheiratung des Kindes (d. i. regelmäßig nur der Tochter, da ein minderjähriger Sohn nicht heiraten kann), es sei denn, daß die Ehe ohne die erforderliche elterliche Einwilligung geschlossen wird — BGB § 1661 —,

b) durch Verzicht des Vaters, der dem Vormundschaftsgerichte gegenüber in öffentlich beglaubigter Form zu erklären ist. BGB § 1662.

Nur auf die Nutznießung im ganzen kann der Vater verzichten, nicht auf die Nutznießung an einzelnen Vermögensstücken des Kindes.

Dadurch, daß der Vater auf die Nutznießung am Vermögen des Kindes verzichtet, wird dieses freies Vermögen.

Auch das freie Vermögen unterliegt der Verwaltung des Vaters, sofern sie ihm nicht nach BGB § 1638 Abs. 1 entzogen ist.

Da das Recht der Nutznießung als solches nicht pfändbar ist, so kann der Vater auch nach der Pfändung der Früchte auf das Recht der Nutznießung verzichten.

Forderungen auf Miet-, Pacht- oder Kapitalzinsen hat der Vater mit dem Vertragsabschluß erworben (vgl. § 861 Abs. 4).

111 Nutzungen der Erbschaft bei Einsetzung eines Nacherben ZPO § 863

Ist der Schuldner als Erbe nach BGB § 2338 durch die Einsetzung eines Nacherben (sog. Enterbung in guter Absicht) beschränkt (der Grund der Beschränkung muß bei Testamentserrichtung bestehen; das Testament muß ihn angeben), so sind die Nutzungen der Erbschaft dem Zugriffe der Gläubiger des Vorerben insoweit entzogen, als sie zum standesmäßigen Unterhalte des Vorerben und zur Erfüllung seiner gesetzlichen Unterhaltspflichten erforderlich sind. Vgl. Nr. 109 Nr. 2 und 3 (ZPO § 861).

Die sog. Enterbung in guter Absicht kann nach § 2338 bzw. § 1513 des BGB auch durch die Anordnung einer Testamentsvollstreckung für die Lebenszeit des Abkömmlings erfolgen, der dann nur den Anspruch auf den jährlichen Reinertrag hat. Auch dieser Anspruch ist nach

ZPO § 863 Abs. 1 S. 2 nur in der oben angegebenen Beschränkung pfändbar.

Die Beschränkungen gelten nicht für die Nachlaßgläubiger, BGB § 1967, und für die Gläubiger, deren Recht auch dem etwa eingesetzten Nacherben nach ZPO § 326 Abs. 2 oder dem bestellten Testamentsvollstrecker gegenüber nach BGB § 2213 wirksam ist. Sind beide Maßregeln angeordnet, so ist auch Wirksamkeit beiden Personen gegenüber erforderlich. **Praktisch beschränkt** sich sonach die Tragweite des § 863 der ZPO **auf die persönlichen Gläubiger des Erben.**

Der Schuldner hat die Beschränkungen durch Erinnerung nach ZPO § 766 geltend zu machen und zu beweisen. Die Erinnerung nach § 766 steht aber auch allen denjenigen zu, zu deren Gunsten der Vorbehalt gemacht ist.

112 Zu ZPO § 865

Forderungen, die einem Landwirt aus **Hagelschaden** gegen die Versicherung zustehen, können solange gepfändet werden, als nicht Beschlagnahme im Wege der Immobiliarvollstreckung erfolgt ist. Recht des Reichsnährstandes 35 Nr. 623.

Pfändbarkeit landwirtschaftlicher Versicherungsforderungen

Wegen einer dem Landwirt A. aus Hagelschaden an seiner Ernte gegen die Versicherungsgesellschaft erwachsenen Forderung hat der Gläubiger B. einen Pfändungs- und Überweisungsbeschluß erwirkt. Zwar sind Früchte auf dem Halm und — nach der Trennung — landwirtschaftliche Erzeugnisse insoweit der Pfändung entzogen, als sie zur Fortführung der Wirtschaft bis zu der Zeit erforderlich sind, zu welcher gleiche oder ähnliche Erzeugnisse voraussichtlich gewonnen werden (§§ 810, 811 Z. 4 der ZPO). Andererseits können Gegenstände, auf die sich bei Grundstücken und Berechtigungen die Hypothek erstreckt, gepfändet werden, es sei denn, daß es sich um Zubehör handelt (ZPO § 865 Abs. 2). Zu jenen Gegenständen, auf die sich die Hypothek erstreckt, gehören u. a. Versicherungsforderungen der hier fraglichen Art (BGB

§ 1127). Hinsichtlich ihrer gilt die Beschränkung nicht, die betreffs des Zubehörs getroffen ist. Versicherungsforderungen können also, und zwar auch von Gläubigern, die nur im Besitze eines persönlichen Schuldtitels sind, so lange gepfändet werden, als nicht ihre Beschlagnahme im Wege der Immobiliarvollstreckung erfolgt ist. D. Rpfl. 1936 S. 57 Nr. 64.

113 Bankforderungen Kontokorrentguthaben

Anträge auf Pfändung von Bankforderungen enthalten oft ganze Listen von allen möglichen Forderungen, die gepfändet werden sollen: aus Bankgeschäften jeder Art, aus Geschäftsverbindung, Verwahrung, Einzahlungen des Schuldners oder Dritter für Rechnung des Schuldners, aus An- und Verkauf von Wertpapieren usw. Hier ist gerade das nicht gepfändet, was in solchen Fällen einzig und allein gepfändet werden kann, denn der Bankkunde steht in der Regel mit der Bank in Kontokorrentverkehr — HGB § 355 —.

Die Eröffnung eines Kontokorrents beruht auf einer Abrede des Kunden mit der Bank. Darin liegt der Abschluß eines schuldrechtlichen Vertrags, der die Bank verpflichtet, Einzahlungen vom Kunden selbst und von Dritten für ihn entgegenzunehmen, die einkommenden Gelder für ihn bereitzuhalten, sie — meistens — nach einem bestimmten Satze zu verzinsen und sie — nach vorgängiger Kündigung oder auch ohne eine solche — an den Kunden auszuzahlen. Auf diesem Vertrage beruht die Verpflichtung der Bank, den getroffenen Abreden entsprechend auch zu zahlen. Ob dann überhaupt eine Forderung des Kunden an die Bank entsteht und in welchem Betrage, das hängt davon ab, welche Gelder von ihm oder für ihn bei der Bank eingehen, welche Geschäfte er zu Lasten seines Kontos macht. Alles das sind die Bedingungen, von deren Eintritt die davon abhängig gemachte Wirkung, die Verbindlichkeit der Bank zur Zahlung, ausgelöst wird. Der Zahlungsanspruch des Kunden an seine Bank ist als eine künftige Forderung genügend bestimmt, um abgetreten oder gepfändet werden zu können (vgl. RGZ 55, 334; 67, 167; 74, 82; 82, 229, 230), und es fehlt ihm mithin auch nicht an der erforderlichen Rechtsgrundlage (vgl. RGZ 134, 225). Das Reichsgericht hat nie bezweifelt, daß der Anspruch auf Auszahlung des Saldos aus einem Kontokorrentverhältnis gepfändet werden kann (RGZ Bd. 22 S. 149, Bd. 44 S. 388; Bd. 135 S. 139 — Urt. v. 5. 2. 32 —).

Die Pfändung der Einzelforderungen ist schlechthin wirkungslos, da diese nicht abgetreten und nicht verpfändet werden können (RG 22, 149; 44, 388).

Die Abrechnung erfolgt gemeinschaftlich durch Aufrechnung aller Ansprüche auf alle Gegenansprüche und durch Herausrechnung des Saldos. Gebräuchlich ist halbjährlicher Abschluß. Der Abschluß auf bestimmte Termine bedeutet aber nicht, daß der Vertrag nicht schon früher gekündigt werden könnte.

Vom Kontokorrentvertrag (KV) verschieden ist der gewöhnliche Rechnungsvertrag, die offene Rechnung. Durch den Rechnungsvertrag verpflichtet man sich gegenseitig, die auf die Geschäftsverbindung bezüglichen Zahlungen und Ansprüche nur im Zusammenhange miteinander geltend zu machen, von Zeit zu Zeit abzurechnen und die dabei ermittelte Differenzschuld durch Schuldanerkenntnis festzustellen. Hier kann jeder einzelne Anspruch geltend gemacht werden, aber nur im Zusammenhange mit den übrigen Rechnungsposten. Die einzelnen Ansprüche können auch gepfändet werden, aber der Pfändungsgläubiger kann den Anspruch nur so geltend machen, wie der Schuldner es gekonnt hätte. Die offene Rechnung kann jederzeit gekündigt werden. Die beim Kontokorrent üblichen Ausdrücke (Kontokorrent, laufende Rechnung, Debet, Kredit, Saldo, Rechnungsabschluß usw.) werden vielfach auch auf die offene Rechnung und sogar bei einfacher Rechnungslegung angewendet. Sie können daher nicht den Ausschlag geben (RG 22, 150).

Da die im Kontokorrent (laufende Rechnung) enthaltenen Ansprüche nicht gepfändet werden können, gestattet das Gesetz die **Pfändung und Überweisung des Überschusses,** der sich bei dem Abschlusse des Kontos für den Schuldner ergibt (des Saldoguthaben) HGB § 357.

Gepfändet wird nicht das, was sich z. Zt. der Pfändung als Saldoguthaben ergeben würde, wenn für diesen Zeitpunkt abgerechnet würde, sondern das, was sich bei der dem KV entsprechenden nächsten Abrechnung als Saldoguthaben ergibt. Wächst also das Guthaben bis zum Ablaufe der Rechnungsperiode, so kommt dies dem Pfändungsgläubiger zugute. Nimmt es ab, so könnte der Pfändungsgläubiger um sein Recht kommen. Deshalb soll nach § 357 des HGB die Verminderung des Guthabens gegenüber dem Pfändungsgläubiger unwirksam sein. Eine Ausnahme macht die Verminderung, die durch ein älteres Recht oder eine ältere Schuld des Drittschuldners entsteht. Entscheidend ist der Zeitpunkt der Zustellung des Pfändungsbeschlusses an den Drittschuldner. Die Pfändung erstreckt sich nur auf das Saldoguthaben des nächsten Rechnungsabschnittes, nicht auch auf die Saldoguthaben späterer Abschlüsse. Das Kontokorrent erlischt niemals mit dem bloßen Ablauf der Rechnungsperiode, sondern nur mit dem Abbruch der Geschäftsverbindung. Einer besonderen Vereinbarung über die Erneuerung des Verhältnisses bedarf es nicht. Durch die Pfändung wird keine Kündigung bewirkt. Ohne Rücksicht darauf, ob der Pfändungsbeschluß zum Ausdruck bringt, daß das schon vorhandene Guthaben als auch die in Zukunft zugunsten des Schuldners eingehenden Beträge gepfändet werden, wirkt der Beschluß immer nur für den nächsten vertraglichen Abschluß, der ein Guthaben für den Schuldner bei dem Drittschuldner ergibt. Pfändungen darüber hinaus sind wegen mangelnder Bestimmbarkeit für unzulässig zu erachten. Sobald ein Abschluß ein für den Pfändungsgläubiger greifbares Guthaben ergibt, erledigt sich die Pfändung. RGZ Bd. 140 S. 219.

Soll ein wirksames Pfandrecht entstehen, so ist es notwendig, daß die Forderung bestimmt bezeichnet wird. Wenn der Gläubiger nicht weiß, ob ein Kontokorrentverhältnis besteht oder nicht, so dürfte es zulässig sein, das Saldo, und für den Fall, daß ein solches Verhältnis nicht besteht, einzelne bestimmte Forderungen des Schuldners an die Bank zu pfänden.

114 Postscheckguthaben
— künftige Einzahlungen sind pfändbar —

Das Reichsgericht hat in ständiger Rechtsprechung (RG 67, 166; 82, 227) an der Ansicht festgehalten, daß grundsätzlich die Abtretung künftiger Forderungen nach dem BGB rechtlich möglich sei. Wenn aber rechtsgeschäftlich über eine Forderung schon vor ihrer Entstehung wirksam verfügt werden kann, so ist die gleiche Annahme für Verfügungen, die im Wege der Zwangsvollstreckung erfolgen, in der Folgerichtigkeit begründet. Keine Norm des Prozeßrechts zwingt zur Verneinung der Pfändbarkeit von Ansprüchen, für die „in einem Vertragsverhältnisse des Vollstreckungsschuldners zum Drittschuldner die ausreichende rechtliche Grundlage geschaffen ist, wenn schon die Entstehung des Anspruchs noch in der Zukunft liegt, und nicht nur von der Fortdauer dieser Grundlage, sondern auch von der konkreten Gestaltung der auf ihr beruhenden rechtlichen Beziehungen der Beteiligten zu einander abhängt." Das Reichsgericht hat auch in seinem Urteile vom 5. 2. 1932 (VII 194/31) — RGZ 135, 139 — die Pfändbarkeit zukünftiger Kontokorrentforderungen eines Bankkunden an seine Bank bejaht. Denn der Zahlungsanspruch des Kunden an seine Bank bzw. an das Postscheckamt sei als eine zukünftige Forderung genügend bestimmt, um abgetreten oder gepfändet werden zu können. § 13 X der Dienstanweisung für die Postscheckämter (die allerdings keine Rechtssatzung ist), sieht die Pfändung des künftigen Guthabens vor. Vgl. auch OLG 36, 106 und D. Juristenzeitung 35, 1024.

Nach dem Postrecht wird der Reichspostfiskus Eigentümer der Postscheckgelder. Der Kontoinhaber hat nur eine Forderung, ein Guthaben, gegen die Deutsche Reichspost. Über diese Forderung kann er nur im Rahmen des § 4 des PostscheckG durch Überweisungen und Schecks verfügen (JW 1929, 2366).

Die Pfändbarkeit des Postscheckguthabens ergibt sich aus § 7 S. 2 des PostscheckG. Drittschuldnerin ist die Deutsche Reichspost, die nach der Bekanntmachung des Reichspostministers vom 10. 7. 1921 (ZBl d. R. S. 636) bei der Pfändung von Postscheckguthaben durch das Postscheckamt vertreten wird, bei dem der Kontoinhaber sein Guthaben hat. Der Antrag muß die richtige Kontonummer bezeichnen. Diese ist aus dem amtlichen Verzeichnis der Kunden, das beim Postscheckamt geführt wird, zu ersehen. Es ist nicht Aufgabe des Vollstreckungsgerichts, eine angegebene Kontonummer auf ihre Richtigkeit nachzuprüfen. Die Pfändung erstreckt sich auch auf die Stammeinlage, die zur Zeit nach § 1 Abs. 4 der PostscheckO 5.— *RM* beträgt. Das Mindestguthaben von 5.— *RM* kann der pfändende Gläubiger ohne besondere Pfändung und Überweisung eines Kündigungsrechts vom Postscheckamt ausgezahlt verlangen; soweit es hierzu einer Kündigung bedarf, ist das Recht dazu schon in der Pfändung der Guthabenforderung enthalten. Das ist auch der Standpunkt der Dienstanweisung für die Postscheckämter, nach deren § 15 Abs. VI im Falle einer Pfändung des Guthabens auch die Stammeinlage nötigenfalls zur Befriedigung des Pfandgläubigers zu verwenden ist. Im Pfändungs- und Überweisungsbeschluß muß klar zum Ausdruck kommen, daß das gegenwärtige und auch das künftige Guthaben gepfändet wird. Die Postscheckämter sind gehalten, die Gläubiger zur Klärung der Sachlage aufzufordern, ob auch das nach dem Zustellungstag entstehende Guthaben gepfändet werden soll.

Auf die Pfändung und Überweisung der Befugnisse zur Kündigung des ganzen Postscheckvertragsverhältnisses hat der Gläubiger keinen Anspruch. Die Pfändung eines Rechtes oder einer Befugnis hat stets als Ziel die Ausübung der Befugnis. Der Gläubiger erstrebt aber, die Ausübung des Rechts (Kündigung) zu verhindern. Eine solche Absicht widerspricht dem Sinne und dem Zweck einer Pfändung. Das ergibt sich aus ZPO §§ 857, 842, wo bestimmt ist, daß der Gläubiger, der die Ausübung der Rechte verzögert, vom Schuldner für den aus der Nichtausübung entstehenden Schaden ersatzpflichtig gemacht werden kann. So OLG Dresden, Beschl. v. 10. 8. 1932; 6a Reg. 623 / 32. OLG Hamburg, JW 1932, 3194 Nr. 15. A. M. JW 1932, 3194 Anm., JW 1932, 3215 Nr. 10. S. auch Rpfl. 1933 S. 87.

115 Miet- und Pachtzinsforderungen

Miet- und Pachtzinsforderungen gehören zum unbeweglichen Vermögen. Solange aber nicht die Beschlagnahme des Grundstücks durch Anordnung der Zwangsverwaltung erfolgt ist, ist ihre Pfändung zulässig (ZPO § 865). Nach BGB § 1123 werden Miet- und Pachtzinsforderungen ein Jahr nach der Fälligkeit haftfrei, wenn nicht vorher die Beschlagnahme durch Zwangsverwaltung oder Pfändung für den Hypothekengläubiger auf Grund seines dinglichen Titels erfolgt.

Der Gläubiger eines Miteigentümers kann die Mietzinsforderungen nicht — auch nicht anteilig — pfänden lassen. Die mehreren Miteigentümer eines Grundstücks nach Bruchteilen bilden eine Gemeinschaft im Sinne der §§ 741 flg. des BGB. Jeder Teilhaber kann über seinen Anteil verfügen. Über den gemeinschaftlichen Gegenstand im ganzen können die Teilhaber nur gemeinschaftlich verfügen. BGB § 747. Der Gläubiger muß den Anteil des Teilhabers pfänden lassen. Er kann, sofern der Schuldtitel nicht nur vorläufig vollstreckbar ist, gemäß § 751 des BGB die Aufhebung der Gemeinschaft verlangen. Die Aufhebung der Gemeinschaft erfolgt bei Grundstücken durch Zwangsversteigerung und durch Teilung des Erlöses (BGB § 753). Vgl. RGZ 89, 176. (Rpfl 1935 S. 503). Das Reichsgericht führt dort aus: „In Frage kann kommen, ob und inwieweit dem Schuldner der Beklagten als Miteigentümer die gepfändeten Mietzinsansprüche in ihrer Eigenschaft als Früchte des Grundstücks gebühren. Soweit dies der Fall ist, stehen seine Rechte auf die Mieten auch dem Zugriff seiner Gläubiger offen. Nach § 743 des BGB gebührt dem Teilhaber einer Gemeinschaft ein seinem Anteil entsprechender Bruchteil der Früchte. Zu diesem gehören die durch Vermietung eines Grundstücks erzielten Mietzinsen, mag man darunter nun die Ansprüche gegen die Mieter auf Zahlung der Mieten oder die eingehobenen Mietbeträge selbst verstehen. Streitig ist die Frage, ob als Früchte im Sinne des § 743 des BGB der Rohertrag oder der nach Abzug der Unkosten und sonstigen notwendigen Ausgaben verbleibende Reinertrag anzusehen ist. Diese Frage braucht hier nicht entschieden zu werden. In jedem Falle wird man entsprechend der allgemeinen Verkehrsanschauung nicht nur die Vermietung eines Miethauses, wie ein solches hier in Frage steht, sondern auch die Einhebung und Verwendung der Mieten zur Verwaltung, soweit damit die Lasten und Abgaben sowie die sonstigen notwendigen Auslagen für das Grundstück, insbesondere die Hypothekenzinsen, zu bestreiten sind, und, wenn sich das Grundstück im Miteigentum mehrerer befindet, ihre Einhebung und Verwendung zur gemeinschaftlichen Verwaltung des Grundstücks zu rechnen haben. Jeder Miteigentümer muß sich danach gefallen lassen, daß die Mietzinsen von der Gemeinschaft eingehoben und zunächst für die Bestreitung der notwendigen Ausgaben für das Grundstück verwendet werden. Nur auf den danach als Reinertrag verbleibenden Überschuß steht ihm ein Anspruch gegen die Gemeinschaft zu und nur dieser Anspruch kann von seinen Gläubigern zu ihrer Befriedigung beschlagnahmt und verwertet werden. Es geht nicht an, daß der einzelne Miteigentümer oder statt seiner einer seiner Gläubiger den seinem Miteigentumsrecht entsprechenden Teil der Früchte des Grundstücks, insbesondere der Mietzinsen, ohne Rücksicht auf die Rechte der übrigen Teilhaber für sich in Anspruch nimmt und die Bezahlung der Lasten und Abgaben und sonstigen Unkosten den anderen überläßt."

Besteht der Bruchteil in dem Anteil eines Miteigentümers, so ist die Zwangsvollstreckung **in den Bruchteil** nur durch Eintragung einer Sicherungshypothek, durch Zwangsversteigerung und durch Zwangsverwaltung (ZPO § 866) möglich. ZPO § 864 Abs. 2.

Wann erlischt das Pfandrecht an der Mietzinsforderung im Falle der Zwangsversteigerung?

Ist der Mietzins vor der Beschlagnahme gepfändet und dem Gläubiger zur Einziehung überwiesen worden, so ist die Pfändung gemäß BGB § 573 Satz 1 und §§ 574, 575 in Verb. mit ZVG § 57 b (RGBl 1915 S. 327) auch für die Zeit nach dem Zuschlag wirksam, soweit sie sich auf die Miete für das zur Zeit der Beschlagnahme laufende Kalendervierteljahr bezieht. Ist die Beschlagnahme erst innerhalb der letzten 15 Tage eines Kalendervierteljahrs erfolgt, so erstreckt sich die Wirksamkeit der Pfändung auf das folgende Vierteljahr. Soweit hiernach die Pfändung wirksam ist, hat der Mieter die Miete an den Pfändungsgläubiger zu entrichten.

Der Mietzins für spätere Kalendervierteljahre — in dem Falle, daß die Pfändung **nach** der Beschlagnahme erfolgt, die **gesamte** Miete — kann vom Mieter hinterlegt werden, solange ihm nicht bekannt ist, ob und wann der Zuschlag erteilt ist. Sobald die Rechtskraft des Zuschlags dem Mieter bekannt ist, hat er den Mietzins für die Zeit bis zum Zuschlag an den Pfändungsgläubiger, für die spätere Zeit an den Ersteher zu zahlen.

Zwangsverwaltung

Wegen der Haftung der Miet- oder Pachtzins-Forderung für die Hypothek vgl. BGB §§ 1123 flg.

Die Anordnung der Zwangsversteigerung umfaßt nicht die Miet- und Pachtzinsforderungen, ZVG § 21 Abs. 2, wohl aber die Beschlagnahme des Grundstücks durch Anordnung der Zwangsverwaltung (ZVG § 148).

Die Beschlagnahme des Grundstücks einschl. der Zinsforderungen wird mit dem Zeitpunkte wirksam, in welchem der Beschluß, durch den die Zwangsverwaltung angeordnet ist, dem Schuldner zugestellt wird. Sie wird auch wirksam mit dem Zeitpunkt, in dem das Ersuchen um Eintragung des Zwangsverwaltungsvermerks dem Grundbuchamte zugeht, sofern auf das Ersuchen die Eintragung demnächst erfolgt, und dadurch, daß der Verwalter nach ZVG § 150 den Besitz des Grundstücks erlangt.

Solange die Zwangsverwaltung besteht, dürfen Miet- und Pachtzinsforderungen nicht gepfändet werden (ZPO § 865 Abs. 2). (Wegen der durch die Fortsetzung des Betriebs erwachsenen Ansprüche gegen den **Zwangsverwalter** ist die Pfändung der von dem Verwalter gezogenen Nutzungen und der durch den Verkauf solcher Nutzungen erwachsenen Kaufpreisforderungen zulässig.

„Gegenstand der Zwangsverwaltung“ und „Zwangsverwaltungsmasse“ sind verschiedene Begriffe. Der Gegenstand der Verwaltung, das Grundstück und die mithaftenden Gegenstände, bleibt erhalten; der Verwalter zieht nur die Nutzungen und setzt sie in Geld um. Die Zwangsverwaltungsmasse, deren Verteilung in Frage kommt, wird aus den Nutzungen und den aus deren Verwertung erzielten Einnahmen gebildet. Sie unterliegt auch der Zwangsvollstreckung aus einem gegen den Verwalter als solchen gerichteten vollstreckbaren Titel in gleicher Weise, wie die zur Konkursmasse gehörenden Gegenstände der Zwangsvollstreckung aus einem gegen den Konkursverwalter ergangenen vollstreckbaren Titel unterliegen. Rpfl 33 S. 3.)

Die Zwangsvollstreckung in Miet- und Pachtzinsen unterliegt bis auf weiteres folgenden Beschränkungen:

Die Pfändung ist auf Antrag des Schuldners von dem Vollstreckungsgericht insoweit aufzuheben, als der Schuldner die Einkünfte aus den Miet- oder Pachtzinsen zum laufenden Unterhalt des Grundstücks, zur Vornahme notwendiger Instandsetzungsarbeiten sowie zur Befriedigung von Ansprüchen braucht, die bei einer Zwangsvollstreckung in das Grundstück dem Anspruch des Gläubigers nach § 10 des ZVG vorgehen würden. Das gleiche gilt von der Pfändung von Barmitteln und Guthaben, die aus Miet- oder Pachtzinszahlungen herrühren und die der Schuldner zu den im Satz 1 bezeichneten Zwecken braucht.

Wenn von vornherein ersichtlich ist, daß die vorstehenden Voraussetzungen für die Aufhebung der Zwangsvollstreckung vorliegen, so soll von der Pfändung abgesehen werden.

Der Antrag muß vom Schuldner alsbald nach der Pfändung gestellt werden, da er sonst ohne sachliche Prüfung zurückgewiesen werden kann. Vor Erlassung einer Entscheidung soll das Vollstreckungsgericht den Gläubiger hören. Anordnungen des Vollstreckungsgerichts können mehrmals ergehen. Siehe §§ 18 und 19 der VO über Maßnahmen auf dem Gebiete der Zwangsvollstreckung vom 26. 5. 1933 RGBl I 302 in der Fassung des Gesetzes vom 24. 10. 1934 — RGBl I 1070 —.

Der Antrag des Schuldners ist eine Erinnerung nach ZPO § 766. Gegen die Entscheidung gibt es aber keine Beschwerde.

Vgl. auch Erbhofrechtsverordnung.

Gesetz über die Pfändung von Miet- und Pachtzinsforderungen wegen Ansprüche aus öffentlichen Grundstückslasten. Vom 9. März 1934 — RGBl I S. 181 —.

Die öffentlichen Lasten eines Grundstücks, die in wiederkehrenden Leistungen bestehen, erstrecken sich nach Maßgabe der folgenden Bestimmungen auf die Miet- und Pachtzinsforderungen.

Werden Miet- oder Pachtzinsforderungen wegen des zuletzt fällig gewordenen Teilbetrags der öffentlichen Last gepfändet, so wird die Pfändung durch eine später von einem Hypotheken- oder Grundschuldgläubiger bewirkte Pfändung nicht berührt. Werden die wiederkehrenden Leistungen in monatlichen Beträgen fällig, so gilt dieses Vorrecht auch für den vorletzten Teilbetrag.

Ist vor der Pfändung der Miet- oder Pachtzins eingezogen oder in anderer Weise über ihn verfügt, so bleibt die Verfügung gegenüber dem aus der öffentlichen Last Berechtigten, soweit seine Pfändung das Vorrecht des Abs. 2 genießt, nur für den zur Zeit der Pfändung laufenden Kalendermonat und, wenn die Pfändung nach dem fünfzehnten Tage des Monats bewirkt ist, auch für den folgenden Kalendermonat wirksam.

116 Ist die vom Schuldner für den Gläubiger geleistete prozessuale Sicherheit auch für den Gläubiger pfändbar?

Mit der Hinterlegung erwirbt der Berechtigte ein gesetzliches Pfandrecht an dem hinterlegten Gelde oder an den hinterlegten Wertpapieren und, wenn das Geld in das Eigentum des Reiches übergeht, ein Pfandrecht an der Forderung auf Rückerstattung (BGB § 233). Nach § 7 der Hinterlegungsordnung vom 10. März 1937 (RGBl I S. 285) geht hinterlegtes Geld (nicht auch Wertpapiere) in das Eigentum des Reiches über. Der

Empfangsberechtigte hat gegen das Reich einen Anspruch auf Zahlung einer gleichhohen Geldsumme.

Die Herausgabe erfolgt auf Antrag durch eine Verfügung der Hinterlegungsstelle, wenn die Berechtigung des Empfängers nachgewiesen ist.

Bei Sicherheiten ist zu prüfen, inwieweit sie dem Pfandgläubiger haften.

Nicht in allen Fällen haftet die Sicherheit für die geltend gemachte Forderung des Gläubigers. Das Reichsgericht hat im Urteile vom 11. Januar 1890 (RGZ 25 S. 376) ausgeführt: „Rechtsirrig ist die Ausführung des Berufungsurteils, daß die in den Fällen der §§ 707, 719 der ZPO von der Beklagten bestellte Sicherheit der Klägerin lediglich für den Ersatz des Schadens hafte, der der Klägerin etwa dadurch erwachse, daß sie (infolge jener Sicherheitsleistung und des dadurch erwirkten Beschlusses auf Einstellung der Zwangsvollstreckung aus dem für vorläufig vollstreckbar erklärten Urteile) letzteres Urteil nicht habe zur Vollstreckung bringen können. Eine solche Sicherheit haftet vielmehr der Klägerin pfandesgleich für dasjenige, wozu die Beklagte in der vorläufig für vollstreckbar erklärten Entscheidung verurteilt ist, insofern und insoweit diese Entscheidung demnächst, sei es unangegriffen, sei es trotz beklagterseits dagegen eingelegter Rechtsmittel zugunsten der Klägerin bestehen bleibt.“ Sofern aber die erfolgten Vollstreckungsmaßregeln (Pfändungen) bestehen bleiben, haftet die vom Schuldner geleistete Sicherheit dem Gläubiger für das Interesse daran, daß infolge der Einstellung die Vollstreckung nicht schon zur Zeit der Anordnung dieser Einstellung erfolgte (RG 86, 39). Wird gemäß § 771 Abs. 3, § 769 Abs. 1 der ZPO angeordnet, daß bis zur Erlassung des Urteils über den Widerspruch die Zwangsvollstreckung gegen Sicherheitsleistung eingestellt werde, so dient die geleistete Sicherheit dem Gläubiger zur Sicherung hinsichtlich der Nachteile, die ihm etwa aus der zeitweiligen Einstellung der Zwangsvollstreckung entstehen (RGZ 25 S. 376, JW 1900 S. 80 Nr. 23). Dieser Schaden ist durch rechtskräftiges Urteil nachzuweisen.

Wenn dagegen angeordnet werden soll, daß die Vollstreckungsmaßregeln gegen Sicherheitsleistung aufzuheben seien, ist die Sicherheitsleistung, da dem Gläubiger durch die erfolgten Vollstreckungsmaßregeln wohlerworbene Rechte erwachsen sind, so hoch zu bemessen, daß dem Gläubiger vollständiger Ersatz für die Nachteile gewährt wird, die für ihn aus der Aufhebung der Vollstreckungsmaßregeln entstehen, daß also sein ganzes Interesse an den Vollstreckungsmaßregeln gedeckt wird; die Sicherheit haftet ihm dann insoweit, als er im Falle der Nichtaufhebung der Vollstreckungsmaßregeln Befriedigung erlangt haben würde (RGZ 86 S. 39). Die vom Beklagten zur Abwendung der Zwangsvollstreckung hinterlegte Sicherheit — § 713 Abs. 2 der ZPO — haftet für das, wozu der Beklagte rechtskräftig verurteilt worden ist.

Gemäß § 1257 des BGBs finden die Vorschriften über das durch Rechtsgeschäft bestellte Pfandrecht (BGB § 1204 bis 1296) auf ein kraft Gesetzes entstandenes Pfandrecht entsprechende Anwendung. Sobald die Forderung, für die die Sicherheit haftet, fällig ist, ist der Pfandgläubiger zur Einziehung der Forderung berechtigt (BGB § 1282 Abs. 1). Die Einziehung einer Forderung steht dem Pfandgläubiger nur insoweit zu, als sie zu seiner Befriedigung erforderlich ist.

Das Pfandrecht an einer Forderung erstreckt sich auf die Zinsen der Forderung (BGB § 1289).

Mit dem Eintritte der Vollstreckbarkeit des Anspruchs des Gläubigers, im Falle des § 713 Abs. 2 der ZPO also mit der Rechtskraft des Urteils, ist der Gläubiger berechtigt, sich wegen seiner Forderung aus dem hinterlegten Betrage zu befriedigen und den Anspruch des Hinterlegers an das Reich zu diesem Zwecke einzuziehen.

Durch den Hinterlegungsantrag in Verbindung mit dem Nachweise der Rechtskraft des Urteils im Falle des § 713 Abs. 2 der ZPO, im übrigen der vorläufigen Vollstreckbarkeit, wird sonach die Empfangsberechtigung des Gläubigers ausreichend dargetan.

Sobald die Forderung des Gläubigers ganz oder zum Teil fällig ist (BGB § 1228 Abs. 2), ist der Pfandgläubiger zur Einziehung der Forderung berechtigt, das Reich kann nur an ihn leisten (BGB § 1282 Abs. 1).

Sofern die Sicherheit für die ganze Forderung des

Gläubigers haftet, führt das Gesuch an die Hinterlegungsstelle um Herausgabe ohne besondere Kosten zur Befriedigung des Gläubigers.

Nun bestimmt BGB § 1282 Abs. 2, daß das Recht, die Befriedigung aus der Forderung auf Grund eines vollstreckbaren Titels im Wege der Zwangsvollstreckung zu suchen, unberührt bleibt. Der Gläubiger hat also das Recht nach § 1282 des BGB wahlweise neben der Befugnis, sich im Wege der Zwangsvollstreckung zu befriedigen. Durch die Pfändung und Überweisung verzichtet allerdings der Gläubiger auf seine eigenen durch die Hinterlegung zu seinen Gunsten begründeten Rechte.

Die Frage, ob die durch die Pfändung und Überweisung entstehenden Kosten als zur zweckentsprechenden Rechtsverfolgung notwendig anzusehen sind, muß dann verneint werden, wenn dem Gläubiger die volle Sicherheit haftet.

117 Unterstützung der Angehörigen der einberufenen Wehrpflichtigen und Arbeitsdienstpflichtigen

Familienunterstützungsgesetz vom 30. 3. 1936 — RGBl I S. 327 —.

§ 1 Abs. 2: Die Familienunterstützung ist keine Leistung der öffentlichen Fürsorge. Sie ist nicht zurückzuerstatten. **Sie unterliegt nicht der Pfändung.**

Luftschutz-Familienunterstützungsgesetz. Vom 30. 6. 37 — RGBl I S. 720 —.

§ 1: Die Angehörigen der zu Ausbildungsveranstaltungen und Übungen des Luftschutzes im Sinne des § 13 der Ersten DVO zum Luftschutzgesetz vom 4. Mai 1937 (RGBl I S. 559) herangezogenen Luftschutzdienstpflichtigen erhalten zur Sicherung des notwendigen Lebensbedarfs Unterstützung nach Maßgabe des Familienunterstützungsgesetzes und der Familienunterstützungsvorschrifen vom 30. 3. 1936 (RGBl. I S. 327, 329) in der jeweils geltenden Fassung. Das Entsprechende gilt im Falle der §§ 22 und 23 der Ersten DVO zum Luftschutzgesetz.

118 Reichsschuldbuchgesetz

Fassung vom 31. Mai 1910 (RGBl 1910 S. 840)

§ 11: Verfügungen über (in das bei der Reichsschuldenverwaltung zu führende Reichsschuldbuch) eingetragene Forderungen, wie Abtretungen, Verpfändungen, erlangen dem Reiche gegenüber nur durch die Eintragung Wirksamkeit.

Eine Pfändung oder vorläufige Beschlagnahme der eingetragenen Forderung im Wege der Zwangsvollstreckung oder des Arrestes sowie eine durch eine einstweilige gerichtliche Verfügung angeordnete Beschränkung des eingetragenen Gläubigers ist von Amts wegen auf dem Konto zu vermerken und nach erfolgter Beseitigung dieser Anordnungen zu löschen.

§ 20: Von Amts wegen kann die Löschung eingetragener Forderungen und die Hinterlegung der dagegen auszuliefernden Schuldverschreibungen bei der Hinterlegungsstelle in Berlin auf Kosten des Gläubiger erfolgen:

1. usw.,
2. wenn die Forderung ganz oder teilweise im Wege der Zwangsvollstreckung oder des Arrestes gepfändet oder wenn eine einstweilige gerichtliche Verfügung über dieselbe getroffen ist; usw.

Drittschuldner: Deutsches Reich, vertreten durch die Reichsschuldbuchverwaltung, Berlin.

Die Eintragung in das Schuldbuch hat nur deklaratorische Bedeutung.

119 Befriedigung des Gläubigers aus dem Rechtspfande BGB § 1277

Vgl. Pfandrecht an Rechten BGB §§ 1273 ff. Die Befriedigung erfolgt mangels anderweitiger Vereinbarung, abgesehen vom Verfahren der §§ 1281—1290 (Forderungseinziehung) und den Fällen der §§ 1293 bis 1295 (Verfahren mit Wertpapieren), **auf Grund eines vollstreckbaren Titels im Zwangsvollstreckungswege.** Der Vollstreckungstitel muß, wie im Falle des § 1233 Abs. 2 des BGB gegen den Eigentümer des Pfandes, so hier gegen den Inhaber des verpfändeten Rechtes erwirkt werden.

Ob das Urteil dahin zu fassen ist, daß die Zwangsvollstreckung zum Zwecke der Befriedigung des Pfandgläubigers in das verpfändete Recht zulässig ist, oder dahin, daß der Inhaber des Rechtes sie zu dulden hat, kann dahingestellt bleiben. Das Ergebnis ist in beiden Fällen das gleiche. Auf Grund dieses Vollstreckungstitels ist nicht, wie es in § 1233 Abs. 2 des BGB heißt, „der Verkauf nach den für den Verkauf einer gepfändeten Sache geltenden Vorschriften zu bewirken", sondern es ist **„die Befriedigung nach den für die Zwangsvollstreckung geltenden Vorschriften zu suchen"**. Dieser Wortlaut zwingt zu der Annahme, daß die Zwangsvollstreckung hier trotz des schon bestehenden Pfandrechts mit der Pfändung zu beginnen hat. Es kann nicht anerkannt werden, daß die Notwendigkeit einer nochmaligen Pfändung zu erheblichen Nachteilen führt. Denn bei der Forderungspfändung erfolgt die Pfändung und Überweisung regelmäßig in einem Zuge und bei der Zwangsvollstreckung in Ansprüche, die nicht Geldforderungen sind, ist das gleiche der Fall mit der Pfändung und der sich daran schließenden Anordnung zur Herbeiführung der Befriedigung (ZPO §§ 846 ff).

120 Beitreibung der Kosten der Notare

§ 155 der Kostenordnung — RGBl I 35 S. 1371 —

Die Kosten werden auf Grund einer mit der Vollstreckungsklausel des Notars versehenen Ausfertigung der Kostenberechnung (§ 154: der Geschäftswert, die Gebührenvorschriften, die Beträge der Gebühren und Auslagen sind anzugeben.) nach den Vorschriften der ZPO beigetrieben; § 798 der ZPO gilt entsprechend (Zustellung mindestens eine Woche vor der Vollstreckung). Die Vollstreckungsklausel, die zum Zwecke der Zwangsvollstreckung gegen einen zur Duldung der Zwangsvollstreckung Verpflichteten erteilt wird, hat den Ausspruch der Duldungspflicht zu enthalten.

§ 157: Die Entscheidung nach Abs. 1 (Zurückzahlung, Schadenersatz) ist nach den Vorschriften der ZPO vollstreckbar.

(Ist der Notar nicht mehr im Amte, so erteilt die Vollstreckungsklausel für ihn oder seinen Rechtsnachfolger (Erben) die Behörde, der die Notariatsurkunden in Verwahrung zu geben sind.

Eine Gebühr für die Vollstreckungsklausel steht dem Notar nicht zu.)

121 Verordnung zur Ausführung und Ergänzung der Reichsnotarordnung.

Vom 26. 6. 1937 — RGBl I S. 663 —

Notarverweser

§ 6: Die Bezüge des Notarverwesers sind nur in den Grenzen des § 850 der ZPO pfändbar.

Der Notarverweser führt sein Amt auf Rechnung der Reichsnotarkammer gegen eine von dieser im voraus festzusetzende angemessene Vergütung.

Notarvertreter

§ 12: Die Vergütung des Notarvertreters ist nur in den Grenzen des § 850 der ZPO pfändbar.

122 Deutsche Reichspost

Fernsprechgebühren sind Forderungen öffentlich-rechtlicher Art und als solche Geldleistungen in Verwaltungssachen. Für die Zwangsvollstreckung in Forderungen ist die Vollstreckungsbehörde allein zuständig. Für die Zuständigkeit des ordentlichen Gerichts zum Erlaß eines Pfändungs- und Überweisungsbeschlusses ist darum wegen solcher Forderungen kein Raum.

123 Zwangsversteigerung — Drittschuldner —

Im Falle der Zwangsversteigerung ist für den Anspruch aus der Hypothek (ZPO § 830) nach §§ 37 Nr. 5, 92 Abs. 1 des ZVG nach Erteilung des Zuschlags und Zahlung des Bargebots an das Gericht, ZVG § 107 Abs. 2, der **Eigentümer**, nicht das Gericht oder der Ersteher Drittschuldner. Ist aber der Betrag schon **hinterlegt**, so ist die **Hinterlegungsstelle** Drittschuldner.

Eigentümerhypothek oder -grundschuld bzw. Versteigerungserlös

Ist das Zwangsversteigerungsverfahren eingeleitet, der Zuschlag aber noch nicht erteilt worden, so besteht die Eigentümerhypothek oder -grundschuld noch als Last am Grundstück im Sinne von BGB § 1113 und ZPO § 830. Diese Hypothek (Grundschuld) muß also nach ZPO §§ 830, 857 Abs. 6 gepfändet und überwiesen werden, auch ist bei Buchrechten die Pfändung in das Grundbuch einzutragen, bei Briefrechten aber muß die Übergabe des Briefes erfolgen. Im Verteilungstermin ist dann der Erlös, der auf die Eigentümerhypothek oder -grundschuld entfällt, dem Pfändungsgläubiger zuzuteilen. Vor dem Zuschlage kann also nicht der Anspruch auf den Versteigerungserlös gepfändet werden. Fällt der Zeitpunkt des Zuschlags zwischen die Zustellung des Pfändungs- und Überweisungsbeschlusses und die Eintragung der Pfändung in das Grundbuch oder Übergabe des Briefs, so ist diese Pfändung unwirksam.

Ist aber der Zuschlag erteilt worden (ZwG § 89), so sind die Rechte, die nach den Versteigerungsbedingungen nicht bestehen bleiben sollen, nach ZwG §§ 91, 52 erloschen. An ihre Stelle **tritt der Anspruch auf Befriedigung aus dem Versteigerungserlöse.** Dieses Forderungsrecht ist, wie jede andere Forderung, **pfändbar** (RGZ 53, 215); 55, 264; 63, 216; 64, 216 und 311; 70, 279; 75, 316). Es unterliegt aber nicht der Pfändung nach ZPO § 830, sondern nach § 829, § 857 Abs. 2. Da ein Drittschuldner nicht mehr vorhanden ist, ist die Pfändung der Forderung in dem Zeitpunkte wirksam, in welchem dem Schuldner (ehemaligen Inhaber der Eigentümerhypothek [Grundschuld]) das Gebot, sich jeder Verfügung über das Recht zu enthalten, zugestellt worden ist (RGZ 64, 211 ff). Eine Eintragung der Pfändung in das Grundbuch oder Übergabe des Briefs kommt nicht mehr in Frage. — RG 55, 264; 63, 216; 64, 216, 311. — Auf Grund des Pfändungs- und Überweisungsbeschlusses ist der Erlös dem Gläubiger zuzuteilen. Vgl. RG 75, 316.

Fällt die Forderung des Hypothekengläubigers erst nach dem Zuschlage weg, so ist für die Entstehung einer

Eigentümerhypothek kein Raum mehr; auf den bisherigen Eigentümer geht vielmehr das Recht auf Befriedigung aus dem Versteigerungserlös über (RG 88, 300 ff). Die Pfändung hat, da auch hier ein Drittschuldner nicht vorhanden ist, nach Maßgabe der §§ 829, 857 Abs. 2 der ZPO durch Zustellung an den **bisherigen Eigentümer** zu erfolgen.

BGB § 1143: Ist der Eigentümer nicht der persönliche Schuldner, so geht, soweit er den Gläubiger befriedigt, die Forderung auf ihn über (also: Eigentümerhypothek).

BGB §1177 Abs. 2: Vereinigt sich die Hypothek mit dem Eigentum in einer Person, und steht dem Eigentümer auch die Forderung zu, so bestimmen sich seine Rechte aus der Hypothek, so lange die Vereinigung besteht, nach den für eine Grundschuld des Eigentümers geltenden Vorschriften.

In den beiden Fällen (BGB §§ 1143, 1177 Abs. 2) bleibt die Forderung als solche der Gegenstand der Pfändung und es ist unerheblich, daß die dafür bestehende Hypothek dem Eigentümer selbst zusteht. Hier ist also ZPO § 830 anwendbar, jedoch mit der Einschränkung, daß der Eigentümer die Doppelstellung als Schuldner und als Drittschuldner hat.

Ein weiterer, ebenso zu behandelnder Fall einer forderungsbekleideten **Eigentümerhypothek** ist der der sog. Ersatzhypothek nach BGB § 1182 (RG 81, 71 f).

Wird ein Hypothekengläubiger, nachdem seine Hypothek durch Zuschlag des belasteten Grundstücks in der Zwangsversteigerung gemäß § 52 Abs. 1, § 91 Abs. 1 des ZVG erloschen ist, von dem bisherigen Eigentümer (Vollstreckungsschuldner) befriedigt, so geht auf diesen mit der Forderung der an die Stelle der Hypothek getretene Anspruch auf Befriedigung aus dem Versteigerungserlös über, so daß er im Verteilungstermine den Erlösteil für sich in Anspruch nehmen kann (vgl. RG 65, 418).

Bei Pfändung des **Anspruchs eines Hypothekengläubigers** auf den Zwangsversteigerungserlös nach Erlassung des Zuschlagsbeschlusses ist der bisherige Eigentümer, nicht der Richter, auch nicht der Ersteher Drittschuldner. RG 43, 427; 55, 264; 63, 216; 64, 216, 311; OLG 20, 355.

Im Falle der Mobiliarvollstreckung durch den Gerichtsvollzieher gilt dasselbe für den **Anspruch auf den Erlös.** Die Pfändung ist mit dem Zeitpunkt als bewirkt anzusehen, in welchem dem **Schuldner** das Gebot, sich jeder Verfügung über das Recht zu enthalten, zugestellt ist. Der Gläubiger hat dem Gerichtsvollzieher den Beschluß zur Kenntnisnahme vorzulegen. Der Gerichtsvollzieher ist jedenfalls nicht Drittschuldner. Hat er den Erlös hinterlegt, so ist die Hinterlegungsstelle Drittschuldner.

Bei einer **Zwangsverwaltung** ist der Zwangsverwalter (§§ 146, 152 ff ZVG, Gr. 31, 1163) Drittschuldner.

124 Anschriften von Drittschuldnern

Voraussetzung der Anwendbarkeit des § 829 der ZPO ist, daß ein Drittschuldner vorhanden ist. Sonst greift § 857 Abs. 2 der ZPO ein. Wer **Drittschuldner** ist, bestimmt sich nach dem materiellen Rechte. Drittschuldner kann auch der Gläubiger selbst sein. Der Gläubiger hat dann den Pfändungsbeschluß sich selbst zustellen zu lassen, die Zustellung nur an den Schuldner wäre wirkungslos, da ein Drittschuldner vorhanden ist (RG 20, 369). Diese Pfändung kann, wenn sie nicht bloße Arrestpfändung ist, zu demselben Ergebnis führen, wie die Aufrechnung; sie ist daher von praktischem Werte nur dann, wenn die Aufrechnung aus materiellrechtlichen oder prozeßrechtlichen Gründen nicht oder nicht mehr zulässig ist. Das Wahlrecht hinsichtlich der Überweisung (zur Einziehung oder an Zahlungs Statt) steht auch hier dem Gläubiger zu.

Ist Geld oder sind Sachen von einer Behörde **mit Beschlag belegt,** so ist Drittschuldner die **verwahrende Stelle,** bei **hinterlegtem Gelde der Reichsjustizfiskus, vertreten durch die Hinterlegungsstelle.**

Deutsche Reichsbahn

Die Stellen, welche die Deutsche Reichsbahn bei Rechtsstreitigkeiten oder als Drittschuldner bei Pfändungen zu vertreten berufen sind, sind je innerhalb ihres Geschäftsbereiches

der Generaldirektor (die Eisenbahnabteilungen des Reichsverkehrsministeriums),
die Reichsbahndirektionen und Reichsbahn-Zentralämter,
der Generaldirektor (Eisenbahnabteilungen des Reichsverkehrsministeriums) jedoch nur insoweit, als ihm die erste Entscheidung zusteht.

Für die besonderen Ämter, denen bestimmte Geschäfte für mehrere Direktionsbezirke übertragen sind, liegt die gerichtliche Vertretung der Reichsbahndirektion ob, in deren Bezirk die Ämter ihren Sitz haben. Geschäftsordnung der Deutschen Reichsbahn. Vom 12. Februar 1937 — RVMBl. S. 58 —.

Organisation der Reichsautobahnen

Geschäftsverkehr der Justizbehörden mit den Reichsautobahnen. AV. d. RJM. v. 31. 12. 1937.
— DJ. 1938 S. 65 —.

I. Das Unternehmen „Reichsautobahnen" ist durch Gesetz vom 27. 6. 1933 (RGBl II S. 509) als juristische Person des öffentlichen Rechts errichtet worden. **Die Geschäftsführung und Gesamtleitung des Unternehmens** obliegen der Direktion der Reichsautobahnen in Berlin W 8, Voßstraße 33.

Für die Leitung des Baues der Reichsautobahnen bestehen zur Zeit die folgenden **15 Obersten Bauleitungen:**

Berlin W 9, Potsdamer Straße 40,
Breslau, Elferplatz 20 c,
Dresden-A., Bismarckplatz 5,
Essen, Kruppstraße 30,
Frankfurt a. M., Hohenzollernanlage 35,
Halle (Saale), Preußenhof, Delitzscher Straße 3,
Hamburg, Museumstraße 15,
Hannover, Lavesstraße 77/78,
Kassel, Kronprinzenstraße 1/2,
Köln, Kaiser-Friedrich-Ufer 3,
Königsberg (Pr), Kaiserstraße 49,
München, Arnulfstraße 19,
Nürnberg, Ziegelgasse 9,

Stettin, Grabower Straße 2,
Stuttgart, Jägerstraße 11.

Den Obersten Bauleitungen obliegen alle Geschäfte, die sich aus dem Bau der Reichsautobahnen ergeben, soweit es sich nicht um allgemeine Baufragen oder wirtschaftliche und technische Angelegenheiten von grundlegender Bedeutung handelt, die der Direktion vorbehalten sind. **Die Obersten Bauleitungen vertreten das Unternehmen Reichsautobahnen in allen Angelegenheiten ihres Geschäftsbereichs gerichtlich und außergerichtlich.** Sie erledigen ihre Geschäfte selbständig und haben die gleichen öffentlich-rechtlichen Befugnisse wie die Reichsbahndirektionen. Die örtlichen Bauabteilungen führen ihre Geschäfte nach Anweisung der Obersten Bauleitungen.

II. Der Betrieb der **Tankstellen** an den Reichsautobahnen und der Vertrieb von Treibstoffen und Ölen aller Art ist der Reichsautobahn-Kraftstoff-Gesellschaft m. b. H., Berlin W 9, Columbushaus, Zimmer 801, übertragen.

III. Die Justizbehörden haben in den Angelegenheiten der Reichsautobahnen, die nicht deren Direktion vorbehalten sind, Mitteilungen und **Zustellungen aller Art** an die zuständige Oberste Bauleitung (im Falle des Absatzes II an die Reichsautobahn-Kraftstoff-Gesellschaft m. b. H.) zu richten.

Anmerkung: Bei der Pfändung und Überweisung des Gehalts oder Lohnes von Personen, die bei dem Unternehmen **„Reichsautobahnen"** beschäftigt sind, erfolgt nach den Beobachtungen der Reichsbahn nicht selten eine falsche Bezeichnung der Drittschuldner. In Ziffer 13 der Satzung der Gesellschaft Reichsautobahnen ist bestimmt, daß die Geschäftsstellen der Reichsautobahnen in erster Linie mit Reichsbahnbeamten zu besetzen sind. Darüber hinaus sind in einem gemeinsamen Erlaß der damaligen Hauptverwaltung der Deutschen Reichsbahn-Gesellschaft und der Direktion der Gesellschaft Reichsautobahnen **die Reichsbahndirektionen** ermächtigt worden, etwa sonst noch erforderliches Personal im Wege des Privatdienstvertrages als Angestellte oder Arbeiter der **Deutschen Reichsbahn** einzustellen. **Der Arbeitsvertrag wird infolgedessen stets**

zwischen dem einzelnen Gefolgschaftsmitglied und der Deutschen Reichsbahn geschlossen, auch wenn der Gefolgsmann **ausschließlich für die Reichsautobahnen arbeitet.**

SA. NSDAP.

Nach § 2 der VO zur Durchführung des Gesetzes zur Sicherung der Einheit von Partei und Staat vom 29. 3. 1935 ist die SA. eine Gliederung der NSDAP. Diese Gliederungen werden, wie die NSDAP. selbst, nach § 15 Abs. 2 und 3 der Ersten Ausführungsbestimmung zu der genannten Verordnung vom 29. 4. 1935 vor den Gerichten und Finanzbehörden ausschließlich durch den **Reichsschatzmeister** vertreten.

Vertretung des Reichsfiskus

im Bereiche des **Reichskriegsministeriums** und des **Reichsluftfahrtministeriums.**

AV. d. RJM. v. 22. 12. 1937. DJ 1938 S. 28.

Vorbemerkungen:

1. Bezeichnung:

Der Reichsfiskus wird bezeichnet als

Reichsfiskus (Wehrmacht) — nur in Angelegenheiten, die vom Wehrmachtamt oder einer nachgeordneten Dienststelle der Wehrmacht für die drei Wehrmachtteile gemeinsam bearbeitet werden.
Reichsfiskus (Heer),
Reichsfiskus (Kriegsmarine),
Reichsfiskus (Luftfahrt). — Der Reichsfiskus (Luftfahrt) umfaßt die Angelegenheiten der Luftwaffe und den nichtmilitärischen Geschäftsbereich des Reichsluftfahrtministeriums.

2. Die Einzelheiten sind in den nachfolgenden Abschnitten aufgeführt, und zwar:

Abschnitt I Wehrmacht,
„ II Heer,
„ III Kriegsmarine,
„ IV Luftfahrt,
„ V Schlußbestimmung.

3. Offiziersheime, Kameradschaftsheime (Kantinen), Urlauberheime (Skihütten und dergl.) werden entweder durch die Truppenkommandeure in Selbstbewirtschaftung geleitet oder verpachtet. Demgemäß wird der Betrieb entweder durch den Truppenkommandeur oder durch den Pächter vertreten.

Werden die Heime von einer Personenvereinigung betrieben und ist ein Pächter nicht eingesetzt, so wird die Personenvereinigung als Beklagte durch ihren Vorstand vertreten. Dasselbe gilt für die Messen an Bord der Kriegsschiffe.

Der Reichsfiskus ist an dem Wirtschaftsbetrieb unbeteiligt, seine Haftung für Verbindlichkeiten aus diesen Betrieben also ausgeschlossen.

Ausgenommen hiervon sind die Kantinen an Bord der Kriegsschiffe und damit auch bei verpachteten Kantinen die Streitigkeiten des Schiffskommandos mit dem Pächter einer Bordkantine. Ausgenommen sind ferner die Wirtschaftsbetriebe der Gemeinschaftslager, soweit sie von Stellen der Wehrmacht selbst bewirtschaftet werden.

4. Zweifel über die Zuständigkeit im Einzelfall entscheidet innerhalb der Luftfahrt der Reichsminister der Luftfahrt, im übrigen der Reichskriegsminister.

Abschnitt I **Wehrmacht**

A......, B.......,

C. **Vertretung des Fiskus als Drittschuldner bei Pfändungen.**

Der Pfändungsbeschluß ist zuzustellen:

1. bei Pfändungen gegen **Angehörige der Wehrmacht**
   a) dem Reichskriegsminister, falls der Schuldner ein General, Admiral oder Chef (Vorsteher) einer dem Reichskriegsminister unmittelbar unterstellten Dienststelle ist,
   b) der unmittelbar übergeordneten Dienststelle, falls der Schuldner Kommandeur, Chef (Vorsteher) einer dem Reichskriegsminister nicht unmittelbar unterstellten Dienststelle ist,

c) im übrigen der Dienststelle, zu der der Schuldner gehört oder kommandiert ist;

2. bei Pfändungen gegen **Angestellte oder Arbeiter der Wehrmacht** wegen ihres Arbeits- oder Dienstlohnes derjenigen Dienststelle, bei der der Schuldner tätig ist;

3. bei Pfändungen gegen Personen, die zur Wehrmacht in **vertraglichen oder sonstigen rechtlichen Beziehungen** stehen, aber nicht unter Ziffer 2 fallen,
derjenigen Dienststelle, die bei vertraglichen Ansprüchen den Reichsfiskus verpflichtet hat oder bei außervertraglichen Ansprüchen den Reichsfiskus im Rechtsstreit vertritt oder zu vertreten hätte.

Abschnitt II **Heer**

A......, B.......,

C. **Vertretung des Fiskus als Drittschuldner bei Pfändungen.**

Der Pfändungsbeschluß ist zuzustellen:

1. bei Pfändungen gegen **Angehörige des Heeres**
   a) dem Oberkommando des Heeres, falls der Schuldner ein General oder Chef (Vorsteher) einer dem Oberkommando des Heeres unmittelbar unterstellten Dienststelle ist oder dem Oberkommando des Heeres angehört oder zum Oberkommando des Heeres, zu auswärtigen Botschaften oder Gesandtschaften kommandiert ist,
   b) der unmittelbar übergeordneten Dienststelle, falls der Schuldner Kommandeur, Chef (Vorsteher) einer dem Oberkommando des Heeres nicht unmittelbar unterstellten Dienststelle ist,
   c) im übrigen der Dienststelle, zu der der Schuldner gehört oder kommandiert ist; die unterste Dienststelle ist die Kompanie, Schwadron, Batterie usw.;

2. bei Pfändungen **gegen ehemalige Angehörige des Heeres oder ihre Hinterbliebenen** wegen **Wartegeld, Ruhegehalt** oder **Versorgungsgebührnissen**
dem Wehrbezirkskommando (Versorgungsabteilung),

das die Versorgungsgebührnisse des Schuldners zahlt (s. auch Heeresverordnungsbl. 1937 S. 433);

3. bei Pfändungen gegen **Angestellte oder Arbeiter des Heeres** wegen ihres Arbeits- oder Dienstlohnes
derjenigen Dienststelle, bei der der Schuldner tätig ist;

4. bei Pfändungen gegen Personen, die zum Heere in vertraglichen oder sonstigen rechtlichen Beziehungen stehen, aber nicht unter Ziffer 3 fallen,
derjenigen Dienststelle, die bei vertraglichen Ansprüchen den Reichsfiskus verpflichtet hat oder bei außervertraglichen Ansprüchen den Reichsfiskus im Rechtsstreit vertritt oder zu vertreten hätte.

Abschnitt III **Kriegsmarine**

A......, B.......,

C. **Vertretung des Fiskus als Drittschuldner bei Pfändungen.**

Der Pfändungsbeschluß ist zuzustellen:

1. bei Pfändungen gegen **Angehörige der Kriegsmarine**
   a) dem Oberkommando der Kriegsmarine, falls der Schuldner ein Admiral oder Chef (Vorsteher) einer dem Oberkommando der Kriegsmarine unmittelbar unterstellten Dienststelle ist oder dem Oberkommando der Kriegsmarine angehört oder zum Oberkommando der Kriegsmarine, zu auswärtigen Botschaften oder Gesandtschaften kommandiert ist,
   b) der unmittelbar übergeordneten Dienststelle, falls der Schuldner Kommandeur, Chef (Vorsteher) einer dem Oberkommando der Kriegsmarine nicht unmittelbar unterstellten Dienststelle ist,
   c) im übrigen der Dienststelle, zu der der Schuldner gehört oder kommandiert ist; die unterste Dienststelle ist die Kompanie, das Schiffskommando usw.;

2. bei Pfändungen gegen **ehemalige Angehörige der Kriegsmarine** oder ihre Hinterbliebenen wegen Wartegeld, Ruhegehalt oder Versorgungsgebührnissen
dem Wehrbezirkskommando (Versorgungsabteilung),

das die Versorgungsgebührnisse des Schuldners zahlt (s. auch Marineverordnungsbl. 1937 S. 465);

3. bei Pfändungen gegen **Angestellte oder Arbeiter der Kriegsmarine** wegen ihres Arbeits- oder Dienstlohnes derjenigen Dienststelle, bei der der Schuldner tätig ist;

4. bei Pfändungen gegen Personen, die zur Kriegsmarine in vertraglichen oder sonstigen rechtlichen Beziehungen stehen, aber nicht unter Ziffer 3 fallen,
derjenigen Dienststelle, die bei vertraglichen Ansprüchen den Reichsfiskus verpflichtet hat oder bei außervertraglichen Ansprüchen den Reichsfiskus im Rechtsstreit vertritt oder zu vertreten hätte.

Abschnitt IV **Luftfahrt**

A......, B.......,

C. **Vertretung des Fiskus als Drittschuldner bei Pfändungen.**

Der Pfändungsbeschluß ist zuzustellen:

1. bei Pfändungen gegen **Angehörige der Luftwaffe**
   a) dem Reichsminister der Luftfahrt (und Oberbefehlshaber der Luftwaffe), falls der Schuldner ein General oder Chef (Vorsteher) einer dem Reichsminister der Luftfahrt (und Oberbefehlshaber der Luftwaffe) unmittelbar unterstellten Dienststelle ist oder dem Reichsluftfahrtministerium angehört oder zum Reichsluftfahrtministerium, zu auswärtigen Botschaften oder Gesandtschaften kommandiert ist,
   b) der unmittelbar übergeordneten Dienststelle, falls der Schuldner Kommandeur, Chef (Vorsteher) einer dem Reichsminister der Luftfahrt (und Oberbefehlshaber der Luftwaffe) nicht unmittelbar unterstellten Dienststelle ist,
   c) im übrigen der Dienststelle, zu der der Schuldner gehört oder kommandiert ist; die unterste Dienststelle ist die Staffel, Kompanie, Batterie usw.;

2. bei Pfändungen gegen **ehemalige Angehörige der Luftwaffe** oder ihre Hinterbliebenen wegen Wartegeld, Ruhegehalt oder Versorgungsgebührnissen

dem Wehrbezirkskommando (Versorgungsabteilung), das die Versorgungsgebührnisse des Schuldners zahlt;

3. bei Pfändungen gegen **Angestellte oder Arbeiter des Reichsluftfahrtministeriums** oder unterstellter Dienststellen wegen ihres Arbeits- oder Dienstlohnes
derjenigen Dienststelle, bei der der Schuldner tätig ist;

4. bei Pfändungen gegen Personen, die zum Reichsluftfahrtministerium oder unterstellten Dienststellen in vertraglichen oder sonstigen rechtlichen Beziehungen stehen, aber nicht unter Ziffer 3 fallen,
derjenigen Dienststelle, die bei vertraglichen Ansprüchen den Reichsfiskus verpflichtet hat oder bei außervertraglichen Ansprüchen den Reichsfiskus im Rechtsstreit vertritt oder zu vertreten hätte.

Der Chef des Oberkommandos der Wehrmacht übt die bisher dem **Reichskriegsminister** zustehenden Befugnisse aus. (Erlaß vom 4. 2. 1938, RGBl I S. 111.)

Reichsarbeitsdienst

Fünfte Verordnung zur Durchführung und Ergänzung des Reichsarbeitsdienstgesetzes.

Vom 23. März 1936 — RGBl I S. 198 —

Artikel 2:

1. der **Reichsfiskus** wird, soweit keine abweichenden gesetzlichen Vorschriften bestehen, für den Geschäftsbereich des Reichsarbeitsdienstes vertreten:

a) im Geschäftsbereich eines Arbeitsgaues und im Geschäftsbereich eines Hauptmeldeamtes, dessen Sitz im Bezirk des Gaues liegt,
durch den zuständigen Arbeitsgauführer,

b) im übrigen einschließlich des Geschäftsbereichs der Schulen, der Beschaffungs- und Bekleidungsämter
durch den Reichsarbeitsführer.

2. Bei der Pfändung und Überweisung von **Ruhegeld, Wartegeld oder Hinterbliebenenbezüge** (§§ 829, 835 der ZPO) und bei der **Benachrichtigung** von einer be-

vorstehenden Pfändung (§ 845 der ZPO) ist zur Vertretung des Reichsfiskus **neben** den im Abs. 1 genannten Dienststellen auch das **Versorgungsamt** berufen, das die Bezüge zahlt.

Vertretung des Reichsfiskus durch die Treuhänder der Arbeit — RMBl. 1936 S. 186 —

Vertretung bei der Zwangsvollstreckung in Gehalts-, Lohn- und sonstige Dienstbezüge

1. Zur **Vertretung des Reichsfiskus** sind berufen:
   a) bei der Pfändung und Überweisung von Gehalts-, Lohn- und sonstigen Dienstbezügen der Beamten, Angestellten und Arbeiter sowie bei der Benachrichtigung von einer bevorstehenden Pfändung (Vorpfändung):
   der Treuhänder der Arbeit oder der Sondertreuhänder für den öffentlichen Dienst, bei dem der Schuldner beschäftigt ist;
   b) bei der Pfändung, Überweisung und Vorpfändung von Dienstbezügen der **Sondertreuhänder der Heimarbeit und der bei ihnen beschäftigten Beamten, Angestellten und Arbeiter,** soweit sie ihre Dienstbezüge aus Haushaltsmitteln des Reichs erhalten:
   derjenige Treuhänder der Arbeit, in dessen Bezirk der Sondertreuhänder seinen Amtssitz hat;
   c) bei der Pfändung, Überweisung und Vorpfändung **von Wartegeld oder Ruhegeld der Beamten,** die in Treuhänderdienststellen planmäßig beschäftigt gewesen sind, und von Bezügen ihrer Hinterbliebenen:
   das Versorgungsamt, das die Bezüge zur Zahlung anweist.
2. Die Berufung zur Vertretung des Reichsfiskus im Sinne des Abs. 1 erstreckt sich auf
   a) die Entgegennahme von Zustellungen,
   b) die Abgabe der Erklärungen nach ZPO § 840 oder den sonst einschlägigen Bestimmungen, die infolge der Pfändung und Überweisung notwendig werdenden Maßnahmen;

c) die Vertretung in einem sich anschließenden Rechtsstreit.

Vertretung des Reichsfiskus im Geschäftsbereiche der Reichsjustizverwaltung. AV d. RJM v. 9. 3. 1937. DJ 1937 S. 431 — RMBl 37 S. 68 —.

Drittschuldnervertretung

Bei der Entgegennahme von Pfändungs- und Überweisungsbeschlüssen oder Benachrichtigungen von einer bevorstehenden Pfändung wird der Reichsjustizfiskus vertreten:

1. bei Pfändung von **Dienstbezügen der Beamten, Angestellten und Lohnempfänger**
   durch den **Leiter der Beschäftigungsbehörde** und, wenn der Schuldner keiner Behörde angehört, durch den Leiter der Behörde, die die Auszahlung der Bezüge anzuordnen hat,
2. bei Pfändung von **Versorgungsbezügen** (Ruhegeld, Wartegeld, Hinterbliebenenbezüge usw.)
   durch den **Leiter der Behörde, die die Auszahlung anzuordnen hat,**
3. bei Pfändung eines Anspruchs auf **Auszahlung hinterlegter** Gelder oder auf Herausgabe **hinterlegter** Wertpapiere, sonstiger Urkunden und Kostbarkeiten
   durch die Hinterlegungsstelle,
4. bei Pfändung sonstiger Ansprüche
   durch den Leiter der Behörde, die die geschuldete Leistung, insbesondere die Auszahlung eines geschuldeten Geldbetrages, anzuordnen hat.

Reichsnährstand

Der Reichsnährstand ist eine Selbstverwaltungskörperschaft des öffentlichen Rechtes.

Gesetzlicher Vertreter ist der Reichsbauernführer.

Erstattungsansprüche nach der RAbgO

§ 136 der RAbgO (RGBl 1919 S. 2023):

Die Abtretung oder Verpfändung eines Erstattungs- oder Vergütungsanspruchs ist nur wirksam, wenn sie der

Gläubiger der **Finanzbehörde** anzeigt, die über den Anspruch entschieden oder zu entscheiden hat. Bei Pfändung eines Erstattungs- oder Vergütungsanspruchs gilt diese Behörde als Drittschuldner im Sinne der §§ 829, 845 der ZPO. Wegen der Erstattungs- oder Vergütungsansprüche vgl. §§ 127—135 der RAbgO.

D

Muster für Pfändungsbeschlüsse usw.

1 Buchhypothek — Nr. 18 —

wird die angeblich dem Schuldner an den Fabrikbesitzer O. M. in Z. zustehende Forderung, für die auf Blatt 100 des Grundbuchs für F. in Abt. III unter Nr. 34 eine Buchhypothek im Betrage von 545 *RM* s. Zinsen eingetragen ist, gepfändet.

Der Fabrikbesitzer O. M. darf usw. nicht mehr zahlen.

Der Schuldner . . . zu enthalten.

Zugleich usw. zur Einziehung überwiesen.

2 Gesamthypothek — Nr. 18 —

wird die angeblich dem Schuldner an den Fabrikbesitzer O. M. in Z. zustehende Forderung, für die auf Blatt 100 des Grundbuchs für F. in Abt. III unter Nr. 34, und mitbelastungsweise auf Blatt 351 des Grundbuchs für K. in Abt. III unter Nr. 15 eine Buchhypothek im Betrage von 1400 *RM* s. Anh. eingetragen ist, gepfändet.

usw. nicht mehr zahlen.

Der Schuldner usw. zu enthalten.

Zugleich usw. zur Einziehung überwiesen.

3 Rückstände von Hypothekenzinsen — Nr. 20 —

wird die angebliche Forderung des Schuldners an den Kaufmann A. B. in K. auf Zahlung von 125 *RM*, das sind am 1. Oktober 1927 fällig gewesene Zinsen zu 5 v. H. von 10 000 *RM* Darlehen, für das auf Blatt 17 des Grundbuchs für L. in Abt. III unter Nr. 19 Hypothek eingetragen sein soll, gepfändet.

Der Kaufmann A. B. usw. nicht mehr zahlen.

Der Schuldner usw. zu enthalten.

Zugleich usw. zur Einziehung überwiesen.

4 Der GV hat einen Wechsel gepfändet — Nr. 21 — Überweisungsbeschluß

in der Zwangsvollstreckungssache ......

Die im Auftrage des Gläubigers durch den Gerichtsvollzieher des unterzeichneten Amtsgerichts bei dem Schuldner am 27. März 1937 gepfändete Forderung aus dem vom Schuldner am 2. Januar 1938 ausgestellten, am 4. April fälligen und von dem Kaufmann .... in N. angenommenen Wechsel über 780 RM — Pf. wird dem Gläubiger auf Grund des vollstreckbaren Urteils des Amtsgerichts zu D. — 15 C 1400/37 — vom 15. Februar 1937 in Höhe von RM Pf. nebst 5 v. H. Zinsen von RM Pf s. d ... und der Kosten für die Zustellung dieses Beschlusses zur Einziehung überwiesen.

Anmerkung: Der Gerichtsvollzieher hat den gepfändeten Wechsel (m. Protest usw.) dem Gläubiger gegen Empfangsbekenntnis herauszugeben, sobald der Gläubiger die an den Drittschuldner (hier den Akzeptanten) zugestellte Ausfertigung des Überweisungsbeschlusses vorlegt.

5 Anspruch auf Herausgabe einer beweglichen Sache — Nr. 29 a —

wird der angebliche Anspruch des Schuldners gegen den Tischlermeister H. G. in M. auf Herausgabe einer Schlafzimmereinrichtung, echt Eiche, bestehend aus zwei Bettstellen usw., gepfändet.

(Oder: auf Leistung von 100 Ztr. Kartoffeln gepfändet.)

Der Tischlermeister H. G. hat die bezeichnete Schlafzimmereinrichtung nicht mehr an den Schuldner, sondern an den von dem Gläubiger zu beauftragenden Gerichtsvollzieher herauszugeben.

Der Schuldner usw. der erwähnten Schlafzimmereinrichtung zu enthalten.

Zugleich usw. zur Einziehung überwiesen.

6 Anspruch auf Herausgabe einer unbeweglichen Sache — Nr. 29 c —

wird der angebliche Anspruch des Schuldners an den Viehhändler M. Sch. in L. auf Herausgabe des in L. an der Schützenstraße Nr. 14 gelegenen, auf Blatt 1043 des Grundbuchs für L. eingetragenen Hausgrundstücks gepfändet.

Der Viehhändler M. Sch. hat das bezeichnete Grundstück nicht mehr an den Schuldner herauszugeben, sondern an den Ortsrichter Scheibe in L., Hainichener Str. Nr. 18, der auf Antrag des Gläubigers hiermit zum Sequester bestellt wird.

Der Schuldner hat sich jeder Verfügung über den Anspruch zu enthalten.

Zugleich usw. zur Einziehung überwiesen.

7 Reichsversorgungsgesetz — Nr. 47 —

(Versorgungsgebührnisse sind nur wegen eines Anspruchs auf Erfüllung einer gesetzlichen Unterhaltspflicht pfändbar, aber nur insoweit, als der Versorgungsberechtigte der Gebührnisse zur Bestreitung seines Unterhalts oder zur Erfüllung einer ihm gesetzlich obliegenden Unterhaltspflicht nicht bedarf.)

Die Kapitalabfindungssumme ist innerhalb der von der Behörde bemessenen Frist (§ 78) auch wegen Unterhaltsforderungen nicht pfändbar.

8 Wehrmachtversorgungsgesetz — Nr. 48 —

I. Unteroffiziere und Mannschaften

a) wegen Unterhalts für Frau und Kinder:

werden die Forderungen des Schuldners, die ihm angeblich an den Reichsfiskus, vertreten durch das Wehrbezirkskommando (Versorgungsabteilung) in . . . . . ., nach dem Wehrmachtsversorgungsgesetze auf Gewährung von Übergangsgebührnissen, Zulagen zu den Übergangsgebührnissen und Kinder-, Frauen- und Teuerungszuschlägen zustehen, gepfändet, und zwar mit der Einschränkung, daß dem Schuldner monatlich . . . *RM* pfandfrei verbleiben.

. . . . zur Einziehung überwiesen.

b) wegen Unterhalts für ein uneheliches Kind:

werden die Forderungen des Schuldners, die ihm angeblich nach dem Wehrmachtversorgungsgesetz an den Reichsfiskus, vertreten durch das Wehrbezirkskommando (Versorgungsabteilung) in . . . ., auf Zahlung von Übergangsgebührnissen mit Zulagen und von Kinder-, Frauen- und Teuerungszuschlägen zustehen, in Höhe von . . . *RM* gepfändet usw.

. . . . zur Einziehung überwiesen.

(Dem Schuldner muß der eigene notwendige Unterhalt und der standesmäßige Unterhalt für seine Verwandten, Frau und frühere Frau, verbleiben.)

c) wegen anderer Forderungen als a und b:

wird die Forderung des Schuldners, die ihm angeblich nach dem Wehrmachtversorgungsgesetz an den Reichsfiskus, vertreten durch das Wehrbezirkskommando (Versorgungsabteilung) in . . . . ., auf Zahlung von Übergangsgebührnissen mit Zulagen zusteht, in Höhe von einem Drittel des Betrags, der monatlich 150 *RM* übersteigt, gepfändet, usw.

. . . . zur Einziehung überwiesen.

Bemerkung zu a bis c: Unpfändbar sind

die einmalige Übergangsbeihilfe, die einmalige Umzugsentschädigung, die Gebührnisse für das Sterbevierteljahr.

II. Offiziere, einschl. Deckoffiziere

a) wegen einer Unterhaltsforderung für Frau und Kinder

werden die Forderungen des Schuldners, die ihm angeblich nach dem Wehrmachtversorgungsgesetz an den Reichsfiskus, vertreten durch das Wehrbezirkskommando (Versorgungsabteilung) in . . ., auf Zahlung von Ruhegehalt, Übergangsgebührnissen, Kinder-, Frauen- und Teuerungszuschlägen zustehen, gepfändet, und zwar mit der Einschränkung, daß dem Schuldner monatlich . . . *RM* pfandfrei verbleiben, usw.

. . . . zur Einziehung überwiesen.

b) wegen Unterhalts für ein uneheliches Kind:

wie a), nur müssen dem Schuldner der eigene notwendige Unterhalt und der standesgemäße Unterhalt für seine Verwandten, Frau und frühere Frau verbleiben.

c) wegen anderer Forderungen als a) und b):

werden das Ruhegehalt und die Übergangsgebührnisse, die angeblich dem Schuldner nach dem Wehrmachtversorgungsgesetz an den Reichsfiskus, vertreten durch das Wehrbezirkskommando (Versorgungsabteilung) in . . . . . . zustehen, in Höhe von einem Drittel des Betrags, der monatlich 150 *RM* übersteigt, gepfändet. usw. zur Einziehung überwiesen.

Bemerkung zu a bis c: Unpfändbar sind

Kapitalabfindung (innerhalb der im § 43 vorgesehenen Frist), Kapitalbeträge (§ 46) bis zu ihrer bestimmungsmäßigen Verwendung, einmalige Übergangsbeihilfe, einmalige Umzugsentschädigung, Gebührnisse für das Sterbevierteljahr.

III. Hinterbliebene

Witwen- und Waisengeld sind wegen der Unterhaltsforderungen der Verwandten pfändbar, dem Schuldner muß aber der notwendige Unterhalt belassen bleiben, wegen der Unterhaltsforderungen unehelicher Kinder beschränkt (der eigene notwendige

Unterhalt und der Unterhalt für die Verwandten des Schuldners sind diesem zu belassen).

Bemerkung: Unpfändbar sind:
Kapitalabfindung innerhalb der im § 43 vorgesehenen Frist, und die einmalige Umzugsentschädigung (§ 80).

9 Herausgabe gemäß § 886 der ZPO — Nr. 29 d —

Nach dem vollstreckbaren Urteile des usw. hat der Schuldner folgende Gegenstände an den Gläubiger herauszugeben: . . . . .

Da die herauszugebenden Gegenstände sich angeblich im Gewahrsame des . . . . befinden, wird der Anspruch des Schuldners gegen ihn auf Herausgabe der oben aufgeführten Gegenstände für den Gläubiger gepfändet.

Der N. N. hat die bezeichneten Gegenstände nicht mehr an den Schuldner, sondern an den Gläubiger herauszugeben.

Der Schuldner hat sich jeder Verfügung über den Anspruch, insbesondere durch Abforderung und Annahme der erwähnten Gegenstände, zu enthalten.

Zugleich usw. zur Einziehung überwiesen.

Anmerkung: Der Beschluß ermächtigt den Gerichtsvollzieher nicht, dem Drittschuldner die Gegenstände zwangsweise wegzunehmen. Nur auf Grund eines infolge des Beschlusses erwirkten vollstreckbaren Titels auf Herausgabe hat die Wegnahme durch den GV zu erfolgen. Freiwillig herausgegebene oder zwangsweise weggenommene Gegenstände sind dem Gläubiger zu übergeben.

10 Pfändungsbeschluß — Nr. 35 —

in der Arrestsache . . . .

Zur Sicherung eines dem Gläubiger angeblich gegen den Schuldner zustehenden Anspruchs auf . . . . hat das unterzeichnete Gericht am . . . . auf Antrag des Gläubigers einen Arrestbefehl erlassen.

Auf Grund dieses Arrestbefehls wird hierdurch die angebliche Forderung des Schuldners an NN aus Darlehen auf Höhe von . . . *RM* gepfändet.

Der . . . . darf an den Schuldner nicht mehr zahlen.

Der Schuldner hat sich jeder Verfügung über die Forderung, insbesondere der Einziehung der Forderung, zu enthalten.

. . . . , den . . . . 19 . . .

Das Landgericht (Amtsgericht).

(Der Rechtspfleger ist nicht zuständig.)

11 Arrestbefehl und Pfändungsbeschluß sind vorausgegangen: Überweisungsbeschluß — Nr. 35 —

in der Zwangsvollstreckungssache ....

Die durch Beschluß des Landgerichts zu ..... vom ...... 19 . . . gepfändete angebliche Forderung des Schuldners an .... wird der Gläubigerin auf Grund des vollstreckbaren Urteils desselben Gerichts — 2 O 700/37 — vom ...... in Höhe von .... RM nebst 6 v. H. Zinsen von .... RM ... Pf. seit dem ...... und der Kosten für die Zustellung dieses Beschlusses zur Einziehung überwiesen.

........, den .... 19 . .

Das Amtsgericht.
(Unterschrift.)
als Rechtspfleger.

Anmerkung: Dem Schuldner ist Sicherheitsleistung nachgelassen: „Der Baumeister E. F. in B. hat den gepfändeten Betrag, solange das Urteil vom 15. Mai 1937 nicht rechtskräftig geworden ist, nicht an die Gläubigerin auszuzahlen, sondern zu hinterlegen.

(Mehr als gepfändet worden ist, darf selbstverständlich nicht überwiesen werden.)

12 Dienstbezüge der Wehrmachtangehörigen — Nr. 43 —

wird die angebliche Forderung des Schuldners an den Reichsfiskus, vertreten durch den Chef der 3. Kompanie des Infanterie-Regiments Nr. . . . in ...., auf Gewährung seiner Dienstbezüge in Höhe von einem Drittel des monatlich 150 RM **ohne** Abzug von Steuern und sozialen Lasten übersteigenden Mehrbetrags gepfändet.

Kinderzuschläge und Dienstaufwandsentschädigungen sind ausgenommen; sie sind bei Berechnung des Drittels unberücksichtigt zu lassen.

Der Reichsfiskus, vertreten usw., nicht mehr zahlen.

Der Schuldner usw. zu enthalten.

Zugleich usw. zur Einziehung überwiesen.

13 Lohn — Nr. 43 —

wird die angebliche Forderung des Schuldners an .... in .... auf Zahlung der ihm auf Grund eines Arbeits- oder Dienstverhältnisses zustehenden Vergütungen (Lohn, Gehalt und sonstigen Bezüge in Höhe von zwei Dritteln des wöchentlich

35 *RM* ohne Abzug von Steuern und sozialen Lasten übersteigenden Mehrbetrags gepfändet.

14 Lohn, gepfändet wegen Unterhaltsrückstände — Nr. 43 —

Nach de.. vollstreckbaren .... vom ...... 19 ... steht der Gläubigerin gegen den Schuldner ein Anspruch auf 900 *RM* — Pf. Unterhaltsrente für die Zeit vom 1. November 1934 bis 31. Oktober 1937 zu.

Wegen dieses Anspruchs[1]) wird die angebliche Forderung des Schuldners an .... auf Zahlung von Lohn, Gehalt oder sonstigen Bezügen aus dem Arbeits- oder Dienstverhältnis gepfändet, und zwar

1. wegen des Betrages von 300 *RM* — Pf. (Unterhaltsanspruch auf die Zeit seit dem 1. November 1936) mit der Einschränkung, daß dem Schuldner nach Abzug der Steuern und sozialen Lasten — monatlich — wöchentlich — täglich — .... *RM* pfandfrei verbleiben —,
2. wegen des weiteren Betrags von 600 *RM* — Pf. — in Höhe von — $^2/_3$ — $^1/_2$ — $^1/_3$ — des — monatlich 150 *RM* oder wöchentlich 35 *RM* ohne Abzug von Steuern und sozialen Lasten übersteigenden Mehrbetrags.

D .... nicht mehr zahlen.

Der Schuldner .... zu enthalten.

Zugleich wird der Gläubigerin die bezeichnete Forderung — in Höhe der Beträge, wegen deren gepfändet ist, — zur Einziehung überwiesen.

15 Lohn — Nr. 43 —

wenn der Wochenverdienst 115 *RM* übersteigt und der Schuldner mindestens 2 Personen zu unterhalten hat:

wird die angebliche Forderung des Schuldners an ...... auf die ihm aus einem Arbeits- oder Dienstverhältnisse zustehenden Vergütungen (Lohn, Gehalt und sonstigen Bezüge) gepfändet, und zwar, soweit die Bezüge zusammen 115 *RM* für die Woche nicht übersteigen, in Höhe von einem Drittel des wöchentlich 35 *RM* ohne Abzug von Steuern und sozialen Lasten übersteigenden Mehrbetrags, soweit aber die Bezüge wöchentlich 115 *RM* übersteigen, in Höhe von zwei Dritteln des Mehrbetrags (Bruttolohns).

---

[1]) Der Gläubigerin ist das Armenrecht bewilligt.

16 Pflichtteil[2]) — Nr. 62 —

wird der angebliche Anspruch des Schuldners an die vier Erben des am . . . . in L. gestorbenen Landwirts . . . . 1. den Gutsbesitzer . . . . in . . . . usw. auf Gewährung seines Pflichtteils (der Hälfte des Wertes des gesetzlichen Erbteils) gepfändet. Der gesamte Pflichtteilsanspruch ist angeblich durch Vertrag vom . . . . anerkannt worden — (ist angeblich durch Erhebung der Klage bei dem LG in L. rechtshängig geworden).

Die unter Nr. 1 bis 4 bezeichneten Erben dürfen an den Schuldner nicht mehr leisten, insbesondere nicht mehr zahlen.

Der Schuldner usw. zu enthalten.

Zugleich usw. zur Einziehung überwiesen.

17 Lebensversicherung — Nr. 75 —

wird das gesamte Recht des Schuldners aus dem mit der Lebensversicherungs-Aktiengesellschaft N. N. abgeschlossenen Versicherungsvertrage Nr. 1041, insbesondere auch das Recht auf die Versicherungssumme, der Anspruch auf Kündigung und Umwandlung der Versicherung, gepfändet.

Die Vers.-A.-G. darf an den Schuldner nicht mehr leisten, insbesondere nicht mehr zahlen.

Der Schuldner usw. zu enthalten.

Zugleich usw. zur Einziehung überwiesen.

18 Unfallversicherung — Nr. 76 —

wird der angebliche Anspruch des Schuldners an die Unfallversicherungsgesellschaft N. N. aus dem Versicherungsvertrage Nr. 12050, insbesondere auf Prämienrückgewähr, — auf Zahlung der jeweils fälligen Rente — auf Zahlung eines Kapitals — gepfändet.

Die Unfallversicherungsgesellschaft N. N. usw. darf nicht mehr leisten, insbesondere nicht mehr zahlen.

Der Schuldner usw. zu enthalten.

Zugleich usw. zur Einziehung überwiesen.

---

[2]) Der Pflichtteilsanspruch kann, auch wenn dem Testamentsvollstrecker die Verwaltung des Nachlasses zusteht, nur gegen den Erben geltend gemacht werden (BGB § 2213 Abs. 1). Zur Zwangsvollstreckung in den der Verwaltung des Testamentsvollstreckers unterliegenden Nachlaß bedarf es aber gemäß ZPO § 748 Abs. 3 der Verurteilung des Testamentsvollstreckers zur Duldung der Zwangsvollstreckung.

19 Kraftwagen-Haftpflicht-Versicherung

wird der angebliche Anspruch des Schuldners an die Firma .... aus dem Kraftwagen-Haftpflicht-Versicherungsvertrage, insbesondere aus dem unter Nr. 11036 D laufenden Vertrage wegen des dem Gläubiger durch den Schuldner zugefügten Schadens in Höhe von 7000 *RM*, und sonstige aus dem Vertrage herrührenden Rechte, insbesondere auf Rückgewähr von Prämien, falls festgestellt werden sollte, daß ein Versicherungsvertrag nicht besteht, gepfändet. Die Firma .... nicht mehr leisten, insbesondere nicht mehr zahlen.

Der Schuldner .... zu enthalten.

Zugleich .... zur Einziehung überwiesen.

20 Lizenz — Nr. 82 —

wird die angebliche Forderung des Schuldners an die Firma .... aus einem Lizenzvertrage für Überlassung des Rechts der gewerbsmäßigen Verwertung von Patentrechten (Gehroller), und zwar auf Zahlung fälliger und fällig werdender Lizenzgebühren gepfändet.

Die Firma .... darf an den Schuldner nicht mehr zahlen.

Der Schuldner hat sich jeder Verfügung usw. zu enthalten.

Zugleich usw. zur Einziehung überwiesen.

21 Patent — Nr. 81 —

Pfändungsbeschluß [3])

in der Zwangsvollstreckungssache .... werden

1. das Recht der Schuldnerin aus den auf ihren Namen unter Nr. . . . der Patentrolle des Reichspatentamtes in Berlin eingetragenen Patenten, einen schwimmerlosen Vergaser betreffend, und
2. der Anspruch der Schuldnerin auf Erteilung des Patents (Patentanmeldung K. 116 174 Kl. 160), ebenfalls einen schwimmerlosen Vergaser betreffend, gepfändet.

Die Schuldnerin hat sich jeder Verfügung über das Recht aus den Patenten und den Anspruch auf Erteilung des Patents zu enthalten.

---

[3]) Eine Überweisung zur Einziehung darf nicht erfolgen. Die Verwertung erfolgt gemäß § 857 Abs. 4, § 844 der ZPO.

22 Nießbrauch — Nr. 84 —

wird das angebliche Recht des Schuldners, den Nießbrauch an dem für . . . . in F. auf Blatt 129 des Grundbuchs für F. eingetragenen Grundstück auszuüben, gepfändet.

Der Grundstückseigentümer . . . . darf an den Schuldner nicht mehr leisten.

Der Schuldner hat sich jeder Verfügung über das bezeichnete Recht zu enthalten.

Auf Antrag des Gläubigers wird hiermit die Verwaltung des bezeichneten Grundstücks zum Zwecke der Ausübung des Nießbrauchs angeordnet [4]).

Zum Verwalter wird der Ortsrichter E. H. in F. ernannt [5]).

Der Verwalter hat die Früchte des Grundstücks zum Tagespreise freihändig zu verkaufen. Ihm wird aufgegeben, monatlich abzurechnen und die Erträgnisse der Verwaltung, soweit sie nicht zur Erhaltung des Grundstücks und zur Bestreitung der öffentlichen und zivilrechtlichen Lasten erforderlich sind, — an den Gläubiger abzuliefern — bei der Hinterlegungsstelle des hiesigen Amtsgerichts zu hinterlegen [6]).

Die Festsetzung der dem Verwalter zu gewährenden Vergütung bleibt vorbehalten.

23 Grundschuld — Nr. 89 —

wird die Grundschuld, die angeblich für den Schuldner auf Blatt 7 des Grundbuchs für Th. in Abt. III unter Nr. 20 im Betrage von 10 000 RM eingetragen, und für die ein Grundschuldbrief erteilt sein soll, gepfändet — (in Höhe von 2500 RM mit dem Rechte des Vorrangs vor dem Reste gepfändet) —.

Der Eigentümer des Grundstücks, der Bäckermeister . . . . . . in . . . . darf an den Schuldner nicht mehr zahlen.

Der Schuldner hat sich jeder Verfügung über die Grundschuld, insbesondere der Einziehung, zu enthalten.

Zugleich usw. zur Einziehung überwiesen [7]).

---

[4]) Der Auslagenvorschuß muß vorher vom Gläubiger eingezahlt worden sein.

[5]) Der Verwalter ist vom Amtsgericht der belegenen Sache als Vollstreckungsgericht zu bestellen.

[6]) Hinterlegung ist gemäß § 839 der ZPO anzuordnen, wenn dem Schuldner Sicherheitsleistung oder Hinterlegung nachgelassen worden ist.

[7]) Die Wirkung der Überweisung bleibt solange aufgeschoben, bis die Pfändung durch Übergabe oder Wegnahme des Briefes wirksam vollzogen ist.

24 Rentenschuld — Nr. 90 —

werden

1. die angeblich für den Schuldner auf Blatt 80 des Grundbuchs für B. in Abt. III unter Nr. 9 eingetragene Rentenschuld im Betrage von 5000 *RM*, und
2. die angebliche Forderung des Schuldners auf die bereits fällig gewesenen Rentenleistungen gepfändet.

Der N. N. (Eigentümer des Grundstücks) darf an den Schuldner nicht mehr leisten, insbesondere Renten oder die Ablösungssumme nicht mehr an den Schuldner zahlen.

Der Schuldner hat sich jeder Verfügung über die Rentenschuld und über die bereits fällig gewesenen Leistungen, insbesondere der Einziehung, zu enthalten.

25 Eigentümergrundschuld — Nr. 91/92 —

wird die Eigentümergrundschuld, die angeblich für den Schuldner an seinem Grundstücke Blatt 369 des Grundbuchs für H. dadurch entstanden ist, daß die Forderung im Betrage von 5000 *RM*, für die zugunsten des . . . . in . . . . in Abt. III unter Nr. 3 Briefhypothek eingetragen sein soll, nicht entstanden ist, gepfändet.

Der Schuldner hat sich jeder Verfügung über die Eigentümergrundschuld zu enthalten.

Zugleich usw. zur Einziehung überwiesen.

26 Eigentümergrundschuld bei teilweiser Befriedigung — Nr. 92 —

werden **gepfändet:**

1. die **Eigentümergrundschuld** [8]), die angeblich für den Schuldner an seinem Grundstücke Blatt 369 des Grundbuchs für H. in Höhe von 2000 *RM* dadurch entstanden ist, daß er den Gläubiger der in Abt. III unter Nr. 3 eingetragenen Briefhypothek, den . . . . in . . . . in Höhe von 2000 *RM* befriedigt hat,

---

[8]) Der Schuldner, Eigentümer des Grundstücks, ist persönlicher Schuldner.

Ist der Eigentümer nicht der persönliche Schuldner, so hat Z. 1 folgenden Wortlaut:

. . . . die angebliche Forderung, die in Höhe von 2000 RM auf den Schuldner übergegangen, und für die in dieser Höhe eine Eigentümerhypothek entstanden ist infolge Befriedigung des . . . ., für den auf Blatt 369 des Grundbuchs für H. in Abt. III unter Nr. 34 eine Briefhypothek im Betrage von 5000 RM eingetragen ist, gepfändet.

2. das Miteigentum des Schuldners an dem Hypothekenbrief über 5000 RM,
3. der Anspruch des Schuldners auf Aufhebung der Gemeinschaft mit dem Hypothekengläubiger . . . . ,
4. der Anspruch des Schuldners auf Berichtigung des Grundbuchs dergestalt, daß von der unter 1 erwähnten Briefhypothek 2000 RM als Eigentümergrundschuld auf den Schuldner umgeschrieben werden,
5. der Anspruch auf Vorlegung des über die Hypothek von 5000 RM erteilten Briefes an das Grundbuchamt zur Herstellung eines Teilhypothekenbriefs (§§ 749, 752 des BGB).

Der . . . . darf an den Schuldner nicht mehr leisten.

Der Schuldner hat sich jeder Verfügung über die Eigentümergrundschuld und die Ansprüche unter 2 bis 5, insbesondere der Einziehung, zu enthalten.

Zugleich werden dem Gläubiger die Eigentümergrundschuld und die übrigen Ansprüche und Rechte zur Einziehung überwiesen.

27 Recht des alleinigen Nacherben vor dem Eintritte der Nacherbfolge — Nr. 94 —

wird das angebliche Recht des Schuldners auf den Nachlaß des am . . . . . . in K. gestorbenen . . . . . . , das ihm als Nacherben zusteht, gepfändet.

Der Schuldner hat sich jeder Verfügung über das bezeichnete Recht zu enthalten [9]).

Zugleich usw. zur Einziehung überwiesen.

28 Recht des Mit-Nacherben — Nr. 94 —

wird der Anteil, der angeblich dem Schuldner als Nacherben am Nachlasse des am . . . . . . in K. gestorbenen . . . . . . zusteht, gepfändet.

Der Mit-Nacherbe, Fabrikant . . . . . . in . . . . . . , darf an den Schuldner nicht mehr leisten, insbesondere nicht mehr zahlen.

Der Schuldner hat sich jeder Verfügung über seinen Anteil am Nachlasse, insbesondere der Einziehung, zu enthalten.

Zugleich usw. zur Einziehung überwiesen.

---

[9]) Ein Drittschuldner ist nicht vorhanden.

29 Rechte des Schuldners als Inhabers einer Stahlkammer — Nr. 86 —

werden die angeblichen Rechte des Schuldners als Inhabers eines Stahlkammerfaches (Schließfaches, Tresors, Safe) bei der ..... Bank in ...... gepfändet, die darin bestehen, daß die Bank verpflichtet ist, den Inhalt des Faches bankmäßig zu verwahren, dem Schuldner ihre Sicherheitsmaßregeln zu gewähren, ihm zum Öffnen und Verschließen des Faches Mithilfe zu leisten und ihm die Wegnahme des Fachinhaltes zu gestatten.

Die ..... Bank darf an den Schuldner nicht mehr leisten.

Der Schuldner hat sich jeder Verfügung über die bezeichneten Rechte, insbesondere ihrer Ausübung, zu enthalten.

Zugleich werden dem Gläubiger die bezeichneten Rechte auf Höhe des erwähnten Betrags zur Einziehung oder Geltendmachung überwiesen.

30 Abzahlungsgeschäft — Nr. 96 —

wird das dem Schuldner an die Firma ...... in .... angeblich aus dem Vertrage vom 13. Juni 1937 zustehende Anwartschaftsrecht [10]) auf Erwerb des Eigentums an

1. einem Schreibtisch, echt Eiche,
2. einem Büfett, echt Eiche,
3. 4 Stühlen mit Kunstlederbezug,

im Falle der Rücknahme dieser Gegenstände wegen Nichtzahlung des Restkaufpreises aber der Anspruch des Schuldners auf Rückvergütung des bereits geleisteten Kaufpreisteiles von 185 *RM* nach Abzug eines Betrags für die Abnutzung der Gegenstände gepfändet.

Die Firma ...... darf nicht mehr an den Schuldner leisten, insbesondere nicht mehr zahlen.

Der Schuldner hat sich jeder Verfügung über das bezeichnete Anwartschaftsrecht oder die Rückvergütung zu enthalten.

Zugleich wird dem Gläubiger der Rückvergütungsanspruch zur Einziehung überwiesen.

31 Sicherungsübereignung — Nr. 96 —

a) die Sachen befinden sich nicht im Gewahrsame des Schuldners

wird der Anspruch, der angeblich dem Schuldner an die Firma ...... aus dem Sicherungsübereignungsvertrage vom ....

---

[10]) Überweisung des Anwartschaftsrechts ist nicht erforderlich, da noch die Pfändung der Sachen durch den Gerichtsvollzieher erfolgen muß.

nach Tilgung der durch die Übereignung gesicherten Forderung auf Rückübereignung folgender Sachen: usw. zusteht, gepfändet.

Die Firma . . . . . . darf an den Schuldner nicht mehr leisten; sie hat die bezeichneten Sachen nicht mehr an den Schuldner, sondern an den vom Gläubiger zu beauftragenden Gerichtsvollzieher herauszugeben.

Der Schuldner hat sich jeder Verfügung über den Anspruch, insbesondere der Abforderung und der Annahme der erwähnten Sachen und der sonstigen Geltendmachung des Anspruchs zu enthalten.

Zugleich usw. zur Einziehung überwiesen.

b) die Sachen sind im Gewahrsame des Schuldners geblieben

Wie D Nr. 31 a Abs. 1.

Die Firma . . . . . . darf an den Schuldner nicht mehr leisten. Der Schuldner hat sich jeder Verfügung über den bezeichneten Anspruch, insbesondere der Einziehung, zu enthalten [11]).

32 Gesellschaft des bürgerlichen Rechts (BGB § 705) — Nr. 98 —

a) Anteil

wird der angebliche Anteil [12]) des Schuldners an dem Vermögen der zwischen ihm und dem . . . . in . . . . zum Betrieb einer Tischlerei bestehenden Gesellschaft gepfändet.

Der Gesellschafter . . . . in . . . . darf an den Schuldner nicht mehr leisten, insbesondere nicht mehr zahlen.

Der Schuldner hat sich jeder Verfügung über den Anteil an dem Gesellschaftsvermögen, insbesondere der Einziehung des Anteils, zu enthalten.

Zugleich usw. zur Einziehung überwiesen.

b) Einzelansprüche

werden die angeblichen Ansprüche des Schuldners an den Mitgesellschafter . . . . . . in . . . . auf Zahlung des Gewinnanteils und auf das Guthaben, das ihm bei der Auseinandersetzung hinsichtlich der zwischen ihm und dem genannten Mitgesellschafter . . . . bestehenden Gesellschaft (gemeinsamer Betrieb einer Tischlerei) zukommt, gepfändet.

Der Gesellschafter . . . . . . darf an den Schuldner nicht mehr leisten, insbesondere nicht mehr zahlen.

---

[11]) Überweisung ist nicht erforderlich, da noch die Pfändung der Sachen durch den Gerichtsvollzieher erfolgen muß.

[12]) Die Pfändung des Anteils ergreift die einzelnen Ansprüche auf Gewinnanteil und das sog. Auseinandersetzungsguthaben mit.

Der Schuldner usw. zu enthalten.
Zugleich usw. zur Einziehung überwiesen.

33 Offene Handelsgesellschaft — Nr. 99 —

werden gepfändet die angeblichen Ansprüche des Schuldners an die offene Handelsgesellschaft in Firma ...... in ......, deren Gesellschafter er ist, und zwar

1. aus Geschäftsführung, soweit Befriedigung vor der Auseinandersetzung verlangt werden kann, insbesondere auf Ersatz von Aufwendungen und auf Vergütung für Dienste,
2. auf Gewinnanteil,
3. auf dasjenige, was ihm bei der Auseinandersetzung zukommt.

Die Firma ...... darf an den Schuldner nicht mehr leisten, insbesondere nicht mehr zahlen.

Der Schuldner hat sich jeder Verfügung über die Ansprüche zu enthalten.

Zugleich usw. zur Einziehung überwiesen.

34 Kommanditgesellschaft — Nr. 100 —

werden gepfändet die angeblichen Ansprüche des Schuldners an die Firma ...... Kommanditgesellschaft, deren persönlich haftender Gesellschafter er ist, und zwar (wie bei der offenen Handelsgesellschaft — D 33 — unter 1 bis 3).

35 Stille Gesellschaft — Nr. 101 —

werden die Ansprüche des Schuldners, der angeblich als stiller Gesellschafter an dem Handelsgeschäfte des ..... in ..... beteiligt ist, auf den Gewinnanteil und auf das, was ihm bei der Auseinandersetzung zukommt, gepfändet.

Der Kaufmann ...... darf an den Schuldner nicht mehr leisten, insbesondere nicht mehr zahlen.

Der Schuldner hat sich jeder Verfügung über die Ansprüche, insbesondere der Einziehung, zu enthalten.

Zugleich usw. zur Einziehung überwiesen.

36 Kommanditgesellschaft auf Aktien — Nr. 103 —

(Der Schuldner ist persönlich haftender Gesellschafter)
werden die angeblichen Ansprüche des Schuldners an die Firma ...... auf Gewährung des ihm als persönlich haftenden Gesellschafters dieser Firma zustehenden Gewinnes und des Auseinandersetzungsguthabens gepfändet.

Die Firma ...... darf an den Schuldner nicht mehr leisten, insbesondere nicht mehr zahlen.

Der Schuldner hat sich jeder Verfügung über diese Ansprüche, insbesondere der Einziehung dieser Ansprüche, zu enthalten.

Zugleich usw. zur Einziehung überwiesen.

37 Erwerbs- und Wirtschaftsgenossenschaft — Nr. 104 —

wird das Geschäftsguthaben, das angeblich dem Schuldner als Genossen (Nr. 63 der Genossenliste) an die Firma .... e. G. m. b. H. bei der Auseinandersetzung zusteht, gepfändet [oder wenn Gegenstand der Pfändung nur der Gewinn sein soll:
— wird der angebliche Anspruch des Schuldners auf Gewinn, der ihm als Genossen (Nr. 63 der Genossenliste) an die Firma .... e. G. m. b. H. zusteht, gepfändet.] —

Die Firma .... darf an den Schuldner nicht mehr leisten, insbesondere nicht mehr zahlen.

Der Schuldner hat sich jeder Verfügung über das Geschäftsguthaben — (über den Anspruch) —, insbesondere der Einziehung, zu enthalten.

In beiden Fällen Überweisung zur Einziehung.

38 Gesellschaft mit beschränkter Haftung — Nr. 106 —

werden

1. der angebliche Geschäftsanteil (die angeblichen Geschäftsanteile) des Schuldners an der Gesellschaft mit beschränkter Haftung in Firma .... G. m. b. H. in ......,
2. die Ansprüche des Schuldners an die genannte G. m. b. H. auf Gewinn und auf das Auseinandersetzungsguthaben gepfändet.

Die Firma .... G. m. b. H. darf an den Schuldner nicht mehr leisten, insbesondere nicht mehr zahlen.

Der Schuldner hat sich jeder Verfügung über den Geschäftsanteil — die Geschäftsanteile — und die unter 2 bezeichneten Ansprüche, insbesondere der Einziehung, zu enthalten.

Zugleich werden der Gläubigerin die unter 2 bezeichneten Ansprüche auf Höhe des erwähnten Betrags zur Einziehung überwiesen.

Anmerkung: Überweisung des **Geschäftsanteils** ist ausgeschlossen. Nach Zustellung des Pfändungsbeschlusses kann der Gläubiger anderweite Verwertung (nur solche und zwar öffentliche Versteigerung kommt in Frage) beantragen. Vor der Entscheidung ist der Schuldner zu hören.

Wird nur der Geschäftsanteil gepfändet, so ist nach anscheinend herrschender Meinung kein Drittschuldner vorhanden. Das

Verfügungsverbot an den Schuldner würde sonach genügen. Ratsam (da unschädlich) dürfte es aber wohl sein, die Gesellschaft als Drittschuldnerin zu bezeichnen.

39 Anteil eines Miterben — Nr. 107 —

wird der angebliche Anteil des Schuldners an dem Nachlaß des am . . . . . . gestorbenen . . . . in . . . . gepfändet. Durch diese Pfändung wird auch das Recht auf Auseinandersetzung mit umfaßt.

Die Miterben 1., 2., usw. dürfen an den Schuldner nicht mehr leisten, insbesondere nicht mehr zahlen[13]).

Der Schuldner hat sich jeder Verfügung über den Erbteil, insbesondere der Einziehung des Erbteils, zu enthalten.

Zugleich wird dem Gläubiger der bezeichnete Erbteil auf Höhe des erwähnten Betrags zur Einziehung überwiesen.

40 Gütergemeinschaft — Nr. 108 —

— (Pfändung ist erst nach deren Beendigung zulässig) — wird der angebliche Anteil des Schuldners am Gesamtgute nach rechtskräftiger Aufhebung der Gütergemeinschaft mit seiner Ehefrau A. H. geb. B. in Sch. gepfändet. Durch diese Pfändung erwirbt der Gläubiger auch das Recht, die gerichtliche Auseinandersetzung herbeizuführen.

Frau A. H. darf an den Schuldner nicht mehr leisten, insbesondere nicht mehr zahlen.

Der Schuldner usw. zu enthalten.

Zugleich usw. zur Einziehung überwiesen.

41 Früchte des eingebrachten Gutes — Nr. 109 —

werden die dem Schuldner kraft seines ehemännlichen Verwaltungs- und Nutznießungsrechts am eingebrachten Gute seiner Ehefrau W. B. geb. F. zustehenden Forderungen an die im Hause Leipziger Straße 12 wohnenden Mieter

1. usw. 5.

auf Zahlung des fälligen und künftig fällig werdenden Mietzinses für vermietete Räume gepfändet.

Die Mieter zu 1 bis 5 dürfen an den Schuldner nicht mehr zahlen.

Der Schuldner hat sich jeder Verfügung über die Forderungen, insbesondere der Einziehung der Forderungen, zu enthalten.

Zugleich usw. zur Einziehung überwiesen.

---

[13]) Drittschuldner sind die Miterben. Ist ein Testamentsvollstrecker vorhanden, so hat Zustellung an diesen zu erfolgen.

42 Nutzungsrecht am Vermögen des Kindes — Nr. 110 —

Wegen usw. werden die dem Schuldner kraft seines Nutzungsrechts am Vermögen seiner minderjährigen Kinder Karl Heinz und Hildegard M. . . . . . . zustehenden fälligen Forderungen auf Zahlung von 6 v. H. Zinsen, und zwar

1. von 10 000 GM Hypothek des Karl Heinz M. . . . ., eingetragen auf Blatt 127 des Grundbuchs für L . . . . . in Abt. III unter Nr. 34 (Eigentümer des Grundstücks ist . . . . in . . . .),
2. von 5000 GM Hypothek der Hildegard M. . . . ., eingetragen auf Blatt 202 des Grundbuchs für A . . . . . in Abt. III unter Nr. 63 (Eigentümer dieses Grundstücks ist . . . . in . . . .) gepfändet.

Die Eigentümer der Grundstücke . . . . und . . . ., dürfen an den Schuldner nicht mehr zahlen.

Der Schuldner usw. zu enthalten.

Zugleich usw. zur Einziehung überwiesen.

43 Bankforderungen — Nr. 113 —

a) wird die angebliche Forderung des Schuldners an die Commerz- und Privat-Bank A-G. in F. aus dem Kontokorrentverhältnisse mit dieser Bank, und zwar auf Auszahlung des Überschusses, der sich bei dem Abschlusse des Kontos des Schuldners Nr. 1170 ergibt, gepfändet.

Die Firma Commerz- und Privat-Bank A-G. usw. nicht mehr zahlen.

Der Schuldner usw. zu enthalten.

Zugleich usw. zur Einziehung überwiesen.

b) wie a bis „Nr. 1170 ergibt", oder wenn ein Kontokorrentverhältnis nicht bestehen sollte, auf Auszahlung seines gegenwärtigen und künftigen Guthabens aus dem Konto Nr. 1170 gepfändet.

44 Postscheckguthaben — Nr. 114 —

wird die angebliche Forderung des Schuldners an die Deutsche Reichspost, vertreten durch das Postscheckamt in L., auf Auszahlung seines gegenwärtigen und künftigen Guthabens aus dem Postscheckkonto Nr. 30718 einschließlich der Stammeinlage gepfändet.

usw. usw. zur Einziehung überwiesen.

45 Hinterlegung — Sicherheitsleistung — Nr. 116 —

werden die angeblichen Ansprüche des Schuldners an den Reichsjustizfiskus, vertreten durch die Hinterlegungsstelle bei dem Amtsgericht in ....

1. auf Rückerstattung des zu dem Konto .... hinterlegten Barbetrags in Höhe von ..... *RM* ... *Rpf* s. Anh. und
2. auf Herausgabe folgender Wertpapiere nebst Erneuerungs- und Zinsscheinen:

gepfändet.

Die Hinterlegungsstelle bei dem Amtsgericht in .... darf an den Schuldner nicht mehr leisten, insbesondere nicht mehr zahlen; sie hat die unter 2. bezeichneten Wertpapiere nebst Erneuerungs- und Zinsscheinen nicht mehr an den Schuldner, sondern an den vom Gläubiger zu beauftragenden Gerichtsvollzieher [14]) herauszugeben.

Die Hinterlegungsstelle hat auf Antrag des Pfändungsgläubigers die Wertpapiere usw. an den Gerichtsvollzieher herauszugeben mit der Weisung, den Gläubiger wegen seiner Ansprüche aus dem Pfändungsbeschluß zu befriedigen und gegebenenfalls den Mehrerlös wieder zu hinterlegen. Die Annahme zur Hinterlegung erfolgt sodann auf Antrag des Gerichtsvollziehers als Mehrerlös aus der Zwangsvollstreckung zur alten Hinterlegungssache.

Der Schuldner hat sich jeder Verfügung über die Ansprüche, insbesondere der Einziehung (Abforderung und Annahme der erwähnten Wertpapiere) zu enthalten.

Zugleich werden dem Gläubiger die bezeichneten Ansprüche auf Höhe des erwähnten Betrags zur Einziehung überwiesen.

46 Überschuß bei einer Zwangsversteigerung [15])

wird das angebliche Recht des Schuldners auf den Überschuß aus dem Erlös der am .... vom Amtsgericht in .... versteigerten Grundstücke Blatt 101 und 102 des Grundbuchs für .... gepfändet.

---

[14]) Der Gerichtsvollzieher hat die herausgegebenen Wertpapiere gemäß §§ 821 flg. der ZPO zu verwerten.

[15]) Ein Drittschuldner ist nach herrschender Meinung nicht vorhanden, es sei denn, daß der Erlös oder der Überschuß hinterlegt wäre. Da jedoch auch die Meinung vertreten ist, daß der Ersteher Drittschuldner sei, wird vorsichtshalber der Ersteher als Drittschuldner bezeichnet werden können.

Der Schuldner hat sich jeder Verfügung über den Anspruch auf den Überschuß, insbesondere der Einziehung des Anspruchs, zu enthalten.

Zugleich usw. zur Einziehung überwiesen.

Anmerkung: Der Anteil des Eigentümers am künftigen Versteigerungserlös ist pfändbar.

Nach der herrschenden Rechtsprechung (vgl. Kann, ZPO Bd. II S. 677), der sich der Senat anschließt, sind künftige Forderungen, dem Bedürfnisse des Wirtschaftslebens entsprechend, pfändbar, wenn sie nach ihrer Begründung schon gegenwärtig dem Grunde nach bestimmbar sind. Das ist bei der Forderung aus dem Versteigerungserlöse der Fall: von dem Meistgebote sind die Beträge der Rechte abzuziehen, die nach der Anmeldung oder dinglichen Haftung des Grundstücks bei der Verteilung zu berücksichtigen sind. (OLG Jena, Beschl. vom 30. 8. 1927; JW 1927, 2643; DJA 1928, 135.)

47 Versteigerungserlös (Eigentümergrundschuld) — Nr. 123 —

Wegen usw. wird der angebliche Anspruch des Schuldners auf Auszahlung des Betrags gepfändet, der ihm aus dem Versteigerungserlös auf die zur Eigentümergrundschuld gewordene, früher für Lina D. in M. auf Blatt 75 des Grundbuchs für M. eingetragene Hypothek von 15 000 *RM* zusteht.

Der Schuldner hat sich jeder Verfügung über den Anspruch, insbesondere der Einziehung, zu enthalten.

Zugleich usw. zur Einziehung überwiesen.

Anmerkung: Mit dem Zuschlage hört nach ZVG §§ 52, 91 die Eigentümerhypothek als solche zu bestehen auf, und an ihre Stelle tritt der Anspruch auf Befriedigung aus dem Erlöse. Die Pfändung darf deshalb nicht nach ZPO § 830, sondern nach § 829 erfolgen. RGZ 63, 214.

48 Bei Nichtberichtigung des Bargebots §§ 118, 128 des ZVG — Nr. 123 —

wird die angebliche Forderung des Schuldners an den Ersteher des Grundstücks Blatt 55 für Gr. (K 24/37), den Gastwirt O. M. in B., auf Zahlung von 450,75 *RM*, die infolge Nichtzahlung des Bargebots auf den Schuldner übertragen worden, und für die an dem bezeichneten Grundstück eine Sicherungshypothek einzutragen ist, gepfändet.

Der Gastwirt usw. nicht mehr zahlen.

Zugleich usw. zur Einziehung überwiesen.

49 Überschuß aus dem Versteigerungserlös des Gerichtsvollziehers — Nr. 123 —

Wegen usw. wird der angebliche Anspruch des Schuldners auf den Überschuß aus dem Erlös in Höhe von 68.40 RM, der bei der Versteigerung durch den Gerichtsvollzieher des Amtsgerichts in . . . . in der Zwangsvollstreckungssache Hammer gegen den Schuldner — Geschäftsnummer 1234/37 — erzielt worden ist, gepfändet.

Der Schuldner hat sich jeder Verfügung über den Anspruch auf den Überschuß, insbesondere der Einziehung des Anspruchs, zu enthalten.

Zugleich usw. zur Einziehung überwiesen.

50 Sparkasseneinlage — Nr. 26 —

wird die angebliche Forderung des Schuldners an die Städtische Sparkasse in . . . . auf Rückzahlung der auf das Einlagebuch Nr . . . . eingezahlten Beträge in Höhe von 865 RM s. Zinsen gepfändet.

Die Städtische Sparkasse usw. nicht mehr zahlen.

Der Schuldner usw. zu enthalten.

Zugleich usw. zur Einziehung überwiesen.

Der Schuldner ist verpflichtet, das Einlagebuch Nr. . . . . an den Gläubiger gemäß ZPO § 836 Abs. 3 herauszugeben.

Der Gläubiger ist dagegen verpflichtet, das Einlagebuch Nr. . . . . nach Abhebung seiner Forderung an den Schuldner wieder herauszugeben [16]).

51 Anfechtung einer Abtretung

Hat ein Schuldner eine ihm zustehende Forderung, für die eine Hypothek eingetragen ist, z. B. an seine Kinder oder an die Ehefrau abgetreten und hat der Gläubiger infolge Anfechtung einen vollstreckbaren Titel etwa folgenden Inhalts erlangt: „Die Beklagten werden verurteilt, die Zwangsvollstreckung in die ihnen von ihrem Vater . . . . abgetretene Forderung von zusammen 715 RM, die auf Blatt 37 des Grundbuchs für K. . . . . in Abt. III unter Nr. . . . . als Buchhypothek eingetragen ist, zur Befriedigung des Klägers wegen seiner Unterhaltsansprüche auf Grund des Urteils des AG. E. vom . . . . (2 C 150/37) zu dulden usw.", so ist gegen die Anfechtungsbeklagten ein Pfändungs- und Überweisungsbeschluß zu erlassen etwa folgenden Wortlauts:

---

[16]) Wenn die Sparkasseneinlage höher ist als der Schuldbetrag.

Nach dem vollstreckbaren Urteile usw. steht dem Gläubiger gegen den Vater der Schuldner, den ...., ein Anspruch auf 500 *RM* zu. Die Schuldner sind nach dem Urteile des Amtsgerichts A. vom .... verpflichtet, die Zwangsvollstreckung wegen dieses Anspruchs in die von ihrem Vater .... abgetretene Forderung im Betrage von 715 *RM* zu dulden.

Wegen des Anspruchs von 500 *RM* usw. wird die angebliche Forderung der Schuldner an ...., für die auf Blatt 37 des Grundbuchs für K. in Abt. III unter Nr. ..... eine Buchhypothek im Betrage von 715 *RM* f. Z. eingetragen ist, gepfändet usw.

Zur Einziehung überwiesen.

52 Im Konkursverfahren angemeldete Forderung

Wegen usw. wird die angebliche Forderung der Schuldnerin an den Rechtsanwalt .... in .... als Verwalter des Konkurses über das Vermögen der Firma ...... aus Warenlieferungen vom ...., die lt. Tabelle II Nr. 54 in Höhe von 736 *RM* festgestellt worden ist, gepfändet [17]).

Der Konkursverwalter .... darf an die Schuldnerin nicht mehr zahlen.

Die Sch. usw. zu enthalten.

Zugleich usw. zur Einziehung überwiesen.

53 Anordnung der Versteigerung von Geschäftsanteilen einer GmbH — Nr. 106 —

Beschluß vom ....

In Zwangsvollstreckungssachen .... wird auf Antrag des Gläubigers zur Herbeiführung seiner Befriedigung wegen der ihm an den Schuldner zustehenden Forderung von .... *RM* .... *Rpf* nebst weiteren Kosten gemäß § 857 der ZPO hiermit die Versteigerung des durch Beschluß des unterzeichneten Gerichts vom .... gepfändeten Geschäftsanteils des Schuldners an der Gesellschaft mit beschränkter Haftung in Firma .... angeordnet.

Der Gerichtsvollziehr des Amtsgerichts X hat die Versteigerung und fernere Durchführung des Zwangsvollstreckungsverfahrens vorzunehmen. Er hat den Versteigerungstermin im

---

[17]) Die Pfändung und Überweisung ist auf Antrag des Gläubigers in der Tabelle zu vermerken. Gegebenenfalls ist dem Gläubiger Ausfertigung der Tabelle mit Rechtsnachfolgeklausel auf Grund des Überweisungsbeschlusses zu erteilen.

.........., und auf Antrag des Gläubigers auch in andere von diesem zu bezeichnenden Blättern bekanntzumachen. Zwischen dem Erscheinen der ersten Bekanntmachung und der Versteigerung muß eine Frist von mindestens 10 Tagen liegen. Dem Gläubiger, dem Schuldner und der Firma .... G. m. b. H. hat der Gerichtsvollzieher den Termin besonders bekanntzugeben mit der Aufforderung, ihm das Bestehen etwaiger weiterer Pfändungen des Geschäftsanteils rechtzeitig vor dem Versteigerungstermin anzuzeigen und ihm die betreffenden Schriftstücke zu überreichen. Den Pfändungsbeschluß und etwa von dem Gläubiger überreichte, den gepfändeten Geschäftsanteil betreffende Urkunden hat der Gerichtsvollzieher den erschienenen Bietern vor Beginn der Versteigerung zur Einsichtnahme vorzulegen; er hat die Bieter auch darauf hinzuweisen, daß auf den Ersteher auch die Pflichten übergehen, die etwa auf dem Geschäftsanteil ruhen.

Dem Gläubiger bleibt es überlassen, unter Vorlegung dieses Beschlusses und des Pfändungsbeschlusses, sowie der darin bezeichneten Schuldtitel und der etwaigen weiteren Urkunden dem Gerichtsvollzieher Auftrag zu erteilen.

Amtsgericht ....

54 Muster von Pfändungsbenachrichtigungen

a) Pfändungsbenachrichtigung — ZPO § 845 —
des Kaufmanns .... in ....

Gläubigers,

an

1. .... (Drittschuldner . . .),
2. .... (Schuldner).

Mir steht auf Grund des vollstreckbaren Urteils — Vergleichs-Vollstreckungsbefehls — des Amtsgerichts in ...... vom .... (17 C 1100/36) an den zu 2 genannten Schuldner eine Forderung in Höhe von 435 *RM* einschließlich Zinsen und Kosten zu.

Der zu 1 genannte Drittschuldner schuldet dem zu 2 genannten Schuldner aus einem am 1. Juli 1937 gewährten Darlehen 500 *RM* s. Anh.

Der Drittschuldner und der Schuldner werden davon benachrichtigt, daß die Pfändung dieser Darlehnsforderung bevorsteht.

Der Drittschuldner wird aufgefordert, nicht mehr an den zu 2 genannten Schuldner zu zahlen.

Der Schuldner wird aufgefordert, sich jeder Verfügung über die Darlehnsforderung, insbesondere der Einziehung, zu enthalten.

Diese Benachrichtigung hat die Wirkung einer in Vollziehung eines Arrestbefehls erfolgten Forderungs-Pfändung.

Dr. . . . ., den . . . .

Unterschrift.

An die Gerichtsvollzieherei
bei dem AG in H . . . . . . zur Zustellung.
Hierzu: 2 Abschriften

b) Pfändungsbenachrichtigung — ZPO § 845 —

der Firma . . . . in . . . . , ... Straße . . .

Gläubigerin,

an

1. . . . . (Drittschuldner . . .),
2. . . . . (Schuldner . . .).

Der oben genannten Gläubigerin steht auf Grund des vollstreckbaren Urteils des Amtsgerichts W. vom . . . . (10 C 1345/37) an den zu 2 genannten Schuldner eine Forderung von 545 *RM* einschließlich Zinsen und Kosten zu.

Dem Schuldner steht eine Forderung an den Kaufmann . . . . . . in . . . . . . Straße Nr. . . . , auf Zahlung der aus einem Arbeits- oder Dienstverhältnis zu gewährenden Vergütungen (Lohn, Gehalt und sonstigen Bezüge) zu.

Der Drittschuldner und der Schuldner werden davon benachrichtigt, daß die Pfändung der Vergütungen in Höhe von zwei Dritteln [18]) des Brutto-Betrags bevorsteht, der 35 *RM* für die Woche übersteigt.

Der Drittschuldner wird aufgefordert, nicht mehr an den Schuldner zu zahlen, insoweit die Pfändung bevorsteht.

Der Schuldner wird aufgefordert, sich insoweit jeder Verfügung über die Forderung, insbesondere der Einziehung, zu enthalten.

Diese Benachrichtigung hat die Wirkung einer in Vollziehung eines Arrestbefehls erfolgten Forderungspfändung.

Dr . . . . . . , den . . . . . .

Unterschrift.

An die Gerichtsvollzieherei
bei dem AG, in H. . . . . . . zur Zustellung.

Hierzu: 2 Abschriften.

---

[18]) Der Schuldner ist ledig. Ist er verheiratet und verdient die Ehefrau nicht mit, so ist die Hälfte des 35 RM übersteigenden Betrages pfändbar. Hat der Schuldner aber 2 oder mehr Personen zu unterhalten, so darf nur ein Drittel des Mehrbetrags gepfändet werden.

55 Muster eines Antrags auf Pfändung einer Lohnforderung

Ort, Datum.

An
das Amtsgericht
in . . . .

In der Zwangsvollstreckungssache
des Kaufmanns . . . . . . in . . . . , Straße Nr. . . . ,
Gläubigers,
gegen den . . . . . . in . . . . . . , Straße Nr. . . . ,
Schuldner,

überreiche ich vollstreckbares Urteil des Amtsgerichts in . . . . . . vom . . . . mit Zustellungsurkunde und beantrage, wegen des unten berechneten Schuldbetrags die dem Schuldner an den . . . . in . . . . aus einem Dienst- oder Arbeitsverhältnisse zustehenden Vergütungen (Lohn, Gehalt und sonstigen Bezüge) in Höhe von zwei Dritteln des wöchentlich 35 RM ohne Abzug von Steuern und sozialen Lasten übersteigenden Mehrbetrags zu pfänden und mir zur Einziehung zu überweisen.

Der Schuldner ist ledig.

Ich bitte, die Zustellung des Beschlusses zu vermitteln und dem Drittschuldner aufzugeben, die Fragen in § 840 der ZPO zu beantworten.

. . . . (Unterschrift).

Schuldberechnung.

RM	Rpf	Forderung,
"	"	festgesetzte Kosten,
"	"	für Zustellung des Schuldtitels.

Gebührentabelle

Wert bis einschließlich RM	Gerichtsgebühr ¼ (§ 34 GKG.) RM	Anwaltsgebühr 8/10 (§ 23 Z. 18 GO f. RAe.) RM	Wert bis einschließlich RM	Gerichtsgebühr ¼ (§ 34 GKG.) RM	Anwaltsgebühr 8/10 (§ 23 Z. 18 GO f. RAe.) RM
20	2,—	1,—	3 400	16,—	33,90
60	2,—	1,20	3 500	16,30	34,50
100	2,—	1,80	3 600	16,50	35,10
150	2,—	2,40	3 700	16,80	35,70
200	2,—	3,—	3 800	17,—	36,30
300	2,30	4,50	3 900	17,30	36,90
400	3,—	6,—	**4 000**	17,50	37,50
500	3,80	7,50	4 100	17,80	38,10
600	4,50	8,70	4 200	18,—	38,70
700	5,30	9,90	4 300	18,30	39,30
800	6,—	11,10	4 400	18,50	39,90
900	6,80	12,30	4 500	18,80	40,50
1 000	7,50	13,50	4 600	19,—	41,10
1 100	8,—	14,40	4 700	19,30	41,70
1 200	8,50	15,30	4 800	19,50	42,30
1 300	9,—	16,20	4 900	19,80	42,90
1 400	9,50	17,10	**5 000**	20,—	43,50
1 500	10,—	18,—	5 100	20,30	44,10
1 600	10,50	18,90	5 200	20,50	44,70
1 700	11,—	19,80	5 300	20,80	45,30
1 800	11,50	20,70	5 400	21,—	45,90
1 900	12,—	21,60	5 500	21,30	46,50
2 000	12,50	22,50	5 600	21,50	47,10
2 100	12,80	23,40	5 700	21,80	47,70
2 200	13,—	24,30	5 800	22,—	48,30
2 300	13,30	25,20	5 900	22,30	48,90
2 400	13,50	26,10	**6 000**	22,50	49,50
2 500	13,80	27,—	6 100	22,80	49,80
2 600	14,—	27,90	6 200	23,—	50,10
2 700	14,30	28,80	6 300	23,30	50,40
2 800	14,50	29,70	6 400	23,50	50,70
2 900	14,80	30,60	6 500	23,80	51,—
3 000	15,—	31,50	6 600	24,—	51,30
3 100	15,30	32,10	6 700	24,30	51,60
3 200	15,50	32,70	6 800	24,50	51,90
3 300	15,80	33,30	6 900	24,80	52,20

Wert bis einschließlich *RM*	Gerichtsgebühr ¼ (§ 34 GKG.) *RM*	Anwaltsgebühr $^{8}/_{10}$ (§ 23 Z. 18 GO f. RAe.) *RM*	Wert bis einschließlich *RM*	Gerichtsgebühr ¼ (§ 34 GKG.) *RM*	Anwaltsgebühr $^{8}/_{10}$ (§ 23 Z. 18 GO f. RAe. *RM*
7 000	25,—	52,50	8 600	29,—	57,30
7 100	25,30	52,80	8 700	29,30	57,60
7 200	25,50	53,10	8 800	29,50	57,90
7 300	25,80	53,40	8 900	29,80	58,20
7 400	26,—	53,70	**9 000**	30,—	58,50
7 500	26,30	54,—	9 100	30,30	58,80
7 600	26,50	54,30	9 200	30,50	59,10
7 700	26,80	54,60	9 300	30,80	59,40
7 800	27,—	54,90	9 400	31,—	59,70
7 900	27,30	55,20	9 500	31,30	60,—
8 000	27,50	55,50	9 600	31,50	60,30
8 100	27,80	55,80	9 700	31,80	60,60
8 200	28,—	56,10	9 800	32,—	60,90
8 300	28,30	56,40	9 900	32,30	61,20
8 400	28,50	56,70	**10 000**	32,50	61,50
8 500	28,80	57,—			

Bei höheren Werten bis 100 000 *RM*:
Gerichtsgebühr: $^{1}/_{2}$ v. H. und 80 *RM* : 4.
Anwaltsgebühr: $^{1}/_{2}$ v. H. und 155 *RM*, davon $^{8}/_{10}$.

Ein Viertel der Gerichtsgebühr wird erhoben für das Verfahren über Anträge auf

Pfändung und Überweisung von Geldforderungen, von Ansprüchen, die die Herausgabe von Sachen betreffen, und von anderen Vermögensrechten, Pfändung einer Schiffspart (ZPO § 829 Abs. 1, §§ 835, 839, 846 bis 848, 857, 858),

Überweisung des Anspruchs des Schuldners auf Herausgabe einer im Gewahrsam eines Dritten befindlichen Sache (ZPO § 886),

Anordnung der anderweiten Verwertung einer gepfändeten Forderung (ZPO § 844).

Die Ernennung eines Sequesters durch das Amtsgericht der belegenen Sache (§§ 848, 853 der ZPO) ist gebührenfrei.

Betreffen mehrere Verfahren der vorbezeichneten Art denselben Anspruch und denselben Gegenstand (Pfändung und Überweisung erfolgen getrennt), so wird die Gebühr nur einmal erhoben (GKG § 35 Abs. 2).

Die Gerichtsgebühr entsteht und wird fällig mit der Stellung des Antrags. Zahlungspflichtig ist der Antragsteller. Der Vollstreckungsschuldner haftet aus § 79 Nr. 4 des GKG.

Die Gebühr wird nicht erhoben, wenn der das Verfahren einleitende Antrag vor einer gerichtlichen Verfügung zurückgenommen wird. Als Verfügung in diesem Sinne ist jede auf den Fortgang des Verfahrens hinzielende Verfügung anzusehen, z. B. eine Aufforderung an den Gläubiger, den Antrag zu ergänzen oder Urkunden einzureichen. „Erlassen" ist eine solche Verfügung mit ihrer Vollziehung durch den Richter oder den Rechtspfleger in den Akten.

Gemäß § 31 der GO für RAe bildet eine jede Vollstreckungsmaßregel zusammen mit den durch dieselbe vorbereiteten weiteren Vollstreckungshandlungen bis zu der durch die Maßregel zu erlangenden Befriedigung des Gläubigers eine Instanz. Pfändung und Überweisung einer Forderung usw. bilden demnach, auch wenn getrennt beantragt, zusammen eine Instanz, einschließlich einer etwaigen Vorpfändung gemäß ZPO § 845. Wird bei Nichtbefriedigung neuer Antrag gestellt, so beginnt eine neue Instanz.

Für einen Arrestbefehl mit Pfändungsbeschluß werden berechnet ½ Gebühr für den Arrest und ¼ Gebühr für die Pfändung.

Wegen der **Wertberechnung** vgl. Nr. 14.

Für Anfertigung von Abschriften des Beschlusses werden Schreibgebühren (25 *Rpf* für die Seite) erhoben.

Der Gerichtsvollzieher berechnet für jede Zustellung

1. im Ortsverkehr	bis	20	Gramm	—.90	*RM*,
	„	250	„	—.98	„
	„	500	„	1.02	„ .
2. im Fernverkehr	„	20	„	—.98	„
	„	250	„	1.10	„
	„	500	„	1.26	„ ,

für die Beglaubigung von Abschriften —.05 *RM* für jede Seite,

für eine Aufforderung gemäß ZPO § 840 —.50 *RM*.

Da die Aufforderung nicht durch die Post erfolgen kann, werden daneben etwaige Reisekosten berechnet.

Gibt der Drittschuldner seine Erklärung **nach** der Zustellung zu Protokoll des Gerichtsvollziehers ab, so sind dafür weitere Schreibgebühren (25 *Rpf* für die Seite) anzusetzen.

Der Gerichtsvollzieher erhebt regelmäßig seine Kosten durch Postnachnahme. Er kann aber die Übernahme eines Geschäfts von der Zahlung eines Vorschusses abhängig machen.

Sachverzeichnis

Die **großen Ziffern** verweisen auf die Seiten, die **kleinen** auf die Nummern der Anmerkungen. Ein D vor einer Ziffer bedeutet Muster.

B

D

E

F

G

W

Z

Nachtrag

zu Schubert

Zwangsvollstreckung in Forderungen und andere Vermögensrechte Zweite Auflage

---

Walter de Gruyter & Co., Berlin W 35

Archiv-Nr. 22 29 41

Druck von Walter de Gruyter & Co., Berlin W 35

Reichsarbeitsdienst

Vierte Verordnung
zur Durchführung und Ergänzung des Reichsarbeitsdienstgesetzes (Pfändungsschutz)

Vom 28. November 1940 — RGBl. I S. 1532 —

Auf Grund des § 25 des Reichsarbeitsdienstgesetzes in der Fassung vom 9. September 1939 (RGBl I S. 1747) wird verordnet:

Artikel 1

Der Pfändungsschutz für die Angehörigen der Wehrmacht und die Gefolgschaftsmitglieder der Wehrmacht nach der Verordnung zur einheitlichen Regelung des Pfändungsschutzes für Arbeitseinkommen (LohnpfändungsV. 1940) vom 30. Oktober 1940 (RGBl I S. 1451) gilt auch für die Angehörigen des Reichsarbeitsdienstes und für die nichtbeamteten Gefolgschaftsmitglieder des Reichsarbeitsdienstes.

Artikel 2

Diese Verordnung tritt am 1. Dezember 1940 in Kraft.

Berlin, den 28. November 1940.

Der Reichsminister des Innern
Frick.

Nr. 43 (S. 123—157) des Buches „Zwangsvollstreckung in Forderungen und andere Vermögensrechte, Zweite Auflage, von Justizinspektor Fritz Schubert, Freiberg i. Sachsen“ erhält vom 1. Dezember 1940 an folgende Fassung:

§ 850 ZPO

Das in Geld zahlbare Einkommen der Beamten, Angestellten und Arbeiter aus Dienst- oder Arbeitsverhältnissen sowie ähnliche Bezüge unterliegen der Pfändung nur in dem durch die Verordnung zur einheitlichen Regelung des Pfändungsschutzes für Arbeitseinkommen vom 30. Oktober 1940 (RGBl I S. 1451) festgesetzten Umfange.

Anmerkung:

§ 850 der ZPO umfaßt sowohl die Pfändung von Beamtengehalt als auch die Pfändung sonstigen Arbeitseinkommens, trifft aber keine eigene Regelung, sondern verweist auf die Lohnpfändungsverordnung.

Da das neue Lohnpfändungsrecht im gesamten Gebiet des Großdeutschen Reiches anwendbar sein soll, die Zivilprozeßordnung aber noch nicht in allen Teilen gilt, ist das neue Recht nicht in die Zivilprozeßordnung eingebaut, sondern als selbständiges Gesetz erlassen worden.

§§ 850a—h sind demgemäß gestrichen worden.

Verordnung zur einheitlichen Regelung des Pfändungsschutzes für Arbeitseinkommen (Lohnpfändungs-Verordnung 1940).

Vom 30. Oktober 1940. — RGBl I S. 1451 —.

§ 1

Arbeitseinkommen

(1) Arbeitseinkommen, das in Geld zahlbar ist, kann nur nach Maßgabe dieser Verordnung gepfändet werden.

(2) Arbeitseinkommen im Sinne dieser Verordnung sind die Dienst- und Versorgungsbezüge der Beamten und Wehrmachtangehörigen, Arbeits- und Dienstlöhne, Ruhegelder und ähnliche nach dem einstweiligen oder dauernden Ausscheiden aus dem Dienst- oder Arbeitsverhältnis gewährte fortlaufende Einkünfte, ferner Hinterbliebenenbezüge sowie sonstige Vergütungen für Dienstleistungen aller Art, die die Erwerbstätigkeit des Schuldners vollständig oder zu einem wesentlichen Teil in Anspruch nehmen.

(3) Die Pfändung des in Geld zahlbaren Arbeitseinkommens erfaßt alle Vergütungen, die dem Schuldner aus der Arbeits- oder Dienstleistung zustehen, ohne Rücksicht auf ihre Benennung oder Berechnungsart.

Anmerkung:

Die Verschiedenheit in der Behandlung der Pfändung von Beamtengehältern und von Arbeitseinkommen der Arbeiter und Angestellten, die in vergangenen Zeiten als begründet empfunden wurde, verlor mit dem Fortschreiten der politischen und wirtschaftlichen Entwicklung ihre innere Rechtfertigung. Sie widersprach dem Gedanken der Volksgemeinschaft, wie er sich im nationalsozialistischen Staat entwickelt hatte. Die Wünsche nach einer Angleichung der bisher völlig verschiedenen Pfändungsvorschriften wurden deshalb im Laufe der Zeit immer dringender, vor allem konnte man sich mit der Tatsache nicht abfinden, daß zwar bei Beamten Kinderbeihilfen unpfändbar waren, daß dies aber nicht für Angestellte oder Arbeiter galt, wenn auch sie Kinderbeihilfen bezogen. Die neue Lohnpfändungs-Verordnung hat deshalb mit der unterschiedlichen Behandlung der Pfändung von Beamtengehältern und von Arbeitseinkommen der Arbeiter und Angestellten aufgeräumt. Kinderbeihilfen, die nach der bisherigen Vorschrift des § 850 Abs. 2 der ZPO der Pfändung entzogen waren, sind deshalb bei der Ermittelung der pfändbaren Beträge zu berücksichtigen. Bei Berechnung des pfändbaren Arbeitseinkommens ist § 7 zu beachten.

Sollten sich in einzelnen Fällen vorübergehend Härten ergeben, so bietet § 8 die Möglichkeit, ausgleichend zu wirken.

§ 2

Dem Arbeitseinkommen gleichgestellte Bezüge

Die in dieser Verordnung für das Arbeitseinkommen erlassenen Vorschriften gelten auch für die folgenden Bezüge, soweit sie in Geld zahlbar sind:

1. **Bezüge, die ein Gefolgschaftsmitglied zum Ausgleich für Wettbewerbsbeschränkungen für die Zeit nach Beendigung seines Dienstverhältnisses beanspruchen kann;**
2. **Renten, die auf Grund von Versicherungsverträgen gewährt werden, wenn diese Verträge zur Versorgung des Versicherungsnehmers oder seiner unterhaltsberechtigten Angehörigen eingegangen sind.**

Anmerkung:

Nr. 1: Diese Vorschrift entspricht der bisherigen Bestimmung im § 850f Abs. 1 Nr. 2 der ZPO (S. 152).

Diese Bezüge und die unter Nr. 2 genannten Renten, soweit sie in Geld zahlbar sind, unterliegen denselben Beschränkungen wie die Pfändung des Arbeitseinkommens.

§ 3

Unpfändbare Bezüge

Unpfändbar sind:

1. zur Hälfte die für die Leistung von Mehrarbeitsstunden gezahlten Teile des Arbeitseinkommens;
2. die für die Dauer eines Urlaubs über das Arbeitseinkommen hinaus gewährten Bezüge, Zuwendungen aus Anlaß eines besonderen Betriebsereignisses und Treugelder, soweit sie den Rahmen des Üblichen nicht übersteigen;
3. Aufwandsentschädigungen, Auslösungsgelder und sonstige soziale Zulagen für auswärtige Beschäftigung, das Entgelt für selbstgestelltes Arbeitsmaterial, Gefahrenzulagen und ähnliche, vom Reichsminister der Justiz zu bezeichnende Bezüge, soweit sie durch Gesetz oder Tarif-, Betriebs- oder Dienstordnung festgesetzt sind oder den Rahmen des Üblichen nicht übersteigen;
4. Weihnachtsvergütungen bis zum Betrage der Hälfte des monatlichen Arbeitseinkommens, höchstens aber bis zum Betrage von 150 Reichsmark;
5. Heirats- und Geburtsbeihilfen, sofern die Vollstreckung wegen anderer als der aus Anlaß der Heirat oder der Geburt entstandenen Ansprüche betrieben wird;
6. bei besonderem Einsatz der Wehrmacht die folgenden auf Grund des Einsatz-Wehrmachtgebührnisgesetzes — EWGG — vom 28. August 1939 (RGBl I S. 1531) und seiner Durchführungsbestimmungen an Angehörige der Wehrmacht gewährten Bezüge: Wehrsold, sämtliche Zulagen einschließlich Front- und Fliegerzulagen, freie Unterkunft, Verpflegung und Bekleidung, Bekleidungsentschädigung sowie Einkleidungs- und Ausrüstungsbeihilfen, ferner auch die den Gefolgschaftsmitgliedern der Wehrmacht bei besonderem Einsatz neben dem Arbeitseinkommen etwa gewährten besonderen Bezüge;
7. Verstümmelungs- und Verwundetenzulagen und ähnliche Bezüge sowie die auf gesetzlicher Vorschrift beruhenden Ehrensolde;

8. **Erziehungsgelder, Studienbeihilfen und ähnliche Bezüge;**
9. **Sterbe- und Gnadenbezüge.**

Anmerkung:

Nr. 1: Der Zugriff auf Beträge, die für die Leistung von Mehrarbeitsstunden gezahlt werden, ist dahin geregelt, daß die Beträge zur Hälfte unpfändbar sind. Bisher wurde angenommen, daß solche Beträge entweder voll oder nur zu einem Teil der Pfändung unterliegen. Zugunsten der bevorrechtigten Forderungen kann das Mehrarbeitseinkommen bis zur Hälfte des an sich der Pfändung entzogenen Betrages gepfändet werden, vgl. § 6.

Nr. 2: Zur Vermeidung einer allzuweiten Festsetzung ist diese Bestimmung an die Voraussetzung gebunden, daß die genannten Bezüge den Rahmen des Üblichen nicht übersteigen dürfen.

Nr. 3: Die unter Nr. 3 bezeichneten Zulagen und Zuschläge sind als zweckgebunden dem Zugriff des Gläubigers entzogen, denn sie dienen der Abgeltung von Unkosten, die das moderne Arbeitsleben mit sich bringt. Sie sind unpfändbar, soweit sie durch Gesetz- oder Tarif-, Betriebs- oder Dienstordnung festgesetzt sind **oder** den Rahmen des Üblichen nicht übersteigen.

Nr. 4: Weihnachtsvergütungen können zugunsten der bevorrechtigten Forderungen in weiterem Umfange gepfändet werden, vgl. § 6.

Nr. 5: In Nr. 5 ist jetzt klargestellt, daß Heirats- und Geburtsbeihilfen nur wegen der aus Anlaß der Heirat oder der Geburt entstandenen Ansprüche (Forderung des Möbellieferanten oder des Geburtshelfers) gepfändet werden können.

Nr. 6: Die Unpfändbarkeit der den Angehörigen der Wehrmacht bei besonderem Einsatz gewährten Bezüge trägt der neuen gesetzlichen Regelung dieser Bezüge, wie sie hauptsächlich in dem Einsatz-Wehrmachtgebührnisgesetz vom 28. September 1939 enthalten ist, Rechnung.

Nr. 8: Nach der bisher geltenden Bestimmung im § 850a der ZPO galten für die Pfändung der Erziehungsgelder,

Studienbeihilfen und ähnlicher Bezüge die Vorschriften des § 850 der ZPO entsprechend. Jetzt sind diese Bezüge überhaupt unpfändbar.

Nr. 9: Diese Bezüge waren auch bisher der Pfändung entzogen.

§ 4

Bedingt pfändbare Bezüge

(1) Unpfändbar sind ferner:

1. Renten, die wegen einer Verletzung des Körpers oder der Gesundheit zu entrichten sind;

2. Unterhaltsrenten, die auf gesetzlicher Vorschrift beruhen, sowie die wegen Entziehung einer solchen Forderung zu entrichtenden Renten;

3. fortlaufende Einkünfte, die ein Schuldner aus Stiftungen oder sonst auf Grund der Fürsorge und Freigebigkeit eines Dritten oder auf Grund eines Altenteils oder Auszugsvertrags bezieht;

4. fortlaufende Bezüge aus Witwen-, Waisen-, Sterbe-, Hilfs- und Krankenkassen, die ausschließlich oder zu einem wesentlichen Teil zu Unterstützungszwecken gewährt werden.

(2) Diese Bezüge können nach den für Arbeitseinkommen geltenden Vorschriften gepfändet werden, wenn die Vollstreckung in das sonstige bewegliche Vermögen des Schuldners zu einer vollständigen Befriedigung des Gläubigers nicht geführt hat oder voraussichtlich nicht führen wird und wenn nach den Umständen des Falles, insbesondere nach der Art des beizutreibenden Anspruchs und der Höhe der Bezüge, die Pfändung der Billigkeit entspricht.

(3) Das Vollstreckungsgericht soll vor seiner Entscheidung die Beteiligten hören. Die Entscheidung unterliegt der sofortigen Beschwerde (dem Rekurs).

Anmerkung:

Die Verordnung führt die bedingte Pfändbarkeit der genannten Bezüge ein. Ihre absolute Unpfändbarkeit wäre in Ansehung der Tatsache, daß sie einen wirtschaftlichen Ersatz für mangelndes oder ausfallendes Arbeitseinkommen darstellen, nicht vertretbar. Nur ist die Pfändung nach Abs. 2 an zweierlei Voraussetzungen gebunden.

Nur die Rente — Abs. 1 Nr. 1 —, nicht aber die Kapitalsabfindung, ist geschützt. Eine freiwillige, vertraglich vereinbarte Rente, für die eine gesetzliche Verpflichtung nicht vorliegt, ist hingegen pfändbar.

Die Renten unter Nr. 1 und 2 waren bisher völlig unpfändbar (§ 850g Nr. 1 und 2 der ZPO).

Die unter Nr. 3 genannten fortlaufenden Einkünfte waren nach der bisherigen Vorschrift im § 850g Nr. 3 der ZPO beschränkt pfändbar. Wegen der Bezüge unter Nr. 4 vgl. die bisherigen Vorschriften in § 850a Abs. 1, § 850g Nr. 4 der ZPO. Vgl. hierzu S. 156 „Bemerkung zu Nr. 4".

Abs. 2: Die Renten unter Nr. 1—4 können wie Arbeitseinkommen dann gepfändet werden, wenn die Voraussetzungen des Abs. 2 gegeben sind.

Abs. 3: Vor Erlaß eines Pfändungsbeschlusses oder der Zurückweisung des Antrags soll das Vollstreckungsgericht die Beteiligten hören. Die Entscheidung unterliegt der **sofortigen** Beschwerde. Gegen die sonst erlassenen Pfändungsbeschlüsse ist nur Einwendung nach § 766 der ZPO (S. 115) zulässig.

§ 5

Pfändungsschutz für Arbeitseinkommen

(1) Arbeitseinkommen unterliegt nicht der Pfändung
bei Auszahlung für Monate oder
Bruchteile von Monaten in Höhe von 130 RM. monatlich,
bei Auszahlung für Wochen in Höhe
von . . . . 30 RM. wöchentlich,
bei Auszahlung für Tage in Höhe
von . . . . 5 RM. täglich
und, soweit es diese Beträge übersteigt, zu drei Zehntel des Mehrbetrags.

(2) Gewährt der Schuldner seinem Ehegatten, einem früheren Ehegatten, einem Verwandten oder einem unehelichen Kind Unterhalt, so erhöht sich der unpfändbare Teil des Mehrbetrags für jede Person, der Unterhalt gewährt wird, um ein weiteres Zehntel, mindestens um

15 RM. monatlich (3,60 RM. wöchentlich, 0,60 RM. täglich), höchstens um 50 RM. monatlich (12 RM. wöchentlich, 2 RM. täglich). Der hiernach unpfändbare Teil des Mehrbetrags darf jedoch neun Zehntel des Mehrbetrags bis zu 100 RM. und acht Zehntel des weiteren Mehrbetrags nicht übersteigen.

Anmerkung:

Die Novelle vom 24. Oktober 1934 nahm zwar Rücksicht auf den Familienstand des Schuldners, sie war aber insofern unvollkommen, als dem Schuldner außer dem Drittel des die Pfändungsgrenze übersteigenden Arbeitseinkommens für jeden ihm gegenüber unterhaltsberechtigten Angehörigen zwar ein weiteres Sechstel verblieb, aber diese Steigerung über einen Höchstbetrag von zwei Dritteln nicht hinausgehen konnte. Dadurch ergab es sich, daß ein verheirateter Schuldner, schon wenn er ein Kind hatte, das Höchstmaß des vorgesehenen Pfändungsschutzes erreichte und auf eine weitere Kinderzahl keine Rücksicht mehr genommen werden konnte. Um Härten, die sich daraus vielfach ergaben, auszugleichen, hat dann die Verordnung vom 7. April 1938 (RGBl I S. 378, vgl. S. 144) vorgesehen, daß bei einer gewöhnlichen Pfändung dem Schuldner auf Antrag auch der an sich pfändbare Teil seiner Bezüge noch so weit belassen werden kann, als das mit Rücksicht auf den besonderen Umfang der gesetzlichen Unterhaltspflichten des Schuldners geboten erscheint und überwiegende Belange des Gläubigers nicht entgegenstehen. Hierbei handelte es sich offensichtlich um eine Notlösung und es war eine der Hauptaufgaben einer grundsätzlichen Reform des Lohnpfändungsrechts, von vornherein die Pfändungsbeschränkungen so zu gestalten, daß auf den Familienstand des Schuldners in weiterem Umfange als nach bisherigem Recht Rücksicht genommen werden konnte.

Die neue Lohnpfändungs-Verordnung hat deshalb angestrebt, bei allen Beziehern von Arbeitseinkommen, mögen sie nun Beamte oder Arbeiter oder Angestellte sein, auf möglichst weitgehende Berücksichtigung der Familienverhältnisse hinzuarbeiten. Man ist deshalb zur Zehntelung übergegangen, in der Weise, daß man von jedem Arbeitseinkommen drei Zehntel des die absolute Pfändungsgrenze übersteigenden

Betrags für unpfändbar erklärte und weiter für jeden der dem Schuldner gegenüber unterhaltsberechtigten Angehörigen ein weiteres Zehntel von der Pfändung freistellte. Natürlich mußte auch hier der Pfändungsschutz begrenzt werden. Man hat, um die Empfänger kleiner Einkommen mehr zu schützen als bisher, für die ersten 100 RM. monatlich (24 RM. wöchentlich, 4 RM. täglich) des den völlig pfändungsfreien Gehaltsbetrag übersteigenden Arbeitseinkommens die Schutzgrenze auf **neun Zehntel** und für den Mehrbetrag auf **acht Zehntel** festgesetzt. Dadurch wird erreicht, daß auf die Kinderzahl des Schuldners viel weitgehender als früher Rücksicht genommen werden kann, daß z. B. außer der Frau für die ersten die Pfändungsgrenze übersteigenden 100 RM. noch fünf Kinder und wegen des Restes immerhin noch vier Kinder berücksichtigt werden können. Da nun bei kleinem Einkommen das für jeden unterhaltsberechtigten Familienangehörigen verbleibende Zehntel einen zu geringfügigen Betrag ausmachen könnte, ist ferner vorgesehen, daß der **Mindestbetrag** des für einen Familienangehörigen oder für ein uneheliches Kind dem Schuldner zu belassenden Gehaltsteils 15 RM. monatlich (3,60 RM. wöchentlich, 0,60 RM. täglich) ausmachen muß, **natürlich vorbehaltlich der schon erwähnten Höchstgrenzen von neun Zehnteln und acht Zehnteln.**

Für jeden Unterhaltsberechtigten darf **höchstens** der Betrag von **50 RM. monatlich** (12 RM. wöchentlich, 2 RM. täglich) **pfandfrei** bleiben.

Bei Berechnung des pfändbaren Arbeitseinkommens ist vom **Nettoarbeitseinkommen** auszugehen (vgl. § 7).

Die Einführung der Zehntelung bietet neben der rechnerischen Vereinfachung — vgl. § 7 Nr. 4 — gegenüber dem bisherigen Recht eine wesentliche Verbesserung.

§ 6

Unterhaltsansprüche

(1) Wegen der Unterhaltsansprüche, die Verwandten, Ehegatten, früheren Ehegatten oder unehelichen Kindern kraft Gesetzes zustehen, sind das Arbeitseinkommen und die im § 3 Nr. 1, 2 und 4 genannten Bezüge ohne die im § 5 bezeichneten Beschränkungen pfändbar. Dem Schuldner

ist jedoch so viel zu belassen, als er für seinen notwendigen Unterhalt und zur Erfüllung seiner laufenden gesetzlichen Unterhaltspflichten gegenüber den dem Gläubiger vorgehenden Berechtigten oder zur gleichmäßigen Befriedigung der dem Gläubiger gleichstehenden Berechtigten bedarf; von den im § 3 Nr. 1, 2 und 4 genannten Bezügen hat ihm mindestens die Hälfte des nach § 3 unpfändbaren Betrages zu verbleiben. Der dem Schuldner hiernach verbleibende Teil seines Arbeitseinkommens darf den Betrag nicht übersteigen, der ihm nach den Vorschriften des § 5 gegenüber nicht bevorrechtigten Gläubigern zu verbleiben hätte. Für die Pfändung wegen der Rückstände, die länger als ein Jahr vor dem Antrag auf Erlaß des Pfändungsbeschlusses fällig geworden sind, gelten die Vorschriften dieses Absatzes insoweit nicht, als nach Lage der Verhältnisse nicht anzunehmen ist, daß der Schuldner sich seiner Zahlungspflicht absichtlich entzogen hat.

(2) Mehrere nach Abs. 1 Berechtigte sind mit ihren Ansprüchen in folgender Reihenfolge zu berücksichtigen, wobei mehrere gleich nahe Berechtigte untereinander gleichen Rang haben:

a) die minderjährigen unverheirateten Kinder, der Ehegatte und frühere Ehegatte. Das Verhältnis der minderjährigen unverheirateten Kinder und des Ehegatten zu einem früheren Ehegatten bestimmt das Vollstreckungsgericht nach billigem Ermessen;

b) die übrigen ehelichen Abkömmlinge, wobei diejenigen, die im Fall der gesetzlichen Erbfolge als Erben berufen sein würden, den übrigen vorgehen, sowie die unehelichen Kinder;

c) die Verwandten aufsteigender Linie, wobei die näheren Grade den entfernteren vorgehen.

(3) Bei der Vollstreckung wegen der im Abs. 1 bezeichneten Ansprüche sowie wegen der aus Anlaß einer Verletzung des Körpers oder der Gesundheit zu zahlenden Renten kann zugleich mit der Pfändung wegen fälliger Ansprüche auch künftig fällig werdendes Arbeitseinkommen wegen der dann jeweils fällig werdenden Ansprüche gepfändet und überwiesen werden.

Anmerkung:

An dem Grundsatze, daß wegen der Unterhaltsansprüche, die Verwandten, Ehegatten, früheren Ehegatten oder unehelichen Kindern kraft Gesetzes zustehen, das Arbeitseinkommen in weiterem Umfange gepfändet werden kann, als wegen sonstiger Forderungen, ist festgehalten. Auch sonst ist grundsätzlich in diesem Punkte am früheren Recht nichts wesentlich geändert. Hervorzuheben ist nur, daß das Erlöschen des Pfändungsprivilegs für ältere Rückstände etwas anders gefaßt ist als nach früherem Recht. Während nach früherem Recht der Unterhaltsgläubiger nachweisen muß, daß der Schuldner sich seiner Zahlungspflicht absichtlich entzogen hat, ist jetzt die Beweislast umgekehrt. Das Pfändungsprivileg tritt jetzt wegen älterer Rückstände nur dann nicht ein, wenn nach Lage der Verhältnisse nicht anzunehmen ist, daß der Schuldner sich seiner Zahlungspflicht absichtlich entzogen hat. Geht also nicht bereits aus dem Pfändungsantrag oder aus sonstigen dem Gericht bekannten Umständen hervor, daß sich der Unterhaltsschuldner, der längere Zeit mit dem Unterhalt rückständig ist, seiner Zahlungspflicht nicht absichtlich entzogen hat, so ist auch wegen der älteren Rückstände die privilegierte Pfändung zulässig und es ist dann Sache des Schuldners, im Wege der Erinnerung geltend zu machen und nachzuweisen, daß in seinem Falle das Privileg für die älteren Rückstände nicht in Betracht kommt.

Bemerkenswert ist, daß die pfändungsrechtliche Bevorzugung der Mehrarbeitsvergütung, Urlaubsgelder, Zuwendungen aus Anlaß eines besonderen Betriebsereignisses, Treugelder und Weihnachtsvergütungen wieder in Wegfall kommt und diese Bezüge sowie das Arbeitseinkommen auch ohne die Beschränkungen des § 5 der Pfändung unterworfen sind. Dem Unterhaltsschuldner muß aber grundsätzlich die Hälfte des unpfändbaren Betrags von den genannten Bezügen verbleiben, nämlich

1. **ein Viertel** der für die Leistung von **Mehrarbeitsstunden** zu zahlenden Vergütung,
2. **ein Halb** der für die Dauer eines **Urlaubs** über das Arbeitseinkommen hinaus gewährten Bezüge, der **Zuwendungen** aus Anlaß eines **besonderen Betriebs**-

ereignisses und der **Treugelder**, soweit sie den Rahmen des Üblichen nicht übersteigen,

3. **Weihnachtsvergütungen** bis zum Betrage **eines Viertels** des monatlichen Arbeitseinkommens, **höchstens** aber bis zum Betrage von **75 RM.**

Zu Abs. 2: Durch die Aufzählung der Rangfolge der Unterhaltsberechtigten erübrigt sich eine Verweisung auf die entsprechenden Vorschriften des bürgerlichen Rechts.

Zu Abs. 3: Abs. 3 ermöglicht es, daß einem Schuldner gegenüber, der es wegen einer Unterhaltsforderung zur Pfändung kommen läßt, nicht wegen jeder neu fällig werdenden Rate ein neuer Pfändungsbeschluß ergehen muß, sondern zugleich mit der Pfändung wegen fälliger Ansprüche auch künftig fällig werdendes Arbeitseinkommen wegen der dann jeweils fällig werdenden Ansprüche gepfändet werden kann.

Für die Berechnung des Streitwertes ist die Bestimmung im § 10 Abs. 2—4 des Gerichtskostengesetzes maßgebend. Diesem Werte ist der Betrag der bereits fällig gewesenen Rente hinzuzurechnen.

§ 7

Berechnung des pfändbaren Arbeitseinkommens

Für die Berechnung des pfändbaren Arbeitseinkommens gilt folgendes:

1. **Nicht mitzurechnen sind die nach § 3 der Pfändung entzogenen Bezüge, ferner Beträge, die unmittelbar auf Grund steuerrechtlicher oder sozialrechtlicher Vorschriften zur Erfüllung gesetzlicher Verpflichtungen des Schuldners abzuführen sind. Diesen Beträgen können durch Bestimmung des Reichsministers der Justiz Beträge gleichgestellt werden, die der Schuldner zur Erfüllung ähnlicher Verpflichtungen laufend aufzubringen hat.**

2. **Mehrere Arbeitseinkommen sind vom Vollstreckungsgericht bei der Pfändung zusammenzurechnen. Der unpfändbare Grundbetrag ist in erster Linie dem Arbeitseinkommen zu entnehmen, das die wesentliche Grundlage der Lebenshaltung des Schuldners bildet.**

3. **Erhält der Schuldner neben seinem in Geld zahlbaren Einkommen auch Naturalleistungen, so sind Geld und Naturalleistungen zusammenzurechnen. In diesem Fall ist der in Geld zahlbare Betrag insoweit pfändbar, als der nach § 5 unpfändbare Teil des Gesamteinkommens durch den Wert der dem Schuldner verbleibenden Naturalleistungen gedeckt ist.**
4. **Das der Pfändung unterliegende Arbeitseinkommen des Schuldners ist für die Berechnung des pfändbaren Teils bei Auszahlung für Monate auf einen durch 2 RM., bei Auszahlung für Wochen auf einen durch 0,50 RM. und bei Auszahlung für Tage auf einen durch 0,10 RM. teilbaren Betrag nach unten abzurunden.**
5. **Trifft eine Pfändung, eine Abtretung oder eine sonstige Verfügung wegen eines der im § 6 bezeichneten Ansprüche mit einer Pfändung wegen eines sonstigen Anspruchs zusammen, so sind auf die Unterhaltsansprüche zunächst die gemäß § 6 der Pfändung in erweitertem Umfang unterliegenden Teile des Arbeitseinkommens zu verrechnen. Die Verrechnung nimmt auf Antrag eines Beteiligten das Vollstreckungsgericht vor. Der Drittschuldner kann, solange ihm eine Entscheidung des Vollstreckungsgerichts nicht zugestellt ist, nach dem Inhalt der ihm bekannten Pfändungsbeschlüsse, Abtretungen und sonstigen Verfügungen mit befreiender Wirkung leisten.**

Anmerkung:

Diese Vorschrift gewährt die einwandfreie Ermittlung des Nettoeinkommens.

Von der Pfändung ausgenommen sind insbesondere folgende Bezüge:

1. **zur Hälfte** die für die Leistung von **Mehrarbeitsstunden** zu zahlende Vergütung (§ 3 Nr. 1),
2. Urlaubsgelder (§ 3 Nr. 2),
3. Aufwandsentschädigungen, Auslösungsgelder und sonstige sozialen Zulagen für auswärtige Beschäftigung usw. (§ 3 Nr. 3),

4. **Weihnachtsvergütungen bis zum Betrage der Hälfte** des monatlichen Arbeitseinkommens, **höchstens aber bis zum Betrage von 150 RM.** (§ 3 Nr. 4).

Nr. 2: Werden z. B. einem im Ruhestand befindlichen Beamten, der 400 RM. netto Ruhegehalt bezieht, in irgendeinem Unternehmen für eine dort von ihm ausgeübte Tätigkeit noch monatlich 200 RM. netto gezahlt, so ist bei einer Pfändung seines Arbeitseinkommens der Berechnung des pfändbaren Einkommenteils die Gesamtsumme von 600 RM. netto zugrunde zu legen. Hat der Schuldner für drei Personen zu sorgen, so bleiben ihm danach

130 RM. und vom Mehrbetrag sechs Zehntel, gleich
282 RM. Ihm verbleiben also im ganzen
412 RM., während der Gläubiger
188 RM. bekommt. Das Ruhegeld von 400 RM. ist dem Schuldner ungekürzt auszuzahlen, von den 200 RM. Nebeneinnahmen sind 188 RM. zu pfänden.

Da die Zusammenrechnung mehrerer Einkommensquellen vom Gesetz zwingend vorgeschrieben ist, so wird der Vollstreckungsrichter, falls ihm nach Erlaß eines Pfändungsbeschlusses wegen des Ruhegeldes bei einer zweiten Pfändung die Anwendbarkeit des § 7 Nr. 2 der VO. erkennbar wird, von Amts wegen den früheren Pfändungsbeschluß entsprechend zu ändern und für den zweiten Gläubiger den neuen Pfändungsbeschluß von vornherein nach dem Grundsatz des § 7 Nr. 2 abzufassen haben.

Nr. 3: Bezieht ein lediger Schuldner monatlich 100 RM. bar und Naturalleistungen im Werte von 60 RM., so sind aus seinem Gesamteinkommen von 160 RM. $^{7}/_{10}$ von 30 RM. = 21 RM. pfändbar. Für den unpfändbaren Teil von 139 RM. ist er in Höhe von 60 RM. durch den Wert der Naturalleistungen gedeckt, weitere 79 RM. verbleiben ihm aus seinen Barbezügen. Die restlichen 21 RM. sind an den Gläubiger auszuzahlen.

Obwohl der Anspruch auf Naturalleistungen bei Arbeitnehmern in landwirtschaftlichen Betrieben nach Artikel I der VO. vom 19. Februar 1932 — RGBl I S. 71 — unpfändbar ist, ist doch der Wert dieser Leistungen der Barvergütung hinzuzurechnen.

Nr. 4: Diese Bestimmung soll dem Drittschuldner die Berechnung der Auszahlung der an den Gläubiger nach einer Pfändung zu leistenden Zahlung erleichtern.

Nr. 5: Diese wichtige Vorschrift beseitigt die Unzuträglichkeiten, die sich bisher dann ergeben konnten, wenn eine Pfändung wegen Unterhalts, die das Pfändungsvorrecht genießt, mit einer gewöhnlichen Pfändung konkurrierte. Pfändete der Unterhaltsgläubiger zuerst und ein anderer Gläubiger wegen einer gewöhnlichen Forderung später, so mußte man nach den bisherigen Vorschriften annehmen, daß die zuerst ausgebrachte Unterhaltspfändung zunächst den allgemein für alle Gläubiger pfändbaren Gehaltsteil erfaßte. Dieser Gehaltsteil war deshalb dem Zugriff eines anderen Gläubigers dann entzogen, wenn der pfändbare Teil, der die gewöhnliche Pfändungsgrenze überstieg, vom Unterhaltsgläubiger vollständig erfaßt worden war. Zu demselben Ergebnis kam man, wenn wegen der Unterhaltsforderung nicht eine Pfändung, sondern eine Gehaltsabtretung vorangegangen war. Jetzt ist dieser Übelstand dadurch beseitigt, daß nunmehr der Unterhaltsgläubiger die Ausnutzung seines pfändungsrechtlichen Vorrechtsbereichs bei Zusammentreffen seiner Pfändung mit einer Pfändung wegen sonstiger Ansprüche zur Pflicht macht, so daß die der Pfändung in erweitertem Umfang unterliegenden Teile des Arbeitseinkommens zunächst auf die Unterhaltsansprüche zu verrechnen sind. Da nun die Pfändungsgrenze bei Pfändungen wegen eines Unterhaltsanspruchs nicht feststeht, ist bestimmt, daß das Vollstreckungsgericht auf Antrag eines Beteiligten diese Verrechnung vorzunehmen hat. Die Entscheidung des Vollstreckungsgerichts ist allen Beteiligten von Amts wegen zuzustellen.

§ 8

Pfändungsschutz in Ausnahmefällen

Das Vollstreckungsgericht kann dem Schuldner auf Antrag von dem nach den Bestimmungen der §§ 5 und 6 pfändbaren Teil seines Arbeitseinkommens ausnahmsweise einen Teil belassen, wenn dies mit Rücksicht

a) **auf besondere Bedürfnisse des Schuldners aus persönlichen oder beruflichen Gründen oder**

b) auf besonders umfangreiche gesetzliche Unterhaltspflichten des Schuldners

geboten ist und überwiegende Belange des Gläubigers nicht entgegenstehen.

Anmerkung:

Wenn auch die Verordnung sich bemüht, allen sozialen Belangen des Schuldners in den Grenzen des Möglichen schon in den von ihr aufgestellten Grundregeln Rechnung zu tragen, so können doch in Einzelfällen, sei es wegen einer besonders umfangreichen gesetzlichen Unterhaltspflicht des Schuldners, sei es auch infolge **besonderer Bedürfnisse, die sich für ihn aus persönlichen oder beruflichen Gründen ergeben,** bei Anwendung der Normen der Verordnung Härten eintreten. Um in Ausnahmefällen solche Härten noch ausgleichen zu können, enthält § 8 der VO. eine dem Gedanken der bisher gültigen VO. vom 7. April 1938 (RGBl I S. 378, vgl. S. 144) entsprechende Generalklausel.

§ 9

Änderung der Unpfändbarkeitsvoraussetzungen

Ändern sich die Voraussetzungen für die Bemessung des unpfändbaren Teils des Arbeitseinkommens, so hat das Vollstreckungsgericht auf Antrag des Schuldners oder des Gläubigers den Pfändungsbeschluß entsprechend zu ändern. Antragsberechtigt ist auch ein Dritter, dem der Schuldner kraft Gesetzes Unterhalt zu gewähren hat. Der Drittschuldner kann nach dem Inhalt des früheren Pfändungsbeschlusses mit befreiender Wirkung leisten, bis ihm der Änderungsbeschluß zugestellt wird.

Anmerkung:

Die Vorschrift entspricht inhaltlich dem bisherigen § 850 Abs. 4 der ZPO, vgl. S. 130 (17).

§ 10

Mittelbares Arbeitseinkommen

(1) Hat sich der Empfänger der vom Schuldner geleisteten Arbeiten oder Dienste verpflichtet, Leistungen an einen Dritten zu bewirken, die nach Lage der Verhältnisse

ganz oder teilweise eine Vergütung für die Leistung des Schuldners darstellen, so kann der Anspruch des Drittberechtigten insoweit auf Grund des Schuldtitels gegen den Schuldner gepfändet werden, wie wenn der Anspruch dem Schuldner zustände. Die Pfändung des Vergütungsanspruchs des Schuldners umfaßt ohne weiteres den Anspruch des Drittberechtigten. Der Pfändungsbeschluß ist dem Drittberechtigten ebenso wie dem Schuldner zuzustellen.

(2) Leistet der Schuldner einem Dritten in einem ständigen Verhältnis Arbeiten oder Dienste, die nach Art und Umfang üblicherweise vergütet werden, unentgeltlich oder gegen eine unverhältnismäßig geringe Vergütung, so gilt im Verhältnis des Gläubigers zu dem Empfänger der Arbeits- und Dienstleistungen eine angemessene Vergütung als geschuldet. Bei der Prüfung, ob diese Voraussetzungen vorliegen, sowie bei der Bemessung der Vergütung ist auf alle Umstände des Einzelfalls, insbesondere die Art der Arbeits- oder Dienstleistung die verwandtschaftlichen oder sonstigen Beziehungen zwischen dem Dienstberechtigten und dem Dienstverpflichteten und die wirtschaftliche Leistungsfähigkeit des Dienstberechtigten, Rücksicht zu nehmen.

Anmerkung:

§ 10 enthält lediglich die wörtliche Wiedergabe der bewährten Vorschriften der bisherigen §§ 850c und d, die der Beseitigung von Gehaltsschiebungen jeder Art dienen. Vgl. S. 144—149.

§ 11

Sonderfälle

(1) Ist eine nicht wiederkehrend zahlbare Vergütung für persönlich geleistete Arbeiten oder Dienste gepfändet, so hat das Gericht dem Schuldner auf Antrag so viel zu belassen, als er während eines angemessenen Zeitraums für seinen notwendigen Unterhalt und den seines Ehegatten, seines früheren Ehegatten, seiner unterhaltsberechtigten Verwandten oder eines unehelichen Kindes bedarf. Bei der Entscheidung sind die wirtschaftlichen Verhältnisse des Schuldners, insbesondere seine sonstigen Verdienstmöglichkeiten, frei zu würdigen. Dem Schuldner ist nicht mehr zu

belassen, als ihm nach freier Schätzung des Gerichts verbleiben würde, wenn sein Arbeitseinkommen aus laufendem Arbeits- oder Dienstlohn bestände. Der Antrag des Schuldners ist insoweit abzulehnen, als überwiegende Belange des Gläubigers entgegenstehen.

(2) Die Vorschriften des Abs. 1 gelten entsprechend für Vergütungen, die für die Gewährung von Wohngelegenheit oder eine sonstige Sachbenutzung geschuldet werden, wenn die Vergütung zu einem nicht unwesentlichen Teil als Entgelt für neben der Sachbenutzung gewährte Dienstleistungen anzusehen ist.

(3) Die Vorschriften des § 33 des Gesetzes über die Heimarbeit in der Fassung vom 30. Oktober 1939 (RGBl I S. 2146) bleiben unberührt.

(4) Die Bestimmungen der Versicherungs-, Versorgungs- und sonstigen gesetzlichen Vorschriften über die Pfändung von Ansprüchen bestimmter Art bleiben unberührt.

Anmerkung:

Abs. 1 entspricht dem bisherigen Recht, nämlich dem § 850e. Vgl. S. 149/150.

Abs. 2: Diese Vorschrift sorgt dafür, daß eine Zimmervermieterin, die die Vergütung für das vermietete Zimmer nicht lediglich für die Hergabe des Raumes und seiner Einrichtung, sondern zum erheblichen Teil auch für persönliche Arbeitsleistungen erhält, einen angemessenen Pfändungsschutz erlangt. Ihr wird also der gleiche Schutz gewährt, wie ihn alle nicht wiederkehrend zahlbaren Vergütungen für persönlich geleistete Arbeiten oder Dienste genießen — Abs. 1 —. In diesem Falle ist nach den Vorschriften des Abs. 1 zu entscheiden.

Abs. 3 gibt den Inhalt von § 850e Abs. 2 wieder. Vgl. S. 149—151. § 33 des Gesetzes über die **Heimarbeit** lautet jetzt:

> „Für das Entgelt, das den in Heimarbeit Beschäftigten oder den Gleichgestellten gewährt wird, gelten die Vorschriften über die Lohnpfändung von Vergütungen auf Grund eines Arbeits- oder Dienstverhältnisses entsprechend."

Abs. 4 entspricht dem bisherigen § 850h. Vgl. S. 156/157.

§ 12

Überleitung bestehender Rechte

(1) Eine vor dem Inkrafttreten dieser Verordnung ausgebrachte Pfändung, die nach den Pfändungsgrenzen des bisher geltenden Rechts bemessen worden ist, beschränkt oder erweitert sich hinsichtlich der nach dem 30. November 1940 zu bewirkenden Leistungen auf die nach den neuen Vorschriften zulässige Höhe. Auf Antrag des Gläubigers oder des Schuldners hat das Vollstreckungsgericht oder die sonstige Vollstreckungsbehörde, die die Pfändung bewirkt hat, den Pfändungsbeschluß entsprechend zu berichtigen. Der Drittschuldner kann nach dem Inhalt des früheren Pfändungsbeschlusses mit befreiender Wirkung leisten, bis ihm der Berichtigungsbeschluß zugestellt wird.

(2) Bei der Beurteilung der Wirksamkeit rechtsgeschäftlicher Verfügungen, insbesondere Abtretungen des Arbeitseinkommens, die vor Inkrafttreten dieser Verordnung erfolgt sind, sind die Vorschriften dieser Verordnung nur zugunsten des Schuldners anzuwenden. Der Drittschuldner kann jedoch auch in diesem Fall an den durch die Verfügung des Schuldners Berechtigten nach Maßgabe der bisherigen Vorschriften so lange mit befreiender Wirkung leisten, bis ihm eine entgegenstehende vollstreckbare gerichtliche Entscheidung zugestellt wird oder eine Verzichtserklärung des durch die Verfügung Berechtigten zugeht.

Anmerkung:

Diese Vorschriften halten sich in demselben Rahmen wie die sonst bei Änderung von Pfändungsvorschriften getroffenen Übergangsvorschriften.

Zur Berichtigung des Beschlusses ist, wie bei Änderung der Unpfändbarkeitsvoraussetzungen (§ 9), der Rechtspfleger befugt.

§ 13

Anpassungsvorschriften

(1) § 850 der Reichs-Zivilprozeßordnung, § 369 der Reichsabgabenordnung sowie § 290 der in den Reichsgauen der Ostmark, im Reichsgau Sudetenland und im Protektorat Böhmen und Mähren geltenden Exekutionsordnungen erhalten folgenden Wortlaut:

„Das in Geld zahlbare Einkommen der Beamten, Angestellten und Arbeiter aus Dienst- oder Arbeitsverhältnissen sowie ähnliche Bezüge unterliegen der Pfändung nur in dem durch die Verordnung zur einheitlichen Regelung des Pfändungsschutzes für Arbeitseinkommen vom 30. Oktober 1940 (RGBl I S. 1451) festgesetzten Umfange".

(2) § 291 der in den Reichsgauen der Ostmark, im Reichsgau Sudetenland und im Protektorat Böhmen und Mähren geltenden Exekutionsordnungen erhält folgenden Wortlaut:

„Ansprüche auf den Pflichtteil oder auf Schmerzensgeld, soweit sie nicht durch Vertrag oder Vergleich anerkannt oder gerichtlich geltend gemacht worden sind, sowie Naturalvergütungen, die einem Arbeitnehmer in landwirtschaftlichen Betrieben gewährt werden, sind der Pfändung nicht unterworfen."

(3) Die §§ 850a—850h der Reichszivilprozeßordnung, die Verordnung zur Ergänzung der Vorschriften über die Pfändung der Arbeitsvergütung vom 7. April 1938 (RGBl I S. 378), die §§ 289a—289g, 292, 292a, 330, 372 der in den Reichsgauen der Ostmark geltenden Exekutionsordnung sowie die §§ 292, 330, 372 der im Reichsgau Sudetenland und im Protektorat Böhmen und Mähren geltenden Exekutionsordnungen nebst den hierzu erlassenen ergänzenden Bestimmungen werden aufgehoben.

(4) Im § 293 Abs. 1 der in den Reichsgauen der Ostmark geltenden Exekutionsordnung werden die Worte „der Bestimmungen der §§ 289a—292" ersetzt durch die Worte „der im § 290 angeführten Bestimmungen und des § 291". Im § 293 Abs. 4 dieser Exekutionsordnung werden die Worte „im § 290 Z. 4" ersetzt durch die Worte „im § 291".

(5) Soweit in Reichs- oder Landesgesetzen auf Vorschriften verwiesen ist, die durch diese Verordnung geändert werden, treten an ihre Stelle die entsprechenden Bestimmungen dieser Verordnung.

§ 14
Überleitung im Geltungsbereich der Exekutionsordnungen

Im Geltungsbereich der in den Reichsgauen der Ostmark, im Reichsgau Sudetenland und im Protektorat Böhmen und Mähren geltenden Exekutionsordnungen kann Arbeitseinkommen für die Zeit bis zum 31. Dezember 1941 unter Anwendung der bisher dort geltenden Pfändungsgrenzen gepfändet werden, wenn die beizutreibende Forderung vor dem Inkrafttreten dieser Verordnung entstanden ist und es nach Lage der Verhältnisse der Billigkeit entspricht.

§ 15
Durchführungsbestimmungen

(1) Der Reichsminister der Justiz erläßt die zur Durchführung und Ergänzung dieser Verordnung erforderlichen Vorschriften.

(2) Der Reichsprotektor in Böhmen und Mähren wird ermächtigt, im Einvernehmen mit dem Reichsminister der Justiz für das Gebiet des Protektorats Böhmen und Mähren von den Vorschriften dieser Verordnung abweichende Bestimmungen zu treffen.

§ 16
Inkrafttreten

Diese Verordnung tritt am 1. Dezember 1940 in Kraft.

Berlin, den 30. Oktober 1940.

Der Reichsminister der Justiz
Dr. Gürtner

Der Reichsminister des Innern
In Vertretung
Pfundtner.

FSC
www.fsc.org
MIX
Papier | Fördert
gute Waldnutzung
FSC® C083411

Kolibri 360 GmbH
Ferdinand-Jühlke-Straße 7
99095 Erfurt, Deutschland
produktsicherheit@kolibri360.de